福建省**中职学考**核心课程系列教材

# 教育基础

主　编：吴碧蓉　陈志勇　黄起星

扫码获取数字资源

厦门大学出版社
XIAMEN UNIVERSITY PRESS
国家一级出版社
全国百佳图书出版单位

**图书在版编目（CIP）数据**

教育基础 / 吴碧蓉，陈志勇，黄起星主编. -- 厦门 ：厦门大学出版社，2025.5. --（福建省中职学考核心课程系列教材）. -- ISBN 978-7-5615-9750-7

Ⅰ. G40

中国国家版本馆 CIP 数据核字第 2025HX0023 号

| | |
|---|---|
| 策划编辑 | 姚五民 |
| 责任编辑 | 姚五民　陈惠英 |
| 美术编辑 | 李夏凌 |
| 技术编辑 | 许克华 |

出版发行　*厦门大学出版社*

社　　址　厦门市软件园二期望海路39号

邮政编码　361008

总　　机　0592-2181111　0592-2181406（传真）

营销中心　0592-2184458　0592-2181365

网　　址　http://www.xmupress.com

邮　　箱　xmup@xmupress.com

印　　刷　厦门金凯龙包装科技有限公司

开本　787 mm×1 092 mm　1/16

印张　18.5

字数　438 千字

版次　2025 年 5 月第 1 版

印次　2025 年 5 月第 1 次印刷

定价　56.00 元

本书如有印装质量问题请直接寄承印厂调换

厦门大学出版社
微信二维码

厦门大学出版社
微博二维码

## 编 委 会 名 单

主　编：吴碧蓉　陈志勇　黄起星
副主编：钟丽锋　徐晋华　王　芸
参　编：陈　慧　林素青　陈春燕

# 出版说明

　　教育是强国建设和民族复兴的根本,承担着国家未来发展的重要使命。基于此,自党的十八大以来,构建职普融通、产教融合的职业教育体系,已成为全面落实党的教育方针的关键举措。这一战略目标的实现,要求加快塑造素质优良、总量充裕、结构优化、分布合理的现代化人力资源,以解决人力资源供需不匹配这一结构性就业矛盾。与此同时,面对新一轮科技革命和产业变革的浪潮,必须科学研判人力资源发展趋势,统筹抓好教育、培训和就业,动态调整高等教育专业和资源结构布局,进一步推动职业教育发展,并健全终身职业技能培训制度。

　　根据中共中央办公厅、国务院办公厅《关于深化现代职业教育体系建设改革的意见》和福建省政府《关于印发福建省深化高等学校考试招生综合改革实施方案的通知》要求,福建省高职院校分类考试招生采取"文化素质+职业技能"的评价方式,即以中等职业学校学业水平考试(以下简称"中职学考")成绩和职业技能赋分的成绩作为学生毕业和升学的主要依据。

　　为进一步完善考试评价办法,提高人才选拔质量,完善职教高考制度,健全"文化素质+职业技能"考试招生办法,向各类学生接受高等职业教育提供多样化入学方式,福建省教育考试院对高职院校分类考试招生(面向中职学校毕业生)实施办法作出调整:招考类别由原来的30类调整为12类;中职学考由全省统一组织考试,采取书面闭卷笔试方式,取消合格性和等级性考试;引进职业技能赋分方式,取消全省统一的职业技能测试。

　　福建省中职学考是根据国家中等职业教育教学标准,由省级教育行政部门组织实施的考试。考试成绩是中职学生毕业和升学的重要依据。根据福建省教育考试院发布的最新的中职学考考试说明,结合福建省中职学校教学现状,厦门大学出版社精心策划了"福建省中职学考核心课程系列教材"。该系列教材旨在帮助学生提升对基础知识的理解,提升运用知识分析问题、解决问题的能力,并在学习中提高自身的职业素养。

　　本系列教材由中等职业学校一线教师根据最新的《福建省中等职业学校学业水平考试说明》编写。内容设置紧扣考纲要求,贴近教学实际,符合考试复习规律。理论部分针对各知识点进行梳理和细化,使各知识点表述更加简洁、精练;模拟试卷严格按照考纲规定的内容比例、难易程度、分值比例编写,帮助考生更有针对性地备考。本系列教材适合作为中职、技工学校学生的中职学考复习指导用书。

# 目 录

## 第一部分 教育学

第一章 教育基本原理 ⋯⋯⋯⋯⋯⋯⋯⋯⋯⋯⋯⋯⋯⋯⋯⋯⋯⋯⋯⋯⋯⋯⋯ 2
  第一节 教育的概念与本质 ⋯⋯⋯⋯⋯⋯⋯⋯⋯⋯⋯⋯⋯⋯⋯⋯⋯⋯ 3
  第二节 教育的要素与形态 ⋯⋯⋯⋯⋯⋯⋯⋯⋯⋯⋯⋯⋯⋯⋯⋯⋯⋯ 5
  第三节 教育与社会、个体的发展 ⋯⋯⋯⋯⋯⋯⋯⋯⋯⋯⋯⋯⋯⋯⋯ 7
  第四节 教育目的 ⋯⋯⋯⋯⋯⋯⋯⋯⋯⋯⋯⋯⋯⋯⋯⋯⋯⋯⋯⋯⋯⋯ 12
  思考与练习 ⋯⋯⋯⋯⋯⋯⋯⋯⋯⋯⋯⋯⋯⋯⋯⋯⋯⋯⋯⋯⋯⋯⋯⋯ 21

第二章 课程 ⋯⋯⋯⋯⋯⋯⋯⋯⋯⋯⋯⋯⋯⋯⋯⋯⋯⋯⋯⋯⋯⋯⋯⋯⋯⋯ 22
  第一节 课程的基本概念 ⋯⋯⋯⋯⋯⋯⋯⋯⋯⋯⋯⋯⋯⋯⋯⋯⋯⋯⋯ 23
  第二节 课程的分类与幼儿园课程 ⋯⋯⋯⋯⋯⋯⋯⋯⋯⋯⋯⋯⋯⋯⋯ 24
  第三节 课程的表现形式 ⋯⋯⋯⋯⋯⋯⋯⋯⋯⋯⋯⋯⋯⋯⋯⋯⋯⋯⋯ 37
  思考与练习 ⋯⋯⋯⋯⋯⋯⋯⋯⋯⋯⋯⋯⋯⋯⋯⋯⋯⋯⋯⋯⋯⋯⋯⋯ 39

第三章 教学 ⋯⋯⋯⋯⋯⋯⋯⋯⋯⋯⋯⋯⋯⋯⋯⋯⋯⋯⋯⋯⋯⋯⋯⋯⋯⋯ 41
  第一节 教学概述 ⋯⋯⋯⋯⋯⋯⋯⋯⋯⋯⋯⋯⋯⋯⋯⋯⋯⋯⋯⋯⋯⋯ 42
  第二节 教学原则 ⋯⋯⋯⋯⋯⋯⋯⋯⋯⋯⋯⋯⋯⋯⋯⋯⋯⋯⋯⋯⋯⋯ 46
  第三节 教学方法 ⋯⋯⋯⋯⋯⋯⋯⋯⋯⋯⋯⋯⋯⋯⋯⋯⋯⋯⋯⋯⋯⋯ 49
  第四节 教学组织形式 ⋯⋯⋯⋯⋯⋯⋯⋯⋯⋯⋯⋯⋯⋯⋯⋯⋯⋯⋯⋯ 52
  思考与练习 ⋯⋯⋯⋯⋯⋯⋯⋯⋯⋯⋯⋯⋯⋯⋯⋯⋯⋯⋯⋯⋯⋯⋯⋯ 55

第四章 教师 ⋯⋯⋯⋯⋯⋯⋯⋯⋯⋯⋯⋯⋯⋯⋯⋯⋯⋯⋯⋯⋯⋯⋯⋯⋯⋯ 56
  第一节 教师职业理解与教师职业资格 ⋯⋯⋯⋯⋯⋯⋯⋯⋯⋯⋯⋯⋯ 57
  第二节 教师基本素质 ⋯⋯⋯⋯⋯⋯⋯⋯⋯⋯⋯⋯⋯⋯⋯⋯⋯⋯⋯⋯ 60
  第三节 教师角色 ⋯⋯⋯⋯⋯⋯⋯⋯⋯⋯⋯⋯⋯⋯⋯⋯⋯⋯⋯⋯⋯⋯ 64
  第四节 教师的专业发展 ⋯⋯⋯⋯⋯⋯⋯⋯⋯⋯⋯⋯⋯⋯⋯⋯⋯⋯⋯ 67
  第五节 教师职业道德 ⋯⋯⋯⋯⋯⋯⋯⋯⋯⋯⋯⋯⋯⋯⋯⋯⋯⋯⋯⋯ 72
  思考与练习 ⋯⋯⋯⋯⋯⋯⋯⋯⋯⋯⋯⋯⋯⋯⋯⋯⋯⋯⋯⋯⋯⋯⋯⋯ 74

## 第五章　班级管理 ································································· 76
　　第一节　班级管理的内容 ······················································ 77
　　第二节　班级管理的原则 ······················································ 78
　　第三节　班级管理的方法 ······················································ 81
　　第四节　幼儿园环境的创设 ···················································· 82
　　思考与练习 ···································································· 87

## 第六章　学前儿童卫生保健 ······················································· 88
　　第一节　学前儿童生理特点及卫生保健 ········································ 90
　　第二节　学前儿童的营养与膳食卫生 ·········································· 111
　　第三节　学前儿童常见疾病及预防 ············································ 120
　　第四节　学前儿童意外事故的预防和急救 ······································ 132
　　第五节　托幼园所的卫生保健制度 ············································ 142
　　思考与练习 ···································································· 149

# 第二部分　心理学

## 第七章　心理学概论 ······························································ 152
　　第一节　心理学研究对象 ······················································ 153
　　第二节　心理学研究任务 ······················································ 156
　　第三节　心理学研究方法 ······················································ 157
　　思考与练习 ···································································· 161

## 第八章　认知的发展 ······························································ 163
　　第一节　感知觉的发展 ························································ 164
　　第二节　注意的发展 ·························································· 173
　　第三节　记忆的发展 ·························································· 177
　　第四节　思维的发展 ·························································· 182
　　第五节　想象的发展 ·························································· 184
　　第六节　言语的发展 ·························································· 187
　　第七节　智力与创造力的发展 ·················································· 193
　　思考与练习 ···································································· 198

## 第九章　个性和社会性的发展 ···················································· 199
　　第一节　情绪情感的发展 ······················································ 200
　　第二节　意志的发展 ·························································· 207

第三节　个性的发展 ·················································· 211
　　第四节　社会交往的发展 ············································ 217
　　第五节　品德的发展 ·················································· 223
　　思考与练习 ······························································ 229
第十章　心理健康与教育 ··················································· 230
　　第一节　心理健康概述 ··············································· 231
　　第二节　积极促进学前儿童心理健康 ···························· 234
　　思考与练习 ······························································ 244
附录一　模拟试卷 ···························································· 246
附录二　参考答案及解析 ··················································· 261
参考文献 ········································································ 286

# 第一部分 教育学

# 第一章 教育基本原理

### 学习任务

① 了解教育的基本内涵、发展历史。
② 理解教育的本质。
③ 了解教育的构成要素、基本形态。
④ 理解教育与政治、经济、文化的关系。
⑤ 掌握个体身心发展的规律、影响个体身心发展的因素。
⑥ 了解教育目的的内涵、制定教育目的的依据。
⑦ 理解《幼儿园教育指导纲要(试行)》与《3-6岁儿童学习与发展指南》中的幼儿园教育目标。
⑧ 了解德育、智育、体育、美育、劳动教育的目标、内容、过程与实施。

### 知识导图

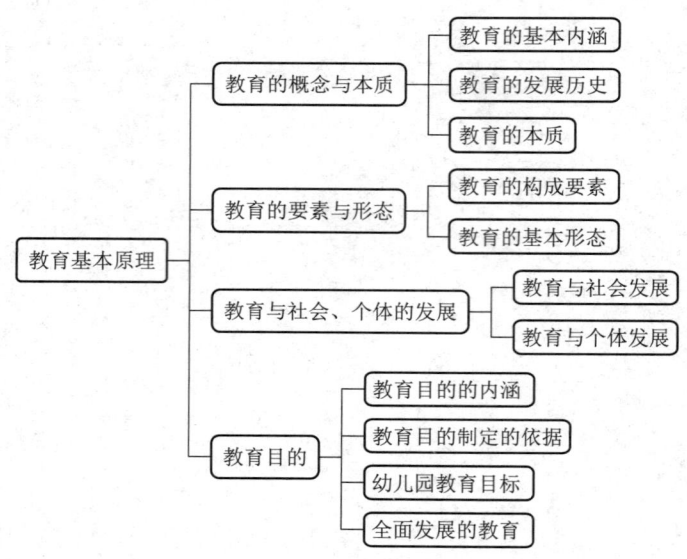

教育是社会发展到一定阶段的产物,随着社会的发展变化而变化,与政治、经济、文化存在密切的关系。教育是如何起源的?典型的教育起源说有神话起源说、生物起源说、心理起源说、劳动起源说等。本章主要分别探讨教育的概念与本质、要素与形态,揭示教育与社会、个体发展的关系,探索教育目的,介绍全面发展的教育。

## 第一节　教育的概念与本质

### 一、教育的基本内涵

教育是一种实践活动,旨在按照一定的社会要求促进个体的社会化和社会的个性化。可以从以下四个方面来理解教育的内涵。

#### (一) 教育是实践活动

教育是某一类型的实践活动,具有实践特性,实践活动具有明确的目的。没有明确目的、偶然发生的事件不是有意识、有目的的活动,这些事件虽然对个体有影响但不属于教育。

#### (二) 教育是双向耦合的过程

教育的教与学是双向而非单向的过程,也就是说个体与社会是紧密联系、密不可分的,是相互影响、相互作用的。片面要求个体掌握社会的各种观念、制度和行为模式,忽视个体的心理特征、情感与需求,容易走向单向的、机械的灌输;片面强调个体的需要,忽视社会的现实要求,会导致个体的发展与实际相脱节,走向随心所欲。

#### (三) 教育具有促进作用

教育对人的发展和社会的发展均具有促进作用。在课程、教师、校园环境等一系列特定的条件下,教育在个体和社会的双向耦合过程中起到了引导、加速、促进的作用。

#### (四) 教育具有社会历史性

教育不是固定不变的,而是随着社会的发展变化而变化,受不同社会形态下的政治、经济、文化等因素的影响;教育根据一定的社会需要来培养人,这种社会需要随着社会生产力的发展不断变化,不同时期的教育具有不同的历史形态、阶级特点、文化特征。

### 二、教育的发展历史

#### (一) 教育的起源

教育如何起源,主要有以下四种观点。

**1. 教育的神话起源说**

教育的神话起源说是最古老的教育起源说。它认为教育和其他万事万物一样,都是由神创造的。这个神是上帝,或者是天——人格化的神。教育是神的意志的体现,教育是为了让人皈依于神或顺从于天。如宋朝的朱熹认为,上天会派一个聪明且保持自己本性的人去做众人的教师,通过教育来帮助众人恢复本性。然而,教育的神话起源说是错误的,是非科学的。

**2. 教育的生物起源说**

教育的生物起源说认为:教育起源于动物的本能,属于生物学的范畴,人类出于种族发展的本能需要进行学习;学习不仅是人的活动,甚至是动物们的活动。法国社会学家、哲学家利托尔诺与英国教育理论家沛西·能是教育的生物起源说的代表人物。

**3. 教育的心理起源说**

教育的心理起源说也称为模仿起源说,认为教育起源于原始人无意识的模仿。这种说法忽视了人的意识性。美国著名教育史家孟禄是该学说的代表人物,他认为教育起源于原始公社日常生活中儿童对成人的无意识模仿。

**4. 教育的劳动起源说**

教育的劳动起源说批判了生物起源说和心理起源说,以马克思唯物主义理论为指导思想,认为劳动创造了人本身,教育起源于劳动。苏联和我国的教育学家均秉持这一观点,用于理解道德的起源和教育的起源。教育的劳动起源说的主要内容涵盖以下几点:生产劳动是人类最基本的实践活动;教育起源于生产劳动过程中经验的传递;生产劳动过程中的口耳相传和简单模仿是最原始和最基本的教育形式;生产劳动的变革是推动人类教育变革最深厚的动力。

**(二) 教育的历史发展过程**

根据教育所处的不同社会形态,按照社会的变迁划分出以下三种类型的教育。

**1. 农业社会的教育**

农耕活动是农业社会的主要经济活动。与原始社会的渔猎采集相比,农业社会生产力提高,以农业经济为主导经济,农业生产以家庭为基本单位,以手工为主要生产方式,生产不是为了交换而是为了满足家庭生活的需要。

农业社会的教育具有以下特征:

① 古代学校的出现和发展。学校的出现意味着教育成为专门的活动,标志着正规教育制度的产生。

② 教育阶级性的出现和强化。在阶级社会里,教育具有鲜明的阶级性,主要体现在教育目的、教育制度、教育内容等方面。

③ 学校教育与生产劳动相脱离。教育从生产劳动中脱离出来,成为一项专门的活动。学校教育服从于阶级统治,传递的是统治阶级需要的知识、技能,排除并轻视生产劳动的经验。

**2. 工业社会的教育**

工业社会是以工业生产为经济主导成分的社会形态,迭代了农业社会或传统社会。机器大工业的出现是工业社会的主要标志,大机器成为主要的生产工具。工业社会前期以轻工业为主,后期以重工业为主。

工业社会的教育具有以下特征:

① 现代学校的出现和发展。现代大工业生产要求具备大量的劳动力,为此,现代学校普遍采用了班级授课制,以便能够大规模地向全体学生进行教学,促使教学效率大大提高。

② 教育与生产劳动从分离走向结合。教育的生产功能和服务社会的作用越来越凸显。

教育越来越成为推动社会经济发展的强大动力,教育投入也随之增大。

③ 教育的公共性突显。随着工业革命的推进,教育的阶级性受到批判,教育成为社会的公共事业。

④ 教育的复杂性程度和理论自觉性提高。教育研究在推动教育改革中的作用越来越大。

⑤ 教育形式多样化。除了传统的学校教育,还出现了各种职业培训、成人教育、远程教育等形式,以满足不同人群的教育需求。

⑥ 教育目标具有通用性和全面性。培养的人才不仅要具备专业知识和技能,还要有良好的综合素质和适应能力,能够在工业社会的不同领域和岗位发挥作用。

**3. 信息社会的教育**

我们当前所处的信息社会不是一个已经定型的社会,而是一个正处于变化发展中的过渡性社会。在信息社会中,以开发和利用信息资源为目的的信息经济逐渐成为主导性的国民经济,新型科学技术不断催生新兴产业,知识成为社会发展的巨大资源。

信息社会的教育具有以下特征:

① 学校将发生一系列变革。信息社会带来的一系列变革,对教育提出了新的要求,学校教育的目的、类型、手段、方法随之变化。

② 教育的功能将进一步得到全面理解。教育作为助推器,对社会政治、经济、文化的影响越来越大,教育日益受到重视。

③ 教育的国际化与教育的本土化趋势日益明显。一方面,全球化的浪潮让不同国家和地区的文化交流更加密切,推动全球化的发展;另一方面,人们在全球化的浪潮下意识到文化自主的重要性,逐渐重视本土文化和教育传统。

④ 终身教育的理念成为指导教育改革的基本理念。终身教育突破传统教育年龄的限制,强调人的一生都在接受教育。这种观念认为,教育应当贯穿人的一生,每一个人都有受教育的权利,受教育权成为人的生存权、发展权的重要组成部分。

### 三、教育的本质

教育的本质回答了"教育是什么"这个问题,是对教育最核心的认识。

教育的本质是培养人,教育是培养人的实践活动,是根据一定的社会需要所进行的培养人的实践活动,最根本的任务就是要促进受教育者身心健康发展。

## 第二节  教育的要素与形态

### 一、教育的构成要素

教育是在一定社会背景下发生的促进个体的社会化和社会的个性化的实践活动。教育的范畴包含教育者、受教育者、教育影响三种基本要素。

### (一) 教育者

教育者是承担教育责任、对受教育者施加教育影响的人。学校教师、教育管理人员都属于教育者。学校教师是教育者的主体,在教育活动中起主导作用。教育者受过专门的训练,具备一定的教育资格,能够有目的、有计划、有组织地对受教育者的身心施加积极的影响。

### (二) 受教育者

受教育者是教育的对象,是学习活动的承担者,涉及范围从青少年扩大到社会中的成年人乃至所有人。受教育者以学习为主要任务,一般是在教育者的指导下进行学习;他们的学习效率与自身个性、教育者对其个性的把握有关。

### (三) 教育影响

教育影响是教育实践活动中教育者和受教育者相互作用的全部信息。教育影响是沟通教育者与受教育者的媒介,由信息的内容、信息选择、信息传递和信息反馈组成,具体表现为教育内容、教育手段。

教育的三要素相互独立,有着各自的明确含义;教育的三要素又是互为存在的条件,是教育实践活动中必要的因素,缺一不可。没有教育者的指导,受教育者的学习就无从进行,教育活动无法开展;没有受教育者,教育者就缺少了教育的对象,教育活动也就无从谈起;没有教育影响,教育者、受教育者之间就缺少了相互作用的媒介,教育目标无法达成。

## 二、教育的基本形态

根据不同的标准,教育被划分为不同的形态。

### (一) 非制度化的教育与制度化的教育

划分以上教育类型关键是看教育是否与生产劳动分离、是否成为一种专门的社会实践。

非制度化的教育与生产、生活融为一体,没有从生产、生活中分离出来,教育与生产、生活密不可分,没有专门的教育机构。非制度化的教育主要发生在原始社会,或散布在当今的车间、家庭等场所。

制度化的教育指的是教育是一种专门的活动,有专门的教育人员,有专门的机构,有其运行制度所构成的教育形态。制度化的教育是近代教育的典型特征,从学前教育、初等教育、中等教育向高等教育纵横贯通的学校体系以统一的制度规范着学校活动,学校教育的内容和形式呈现正规化、封闭性和划一性的特点。

### (二) 家庭教育、学校教育和社会教育

开展教育活动的空间称为场所。根据教育活动发生的场所,教育又被划分为家庭教育、学校教育、社会教育。

家庭教育是指在家庭内部进行的教育活动。家庭的教育作用从古至今都非常重要,因为家庭是个体面对的第一个教育场所。家庭教育为个体的精神成长和生活的丰富提供坚实的保障,在个体成长过程中能够促进个体的社会化、智育发展、道德养成、身心健康等。家庭教育主要在日常生活中自然地进行,以家庭亲情为基础,有别于学校教育与社会教育,具有

启蒙性、个别性(针对性)、生活性、随机性、隐潜性、权威性的特点。

我国的家庭教育历史悠久,有孔子"庭训"、曾子杀猪、孟母三迁以及《颜氏家训》等宝贵财富。2022年1月1日,《中华人民共和国家庭教育促进法》(以下简称《家庭教育促进法》)的正式实施,将家庭教育由传统"家事"上升为时代"国事"。对于家长来说,《家庭教育促进法》要求我们依法带娃;而《3-6岁儿童学习与发展指南》(以下简称《指南》)则教会我们如何科学带娃。《指南》中明确了3～6岁幼儿需达到的发展水平,对防止和克服学前教育"小学化"现象提供了具体方法和建议,供家长实施家庭教育时参考。

学校是专门的教育机构,也是专门进行教育活动的场所。学校作为专门的教育机构,是当前主导性的现代教育形态,承担着道德教育、智力教育、身心健康教育、能力培养等诸多职能。学校是统治阶级进行意识形态教育的主要场所,也是公共教育的主要场所,肩负着提高国民素质的重要责任。学校教育能够促进学习者个体的自我实现,陶冶个体的精神情操,能为学习者提供系统的知识学习和技能、能力的培养,还能为个体提供相互交往的场所,为他们的社会化提供了良好的环境。

社会是个体生活的基本环境,也是进行教育的基本场所。人生活在具体和现实的社会中,深受所处社会中传统风尚、政治制度、文化制度、社会活动、社会事件等的影响。社会教育是学校教育的延伸,为学校教育提供广阔的实践场所,又检验学校教育的成效。

家庭教育、学校教育、社会教育如何协同育人是重要的时代课题。实现中国式现代化离不开高质量的教育支撑。例如,2023年教育部、国家发展改革委、财政部颁发的《关于实施新时代基础教育扩优提质行动计划的意见》指出:"全面推进协同育人。推动形成政府统筹协调、学校积极主导、家庭主动尽责、社会有效支持的协同育人格局,落实各方相应责任及沟通机制。"

**(三)农业社会的教育、工业社会的教育和信息社会的教育**

教育在不同的社会形态下,可分为农业社会的教育、工业社会的教育、信息社会的教育(详见上节"教育的历史发展过程")。区分不同社会形态的主要依据是生产力发展水平。

## 第三节 教育与社会、个体的发展

### 一、教育与社会发展

社会作为一个大系统,由政治、经济、文化、教育、科技等诸多子系统构成。教育作为社会的一个子系统,能够对其他社会子系统起到推动作用。

**(一)教育与政治的关系**

**1. 教育通过培养合格的公民和政治人才为政治服务**

教育为政治服务,通过培养人才来维护统治阶级的利益。这是教育服务于政治的最基本的途径。统治阶级强制进行政治和意识形态教育,培养政治人才,使得教育为统治阶级服务。学校都开设有体现国家意志的政治类和思想品德教育课程,如"思想品德课""政治课""思想道德基础与法律修养",让学生接受主流的意识形态,明确国家的社会性质,树立法律意识,成为社会的合格公民。

**2. 教育通过传播思想、制造舆论为统治阶级服务**

学校是宣传和传播文化的重要场所。教育者把体现国家意志的社会的政治要求和思想传播给受教育者,使得他们接受、相信、认同、恪守这些思想与文化,实现主流思想文化的巩固,实现思想的代际传递。

学校还是营造社会舆论的重要场所。学校是教书育人的场所,聚集了知识分子和青年学生,他们具有强烈的社会责任感,关心社会的变化,思考社会之变,参与社会之变,在社会变革时期往往走在政治变革的前列,在社会和平时期引领社会风尚,制造有影响力的舆论。

**3. 教育推动社会走向民主**

教育能推动一个社会的民主化进程。教育为现有的社会服务,也能以特定的方式推动社会的政治变革,推动社会走向民主。

(1)教育传播科学,启迪人的民主观念

在人类社会的发展进程中,腐朽愚昧的政治阻挡历史的发展。教育成为社会变革的内在动力,引发社会变革,如1919年的五四运动传播了民主与科学,推动了爱国主义、民主自由的政治秩序向前发展。为了实现理想中的社会,一些教育家发起教育运动,期望通过变革教育进而改变社会,如陶行知、黄炎培、梁漱溟、陈鹤琴、张宗麟等的教育实验。

(2)教育民主化是衡量社会民主化的重要一环,也是政治民主化的重要组成部分

受教育权利的平等、教育资源分配的公平等维度能够折射出教育的民主化和政治的民主化程度,例如,清末时期打破"女子无才便是德"的封建禁锢,办女校,普及女子教育,确保男女享受同等的受教育权利;在贫困落后地区保证女性的受教育权利,如张桂梅在丽江华坪女子高级中学的教育实践。

(3)民主的教育能够孵化政治民主化

民主的教育与民主的政治互为促进。民主的教育影响每个公民的心灵,增强公民的民主意识,提高公民的政治素质,提高公民参与政治的能力。

### (二)教育与经济的关系

"发展经济,教育先行"已经成为了共识。现代教育能在不同层面促进经济发展,是现代化建设的基础性、战略性支撑。

**1. 教育能将潜在的劳动力转变为现实的劳动力,促进经济发展**

"教育会生产劳动能力。"教育是培养人的实践活动,能够把潜在的劳动力变成现实经济发展需要的劳动力。现代生产是科学技术高度运用的社会化大生产,需要高素质、懂科学、技能熟练的劳动者,这对教育提出了更高的要求。教育要把潜在劳动力变成现实的劳动力,为现代化的大生产提供劳动力保障。比如,我国新质生产力的发展通过优化劳动力、劳动工具和劳动对象的组合,实现生产力的跃升,对当前的职业教育和高等教育提出了新的人才培养要求。

**2. 教育生产科学技术,促进经济发展**

科学技术是第一生产力,极大地促进了经济发展。教育生产科学技术,是孵化科学技术的重要手段。教育则主要通过三个方面生产科学技术:

① 教育传播科学文化知识和技术,实现科学文化知识和技术的再生产。教师提炼科学文化知识和技术,传授给更多的学习者。

② 教育生产新的科学文化知识和技术。教育不仅传播科学文化知识,还完成科学文化知识的再生产,形成科研成果,科学研究成果投入生产,可以转化为生产力,促进经济的发展。

③ 教育培养创新人才,促进科学技术的发展。教育的本质是培养人,培养人才是教育的根本职责,创新型人才支撑经济发展。没有一大批高质量的人才做支撑,就很难在经济、社会发展的格局中保持长远发展。

**3. 教育能产生经济效益,是经济发展新的增长点**

教育的生产性和带来的经济效益越来越明显。现代教育与经济增长显著相关这一观点已经成为共识,教育投资能产生长远的经济效益。比如,根据美国的经济学家舒尔茨认真推算,一个国家的教育水平对国民经济增长贡献很大,所占比例为33%。又如美国的"早期开端计划"追踪研究显示,美国在高质量学前教育领域投入的每1美元,可以为以后的社会管理节省7美元,早期的教育投入产生了7倍的经济效益。

### (三)教育与文化的关系

**1. 教育能传承文化**

教育保存文化,传递文化,使得文化在时间上延续,在空间上流动,把民族的文化传统、思维方式一代一代地传递下去,令其成为下一代人的思想意识和认识,建设人们共同的精神家园。

**2. 教育能选择文化**

教育在传递、传承文化时有选择性,取其精华去其糟粕,选取符合统治阶级需要的主流文化,选择科学的、符合学生身心发展规律的文化。

**3. 教育能融合文化**

一方水土养一方人,特定地域的人们形成了共同的思想观念、行为模式。随着文化交流的日益频繁和科技手段的不断创新,文化的地域性阻隔逐步被打破。不同地域的文化随着人们的密切未来而相互激荡、相互影响、相互融合。教育通过交流活动促进不同文化间的交流,或者吸收优秀的学术成果,对本土文化进行变革、改造。

**4. 教育能创造文化**

教育能创新和发展文化,直接生产新的文化,把培养的人才输送到社会的各行各业进行文化的再生产、融合、创造。

## 二、教育与个体发展

教育对社会生产力、政治、经济、文化等的巨大作用,是通过培养社会所需要的人来实现的。个体发展包括生理的发展、心理的发展,它们有着某些共同的规律,这些规律制约着教育工作的进度、内容、方法。教育要遵循人身心发展的规律,才能有效地促进人的发展。

### (一) 个体身心发展的规律

个体身心发展规律是教育活动必须遵循的客观规律。违背人的身心发展规律的教育活动,不仅不能促进人的发展,还会危害人的身心健康。

要正确认识人身心发展的一般性规律,包括顺序性、阶段性、不平衡性、个别差异性、互补性,按照身心发展的规律组织和开展教育活动。

**1. 身心发展具有一定的顺序性**

发展是有一定的顺序的,按照一定的顺序出现身心发展的不同特点。这一发展特点决定了教育活动的顺序性,品德的培养和知识能力的传授都必须尊重发展的顺序性,要有序推进、循序渐进,避免"揠苗助长""陵节而施"。

**2. 身心发展具有阶段性**

个体的身心发展是一个分阶段的连续过程,前后相邻的阶段有联系又有区别,要注意前后两个阶段的过渡衔接。儿童在各个年龄阶段都有典型的、本质的特征,不同儿童有着不同的发展水平,因此在教育措施上不能"一刀切",例如:幼儿期以游戏为基本活动,要防止幼儿园学习读写算等小学阶段的内容,大班阶段要做好幼小衔接;小学初期依然要注重生活化,与小学中后期的教育措施各有不同。阶段性对教育的要求还体现在各种文件中。如 2021 年 3 月,教育部颁布《关于大力推进幼儿园与小学科学衔接的指导意见》,强调了建立幼儿园与小学科学衔接的长效机制。

**3. 身心发展的不平衡性**

身心发展的不平衡性是指人的发展并不总是匀速的,有时发展得快,有时发展得慢,不同年龄阶段中同一方面的发展、不同方面的发展都是不均衡的。这一发展特点提醒我们教育要适时而教,在儿童发展的关键期进行教育能起到事半功倍的效果。如人大脑的发育,最迅速的时期是出生后的第 5~10 个月,在 5~6 岁和 13~14 岁期间大脑发育又显著加速。

**4. 身心发展的个别差异性**

发展存在着个别差异,首先表现为群体同一方面的发展的速度和水平不尽相同。如同为 8 岁的儿童,有的抽象思维发展得好,口算算得很快,有的依然需要借助实物来算。其次表现在不同方面发展的相互关系上和不同的个性心理倾向上,有的人擅长绘画但语言能力较差,有人则相反,有的人活泼好动而有的人内向安静。每个人都是独一无二的个体,有着各自不同的成长背景、生活经验和情感世界。教育者要了解每一个人的兴趣、爱好、成长的家庭背景和环境等特征,动态地把握个体在学习过程中的知识水平、求知意愿、情绪状态等具体情况,做到以学定教、因材施教、教中有"人",坚持一把钥匙开一把锁。

《指南》强调"尊重幼儿发展的个体差异"。幼儿的发展是一个持续、渐进的过程,表现出一定的阶段性特征,也表现出个别差异性的特征。每个幼儿在沿着相似进程发展的过程中,各自的发展速度和到达某一水平的时间不完全相同。要充分理解和尊重幼儿发展进程中的个别差异,支持和引导他们从原有水平向更高水平发展,按照自身的速度和方式到达《指南》所呈现的发展"阶梯",切忌用一把"尺子"衡量所有幼儿。

**5. 身心发展具有互补性**

个体身心发展各组成部分之间能相互补偿。机体如存在某一方面的机能缺失，另一方面的机能会补偿发展，如盲人的听觉更敏感。

**（二）影响个体身心发展的因素**

生命的成长变化过程就是发展，影响个体身心发展的因素主要有个体自身因素、环境因素、活动因素。

**1. 个体自身因素**

个体自身因素又分为先天和后天两类。先天因素包括遗传素质和生理成熟，后天因素包括个体发展水平和个体发展的自觉性。这四个因素对个体发展起着不同的作用。

遗传素质和生理成熟影响个体身心发展。遗传素质是人的发展的生理前提。遗传素质是人们从父母先代继承下来的解剖生理特征，如肤色、身高、体重。它们为个体发展提供了物质基础和生理前提。

生理成熟是机体及其各组成系统、器官在形态与机能上达到的完善程度。成熟是个体身心发展的自然结果，成熟是一个自然的过程。

个体发展水平是个体在后天发展过程中所获得的知识、经验，以及个体发展的能力和倾向。先天的遗传和成熟为个体发展提供了可能，个体通过实践活动获得后天的知识经验，这些知识经验的积累、年龄的增长让个体的先天因素渐渐失去作用。

个体发展的自觉性是个体对自我发展的自觉意识、发展需要以及对发展行为的自我控制。个体发展的真正动力，来自个体的自觉性，即内在驱动力。教育要善于唤醒和调动个体的发展自觉性。如某幼儿平时经常迟到，但遇到他感兴趣的"气球火箭"科学活动，为了能玩到感兴趣的游戏，他第二天早早到园，"抢"科学区的区域预约牌。

**2. 环境因素**

个体的发展必须借助外部条件才能实现。外部条件有自然环境和社会环境，两者都是人类赖以生存的空间。自然环境是人类和其他生物共同的生存环境。社会环境是人类通过劳动和交往所创造的政治、经济、文化等社会关系的总和。这些环境对个体的发展有着直接或者间接的影响。

人的发展离不开环境，尤其是正常的社会环境。"狼孩"的故事告诉我们，环境发展很重要，人的发展需要正常的社会环境，脱离了社会环境，人难以成为一个正常人，即使长大以后回归了正常的社会环境，但错过了语言和智力等发展的关键期，"狼孩"也无法回到正常的发展轨道上来。

环境对人的发展不起决定作用。美国行为主义心理学创始人华生曾说，假如给他十二个健康的婴儿、适合的环境，他就能把这些婴儿训练成任何他想要的样子，成为医生或者乞丐、小偷。华生的环境决定论认为环境决定人的发展，夸大环境对人的影响，而忽视了人的自觉性。

**3. 活动因素**

活动是影响个体发展的决定因素，制约着环境影响的内化和主体的自我建构。活动是将主体和客体有机联系的媒介。人通过活动获得认识，通过活动获得发展。个体自身因素和外部环境因素通过活动结合起来，成为活动的主体、客体，并在活动过程中，主体、客体之间相互促进转化。

## 第四节 教育目的

### 一、教育目的的内涵

教育目的是国家对教育所要培养的人的质量和规格的总要求,即要把受教育者培养成什么样的人,回答的是"为谁培养人""培养什么样的人"的问题。

教育目的是教育的核心问题,是国家根据一定的社会需要对教育培养人的总要求,是教育想要达到的宏观状态和预期理想状态。

教育目的有不同的划分标准,按内容分为狭义和广义的教育目的。狭义的教育目的是指社会对各级各类学校人才培养的总要求;广义的教育目的按照从大到小的层级目标领域,依次为教育目的—培养目标—课程目标—教学目标。

### 二、教育目的制定的依据

制定宏观教育目的,要找准社会依据和人的依据。

**(一)社会依据**

教育产生于社会需要,与一定的社会现实及未来发展密切相关,既要根据社会的政治、经济发展的要求,也要根据社会生产和科学技术发展的需要来制定教育目的。如当前国家提倡培育新质生产力(2023年习近平总书记首次提出),新质生产力具有高科技、高效能、高质量的特征,教育就应当主动调整和优化自身的学科结构、人才培养模式和服务社会的方式,不断提高受教育者素质,为新质生产力提供劳动力的核心保障。

**(二)人的依据**

制定教育目的要考虑人的身心发展特点、人的需要。根据人身心发展的规律和特点,如顺序性、阶段性,有针对性地采取措施,融会贯通地整合各级各类学校教育目的。

### 三、幼儿园教育目标

幼儿园教育目标是在国家相关法律法规的指导下,根据幼儿园的任务和教育对象而提出来的对所要培养的幼儿的具体质量和规格的要求。

**(一)《幼儿园教育指导纲要(试行)》中的幼儿园教育目标**

2001年教育部颁发的《幼儿园教育指导纲要(试行)》(以下简称《纲要》)按学习领域将幼儿园的教育内容相对划分为健康、语言、社会、科学、艺术五个领域。这种划分,比之前按学科的划分要宽广得多,更能体现幼儿园教育内容是全面的、启蒙的。《纲要》强调,五大领域的划分只是相对的,各领域的内容相互渗透,从不同的角度促进幼儿情感、态度、能力、知识、技能等方面的发展。

**1. 健康领域教育目标**

幼儿健康教育的目的是促进幼儿身心健康发展。

幼儿身体生长快速,把健康领域放在五大领域之首,充分强调健康对幼儿发展的重要性,是幼儿在其他领域学习与发展的基础。健康领域的教育目的在于"保护幼儿的生命"和"促进幼儿的健康"。

(1)《纲要》中健康领域的教育目标

《纲要》中将健康领域的教育目标表述为:

① 身体健康,在集体生活中情绪安定、愉快;

② 生活、卫生习惯良好,有基本的生活自理能力;

③ 知道必要的安全保健常识,学习保护自己;

④ 喜欢参加体育活动,动作协调、灵动。

(2)健康领域教育目标的特点

健康领域的目标具有以下特点:

① 身心健康并重。幼儿的健康是全面的健康,包括身体的健康、心理的健康和对社会关系的适应良好。身体健康方面要求身体发育健全、增强体质,具有基本的生活自理能力,提高对环境的适应能力;心理健康和社会适应方面体现为适应集体生活,建立良好的师生、同伴关系,让幼儿在集体生活中情绪安定、愉快,形成安全感、信赖感

② 保护与锻炼并重。目标要求幼儿有一定的自我保护能力,掌握必要的保健知识,同时喜欢参加体育活动。保健教育让幼儿知道必要的安全保健常识,学习保护自己;开展丰富多彩的户外游戏和体育活动,保证每天一定量的体育锻炼,培养幼儿参加体育活动的兴趣和爱好,提高动作的协调性、灵活性。

③ 注重健康行为的养成。行为习惯的养成需要长时间的磨炼,要反复抓、抓反复。幼儿关于健康的知识、能力、态度、情感、习惯都是培养的目标:情感态度如通过体育活动培养幼儿坚强、勇敢、不怕困难的意志品质和合作的态度,习惯如幼儿良好的饮食、睡眠、盥洗、排泄等生活习惯。健康行为的养成是幼儿健康教育的核心目标。

**2. 语言领域教育目标**

在运用的过程中发展幼儿的口头语言和书面语言。幼儿教师要发展幼儿口头语言,创设一个能使幼儿想说、敢说、喜欢说、有机会说并能得到积极应答的环境;通过图书、故事、文学作品等培养幼儿对生活中常见的简单标记和文字符号的兴趣等。

(1)《纲要》中语言领域的教育目标

《纲要》中将语言领域的教育目标表述为:

① 乐意与人交谈,讲话礼貌;

② 注意倾听对方讲话,能理解日常用语;

③ 能清楚地说出自己想说的事;

④ 喜欢听故事、看图书;

⑤ 能听懂和会说普通话。

(2) 语言领域教育目标的特点

语言领域的目标具有以下特点：

① 重视儿童语言运用能力发展。语言是人类最重要的交际工具，语言能力是在运用的过程中发展起来的，而不应让幼儿机械记忆大量的字词句段篇。创造自由、宽松的语言交往环境，让幼儿体验与身边的人用语言交流的乐趣。让幼儿养成倾听的习惯，发展语言理解能力。鼓励幼儿大胆、清楚地表达自己的想法和感受，尝试说明、描述简单的事物或过程，能比较连贯流畅地描述简单的事物或过程，从而更好地发展幼儿的语言表达能力和思维能力。

② 重视儿童早期阅读的发展。培养幼儿早期阅读的兴趣，让幼儿有意识地注意到生活中常见的简单标记和文字符号；通过阅读图书、绘画和其他多种方式，培养幼儿对语言文字符号的兴趣，让幼儿有一定的初步前阅读、前书写技能。

③ 回归文学作品学习的本意。儿童文学作品的价值在于让幼儿初步感知文学作品的魅力，使幼儿获得精神上的愉悦和满足。引导幼儿通过听故事、看图书接触优秀的儿童文学作品，感受其中的语言美，结合多种方式加深幼儿对作品的体验和理解。

**3. 社会领域教育目标**

潜移默化是社会领域教育的特点，要在多种活动和一日生活的各个环节之中培养幼儿的社会态度和社会情感，保护幼儿的自尊、自信，培养幼儿亲社会的行为，促进幼儿个性健康发展。

(1)《纲要》中社会领域的教育目标

《纲要》中将社会领域的教育目标表述为：

① 能主动地参与各项活动，有自信心；

② 乐意与人交往，学习互助、合作和分享，有同情心；

③ 理解并遵守日常生活中基本的社会行为规则；

④ 能努力做好力所能及的事，不怕困难，有初步的责任感；

⑤ 爱父母长辈、老师和同伴，爱集体、爱家乡、爱祖国。

(2) 社会领域教育目标的特点

社会领域的目标具有以下特点：

① 注重培养幼儿处理各种关系的能力。在真实的一日生活中培养幼儿处理好与自身的关系、与他人的关系、与集体的关系、与社会的关系的能力，能遵守基本的社会行为规则，做到爱护身边的父母、老师、同伴，进而对家乡、对祖国产生热爱之情。

② 注重情感目标的达成，同时兼顾儿童行为技能目标。要避免单一呆板的言语说教，培养幼儿积极的情感态度，如"主动""乐意""努力做好"，在幼儿园、家庭和社会协调共育下促进幼儿良好社会性品质的形成。

**4. 科学领域教育目标**

科学教育的价值取向注重儿童对未知问题的兴趣，尝试依照一定的方法去研究问题，而不是注重静态知识的传递。

(1)《纲要》中科学领域的教育目标

《纲要》中将科学领域的教育目标表述为：

① 对周围的事物、现象感兴趣，有好奇心和求知欲；

② 能运用各种感官,动手动脑,探究问题;
③ 能用适当的方式表达、交流探索的过程和结果;
④ 能从生活和游戏中感受事物的数量关系并体验到学习数学的重要性和乐趣;
⑤ 爱护动植物,关心周围环境,亲近大自然,珍惜自然资源,形成初步的环保意识。

(2) 科学领域教育目标的特点

科学领域的目标具有以下特点:

① 保持幼儿的好奇心和鼓励他们的探究欲望。科学教育的侧重点在于激发幼儿的好奇心和探究欲望,好奇心是幼儿探究学习的内驱力,能让幼儿保持主动学习的习惯,获得愉快的学习体验。

② 发展幼儿探究解决问题的能力。引导幼儿关注身边常见的科学现象,感受科学技术给生活带来的便利,萌发对科学的兴趣;引导幼儿利用身边的物品和材料开展活动,发现物品和材料的多种特性和功能;为提供丰富的可操作的材料,让幼儿运用多种感官、多种方式动手动脑大胆探索;通过引导幼儿积极参加小组讨论、探索等方式,培养幼儿合作学习的意识和能力,学习用多种方式表现、交流、分享探索的过程和结果。

③ 感受数量关系,领悟数学的意义。数学教育属于科学领域。要让幼儿在真实的情境中,对周围环境中的数、量、形、时间和空间等现象产生兴趣,建构初步的数学概念,并学习用简单的数学方法解决生活和游戏中某些简单的问题。

④ 与其他教育领域相融合。幼儿园教育中各领域内容是相互渗透的,是整体的,从不同的角度促进幼儿情感、态度、能力、知识、技能等方面的发展。科学教育可以与语言教育、社会化活动相融合。

**5. 艺术领域目标**

艺术教育是幼儿审美能力的启蒙教育,要引导幼儿发现美、欣赏美、表现美、创造美。

(1) 《纲要》中艺术领域的教育目标

《纲要》中将艺术领域的教育目标表述为:

① 能初步感受并喜爱环境、生活和艺术中的美;
② 喜欢参加艺术活动,并能大胆地表现自己的情感和体验;
③ 能用自己喜欢的方式进行艺术表现活动。

(2) 艺术领域教育目标的特点

艺术领域的目标具有以下特点:

① 通过艺术活动激发幼儿的审美情趣,让幼儿初步学习审美,体验成就感。教育者通过艺术活动激发儿童的审美情趣,让儿童感受美带来的愉快与快乐,再通过艺术创作活动给予儿童成就感。要针对幼儿的不同特点和需要,让每个幼儿都得到美的熏陶和培养。对有艺术天赋的幼儿要注意发展他们的艺术潜能。

② 艺术活动是幼儿自我表达的重要方式。艺术是幼儿的另一种表达认识和情感的"语言"。幼儿艺术教育要善于积累幼儿的感性经验和情感体验,让幼儿用心观察自身生活环境中的美好事物;鼓励幼儿天马行空的理解和创作,用不同艺术形式大胆地表达自己的所思所想,并帮助他们提高表现的技能和能力。

③ 幼儿艺术活动是精神创造活动。艺术活动作为一种情感和创造性活动,要让幼儿在艺术活动过程中收获愉悦感、敢于个性化地表现。幼儿时期充满了奇思妙想,幼儿的创作充满了童趣童真,教育者要理解、尊重、肯定幼儿与众不同的创作作品,给予宽容、轻松、接纳的心理氛围。

### (二)《3-6岁儿童学习与发展指南》中的幼儿园教育目标

为帮助广大幼儿园教师和家长全面提高科学保教水平,2012年教育部颁布了《3-6儿童学习与发展指南》。在深刻把握幼儿学习与发展的基本规律和特点的基础上,《指南》提出一系列新的教育要求。

《指南》延续了《纲要》把幼儿教育内容划分为五大领域的做法,以更具前瞻性的视角、更细致的年龄阶段划分描述了幼儿的学习与发展,以便幼儿教师与家长充分了解各个年龄段幼儿的特点与教育要点,《指南》对于每个年龄阶段的发展的指导性更强,更便于幼儿教师与家长操作。

《指南》由"说明"、正文两部分组成。"说明"交代了文件制定的背景、目的、内容、结构和实施《指南》应把握的四大原则。正文分别从健康、语言、社会、科学、艺术五大领域的若干方面(可称之为"子领域")进行了详细的解说。

**1. 健康**

健康的范畴涵盖身体健康、心理健康和社会适应方面的良好状态。幼儿期是身体发育和机能发展极其迅速的时期,也是培养安全感和乐观态度的重要时期。要从"身心状况""动作发展""生活习惯与生活能力"三个子领域来培养幼儿愉快的情绪、强健的体质、协调的动作、良好的生活习惯。(见表1-1)

表 1-1 健康领域之"子领域"教育目标

| 领域 | 子领域 | 目标 |
| --- | --- | --- |
| 健康 | 身心状况 | 1. 具有健康的体态 |
| | | 2. 情绪安定愉快 |
| | | 3. 具有一定的适应能力 |
| | 动作发展 | 1. 具有一定的平衡能力,动作协调、灵敏 |
| | | 2. 具有一定的力量和耐力 |
| | | 3. 手部动作灵活协调 |
| | 生活习惯与生活能力 | 1. 具有良好的生活与卫生习惯 |
| | | 2. 具有基本的生活自理能力 |
| | | 3. 具备基本的安全知识和自我保护能力 |

**2. 语言**

语言是交流的工具,也是思维的工具。幼儿期则是一个人的语言发展、特别是口语发展的重要时期。语言领域教育目标分为"倾听与表达""阅读与书写准备"两个子领域。(见表1-2)

表 1-2 语言领域之"子领域"教育目标

| 领域 | 子领域 | 目标 |
| --- | --- | --- |
| 语言 | 倾听与表达 | 1. 认真听并能听懂常用语言 |
| | | 2. 愿意讲话并能清楚地表达 |
| | | 3. 具有文明的语言习惯 |
| | 阅读与书写准备 | 1. 喜欢听故事,看图书 |
| | | 2. 具有初步的阅读理解能力 |
| | | 3. 具有书面表达的愿望和初步技能 |

### 3. 社会

幼儿通过人际交往和社会适应实现社会性发展(社会领域之"子领域"教育目标见表 1-3)。幼儿要尝试学会处理与周围世界人与物的关系,不断发展适应社会生活的能力。

表 1-3 社会领域之"子领域"教育目标

| 领域 | 子领域 | 目标 |
| --- | --- | --- |
| 社会 | 人际交往 | 1. 愿意与人交往 |
| | | 2. 能与同伴友好相处 |
| | | 3. 具有自尊、自信、自主的表现 |
| | | 4. 关心尊重他人 |
| | 社会适应 | 1. 喜欢并适应群体生活 |
| | | 2. 遵守基本的行为规范 |
| | | 3. 具有初步的归属感 |

### 4. 科学

幼儿的科学学习是在探究具体事物和解决实际问题中,获得丰富的感性经验,充分发展形象思维。成人要引导幼儿通过观察、比较、操作、实验等方法,学习发现问题、分析问题和解决问题;帮助幼儿不断积累经验,初步尝试归类、排序、判断、推理,逐步发展逻辑思维能力,形成受益终身的学习态度和能力。科学领域之"子领域"教育目标见表 1-4。

表 1-4 科学领域之"子领域"教育目标

| 领域 | 子领域 | 目标 |
| --- | --- | --- |
| 科学 | 科学探究 | 1. 亲近自然,喜欢探究 |
| | | 2. 具有初步的探究能力 |
| | | 3. 在探究中认识周围事物和现象 |
| | 数学认知 | 1. 初步感知生活中数学的重要性和乐趣 |
| | | 2. 感知和理解数、量及数量之间的关系 |
| | | 3. 感知形状与空间关系 |

### 5. 艺术

艺术是人类感受美、表现美和创造美的重要形式,也是表达自己对周围世界的认识和情绪态度的独特方式。幼儿独特的笔触、动作和语言往往蕴含着丰富的想象和情感,成人不能用"完美""像不像"的审美标准去限制、评判幼儿,不需要做过多的要求,而是要对幼儿的艺术表现给予充分的理解、尊重、接纳,要让幼儿在安全的心理环境中进行观察、模仿、创作。艺术领域之"子领域"教育目标见表1-5。

表1-5 艺术领域之"子领域"教育目标

| 领域 | 子领域 | 目标 |
| --- | --- | --- |
| 艺术 | 感受与欣赏 | 1. 喜欢自然界与生活中美的事物<br>2. 喜欢欣赏多种多样的艺术形式和作品 |
| | 表现与创造 | 1. 喜欢进行艺术活动并大胆表现<br>2. 具有初步的艺术表现与创造能力 |

需要特别注意的是,在幼儿绘画时,不宜提供范画,特别不应要求幼儿完全按照范画来画,要尽可能地发挥每一位幼儿的潜力。

**四、全面发展的教育**

马克思主义关于人的全面发展学说是我国教育目的确立的理论基础。我国的教育目的是培养德智体美劳全面发展的社会主义建设者和接班人。人的全面发展并非某一方面的发展,它是由德育、智育、体育、美育、劳动教育构成的"五育并举"的全面发展。在义务教育阶段,要坚持德育为先,提升智育水平,加强体育美育,落实劳动教育。义务教育课程体系要能够反映时代特征,具有中国特色和世界水准。

**(一)德育的目标、内容、过程与实施**

"德育"一词在近代才出现。我国古代教育内容虽然以德育为主,但并无"德育"之名,1912年以后,"德育"一词才正式出现在相应的教育文件中。从广义的角度来说,有目的、有计划地对社会成员在政治、思想与道德等方面施加影响的活动就是德育。从狭义的角度来说,德育专指学校教育。新中国成立75年来,德育课程从无到有,从政治课到思想品德课,从思想品德课到品德与生活、品德与社会,再到新时代的道德与法治,目标、内容、实施方法都在变化发展当中。

(1)德育的目标

德育的目标是受教育者在思想品德方面要达到的总体规格和要求。学校对儿童施加政治、思想、道德等方面的影响,形成他们的品德和自我修养能力;为社会主义现代化建设提供保证,为青少年健康成长保驾护航。

当前中小学德育目标以《义务教育道德与法治课程标准(2022年版)》规定的表述为准:"核心素养是课程育人价值的集中体现,是学生通过课程学习逐步形成的正确价值观、必备品格和关键能力。道德与法治课程要培养的核心素养,主要包括政治认同、道德修养、法治观念、健全人格、责任意识。政治认同是社会主义建设者和接班人必须具备的思想前提,道德修养是立身成人之本,法治观念是行为的指引,健全人格是身心健康的体现,责任意识是担当民族复兴大任时代新人的内在要求。"

道德与法治基于社会发展和学生成长的需要,以正确的政治思想、道德规范和法治观念对学生进行循序渐进的系统化教育,培养学生成为担当民族大任的时代新人。总目标在具体阐述上以核心素养的五个方面为框架,在内容上相互交融,具体表现为:① 在政治认同上,培养有立场、有理想的中国公民;② 在道德修养上,培养有道德、有品格的中国公民;③ 在法治观念上,培养有自尊、守规则的中国公民;④ 在健全人格上,培养有自信、求进取的中国公民;⑤ 在责任意识上,培养有责任、有担当的中国公民。

(2) 德育的内容

狭义的德育指的是学校教育,学校德育的内容是教育者依据德育目标所选择的,形成受教育者品德的社会政治准则和道德规范的总和。当前,需要着力构建新时代的"大德育"课程内容体系,在循序渐进、螺旋上升中推进"大中小学德育一体化"。道德与法治课程以发展学生的核心素养为导向,以"成长中的我"为原点,由"自我认识"到"我与自然""我与家庭""我与他人""我与社会""我与国家和人类文明",不断扩宽学生的认识和生活范围,以道德与法治教育为框架,有机融入国家安全教育、生命安全与健康教育、劳动教育,以及信息素养教育、金融素养教育等相关主题,强化中华民族传统美德、革命传统和法治教育。

中小学德育内容在每个学段侧重各有不同,共分为四个学段(1~2年级、3~4年级、5~6年级、7~9年级)。根据不同阶段学生的身心发展特点,以学生实际生活为基础,分学段按主题对内容进行科学设计,建构学段衔接、循序渐进、螺旋上升的课程体系。

(3) 德育的过程与实施

德育过程是受教育者品德形成的过程,实质就是个体社会化和社会规范个性化的统一过程。即根据一定的社会要求和受教育者品德形成的规律,把一定的社会道德规范内化为受教育者品德,使得受教育者的"知、情、意、行"逐步上升逐步整合。我国中小学德育实施途径广泛多样,总的实施路径为课程育人、文化育人、活动育人、实践育人、管理育人、协同育人,具体要求通过教学、社会实践、班会、晨会、班主任工作、共青团及少先队组织的活动来进行。德育的方法有说服教育、实践锻炼、榜样、奖惩、操行评定、表扬与批评等,形成教育育人。

**(二) 智育的目标、内容、过程与实施**

(1) 智育的目标

智育的目标是传授系统的文化科学知识和技能,发展智力,培养创新精神,培养实践能力。

(2) 智育的内容

智育的内容包含:主要以课程形式为载体,向受教育者传授系统的文化科学基本知识、技能;有计划地发展学生的智力、技能,帮助学生掌握学习方法;培养学生的创新能力和实践能力。在小学阶段学生主要学习语文、数学、英语、科学等课程。

(3) 智育的过程与实施

智育的过程是教育者帮助受教育者掌握基础知识和基础技能的过程,同时也是培养实践能力和创新精神的过程。为了达到智育的目的,实施智育时应注意以下原则:传授知识与培养智能相结合、使学生熟练精思、指导学生博专结合、精讲多练。智育的实施途径多种多样,主要有教学、课外活动等。

### (三) 体育的目标、内容、过程与实施

(1) 体育的目标

体育的目标是传授体育卫生的知识和技能,增强学生体质,养成良好的保健、卫生习惯。

(2) 体育的内容

体育的内容包含田径、体操、游戏、球类、武术、游泳、健美操、军事体育活动等。还可以利用自然条件进行日光浴,有条件的学校可以进行登山、滑雪、网球等体育项目。

(3) 体育的过程与实施

学校体育通过体育课、早锻炼、课间活动、眼保健操、运动队训练、运动会等组织形式进行。体育活动应有时长保证,不能被学习及其他活动随意挤占,沦为有无可无的活动。《国家体育锻炼标准》《义务教育体育与健康标准(2022年版)》规定,小学体育的课时和教学课应占 16%～20%,中学应占 20%～30%。《儿童青少年肥胖防控实施方案》强调,要保证幼儿园幼儿每天的户外活动时间在正常的天气情况下不少于 2 小时,其中体育活动时间不少于 1 小时。

### (四) 美育的目标、内容、过程与实施

(1) 美育的目标

美育的目标是培养受教育者正确的审美观念,培养其感受美、欣赏美、创造美的初步能力,提高思想境界和审美情趣。

(2) 美育的内容

学校美育的内容主要有自然美、社会美、艺术美。

(3) 美育的过程与实施

美育主要通过各科教学、课外活动、大自然和日常生活等途径进行实施。各科教学主要是文学艺术科目的学习,如语文、音乐、美术。实施美育的基本要求包括思想性和艺术性的统一,形象思维与逻辑思维相结合,情绪体验和逻辑思维相结合,美育与德、智、体、劳各育相结合。美育实施的方法:教师教导法、欣赏法、活动法和实践法。让受教育者在课堂教学、课外文化艺术活动、大自然、日常生活中接受美的熏陶,提高他们对美的感受能力和创造能力。

### (五) 劳动教育的目标、内容、过程与实施

新时代的劳动教育有新内涵。2020年颁布的《中共中央 国务院关于全面加强新时代大中小学劳动教育的意见》对新时代的劳动教育提出了一系列明确的要求。2020年7月,教育部在《大中小学劳动教育指导纲要(试行)》中指出,"劳动教育是发挥劳动的育人功能,对学生进行热爱劳动、热爱劳动人民的教育活动"。

(1) 劳动教育的目标

劳动教育的总目标为全面提高学生劳动素养,具体目标为传授基本的生产技术知识和生产技能,培养正确的劳动观念,养成良好的劳动习惯和品质。

(2) 劳动教育的内容

针对不同学段、类型的学生特点,以日常生活劳动、生产劳动和服务性劳动为主要内容

开展劳动教育。结合产业新业态、劳动新形态,注重选择新型服务性劳动的内容。小学低年级注重启蒙劳动意识,在日常生活中学习如何自理;小学中高年级注重卫生、劳动习惯养成,让学生做好个人清洁卫生,主动分担家务。要通过具体的劳动让学生动手实践,出力流汗,接受锻炼,避免不会劳动和不爱劳动、轻视体力劳动和普通劳动者。

(3) 劳动教育的过程与实施

劳动教育是一个动手动脑的实践过程,注重手脑并用,要让学生面对真实的任务情境,亲历实际的劳动过程。劳动教育以劳动实践为主,也可以适当安排一定的时间讲授劳动原理与方法、注意事项。

## 思考与练习

### 一、单项选择题

1. 教育的产生完全来自动物的本能,是种族发展的本能。这是教育的( )的观点。
   A. 神话起源说　　B. 生物起源说　　C. 心理起源说　　D. 劳动起源说
2. 以下不属于教育的构成要素的是( )。
   A. 教育者　　　　B. 受教育者　　　C. 教育影响　　　D. 教育目的
3. 培养学生正确的审美观点的教育是( )。
   A. 德育　　　　　B. 智育　　　　　C. 体育　　　　　D. 美育

### 二、判断

1. 教育的本质是培养人。　　　　　　　　　　　　　　　　　　　　　　( )
2. 五大领域的划分只是相对的。　　　　　　　　　　　　　　　　　　　( )
3. 马克思主义关于人的全面发展学说是我国教育目的的理论基础。　　　　( )

### 三、辨析题

1. 原始社会已经有了专门的教育。
2. 做好幼小衔接体现了尊重人身心发展的个别差异性规律。
3. 不应要求幼儿画画时模仿老师的范画。

### 四、案例分析

倩倩的爸爸妈妈都是博士毕业,在某大学工作。甲说:"倩倩遗传了这么优秀的基因,一定很聪明,以后读书成绩肯定很好。"乙说:"倩倩以后的发展和遗传没有什么关系。"丙说:"我看他们说的都不对,倩倩以后会不会读书看她自己想不想读,自不自觉。"

(1) 影响个体身心发展的因素有哪些?
(2) 请结合材料谈谈影响个体身心发展的自身因素。

# 第二章 课程

 **学习任务**

① 了解课程的基本概念、课程概念的演进、常见的课程类型。
② 了解幼儿园课程的概念。
③ 理解幼儿园课程的类型、特点。
④ 掌握幼儿园课程的实施。
⑤ 理解课程计划、课程标准、教科书。

 **知识导图**

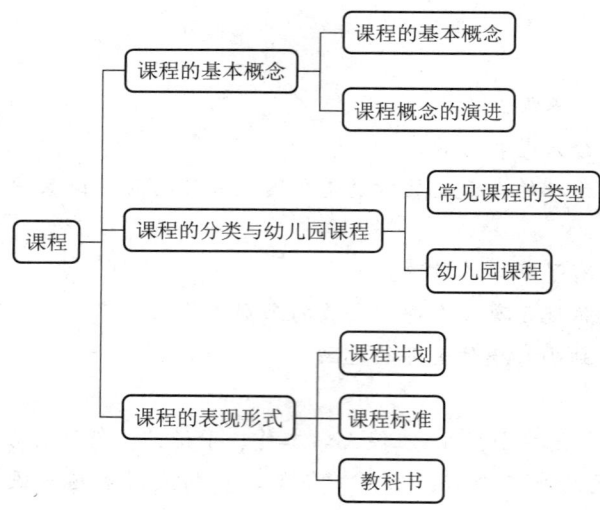

课程是实现教育目标的关键手段,课程概念纷繁复杂,典型的课程概念有"课程是教学科目""课程即学习经验""课程即文化再生产""课程即社会改造的过程"等。从不同的角度进行划分,课程可以分为多种类型,有学科课程与活动课程、综合课程与核心课程、国家课程与校本课程、显性课程与隐性课程。幼儿园课程以游戏为基本形式,融合于幼儿的一日生活中,具有基础性与非义务性的特点。美国课程学者辛德等人对课程实施取向的分类研究受到普遍的认同。这些取向分类分别是忠实取向、相互适应取向和创生取向。幼儿园课程实施的主要途径有教学活动、游戏、生活活动。课程计划、课程标准和教科书是课程的主要表现形式。

## 第一节 课程的基本概念

### 一、课程的基本概念

课程是对育人目标、教学内容、教学活动方式的规划和设计,是教学计划、教学大纲(2001年后被课程标准取代)等诸多方面实施过程的总和。

课程是实现教育目标的关键手段,有着狭义和广义之分。区分狭义与广义,主要是看教育内容指向的范围。狭义课程指具体学科,如语文、数学、英语等;广义课程则是指为达到学校教育目标而筛选教育内容并排入教学进程。

### 二、课程概念的演进

课程的概念随着历史的演进被赋予不同的解读与内涵,总的来说,关于课程的概念众说纷纭。每一种定义都有自己的理论基础,体现着定义者的价值取向,反映着定义者对教育的不同理解以及对教育结果的期望。

在我国,"课程"一词始见于唐宋。唐朝学士孔颖达在注释《诗经·小雅》时提到"维护课程",南宋时期教育家朱熹在《朱子全书·论学》提到课程,前者有"秩序"的意思,后者则强调学习过程中的功课和发展,朱熹的"课程"可谓是"学程"。在西方,英国教育家斯宾塞在专著《什么知识最有价值》中首次引入了"课程"这一术语,并将其定义为一个专门的研究术语。

不同的教育主张对课程的理解是不同的,关于课程概念的历史演进可归纳为以下四种典型。

**1. 课程是教学科目**

课程按知识类别分为不同科目,通常称之为学科课程。将课程等同于所教科目,这种课程概念深深影响着从过去到现在的教育教学。新中国成立后,我国的教育系统照搬苏联的分科教学模式,大中小学均实行分科教学,幼儿园也实行分科教学,注重静态知识的传递,如将幼儿园的课程内容分为六个科目(体育、语言、计算、常识、美术、音乐)。这是最普遍也是最为大众所熟知的课程类型。

**2. 课程即学习经验**

"课程是学习经验"也被称为经验课程、活动课程,是站在学习者的角度出发和设计的,强调学生经验最为重要,强调学生是课程的主体,强调学生的主观能动性,要求课程以学生的主体性活动经验为中心,体现综合性和整体性,帮助学生通过多种课程获得有意义的经验。美国著名教育家杜威强调要从儿童的兴趣和经验出发,用活动来组织课程,让儿童获得关于现实世界的直接经验。

"课程是学习经验"的优点主要体现在充分的尊重学生,发展学生的兴趣、动机、经验,调动主观能动性,帮助学生获得关于现实世界的直接经验,强调学生在获取经验时候的真切体验。

"课程是学习经验"的缺点主要体现在缺乏系统科学知识基础,没有严格的教学计划,传授的知识逻辑性难以保证,影响学生对基础知识的掌握。

### 3. 课程即文化再生产

美国的鲍尔斯和金蒂斯是"课程即文化再生产"的重要代表人物。他们认为,课程是文化的再生产。首先,课程要能够集中反映某种社会文化;其次,要精心选择对社会有益的文化;最后,通过学校教育再生产出对下一代有用的知识和价值,学校教育的职责就是有选择地实现文化的代际传递。课程的实质就是一种文化选择,从某种社会文化里选择出合适的知识,最终通过教育把这些知识传递给下一代。

### 4. 课程即社会改造的过程

一些激进的教育家认为,课程要培养有批判意识和反抗精神的学生,由这些人去改造社会。他们提出了一个著名的命题,那就是"学校敢于建立一种新的社会秩序吗",认为教学内容应聚焦于社会问题,引导学生直面当代社会挑战,重视社会现象并努力探寻改变社会的方法,最终实现社会向好的方向发展。

当前,巴西的弗雷尔是"课程及社会改造的过程"概念最具影响力的代表人物。他直截了当地表明,资本主义社会的学校课程已成为维护社会现状的手段,大众被奴役却不知;要改变这一状态,就需要从课程入手,培养出能够批判现有社会、创造出合理社会的学生。把课程看作是变革社会的良方,这无疑夸大了教育对社会的作用,是过于天真的。

## 第二节　课程的分类与幼儿园课程

### 一、常见课程的类型

根据不同的划分标准,可以将课程分为多种类型。下面具体介绍四种划分方法下的八种课程类型。

#### (一)学科课程与活动课程

**1. 学科课程**

学科课程,又称"分科课程",以有组织的学科内容作为课程组织的基础。学科课程是典型的课程类型,有着悠久的历史,我国古代的"六艺"、古希腊的"七艺"和"武士七艺"都可以说是最早的学科课程。

学科课程起初的理论基础是官能心理学。该理论主张课程旨在培养人的记忆、想象、思维等能力,而非传授实用知识。因此,学校以晦涩的希腊语、拉丁语和数学等为训练手段,只关注这些艰难的课程对人心智的训练,不管这些知识是否对现实生活有用。后来,随着资本主义的发展,另一种建立在实质教育论基础上的课程理论产生了,它反对官能心理学对人的机械训练,主张教育要教给学生丰富的知识,且这些知识要有实用价值。

学科课程强调的是一门学科知识体系的完整性。它的优点在于:① 学科课程有着严密的逻辑结构和系统,便于学生系统掌握某一领域的知识和技能,打好基础,有利于学生形成稳固的知识体系;② 按照学科的分类提供知识的系统学习;③ 按单个学科的知识框架掌握好学科知识和规律。2024年8月发布的《中共中央国务院关于弘扬教育家精神加强新时代高素质专业化教师队伍建设的意见》指出,对在校师范生来说,要精选课程内容,夯实师范生的学科基础;对教师来说,学科能力和学科素养是教师专业素养的体现,要通过培训更新教师的学科知识,使得教师紧跟学科发展。这样职前和职后学科能力、学科素养的形成才能贯通一致,才能提升教师实施学科课程的能力。

学科课程的缺点主要体现在脱离现实、知识割裂、教学方式单一、忽视其他能力培养。课程被等同于学科(一门学科或一类课程),知识被切割成孤立的科目,不同学科之间成为互不关联的实体;忽视了生活是一个整体的事实;过多关注教学科目和知识的系统学习,教师的教学活动虽然变得容易组织,但是容易变成讲解式灌输,让学生被动、枯燥地学习;势必会忽视学生情绪、主观能动性、创造性等对学生成长大有裨益的重要因素。

**2. 活动课程**

活动课程是以儿童从事某种活动的兴趣和动机为中心的课程。活动课程重视儿童的亲身经验,重视儿童本身,又被称为"经验课程""儿童中心课程",重视调动儿童的学习主动性,通过丰富多彩的活动将儿童的校内、校外生活统一起来。19世纪末至20世纪初,欧洲的新教育运动与美国进步主义教育热潮席卷教育改革,剑指传统的学科课程,指责学科课程的诸多弊端,如偏重书本知识,同实际生活距离较远,不能照顾到儿童的需要和兴趣等。美国学者杜威作为实用主义教育思想的代表人物,力图把实用主义哲学应用于教育层面,强调"经验是有机体和环境相互作用的结果""一切学习来自经验",宣称"教育即生长""教育即生活",教育作为过程,即"不断改组经验,重新组织经验"。

活动课程影响深远,曾在国外大中小学被普遍采用,也盛行至中国。20世纪二三十年代,杜威曾来华讲学数百场,宣传实用主义的教育思想,强调儿童中心、主张师生平等,掀起了中国教育界的杜威热。由于政治的动荡和西方教育思想的广泛传播,杜威的中国弟子陶行知、陈鹤琴等教育家从"教育救国"的立场出发,继承并改造实用主义教育思想,创立了相应的教育理论并进行教育实践。

**(二)综合课程与核心课程**

**1. 综合课程**

与学科课程将知识"分"科不同,综合课程重在知识的"融合"。它坚持知识的统一性,又被称为"广域课程""统合课程"或"合成课程"。综合课程是知识高度统合的课程,做法是减少教学科目,将两门或者两门以上有内在关联的学科内容整合组织在一门综合学科中。综合课程对知识的统合能够克服学科课程分科过细的缺点,让知识之间互相联系、融会贯通。比如艺术、道德与品质、科学或科学教育 STEAM 课程。STEAM 课程是科学、技术、工程、艺术、数学五门学科综合在一起的跨学科综合教育。

综合课程的代表人物是英国的教育理论家怀特海。心理学家认为,综合课程有助于学习者发挥迁移能力,有助于学习者掌握各门学科的要领,并将所学知识、技能迁移到其他知识技能的学习中。

**2. 核心课程**

核心课程既指所有学生都要学习的一部分学科或学科内容,也指对学生有直接意义的学习内容。核心课程的研制者主张以人类社会的基本活动为中心。这种课程的组织方式较好地解决了学科课程和活动课程的弊端,可以避免学科本身距离生活过于遥远,又可以避免教育的随意性以致酿成概念模糊和体系混乱的后果。

在形式上,核心课程通常采取循序渐进的方式呈现课程内容,课程内容按一定的顺序逐级递进地展示,比如从内部到外部、由近及远。核心课程的主要优势在于:专注于内容的一致性和实用性,以及对学生和社会的适应性;教学内容主要源自周围社会生活和持续出现的挑战,激发学生的积极性;通过积极的方式认知社会并推动社会变革。核心课程存在的问题是:课程的范围和顺序没有明确的规定,导致教师在实施课程时往往面临着不同程度的挑战,如学习内容可能杂乱无章、琐碎浅显等。

**(三)国家课程与校本课程**

根据课程编制、管理的不同主体,把课程分为以下两种:

**1. 国家课程**

国家课程是自上而下由中央政府负责编制、实施和评价的课程。国家课程具有权威性和强制性的特点,课程标准、教材、教师用书、习题集等都是统一的,如目前我国中小学的德育课程,以统编版教材《道德与法治》为准。

课程是教育改革的突破口。新中国成立至今,我国共进行了八次基础教育课程改革,体现了时代的特点和课程体系的变化。如:1992—2000 年进行的第七次教改引发课程研究的热潮,形成了多样化的课程体系,如国家课程、地方课程、校本课程以及活动课程、研究性学习课程。

2001 年至今,我国正式启动了多轮基础教育课程改革。新的课程改革着力纠正、转变以学科中心、知识碎片化的倾向,旨在更新教学理念,着重于课程的整合功能,以适应新时代社会对教育、对全面发展的人提出的培养需求。该改革试图消除对课本的依赖,避免机械性学习,提倡构建性学习,注重学生的体验和培养学习兴趣,重视积极参与、独立探究、有效交流和协作学习的方式。新课程强调课程目标的全面性、综合性,如知识、技能、过程、方法、情感态度和价值观的综合性,侧重激励与发展导向的学习评价,彰显多方面评价促进学生进步的作用。

**2. 校本课程**

校本课程就是以学校为课程编制主体,自主开发与实施的一种课程,是相对于国家课程和地方课程的一种课程。我国的中小学基本上采用的是国家课程、地方课程,校本课程所占比重相对较小。不过,校本课程给予了学校很大的自主性,学校在完成国家课程之外,可以根据地区同一需要或者自身需要,自行开发校本课程。如 2020 年至今,福州市教育局连续四年要求乌山小学、滨海新城实验幼儿园、福州对外贸易职业中专学校等32所指定学校在综合实践活动及地方与学校课程之外,安排一定量的时间来"开设福州方言校本课程",鼓励这些学校"开发福州方言校本教材"。

此处,校本课程也存在诸多方面的优点:学校有很大的自主性和灵活性,可以结合学校的优势和目标进行课程编制,契合本校的实际,较好地促进每个学生的发展,提高教师的课程能力,形成本校育人特色。不过,当前校本课程的系统开发缺乏专门设计和长远规划,高度依赖于某些教师的能力,教师有某领域的专长就开设该领域的校本课程;教师在这个学校,校本课程就能持续运转,若教师调离该校,校本课程可能就无人能接续。

### (四)显性课程与隐性课程

**1. 显性课程**

显性课程是课程方案中明确列出的有专门要求的课程,有明确的课程标准、课程内容、课程评价等,学生要通过考试才能获得结果,如学分、成绩、学历证书等。显性课程是明面上可以看到的,有明确目标要求的、公开性的课程,教育的目的指向性非常明确。

**2. 隐性课程**

隐性课程是指以内隐的、间接的方式呈现的课程,学生将在学校情景中无意识地获得经验、价值观、理想等意识形态内容和文化影响。一般认为,隐性课程的概念最早是由美国教育学家杰克逊于1968年提出的。隐性课程并不是习惯意义上的课程,而是指校园生活中对学生有影响的许多因素,它不在课程规划中体现,不进行正式教学,而是体现在校园的情境中,通过如校园内的标志建筑、校训校歌、课堂规则、校风班风、校园文化、师生关系、性别角色差异等方面潜移默化、间接地影响学生的成长。

## 二、幼儿园课程

### (一)幼儿园课程的概念

幼儿园课程是实现幼儿园教育目的的重要手段,是帮助幼儿获得有益的学习经验,以促进其身心全面和谐发展的各种活动的总和。

幼儿园课程是全面的、整体的。幼儿教师必须树立全面的课程观,要把有目的、有计划、有系统的学习活动作为课程,也要把幼儿一日生活的所有活动视作课程的有机组成部分。

### (二)幼儿园课程的类型

**1. 幼儿教育的发展历程**

百年来,我国幼儿教育从无到有,幼儿园课程也经历了从无到有、从向日本学习到向美国学习再到向苏联学习进而自主探索创建的过程。幼稚教育起初是从外国传来的舶来品,随着教会办学出现大量幼稚园,也有清末时期官方效仿日本办的幼稚园,其课程之间各有不同。

20世纪二三十年代,为了改变有"富贵病、花钱病、外国病"的洋化的幼稚教育现状,建立中国化、民族化、科学化的幼稚教育,陶行知、陈鹤琴等老一辈幼儿教育家一直在实践和探索。他们对幼儿教育的培养目标、幼儿园课程是什么、课程来源、编排方法等等提出了自己的主张。1928年,在全国第一次教育会议上,陶行知提出了《审查编辑幼稚园课程与教材案》。1932年,中国幼儿教育之父陈鹤琴为民国政府教育部主持拟定了《幼稚园课程标准》,这是中国历史上第一个自己制定的统一的幼儿园课程指导文件,规定了幼稚园课程内容范围(包括音乐、故事和儿歌、游戏、社会和常识、工作、静息、餐点七个方面的内容)。此后,我国幼儿教育界一直使用"幼稚园课程"一词。

鸦片战争以后,中国一步步沦为半殖民地半封建社会,陷入国弱民穷的深重灾难中,教育主权逐步沦丧。西方传教士通过五口通商口岸(福州、厦门、宁波、上海、广州)持续进入中国。清末民初,以福建省为例,圣公会、美以美会等教会遍布福建各地,"办学地点从福州、厦门各通商口岸逐渐发展到沿海内地,再到山区各城乡,约占全省县、市的3/5"。教会有组织地在福建举办幼稚师范和幼稚园,使得福建的幼稚教育走在全国前列,幼儿园充满宗教色彩。当时,教会幼儿园占国内幼儿园的多数。(1951—1952年福建省政府接办所有教会学校,彻底收回教育主权)

清末进行了学制改革,所颁布的癸卯学制成为第一个在全国范围内实行推行的系统学制,并把幼儿教育机构定为"蒙养院"。1903年秋,"湖北聘日本保姆三人",我国最早的学前公共教育机构——湖北幼稚园诞生了(第二年改为武昌蒙养院),这是我国官办幼稚园的开始。

**2. 探索幼儿教育的代表人物**

20世纪初期的中国积贫积弱,幼儿教育发展缓慢且不受重视,当时的幼稚园多由外国的教会举办并垄断,幼稚园普遍存在着"抄袭西洋,不切合中华民族性,不符合中国国情,不能使中国儿童适应"的问题。为了能够实现"教育救国",收回教育主权,造福儿童,陶行知、陈鹤琴等人纷纷探索符合中国化、平民化、科学化的幼儿教育之路。

(1) 陶行知

陶行知(1891—1946),安徽省歙县人,伟大的人民教育家。他继承了杜威的"生活教育"理论,结合中国实际创造出了属于自己的"生活教育"理论。陶行知教育思想的核心由"生活即教育、社会即学校、教学做合一"三部分组成,这是我国现代教育重要的思想之一。

陶行知批评当时害有"外国病、富贵病、花钱病"的幼稚园教育,探索平民化的幼稚教育。1927年11月,陶行知创办了中国第一个"中国的、平民的、省钱的"乡村幼稚园——南京燕子矶幼稚园,也是我国第一所乡村幼儿园。该园由陶行知主办,陈鹤琴、张宗麟、徐世璧、王荆璞等担任业务指导或教师。

他提出:"生活即教育,一日生活皆课程。"

(2) 陈鹤琴

陈鹤琴(1892—1982),浙江上虞人,我国幼儿教育之父,中国现代幼儿教育的奠基人,幼儿教育科学化的先锋。他注重儿童心理的研究,探索科学育儿的方法。1920年,陈鹤琴根据对儿子陈一鸣长达808天的观察,用日记描述法详细记录了孩子动作、能力、语言等方面的身心发展变化,写成了《儿童心理之研究》一书。陈鹤琴认为,科学的幼儿教育不能照搬西方,而是要立足中国的儿童,必须用实践来检验,要通过"比较普遍、比较长久的试验"。1923年,陈鹤琴在南京自己家中创办了中国第一所实验幼稚园——鼓楼幼稚园,对幼稚园的课程、设备、教材以及教学方法进行了精心研究,为"活教育"思想的形成奠定了坚实的基础。

1927年,总结鼓楼幼稚园的实践经验后,陈鹤琴提出了适合我国儿童特点的15条办幼稚园的主张。1928年,在教育部的主持下,陈鹤琴与若干专家共同起草了《幼稚园课程标准》,这是我国历史上第一个幼儿园教育课程标准,对提高我国早期幼儿教育的质量起到了重要的作用。1940年,陈鹤琴意识到幼稚师范教育的重要性,在江西泰和创办了我国第一所公立幼稚师范学校——江西省立实验幼稚师范学校,实践并形成了"活教育"思想。

陈鹤琴以活教育理论为基础,以活教育的目的——"做人、做中国人、做现代中国人"为导向,创立了幼儿园"五指活动课程"(如表2-1所示)。他指出,"幼稚园的课程可以以自然、社会为中心",幼儿教育的目标是课程目标在于发展幼儿的心智和身体,具体课程目标为四方面:做人、身体、智力、情绪,课程实施方法为整个教学法。陈鹤琴认为幼稚园的课程源于与幼稚生紧密联系的大自然和大社会,提出了编制幼稚园课程的十大原则。

表 2-1 五指活动课程

| 类别 | 主要内容 |
| --- | --- |
| 健康活动 | 饮食、睡眠、早操、游戏、户外活动、散步等 |
| 社会活动 | 朝夕会、周会、纪念日、集会、每天的谈话、政治常识等 |
| 科学活动 | 栽培植物、饲养动物、研究自然、认识环境等 |
| 艺术活动 | 音乐(唱歌、节奏、欣赏)、图画手工等 |
| 文学活动 | 故事、儿歌、谜语、读法等 |

"五指活动课程"课程内容由5个方面组成。他指出,五指活动的五指都是生长在儿童身上的,是儿童的五指而非成人的五指。这五指是活的,可以伸缩,且相互联系。以五个有联通又有区别的手指比喻课程内容的五个方面,强调幼儿的课程内容之间有整体性、连通性,绝不能分割或者孤立,也强调儿童的主体地位。

(3) 张雪门

张雪门(1891—1973),浙江鄞县人,我国著名的学前教育专家,与陈鹤琴先生有"南陈北张"之称。张雪门以毕生的精力致力于幼稚教育,前期在北京后在台湾,在幼教界先后耕耘达60年。他的幼儿教育思想和实践过去曾对中国,尤其是我国北方和台湾产生过很大的影响。

张雪门认为改造中国的关键是教育,而幼稚教育作为基础教育责任重大,现在的儿童就是下一代的民族,幼稚教育肩负着改造社会的重任,必须根据中国的传统文化、国家和民族的需要、儿童的心理发展特点开展。他用设问的方式阐释了幼儿园课程:"幼儿园课程是什么?就是给三周岁到六周岁的孩子所能够做而且喜欢做的经验的预备。"认为课程是适应幼儿生长的有价值的材料,生活就是教育,课程完全根据生活,不能完全限于教材,应当研究幼儿的实际行为,幼儿在园内的生活实践就是行为课程。他由此创立了"行为课程"理论,并提出选择教材的五条标准。

(4) 张宗麟

张宗麟(1899—1976),浙江绍兴人,我国著名的幼儿教育专家。1925年自南京高等师范教育系毕业后,张宗麟留校任教,协助陈鹤琴创办鼓楼幼稚园,成为我国幼儿教育史上第一位男幼师。早年曾师从陶行知、陈鹤琴学习教育,后来协助陈鹤琴研究幼儿教育。

张宗麟对当时上海、南京等地的幼稚园教育进行了调查研究,发现幼稚园多由教会垄断,或严重抄袭外国的做法。对此,他感到非常痛心,决心改变这一状况,呼吁"停办外人设立之幼稚师范及幼稚园",明确提出要使"幼稚教育运动转向劳苦大众的队伍里去",并在乡村创建幼稚园。他意识到,最要紧的是建设符合中国儿童的课程。他认为,课程的本质是活动,是幼儿在幼稚园的一切活动;幼稚园课程的目的是满足社会的期望尤其是幼儿自身的需要。他提出"生活便是教育,整个的社会便是学校",他认为幼儿的活动具有社会性,幼儿有社会交往的需求,且他们之间也有很多社会交往,所以幼稚园课程要增加"社会"科目。由此产生了社会化的幼稚园课程思想。

张宗麟关于幼稚园课程的论述尤其是幼儿园课程编制思想及实践对当前的幼儿园园本课程编制仍然具有重要的指导意义。

**3. 幼儿园课程的典型类型**

新中国成立后,幼儿教育迅速发展,幼儿园课程几经变化,主要有过以下三种典型的类型。

(1) 幼儿园课程即教学科目

20世纪50年代属于计划经济时代,新中国幼儿教育开始照搬苏联,把课程看成一门教学科目,强调的是系统知识的价值。1952年《幼儿园暂行教学纲要(草案)》规定幼儿园的课程包括体育、语言、认识环境、图画和手工、音乐、计算。改革开放后,1981年由中国教育部颁布的《幼儿园教育纲要(试行草案)》规定,幼儿园设置语言、计算、常识、音乐、美术和体育等课程。可见,20世纪50年代至80年代这三十年间,我国的幼儿园与学校教育一致,都是将课程理解为教学科目,这种课程类型强调系统知识的教学。

"幼儿园课程即教学科目"侧重于系统知识的教学,儿童主要通过端坐静听来学习间接经验,这不仅违背了儿童的年龄特点,也忽视了儿童的现实生活与经验。

(2) 幼儿园课程即教育活动

"幼儿园课程即教育活动"是一种广义意义上的幼儿园课程,将幼儿园内为儿童设置的一切教育活动都当作课程。张宗麟认为幼儿在幼儿园的一切活动都是课程——"幼儿园课程者,广义地说,乃幼稚生在幼儿园一切之活动也。"

"幼儿园课程即教育活动"摒弃了幼儿园课程限于教学科目的狭义性,将生活活动、游戏活动与体育活动等囊括在课程的范畴中。

(3) 幼儿园课程即儿童经验

幼儿园课程即儿童经验,是20世纪80年代由国外引入的一种观念。该观念认为,"幼儿园课程是儿童在幼儿园环境获得的旨在促进其身心全面发展的教育性经验"。在此,幼儿园要通过教育活动促进儿童的经验,注重环境潜移默化的教育作用,教育过程中应关注儿童兴趣的变化。

鉴于幼儿园课程类型的复杂性和多样性,我们要看到每种类型背后看问题的角度和关注重点,它们都或多或少涉及课程的某些本质属性。每种类型都有某种合理性,也有某种局限性。我们要做的是:不是简单的肯定或否定,而是要根据自己的课程实践要求作出判断。

**(三)幼儿园课程的特点**

幼儿园课程有着鲜明的特点。儿童的身心发展规律决定了幼儿园课程要在内容和形式上与中小学课程区别开来。幼儿园的课程不能以系统地传授知识技能为中心,端坐静听、口耳相传也不是幼儿学习的主要方式。幼儿的生活是整个的,幼儿主要是在生活中通过直接经验来学习,是在情境中、行动中学习的。

幼儿园课程具有以下特点。

**1. 基础性与非义务性**

幼儿园教育是基础教育的重要组成部分,幼儿园的课程具有基础性,为幼儿的终身发展打下坚实的基础。3~6岁的儿童正处于人生发展的起始阶段,这一阶段的教育将为未来的发展奠定坚实的基础。

幼儿园课程虽然是基础性课程,但不像义务教育那样具有强制性、免费性和普遍性(我国义务教育法规定义务教育为小学至初中九年)。幼儿园教育不是义务教育,幼儿园课程具有非义务性。在遵守国家有关的教育政策的前提下,幼儿园编制课程、实施课程的自主性和灵活性更大,可以自主开发富有个性化的课程,形成园本课程,自行命名如"关爱课程""彩虹课程""自然课程""博物课程""生活化教育3+N课程"等。

**2. 融合于一日生活中**

根据幼儿的年龄特点和身心发展的需要,幼儿园教育具有保教合一的特点。幼儿园课程贯穿于一日的生活中,通过一日生活中的各种活动来落实保育和教育,实现"保中有教,教中有保"。生活是儿童学习的来源,也是儿童练习的环境,教育从生活中来,围绕生活展开,也从生活中结束。幼儿的学习与一日生活密不可分,"要珍视生活的独特价值",如《纲要》提到"生活"32次,《指南》提到"生活"81次。课程内容来自幼儿的生活,体现生活化的特点;课程实施更要融入幼儿的一日生活——从入园到离园以及整理、进餐、盥洗、午睡等。

**3. 以游戏为基本形式**

游戏是儿童的天性,能够使儿童在没有压力的、自主的情况下富有创造地学习,获得愉快的情感体验。《纲要》指出:"幼儿园教育以游戏为基本活动。"游戏是幼儿基本的学习方式,幼儿在游戏中往往会产生各种各样的问题,为课程的生成创造了条件。教师根据幼儿在游戏中的表现,捕捉到具有教育价值的内容生成课程,帮助幼儿深化有关的学习经验。

游戏对儿童的身体、智力、情感、想象、创造力等的发展都具有重要的作用。要给学前儿童充足的游戏时间、良好的游戏环境与材料、充分的自主,让游戏成为儿童的"真游戏",让儿童真正体会到学习的快乐。

**(1)游戏能够促进儿童身体的发展**

由于骨骼肌肉和神经系统发展的特点,学前幼儿在生理上要求不断变换活动。活泼好动是学前儿童的特点,长时间静坐或保持同一姿势会使他们感觉疲劳,所以我们总能看到他们在蹦蹦跳跳。游戏不仅能够促进幼儿的身心发展,还有利于提高幼儿的体能,增强其体质,增强机体的适应能力,使幼儿感到舒适愉快。

(2) 游戏能够促进儿童的认知和语言发展

游戏从不同方面为学前儿童提供了认识外部世界的途径。通过使用各种游戏材料、体验各种游戏角色,使学前儿童能够了解物体的性能,以及事物之间的关系,如物体的颜色、形状、大小、用途,这些感官刺激有助于培养他们的注意力、观察力、判断力。此外,游戏中与同伴沟通、交往,也为学前儿童提供了语言交流的机会。

游戏激发了学前儿童的想象力、思维能力。象征(假装)、模拟、联想是儿童游戏的普遍特征,给予了他们充分的想象空间,推动他们去思考和创作,学会在游戏中合作与解决问题。在解决问题过程中,学前儿童要进行思考:和谁一起玩、用什么材料玩、玩什么游戏、规则是什么,出现新情况了该怎么解决,在这一过程中,其分析、判断、总结等思维能力也得到了发展。

(3) 游戏促进儿童情感的发展

游戏可以平衡调节儿童的情绪。他们在游戏中无拘无束地玩,尽情地表达个人的感受和情绪,从而获得愉快的情绪体验,最终忘掉烦恼。游戏还能帮助儿童宣泄不良情绪,按照自己的意愿自由自在地活动。

(4) 游戏能够促进儿童社会性的发展

游戏往往需要多人合作才能顺利进行,这给学前儿童提供了大量的与人交往的机会。学前儿童要正确处理游戏中的同伴关系,需要相互适应,服从共同的规则,还要学会协商、轮流、遵守规则等社交技能。

**4. 以幼儿直接经验为基础**

幼儿园课程就是要引导幼儿获取有益的经验,这种经验是直接经验而非间接经验。《指南》指出:"幼儿的学习是以直接经验为基础,在游戏和日常生活中进行的。"这是因为,年龄越小的儿童越是以直觉行动思维为主,随着年龄的增长逐渐变成以具体形象思维为主,依赖于感性体验,主要通过各种感官来认识世界,学习时离不开具体动作和具体事物的支持。为此,教师要合理安排一日生活,设置情境、提供丰富的材料,"最大限度地支持和满足"让幼儿动手动脑,让幼儿在理解和感知中获取直接经验。幼儿的学习要以直接经验为基础,途径是在多感官下感知、操作和亲身体验,严禁通过超前教育或强化训练去学习去获得间接经验。

**(四)幼儿园课程的实施**

编制一个完整的幼儿园课程包括课程目标的制定、课程内容的选择、课程的实施和课程实施效果评价。为了实现课程目标,将设计好的课程内容付诸教育实践的过程就是课程的实施。随着课程改革的不断深入,课程实施成为检验课程改革成败与否的关键。

**(一)幼儿园课程实施的价值取向**

衡量课程实施情况,判断的标准是看如何取向和界定。美国课程学者辛德等人对于课程实施取向的分类研究受到教育界普遍的认同,分别是忠实取向、相互适应取向和创生取向。

**1. 忠实取向**

课程实施的忠实取向特指忠实严格地执行课程计划的过程。该取向强调课程设计的优先性,要求提前规划好课程计划,教师只要根据事先的设计不折不扣地执行,实现预定的课程方案即为成功。因为事前有明确的规定、有明确的内容和顺序,教师较容易完成这类课程。

**2. 相互适应取向**

相互适应取向认为课程实施过程是课程计划根据班级或学校实际情境相互调整、改变与适应的过程,在课程目标、内容、方法、组织模式等多个方面都可以相互适应,课程设计人员与课程实施者双方能够根据学校或者班级的实际情境进行弹性的调整。在它看来,虽然课程计划被提前规划好了,但在开展课程实施时必须视具体情况进行修正调整,允许双向的互动与改变。

**3. 创生取向**

课程实施的创生取向认为,真正的课程是教师与学生共同建构的教育经验,课程实施的本质是在具体的课程情境中师生共同缔造新的教育经验。课程实施前不能把所有的内容都预设好,强调的是随着实施过程不断创造生成,课程的实施过程充满了情境化、人格化。比如在幼儿园课程实施过程中,教师依据儿童在活动中的表现捕捉其兴趣点,不断生成新的课程。如泉州某幼儿园在中班博物课程"邂逅惠安女"主题活动实施过程中,教师通过谈话活动帮助幼儿梳理关于惠安女的服饰经验、生活经验,针对幼儿新产生的困惑——"惠安有多大、惠安包括哪些地方",生成出调查惠安区域的新课程。

### (二) 幼儿园课程实施的原则

**1. 目标定向原则**

课程是实现教育目标的桥梁,目标是教育目的在各级各类学校培养目标的具体化。教育目的要转化为具体的课程目标,为接下来的教育教学活动起到导向、定向作用。幼儿园课程目标从横向看有认知、情感态度、动作技能等,从纵向看逐级具体化为课程总目标、领域目标、年龄阶段目标、单元目标、活动目标。幼儿教师在实施课程的时候要增强目标意识,要选择有利于目标实现的活动实施方式,尤其要在课程评价时从目标角度出发检验目标是否达成。没有一定的目标指向性,课程的实施过程就会缺乏规划性和目的性。

## 案例一

### 科学教育活动:蛋宝宝的秘密(小班)

**活动目标:**

1. 能运用多种感官感知蛋的形状、大小、颜色等外形特征,初步了解蛋的主要结构。
2. 认识常见的会下蛋的禽类,初步了解蛋与禽类动物之间的关系。
3. 了解辨别生蛋和熟蛋的方法,乐于表达自己的想法。

在科学教育活动"蛋宝宝的秘密"中,教师设计了三点目标。在整个课程实施的过程中,教师结合小班幼儿的年龄特点,让孩子看一看、摸一摸、摇一摇、转一转、照一照、说一说等多种方式感知蛋的特点,主要的活动过程直指目标的达成。虽然过程中幼儿多次提出恐龙蛋、恐龙化石、动物是胎生还是卵生等问题,但由于与目标暂时不相关,教师将这类问题统一留到课后进行回答,并及时安抚幼儿情绪,适当引发与课程目标相关的提问,探究活动紧紧围绕目标,整个活动目标达成度高,每个幼儿都掌握了蛋宝宝的秘密。

### 2. 生活化原则

教育不应该是生活的准备,而是儿童当下生活的过程,教育应当关注幼儿的现实生活,与现实生活联结,回归幼儿本真的生活,以保障幼儿身心和谐健康发展。2001年《纲要》颁布后,全国各地的幼儿园掀起整合性课程改革的热潮。二十多年的历程显示,"生活化"是本轮改革的突出特点和显著成果。生活化的课程实施符合儿童生命存在、学习发展的过程,教师要创设生活化的环境,使幼儿在幼儿园中有"家"的感觉。此外,在课程实施中,教师要善于"寓教育于生活",使幼儿园的生活"教育化"。

## 案例二

### 哭十下

小班初入园的星期一早上,从幼儿园走廊传来了玲玲小朋友大哭大闹的声音"我不要上幼儿园,我要妈妈"。教师从妈妈手中接过玲玲,把玲玲抱在怀里,轻抚玲玲的后背说:"玲玲,两天不见,我都想你啦。乖孩子,老师爱你哦。""好孩子别担心,老师陪着你!""瞧,今天我带了件神秘礼物,你想看看吗?"……

分离焦虑是小班幼儿初入园时的突出问题。老师为了让幼儿在集体生活中感到温暖,建立安全感、信赖感,开展了"一步一步爱上幼儿园"的主题活动。"哭十下"是教师帮助幼儿缓解分离焦虑的一种巧办法,教师接纳、共情了幼儿的情绪,用爱的抱抱、温柔的肢体语言拉近了与幼儿的距离。既允许幼儿表达出自己的感受,又让幼儿有度地宣泄消极情绪。教师把宣泄进行了时间量化,通过点数1至10转移幼儿的注意力。此外,新入园幼儿在园吃饭、午休、游戏时都会出现各种问题,比如"我不想睡觉""我不想吃饭"。对此,教师预设了"不想睡觉怎么办""天天午睡身体好""午休能量卡",并根据幼儿在活动的表现生成了"手心里的爱"。随着主题的深入,幼儿们慢慢克服了分离焦虑,情绪较稳定,能在成人的安抚下尝试调节情绪,逐渐适应集体生活,愿意在园午休、进餐,正确使用厕所。这些课程关注幼儿的现实生活,从生活中挑选出共性的问题作为课程,通过各种措施满足新入园幼儿的心理需求,帮助他们逐渐爱上幼儿园。

## 案例三

### 小班上期社会领域课程序列(预设)

| 领域 | 活动名称 | 活动目标 | 内容类别 | 活动类型 |
| --- | --- | --- | --- | --- |
| 社会领域 | 我要上幼儿园了 | 熟悉幼儿园、本班的环境,熟悉本班教师 | 社会认知 | 亲子活动 |
| | 和老师一起做游戏 | 体验集体生活的快乐,愿意亲近教师和同伴 | 情感体验 | 生活活动<br>区域活动 |
| | 哥哥姐姐爱我 | 喜欢和哥哥姐姐在一起,感受哥哥姐姐的关爱 | 情感体验 | 生活活动 |
| | 做个笑娃娃 | 能高高兴兴上幼儿园,做个大家喜欢的笑娃娃 | 情感体验 | 生活活动 |
| | 我的东西在哪里 | 知道自己所用物品的标记,学习正确摆放物品 | 行为养成 | 生活活动 |
| | 幼儿园里朋友多 | 愿意在集体中说出自己的名字<br>同伴间相互认识,体验在一起活动的快乐 | 情感体验 | 集中教育活动<br>游戏活动 |

幼儿在幼儿园的一日生活中隐藏各种教育契机，教师要善于捕捉到关键信息，挖掘事件背后的教育价值，帮助幼儿一步步整理、丰富个人生活经验。

**3. 综合化原则**

综合化原则体现在教育目标的统合、教育方式的多样化、领域教育相互渗透。目标覆盖全面，通常是情感态度、知识与技能、过程与方法三个维度的有机整合。教育方式的多样化是指教学活动时采用多样的而非单一的教育手段、方法和组织形式。幼儿园教育内容相对划分为五大领域，各领域之间内容要相互渗透，共同促进幼儿情感、态度、能力、知识、技能等方面的全面综合发展。

## 案 例

### "蚊子大作战"主题活动（大班）

蚊子是生活中极为常见的一种昆虫。夏天来了，身边非常容易出现蚊子。虽然做好了防蚊措施，但是有的幼儿还是会被叮咬。老师抓住这一契机，生成了"蚊子大作战"的主题活动。

**主题目标：**
1. 知道蚊子的基本构造、形态特征，了解蚊子的生长周期及生活习性。
2. 知道蚊子的危害，了解常用的驱蚊方法，能够正确保护自己。
3. 能用数字、图画、图表或其他符号记录并乐意与同伴分享自己的发现。
4. 主动与同伴合作、分享、探究蚊子的秘密。
5. 鼓励幼儿大胆表达蚊子的危害。

**环境创设：**
在不同的区域创设与蚊子有关、与主题推进有关的图片或者其他资料。

**教学活动：**

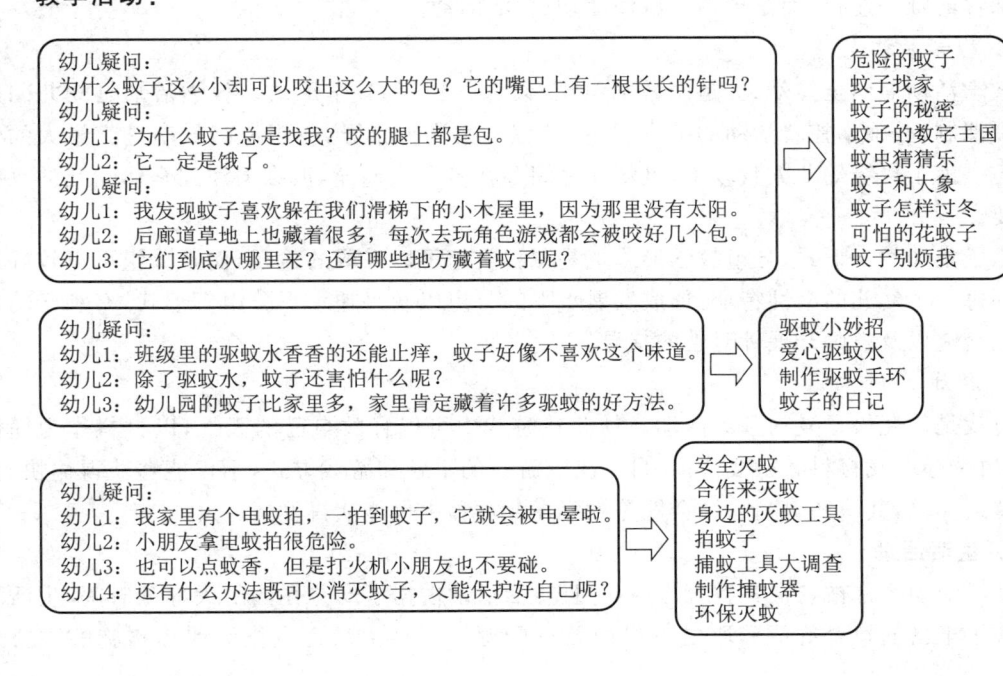

| 幼儿疑问： | |
|---|---|
| 为什么蚊子这么小却可以咬出这么大的包？它的嘴巴上有一根长长的针吗？ | 危险的蚊子 |
| 幼儿疑问： | 蚊子找家 |
| 幼儿1：为什么蚊子总是找我？咬的腿上都是包。 | 蚊子的秘密 |
| 幼儿2：它一定是饿了。 | 蚊子的数字王国 |
| 幼儿疑问： | 蚊虫猜猜乐 |
| 幼儿1：我发现蚊子喜欢躲在我们滑梯下的小木屋里，因为那里没有太阳。 | 蚊子和大象 |
| 幼儿2：后廊边草地上也藏着很多，每次去玩角色游戏都会被咬好几个包。 | 蚊子怎样过冬 |
| 幼儿3：它们到底从哪里来？还有哪些地方藏着蚊子呢？ | 可怕的花蚊子 |
| | 蚊子别烦我 |

| 幼儿疑问： | |
|---|---|
| 幼儿1：班级里的驱蚊水香香的还能止痒，蚊子好像不喜欢这个味道。 | 驱蚊小妙招 |
| 幼儿2：除了驱蚊水，蚊子还害怕什么呢？ | 爱心驱蚊水 |
| 幼儿3：幼儿园的蚊子比家里多，家里肯定藏着许多驱蚊的好方法。 | 制作驱蚊手环 |
| | 蚊子的日记 |

| 幼儿疑问： | |
|---|---|
| 幼儿1：我家里有个电蚊拍，一拍到蚊子，它就会被电晕啦。 | 安全灭蚊 |
| 幼儿2：小朋友拿电蚊拍很危险。 | 合作来灭蚊 |
| 幼儿3：也可以点蚊香，但是打火机小朋友也不要碰。 | 身边的灭蚊工具 |
| 幼儿4：还有什么办法既可以消灭蚊子，又能保护好自己呢？ | 拍蚊子 |
| | 捕蚊工具大调查 |
| | 制作捕蚊器 |
| | 环保灭蚊 |

**区域活动：**

语言区：1. 有关蚊子的图片、图书。2. 蚊子的生长过程图。

科学区：1. 投放驱蚊水、灭蚊工具。2. 设置蚊虫观察箱。

美工区：1. 与绘画、制作防蚊工具有关的美工材料（笔、纸、橡皮泥、剪刀等）。2. 提供让幼儿制作、灭蚊工具的材料（艾草、橡皮圈等）。

操作区：1. 提供自制的区域材料"蚊虫跳棋"，让幼儿进行游戏。教学方式综合多样，包括游戏活动、教学活动和生活活动。2. 提供有关蚊虫、驱蚊、灭蚊工具的拼图，供幼儿看图样进行拼图游戏。

表演游戏——蚊虫系列绘本表演，如《狮子与蚊子》

角色游戏——手作店（制作驱蚊用品）、商店（售卖驱蚊、灭蚊用品）

**户外游戏：**

1. 快乐的小蚊子（直线、方块线跑）；

2. 拍蚊子（四散追逐跑）；

3. 快乐的防蚊圈（练习接抛圈）。

这个主题活动可以从不同的角度促进幼儿情感、态度、能力、知识、技能等方面的发展，知识方面的目标如"知道蚊子的形态、生长方式"，技能方面的目标如"能用数字、图画、图表或其他符号记录"，情感态度方面的目标如"大胆表达""主动合作、分享"，统合了三个维度的教育目标。在实施过程中，该主题活动整合了健康、科学、艺术、语言、社会五大领域的内容；实施途径多样，有教学活动、游戏活动、区域活动等。

### （三）幼儿园课程实施的途径

幼儿园的教育活动大致分成三大块：教学活动、游戏、生活活动。集体教学的形式不是实施课程的唯一途径，而是包括了游戏活动、生活活动。

**1. 教学活动**

教学活动面向全体幼儿，是由教师组织、设计、展开的教学形式。教学活动是幼儿园的班级授课制，教师掌控着活动的节奏，根据课程方案进行指导，应当说高效率是其最大的优点。但是由于班级幼儿人数较多，且幼儿之间存在着个体差异，很难关注到全体幼儿的兴趣和需要。

除了集体教学形式，分组教学形式也是课程实施可以采取的途径，而且分组可以较好地关注到每一个幼儿的个性特征，形成发展水平的分组以及兴趣水平分组等形式，有利于幼儿直接地交流以及教师开展针对性的指导。

**2. 游戏**

游戏是幼儿最喜爱的基本活动。幼儿在游戏中可以释放自己的天性，以材料作为凭借物，自由选择游戏材料和游戏伙伴，自主决定游戏的主题和游戏方式，不仅能够获得愉快、自主的情绪体验，其认知、情感、社会性等维度在此过程中也能获得发展。

**3. 生活活动**

生活活动经常被忽视其教育作用，并且生活活动占据了幼儿在园的大部分时间，生活活动蕴含了丰富的教育价值和取之不尽的教育资源。一日生活也应作为课程实施的重要途径,有计划的教育活动与一日生活的活动整合,可以以渗透性的课程实施形式展开教育。这样,儿童学习的方式和内容就无处不在,非常灵活。

幼儿园的教育内容具有全面性、启蒙性、生活化和综合性的特点。主题活动打破学科领域的界限,是当前幼儿园课程实施的常用途径。主题活动是指以儿童生活中的某一中心内容即主题,作为主线来组织系列教育教学活动。随着《纲要》的施行,主题活动已成为幼儿园教育的重要手段。主题活动选取主题、创设环境,将幼儿各个方面的学习有机地联系起来,帮助幼儿获得完整而非破碎的经验。主题活动还整合各种教育资源如家校社资源,突出课程的预设性与生成性,用生活化、游戏化的方式帮助幼儿学习,是一种富有弹性的课程实施方式。

## 第三节 课程的表现形式

课程计划、课程标准和教科书是课程的主要表现形式。这三者的关系为自上而下的层级,课程计划指导课程标准,课程标准指导教科书;课程标准是课程计划的具体化,教科书是课程标准的具体化。

### 一、课程计划

课程计划是国家教育主管部门制定的有关课程设置、顺序、学时分配以及课程管理等方面的政策性文件。它体现国家对教育工作的统一要求,是组织各级各类学校教与学的基本纲领和要求,对学校的教学、生产劳动、课外活动等作出全面安排。

课程计划由学科设置、学科顺序、课时分配、学年编制和学周安排等要素构成。具体内容包括每个层级学校教学科目的设置,科目的学科先后顺序,每个科目的课时分配,学年编制与学周安排。其中教学科目的设置是课程计划的中心和首要问题。

### 二、课程标准

课程标准是对单科课程的总体设计,它从整体上规定某门课程的性质及其在课程体系中的地位,是教材编写、教学、评估和考试命题的依据,也是国家管理和评价课程的基础。它是整个基础教育课程改革系统工程中的一个重要枢纽。

课程标准是课程计划的具体化,是对学生学习结果的描述。课程标准是有关学科教学的指导性文件,规定某个具体学科的教学目的和任务,知识的范围,深度和难度,并规定某一学习阶段的最低的、统一的、共同的要求。

课程标准具有法定性质,是教材编写、教与学、课程管理与评价的依据。一旦经过国家确定和审定,课程标准在较长一段时间内内容将相对稳定,但如果国家发现执行过程有偏差或者对人才培养有了新的要求,可以对其重新修订。如我国义务教育阶段实行国家课程标准,国家对基础教育课程明确提出了基本规范和要求。2022年,国家教材委对2011年制定的义务教育课程标准进行了修订,审核通过了新的义务教育课程方案和语文等16个课程标准。这些课程标准(简称新课标)修订呈现的变化,是为了满足党的教育方针对学生培养提出的新要求,是满足现代化征程中建设高质量教育的需要,也是纠正对当前课程内容割裂、碎片化教育的强力纠正。2022年修订课程标准具有重大意义(如图 2-1 所示)。

**《义务教育课程方案和课程标准（2022年版）》**

**20年来再次修订**
本世纪初,我国启动了新一轮基础教育课程改革。二十多年过去了,课程改革有了长足进步,社会也发生了很大变化。这次义务教育课程方案和课程标准的修订,从国家层面厘清了育人目标,校准了改革方向,优化了课程内容,是实现教育高质量发展的再动员再部署。

**再次修订意义重大**
新修订的义务教育课程方案和课程标准进一步优化了学校育人蓝图,为学校落实立德树人根本任务提供更加精准的定位和导航。

**修订意义**

一、细化学校课程实施方案,建立高质量育人体系。新修订的课程方案,进一步明确了义务教育阶段育人目标,强化课程育人导向。

二、做好学段衔接,为完整的人的培养创造更加通畅的成长环境。新修订的课程方案立足学段一体化设计,删除了一些学段间内容简单重复和交叉现象。特别对幼小衔接和小初衔接提出了明确的要求。学校要做好相应的调整,为教师提供专业引导。

三、探索跨学科主题学习,提升不同课程对核心素养发展的贡献度。注重加强学科实践和跨学科主题学习,用跨学科的思维培养学生整体认知世界的能力,是这次课程方案的修订重点之一。

图 2-1 新课标修订的意义

不同国家和地区颁布的课程标准内容差异较大。一般来说,课程标准的内容包括五方面:

① 前言。这一部分总体介绍本课程的性质和价值,阐述基本理念,说明设计思路等。

② 课程目标。课程目标部分说明通过这个课程所要达到的知识与技能、过程与方法、情感态度与价值观的三维目标。目标部分通常包括课程总目标、年龄段目标。

③ 内容标准。根据课程总体目标,针对每个具体内容,教师在教学过程中所要达到的标准和水平。

④ 实施建议。实施建议对教学工作、评价工作以及课程开发的一些指导。

⑤ 附录。附录对一些重要的术语进行解释,必要的时候提供一些典型案例供教师参考。

其中课程目标是课程标准的核心。例如相对于 2011 版的英语课程标准,《义务教育英语课程标准(2022 版)》把目标从综合语言运用能力转向核心素养目标:英语要体现工具性和人文性的统一,要注重语言综合运用能力特别是交际能力,具体要求如表 2-2 所示。

表 2-2 义务教育英语课程标准(2022 版)的要求

| 课程目标转变 | 从综合语言运用能力转向了核心素养目标,突出体现全新的育人价值观 |
| --- | --- |
| 课程内容细化 | 提出"课程内容六要素",即主题、语篇、语言知识、文化知识、语言技能和学习策略 |
| 教学方式转变 | 提出要秉持英语学习活动观,践行英语学习综合实践活动 |
| 评价和考试改革 | 强调在真实情境中开展学生评价;推进考试的命题改革,落实核心素养 |

### 三、教科书

教科书又称教材,是根据课程标准编制的、系统反映学科内容的教学用书。它按教学科目,以准确的语言和鲜明的图表,明晰、系统而规范地编写教学知识。课程方案中规定的每一门课程,一般都有相应的课程标准和教科书。教科书的改革是课程改革的一个重要方面。在当前新课改中,改革的思想观念往往要求有与之相适合的教科书。如修订后的2022义务教育课程标准落地后,一些教材陆续问世,如小学、初中于2024年9月更换英语教材,新版教材将减轻学生在语法学习上的负担,整体侧重于思维、应用实践、词汇积累、语言技能、缩短语法,体现英语作为语言文化载体的工具性。

教科书一般是按学年或学期分册,再根据内容划分成单元或章节。教科书作为教学用书,是教与学的重要依据,主要是由目录、课文、习题、实验、图表、注释和附录等部分构成。课文是教科书的主体部分,其编排形式要有利于学生的学习,且符合教育学、心理学、卫生学和美学的要求。

教材建设已经成为我国课程改革研究的热点,内容更新更是体现了时代特征。

## 思考与练习

### 一、单项选择题

1.（　　）是对育人目标、教学内容、教学活动方式的规划和设计。
　　A. 课程　　　　　　B. 教育目标　　　　C. 教科书　　　　　D. 课程标准
2.（　　）是"课程及社会改造的过程"概念最有影响的代表人物。
　　A. 弗雷尔　　　　　B. 杜威　　　　　　C. 鲍尔斯　　　　　D. 金蒂斯
3. 1932年,（　　）受民国政府教育部的聘请拟定了《幼稚园课程标准》,这是中国历史上第一个自己制定的统一的幼儿园课程指导文件。
　　A. 陈鹤琴　　　　　B. 陶行知　　　　　C. 张之洞　　　　　D. 张雪门

### 二、判断

1. 英国教育家斯宾塞的《什么知识最有价值》是教育史上第一本关于课程理论的著作。
（　　）
2. 张雪门以活教育理论为指导,创立了幼儿园"五指活动课程"。（　　）
3. 幼儿园课程实施的途径只有教学活动。（　　）

### 三、辨析题

1. 校园文化属于显性课程。
2. 教育目标、课程标准、教科书是课程的表现形式。
3. 辛德等人把课程实施的取向分为忠实取向、相互适应取向和创生取向。

### 四、案例分析

糖果是幼儿生活中很常见的食物。小张老师觉得小班幼儿很喜欢糖果,决定开展"糖果

## 教育基础

乐园"的主题活动。对此,她设计了部分教学活动:

- 语言领域:谈话活动——亲子寻糖大调查

  目标:1. 发现并收集生活中各种各样的糖果。
  
  2. 能安静地倾听他人讲述,共同分享有趣的经历。

- 健康领域:蛀牙了,怎么办

  目标:1. 知道导致龋齿的原因,了解预防龋齿的方法。
  
  2. 懂得要饭后漱口、早晚刷牙,养成保护牙齿的意识。

- 科学领域:糖不见科学实验、糖果排排队(4以内排序)
- 艺术领域:跳跳糖韵律活动、包装糖果手工活动
- 社会领域:家长助教自制牛轧糖、棉花糖

(1) 幼儿园课程实施原则有哪些?

(2) 张老师从五大领域设计教学活动,体现了幼儿园实施课程的哪两项原则?

# 第三章 教学

### 学习任务

① 了解教学的基本内涵。
② 理解教学的意义。
③ 掌握教学原则。
④ 掌握幼儿园教学活动的原则。
⑤ 掌握常用的教学方式。
⑥ 掌握幼儿园教学活动、游戏活动的方法。
⑦ 了解常规的教学组织形式。
⑧ 了解幼儿园教学活动的组织形式。

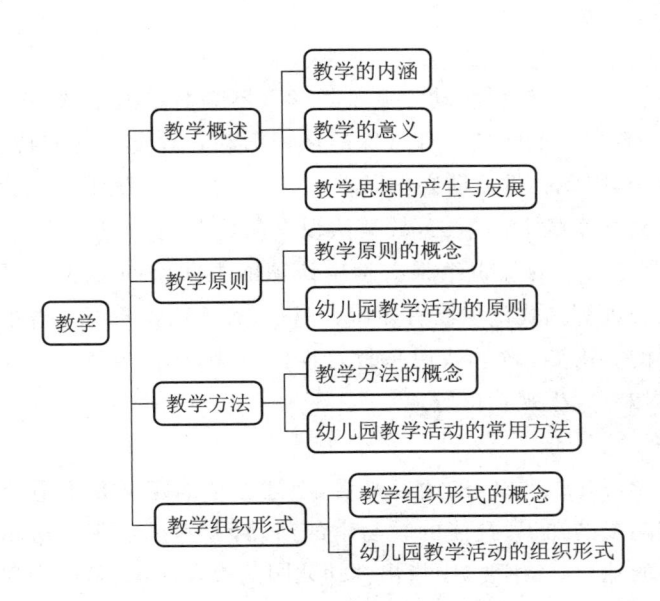

### 知识导图

```
          ┌─ 教学概述 ─┬─ 教学的内涵
          │           ├─ 教学的意义
          │           └─ 教学思想的产生与发展
          │
          ├─ 教学原则 ─┬─ 教学原则的概念
          │           └─ 幼儿园教学活动的原则
教学 ─────┤
          ├─ 教学方法 ─┬─ 教学方法的概念
          │           └─ 幼儿园教学活动的常用方法
          │
          └─ 教学组织形式 ─┬─ 教学组织形式的概念
                          └─ 幼儿园教学活动的组织形式
```

近代教育学之父、捷克教育家夸美纽斯曾说:"寻求并找出一种教学的方法,使教员因此可以少教,但是学生可以多学。"教学之法,犹如航海中的罗盘,为教师指引着方向。它涵盖了教学目标的确定、教学内容的组织、教学方法的选择和教学评价的实施等各个方面。教师需要遵循教育教学的基本规律,如循序渐进、因材施教等原则,以确保教学活动的科学性和有效性。

## 第一节 教学概述

在汉语中,"教学"二字的首次出现是在《尚书·兑命》,其词义为一种教的同时又学的活动,包含着"教"与"学"无法分离的思想。

### 一、教学的内涵

**1. 教学**

在中外教育史上,对教学的定义有许多种,在我国比较普遍被接纳的定义归纳起来有:广义的教学,指有教有学、教与学统一的活动;狭义的教学,是指以教师的教和学生的学为主要形式,通过传授知识经验,培养思想品德,对学生的身心进行多方面影响的活动。通过这个定义可以看出,教学表示师生双边共同开展的活动,构成该活动的基本成分包括教师的传授工作、学生的学习情况以及教学所使用的材料。因而,教学是一种有目标、有规划的由教师给学生带来影响的活动。

**2. 教学的本质**

教学对学生来说是一种认识活动。但是教学又不是简单地服从一般认识规律,作为人类认识活动的一种,教学的本质是一种特殊的认识活动。教学活动的特殊性在于:第一,教学认识是学生的认识,因此教学活动必须以学生的认识水平和认识经验为基础,而不能以成人的认识规律套用到学生身上。第二,教学认识是间接性的认识。学生认识的对象往往是间接的,学习的主要是前人的认识结果。学生认识的方式是间接的,不是直接同事物打交道,而是通过观察、阅读等方式认识已有知识。第三,教学认识是有指导的认识,学生是在教师的指导之下学习的。第四,教学认识是教育性的认识,学生在学习知识的过程中产生情感,形成正确的世界观、人生观和价值观。

**3. 幼儿园教学**

从系统传授和学习知识、技能的角度来看,上述教学的定义并不适合幼儿园。但是,幼儿园内确实存在着初步的知识、技能的教与学的活动,尤其是在我国幼儿园,这种教学活动实际上占有很重要的地位。《纲要》中指出:"幼儿园的教育活动,是教师以多种形式有目的、有计划地引导幼儿生动、活泼、主动活动的教育过程。"首先就其性质来说,幼儿园教学活动,也是一种教学活动,应遵循一定的教学规律,运用一定的教学方法,有目标、有流程、有设计等。但是,由于其教育对象的特殊性,幼儿园的教学活动又有着不同于中小学的教学活动的特点,它有自己独特的组织形式与实施的方式。一般幼儿园的教学活动主要是通过集体教学来实施的,但是由于幼儿园教学活动的最大特征表现在其游戏的主导性上,因此,幼儿园的教学活动也可以在幼儿的游戏活动、区域活动、生活活动等环节中加以渗透。

通过以上说明可以看出:我国幼儿园的教学是教师与幼儿的共同活动,教师依据教育目的、教学大纲,有目标、有规划地指引幼儿的学习活动。教学的基本模式为班级集体上课或小组活动,教师的指导分为教师参与与指导集体活动或者个别活动以及幼儿自发的学习活动等。不同类别的教育活动融合在一起,相互影响,共同促进幼儿的全面发展。

**4. 教学与相关概念的关系**

(1) 教学与教育

教学与教育既有相互关联之处,又存在一定区别,教学属于部分,教育属于整体。教育的概念包含教学,教学是学校开展全面发展的教育的基本途径。毋庸置疑,教学工作是学校教育的核心工作。但教育不止于教学,学校的教育方式还包括课外活动、社团活动、社会实践活动等。除了教学工作以外,学校教育工作还包含后勤、德育、少先队等工作。

(2) 教学与智育

智育的概念,顾名思义,指的是向受教育者传授文化科学知识与技能,以促进受教育者智力的发展的教育活动。智育,属于德、智、体、美、劳全面发展教育的一部分,起基础作用。教学是智育的主要渠道,但并非智育的唯一途径。要完成智育任务,还须借助课外、少先队等方式实现。除了智育任务,教学还需履行德育、体育、美育、劳动教育等多方面使命。将教学与智育画等号,容易窄化教学功能、智育途径。在实际工作中,这种认知所带来的危害是显而易见的。

## 二、教学的意义

**1. 教学是适应并促进社会发展的有力手段**

教学是社会持续发展不可或缺的条件之一。教学是一条关键纽带,将社会和个人连接起来,特别是将社会与年轻一代连接起来。教学是一道必要的桥梁,衔接人类知识与文化的传承。教学活动,让个体能够在短时间内高效地掌握人类生产生活经验的精髓,达到人类发展的基本水平,为成功参与社会实践活动打下坚实基础。

**2. 教学是促进学生全面发展与良好个性形成的重要途径**

学校教育教学是促进学生发展的主导因素。教学通过向学生传授各方面的文化知识,启蒙心智,铸造其品格,促进学生的全面发展。学生在学校教学中,通过教师的指导,突破当下时间、空间的局限,打破当下个人直接经验的限制,拓宽认识的疆域,加快认识世界的速度,在德、智、体、美、劳方面全面发展,在自身特长方面获得发展,促进身心健康发展。

## 三、教学思想的产生与发展

**1. 古代教学思想精华**

历经漫长的历史变迁,奴隶社会中,东方四大文明古国和西方的古希腊率先出现学校教育,关于教学的论述、理论等也随之产生并不断完善。奴隶社会中,古代中国最著名的教育家当属孔子,他也是古代中国教育思想的奠基者。他打破了"学在官府"的局面,开创性地进行私人讲学,他倡导"有教无类"、因材施教、启发教学,将道德教育置于教育的首位,主张学、思、行相结合等思想,并亲自编订"六经"作为教材,对古代中国的教育教学发展产生了极为深远的影响。《学记》为战国时期乐正克所著,虽然只有1229字,但以精炼的语言,论述了教学的作用与目的、内容与方法、制度与组织形式、师生之间的关系等,成为世界上最早对教育教学思想进行系统论述的专著。

在古希腊和古罗马时期,先后涌现出苏格拉底、柏拉图、亚里士多德和昆体良等思想家、教育家。苏格拉底特别重视完善人格的道德教育,并在教学中运用启发式教学法——"产婆术",给后人以无限的教育启迪。柏拉图在《理想国》中强调建立"理念世界",主张教育需要有趣味性、注重思想训练,并据此设立培养士兵和哲学家的目标,构建完整的教学思想。亚里士多德首次在教育史上提出儿童成长年龄分期观念,倡导和谐教育中体育、德育、智育相辅相成,至今影响深远。昆体良的著作《论演说家的教育》(或《雄辩术原理》),是西方最早的教育学著作。该书系统总结了古希腊教育思想,强调因材施教、劳逸结合、奖励取代体罚等教学原则。

**2. 近代教学思想精华**

近代以来,教育思想更加系统化、体系化。我国近代最初通过日本间接引入捷克教育家夸美纽斯的《大教学论》、德国教育家赫尔巴特的《普通教育学》等著作与教育教学思想。班级授课制的兴起,引发了人们对教师教育教学方法的持续关注。清朝的梁启超倡导趣味教学思想,主张学生"乐知";倡导教学联系实际,让学生有所"发明";更致力于自动、自主、自治、自立教学法的研究。类似的,著名教育家陶行知先生提出"教学"的本质含义就是"教学生学",认为"教的法子必须要根据学的法子……先生的责任不在教,而在教学,教学生学",倡导"教学做合一"。

**3. 当代教学的新观念**

当代社会已经不同于近代社会,正面临由工业社会走向信息社会转变的过程,教育的主要任务也随之发生变化,教学的中心也发生了转移。具体来说,当代教学观主要表现为以下几种趋势。

(1) 从注重教师的教转向注重学生的学

当代教学由传统的"教师中心说"向"学生主体说"转变。人们越来越认识到,教学必须以学生为主体,教师教学时要研究学生身心发展规律,研究学生的学习规律,才能有效教学、高效教学。教师不能将自身作为权威凌驾于学生之上。

(2) 从重视知识传授转向重视能力培养

在当代社会,由于科学技术的迅速发展引发"知识大爆炸",知识更新速度前所未有,知识检索也更加便捷;依靠脑力记忆掌握巨量知识不大可能也无必要。因此,在现代社会,"授人以鱼不如授人以渔",培养学生的思维能力、自我更新知识的能力、终身学习的能力比传授知识更为重要。

(3) 从重视教法转向重视学法

人们越来越认识到教学,就是以学生的学习为核心的过程。因此,教学的研究更重视学生学习的方法,研究激发学生的学习动机,促进学生知识、技能、品德等方面的有效方法。目前产生比较大影响的教育方法,往往重视学法,如人们熟知的发现学习法、项目制教学法、跨学科教学法等。教学设计的重点也从教师怎样教,变成了对学生课堂学习进程、学习方式等方面的设计。

(4) 从重视认知转向重视全面发展

传统的教学,注重知识的传递,注重认知和智力的发展,但当代社会,人们发现影响人成功的要素并不仅仅是智力的发展,还在于情商、情感智慧等的发展。此外,体质的发展、道德意志的发展等,也逐渐受到了重视。因此,现代教学观从重视认知发展转向对情感、身体、道德意志与认知的和谐发展。

(5) 从重视结果转向重视过程

教学的结果重要,还是亲身感受、体验的过程更重要?这是现代教育特别注重研究的问题,当代社会,教学过程更重视学生的亲身感受、认知体验与情感体验,而非仅仅关注结果。现代教学更关注教师创设情境,设计符合学生年龄特点的教学活动,激发学生的学习动机,让学生在学习中乐学、善学,通过自己的深度思维领悟知识与技能。

(6) 从重视继承转向重视创新

习近平总书记在党的二十大报告中强调:"必须坚持科技是第一生产力、人才是第一资源、创新是第一动力。"创新带来活力,创新改变世界。当代社会的教学更侧重于培养学生的实践能力和创新能力。教学重心从重视继承转向创新,体现了人们对现代社会剧变的适应。其实,上述五点提到的重视学生、重视能力、重视学法、重视全面发展、重视过程,都可以视为重视创新的具体体现。

综上所述,随着经济的发展和社会的进步,中外教学理论的形成和发展从古至今也发生很大的变化(如表 3-1、表 3-2 所示)。

表 3-1　中国教学理论形成和发展的脉络

| 中国 | 古代教学理论 | 近代教学理论 | 当代教学理论 |
| --- | --- | --- | --- |
| 先秦时期的古代繁荣 | 孔子、孟子以道德伦理为本的教学思想体系;墨子兼容技能的教学内容和思想;《学记》的教学内容、方法、制度等思想。 | 由于社会的急剧动荡和变革,西方文化的传入,新式学校的兴起,以西方教学思想和理论的引进为近代教学理论发展的主要特点。同时,清末民初出现了梁启超的改良主义教学思想;蔡元培的"完全人格与个性发展"教学思想;陈鹤琴的"活教育"教学论和陶行知的"教学做合一"的教学理论。 | 四个阶段:<br>① 学习引进(1949—1958),全面学习苏联,以凯洛夫《教育学》中教学论部分,以及杜贺夫内伊的《教学法原理》(1952)为主;<br>② 独立探索(1958—1966),刘佛年主持编写的《教育学》(讨论稿)中的教学论部分,体现了教学理论的中国化;<br>③ 受挫停滞(1966—1976),摒弃传统,拒绝和批判引进,教学理论一片荒芜;<br>④ 发展繁荣(1976年至今),整理和继承我国历史上的教学论遗产,大量译介国外教学论著作,广泛开展教学理论的研究,新的观点、教学模式和教学方法不断涌现。如李吉林的情境教学理论,卢仲衡的"自学—辅导"教学理论,邱学华的"尝试—成功"教学理论,裴娣娜的主体教学理论,叶澜的"新基础教育论"等。 |
| 西汉到清末的僵化停滞 | 董仲舒的尊孔崇儒教学思想;朱熹《四书章句集注》和《白鹿洞书院揭示》中所展示的教学思想…… | | |

表 3-2　外国教学理论形成和发展的脉络

| 外国 | 萌芽与曲折 | 独立与系统 | 发展与繁荣 | |
|---|---|---|---|---|
| 古希腊智者学派 | 普罗塔哥拉（前481—约前411）所提出的"重视'练习'的见解"；苏格拉底的"产婆术"教学法（启发法）；柏拉图的思想训练的教学思想；亚里士多德的和谐发展教学思想。 | 拉特克的"技术性"教学论（didactics）；夸美纽斯的"百科全书式"和唯实论教学思想；卢梭的浪漫的自然教育观和发现教学论；裴斯泰洛齐的自我发展和直观原理；赫尔巴特、戚勒、赖因的"教育性教学"与"形式阶段"教学论…… | 杜威的解决问题的"五步教学"（情境、问题、假设、推论、验证）理论；克伯屈的"设计教学法"等。 | |
| 古罗马的总结 | 昆体良的雄辩术教学思想。 | | 苏联的独立体系教学论发展 | 凯洛夫《教育学》中的教学论；赞科夫《教学与发展》中的发展性教学理论；巴班斯基《教学过程最优化：一般教学论方面》中的教学过程最优化理论；沙塔洛夫的纲要信号教学论…… |
| 中世纪后期的苏醒 | 维多里诺的快乐活泼、个性发展思想等 | | 斯金纳的程序教学理论（新行为主义教学理论的代表）；布鲁纳的认知结构教学理论（认知主义教学理论的代表）；布卢姆的掌握学习教学理论（目标教学理论的代表）；皮亚杰等的建构主义教学理论（结构主义教学理论的代表）；罗杰斯的非指导性教学理论（情感教学理论的代表）。 | |

## 第二节　教学原则

### 一、教学原则的概念

教学原则是根据教学过程的客观规律制定的长期教学实践经验的总结，是教学工作必须遵循的基本要求。

教学原则遵循了教学活动的客观规律，是指导教师教学工作的一般原理。依据教育目的、任务、学生发展特点以及教师的教学经验而提出的教学原则，应当贯穿于教学活动的整个过程，全方位地指导教学活动。

教学原则概念首先强调了教学的合目的性，教学活动始终坚持特定教育目标，教学原则指导教学工作，需与国家规定的教育目的相一致。

同时，教学原则的概念也揭示了教学原则的合规律性。教学规律是存在于教学活动中的客观规律，需要经过人们的认知才能理解。然而，在认知规律时，并非总能得出符合预期的结论，因此，人们提出的教学原则可能符合教育规律，也可能与之不符，甚至与教育规律背道而驰。只有经过长期实践验证确实指导教学的教学规则，才可能是真正符合教育规律的。历史上教育家提出过许多原则，但经过教育实践检验并留存下来的，只有极少数。

一般来说，如果教学活动能够遵循教学原则，就会更容易取得成功；反之，如果教学活动偏离教学原则，可能就会失败。教学活动不断发展，有各种不同的教学模式，每种模式都需要相应的教学原则，因此教学原则也在不断演变与发展。

## 二、幼儿园教学活动的原则

幼儿园教学活动与一般的教育教学活动有一定的区别，在开展幼儿园教学活动时，尤其需要注意以下几条原则。

**1. 科学性和思想性相结合的原则**

科学性原则指的是，幼儿园教师于教学活动中组织、引导幼儿所学习的知识和技能必须是科学准确的，符合知识构建的逻辑，教学中所采取的教学组织形式和教学方法也要与学前儿童身心发展的特性相契合。思想性原则意味着教学中，教师在教简单的知识技能的同时开展道德教育，促进幼儿个性的形成以及身心健康发展。幼儿园的教学工作应当为实现我国的社会主义教育目的服务，为培养体、智、德、美、劳全面发展的人才奠定基础。贯彻科学性与思想性原则，需做到以下三点：

① 确保教学的科学性。尽管学前儿童在幼儿园学到的知识通常简单易懂，主要在于启蒙，但幼儿园教师务必确保所传授的知识准确无误，决不能容许知识性错误的发生。教师要将一些枯燥的知识用契合儿童心理特点的语言表述出来，但教师对知识的解释不可随意为之，避免给学前儿童留下错误的初始印象，影响其未来对正确知识的学习与理解。同时，教师必须持续学习，以保障传授给幼儿知识的科学性。

② 挖掘教学的思想性，注重在知识与技能的教学中渗透对幼儿的品德教育。思想性是教学活动的灵魂，教学中，幼儿教师要留意将儿童的道德品质和社会性的培养恰当地渗透到各大领域的教学当中。同时，教师需要注意发挥自身的示范效应，注重情感的渗透，增强思想教育的感染性，切忌空洞说教。

③ 教学组织形式与教学方法的选择运用应符合幼儿的年龄特点以及认知规律。要确保幼儿园教育教学的全过程都符合科学性的要求。

**2. 启发探索性原则**

启发探索性原则是指教学过程中，幼儿园教师不能将幼儿当成知识的容器灌输知识，而是要用尽一切办法激发幼儿的学习热情与主动性，激励幼儿积极探索，提高他们获取和运用知识的主动性、积极性。为了激发幼儿主动获取知识的动机，幼儿教师应多运用观察、游戏、示范、比较和创设问题情境等方式。为了让幼儿更好地运用知识，教师要多创设情境，讲解的语言要通俗、准确、简练，富有趣味性，促进幼儿想象、思维和创造。幼儿教师要采用多种方式，促进幼儿学习，使其能够灵活学习、运用所学习的知识。

**3. 主体活动性原则**

主体活动性原则是指在教育者的指导和启发下，幼儿通过个体的自主实践和探索来学习，从而积极构建个人知识架构。这一理念涵盖了"主体性"和"活动性"两个要素。活动只有在个体作为主体时才具有意义，否则无法实现学前教育的目的。而主体性又主要通过幼儿参与的活动来体现，因此，主体性和活动性二者紧密结合，无法割裂。作为幼儿教师，务必要保证活动中幼儿的主体地位,将幼儿作为学习、发展的主体看待,认识到幼儿的独立性、完整性、差异性和发展性。教师要善于通过开展幼儿感兴趣的活动激发幼儿参与学习的热情,促进其主动探索,建构自身的知识系统。

教学活动是教师与幼儿的双边活动。幼儿尚处于发展之中,他们的认知还有待成熟,其发展离不开教师的指导。教师要敏锐地体察幼儿的发展需求,认识到幼儿发展的主动性和主体性,创设条件开展适宜幼儿的活动,激发每一个幼儿的内在学习动力,最大限度地调动每个幼儿学习的积极性和自觉性,激发每一个幼儿的潜能,使他们真正成为学习的主人、活动的主体。

在运用主体活动性原则时需要注意以下三点:

① 组织教学活动时,教师要紧密联系幼儿生活实际因时因地制宜地开展一些让幼儿直接接触自然、接触社会的实践活动,培养幼儿自觉自主参与的能力。

② 把游戏作为基本活动。游戏是幼儿的主要活动形式,也是幼儿园开展教育活动的重要组成部分。在设计教育活动时,应充分利用这一活动形式,为幼儿提供丰富的材料和充分的活动空间,为幼儿的游戏创造有利条件,并注重教师在游戏过程中的参与和指导作用。

③ 活动中教师要给予适时的指导。幼儿活动的开展要让他们积极地参与其中,充分发挥幼儿的主体性,幼儿不能成为被动的观察者,但是在整个过程中,他们还需要教师的指导,教师应关注整个活动的开展,并在幼儿有需要时进行适时的介入指导。

**4. 全面整合性原则**

全面整合性原则要求教师在策划教学活动时,需考虑所有幼儿的情况,以全面、和谐地促进所有学生的发展为教育目标,并整体规划和构建教育的各个要素。片面地展开某一方面内容的学习或片面关注幼儿某一方面发展的教学都是不合理的,都是需要舍弃的。贯彻全面整合性原则应当做到以下两点:

① 教师在组织教学活动时要考虑到每一个幼儿的发展,关注每一个幼儿的现有水平,以及确保教学活动能促进所有幼儿在原有水平上的发展。幼儿园的教育目标不是择优,而是启蒙。幼儿园教学活动的目的不在于教会幼儿多少知识,而是在传授学习浅显的生活常识的同时促进幼儿认知智能、情绪情感、社会交往能力、身体素质等方面全面和谐发展。

② 在设计教学活动时,教师要注意整合性、系统性,考虑活动之间的关联性、单元主题课程的逻辑关系以及课程与环境之间的整合等。同时,要注重教育活动内容的整合,遵循不同领域课程的特点,有机地把不同领域的课程加以整合、把一个完整的经验教给儿童,而且要注重不同教学活动形式的整合。学前儿童的心理和年龄特征决定他们不能长时间集中注意力于同一个形式的活动上,因此应该通过多样化的教育组织形式开展教学活动。

**5. 趣味直观性原则**

趣味直观性原则,指幼儿教师在设计教学活动时,注重对幼儿趣味性的挖掘,充分运用直观性教学原则,或者采用游戏的方式,激发幼儿的好奇心和求知欲,激发幼儿学习的主动性与积极性,培养他们的学习兴趣,最终营造一种愉快的学习氛围。直观教学旨在使幼儿对知识形成清晰、真实、正确、形象的表象,有助于幼儿理解和记忆知识;直观教学能使教学开展得生动活泼,激发幼儿学习的兴趣和求知的愿望。正确运用直观教学还有助于推动幼观察力、想象力以及思维能力的提升。幼儿教师要加强对幼儿园活动的设计,寓教于乐,力争让各个教学环节都富有趣味性,使幼儿在好奇的、愉悦的气氛中学习知识和提升技能。贯彻趣味直观性教育原则应注意以下三点:

① 根据教学内容、教学目标及学生特点,适当选择直观的教学手段。通常可以采用实物直观、模象直观、电化教育直观和教师口头语言直观等方式。在幼儿园教学中,实物展示即展示真实实物;模象直观,是对事物的模拟形象进行直接感知的一种直观方式,包括各种图片、图标、模型、幻灯片、录像带、电视和电影等。语言直观指教师利用口头语言进行生动描述。老师利用生动的言辞、生动的描绘、通俗的比方,均可产生直观效果。教师要综合运用上述直观手段,促进幼儿对事物形成清晰的表象。不管选用何种直观方式,教师都需关注典型性、代表性、科学性、思想性,考虑是否符合儿童发展特点、满足教学需求。

② 直观手段要与训练幼儿的感官相结合。教师展示直观的事物或者模型时,要给学生创造看、听、摸、闻、尝、做的机会,让幼儿亲身感受,形成对事物的全面、深刻的印象。如果是实验材料,要保证实验材料每个幼儿一份,至少每组一份。

③ 注意与教师的语言指导和动作示范相融合。要将直观与讲解结合起来,教学不是让学生自由观察,而是在老师的指导下有目的地观察,或边听边看。教师应该通过问题引导学生,帮助他们理解事物的特点,发现事物之间的关系;鼓励学生提出问题,回答他们在观察中的疑问,以便帮助学生更好地掌握知识。

④ 避免明显的错误和滥用直观。一堂课能否运用直观教学方式,应根据教学需求而定。即不应将直观视为终极目标,不应为了追求直观而过度强调。即使是播放优质教师课堂视频、丰富多媒体展示,也不能取代教师针对学生的启发、讲解、示范、训练与互动。

**6. 因材施教原则**

德国哲学家莱布尼茨曾言:"世界上没有完全相同的两片叶子。"由此推理,又如何存在完全相同的两名幼童呢?作为一名幼教从业者,我们有义务了解差异心理学的最新研究成果,以更新"因材施教"的观念。"因材施教"原意是指老师要认识到幼儿的认知水平、学习能力及个人素质各不相同,因此要因人而异,针对每个幼儿的独特特点进行有针对性的教学。

实践因材施教并非易事,教师需全面考虑多方面因素,包括幼儿的主体性、教学内容、以及教师的能力和特点。首先,教师应对幼儿进行观察和研究,深入了解其个性。其次,积极争取家长的支持和参与,这才是决定因材施教成功的关键。

## 第三节　教学方法

### 一、教学方法的概念

教学方法是为完成教学任务,教师的教和学生的学相互作用所采取的方式、手段和途径。

教学方法与教学策略有所不同。教学策略在概念层次上高于教学方法,教学方法是具体、详细、可操作的教学手段和方式。教学策略包含教学监控、教学反馈等,概念上要比教学方法广泛。教学实践过程中要采用什么样的方法,主要受教学策略的支配。

## 二、幼儿园教学活动的常用方法

在幼儿园教学实践中,教师离不开对教学手段和方法的有效运用。教学方法存在多样性,多种教学方法的正确运用,让教学变得更活泼、生动,有利于激发幼儿的好奇心和探索欲望,让幼儿在愉悦中学习和运用知识。

### (一)游戏法

幼儿园阶段与小学不同,幼儿主要通过做游戏来进行学习活动。教师一般会设立合理的情境,提供各种资源,让幼儿自主玩耍、发现、探索,获取知识并享受其中的乐趣。教师主要起引导和总结的作用,在这一过程中幼儿将获得新见解,积累更多知识。采用游戏方式进行教学,能够适应学前儿童好奇、活泼的心理特点,激发幼儿学习兴趣,引导幼儿更加专注,充分激发幼儿的自发性和积极性,使幼儿能够在游戏中学习、在学习中玩乐。

游戏不仅是孩子们的娱乐方式,亦为他们独特的学习方法,孩子们得以在"游乐园"中学会如何关心他人、如何与他人交流。在他们自由游戏中也会遇到许多引起好奇和困惑的问题,这些问题激励他们思考、行动,并发挥他们的想象力和创造力加以解决。教师应充分利用幼儿对游戏的喜爱,将游戏融入课堂教学中,以游戏形式引导幼儿学习,根据兴趣、爱好及课程安排设计游戏,使幼儿在玩乐中获得知识。

利用游戏法展开教学,教师需留意三方面的要点:

第一,游戏不仅仅是教师教学活动中的一环,还可贯穿整个教学过程。例如,可用于开场引入,激发儿童兴趣;亦可作为结束环节,巩固所学的知识。

第二,在教学过程中,运用游戏是为了服务教学目的,帮助儿童更有效地学习知识,不能简单迷恋游戏本身。在设计教学时,教师不应过分关注孩子玩游戏,而忽略了游戏所具有的教育意义。

第三,游戏法必须与教学内容设计密切相关,需符合游戏特点,具备游戏性。

### (二)直观法

直观法让儿童直接感知事物,直观方式包括观察法、演示示范法。

#### 1. 观察法

观察法,是教师有意识、系统地引导幼儿进行观察、探索,利用不同感觉(如视、听、味、嗅)进行发现,培养感性体验,并逐步建立概念的教学方法。在实施观察法时,需要注意以下几个方面:

① 观察前需充分准备,明确目标、选择对象、制订计划。

② 在开始观察时,教师需要明确观察目标,利用提问等形式激发幼儿的兴趣,首先让幼儿自由观察,支持他们互相交流,并鼓励他们探索问题、提出疑问。

③ 在观察过程中,教师需充分运用语言和手势引导,以幼儿的兴趣为切入点,激发幼儿从各个角度感知并用言语描述所观察的对象,掌握观察方法。

④ 观察完结时,需概括观察印象,帮助幼儿巩固整理所学知识。

#### 2. 演示示范法

演示即教师展示各种物品、教具或进行实验给幼儿观看,而示范则为教师通过表演成为幼

儿榜样。示范包括语言和动作两种形式。在运用演示与示范法时,需留意以下几个要点:
① 演示与示范同时进行。
② 展示的视觉教具和实物应栩栩如生、光彩夺目,实验步骤明晰易见,有利于幼儿观察。
③ 观察结束之际,帮助幼儿巩固知识,总结归纳,提高条理化。

### (三) 讲授法

讲授法是指借助教师的口头授课和解说,向幼儿描述情景、陈述事实、阐释概念、解释道理,让幼儿从中直接获取知识的一种教学方式。这是最古老、应用最广泛的教学方法,也是幼儿园教育活动中最常见和通用的教学方式之一。口头授课方法包括讲述、谈话等具体手段。

**1. 讲述法**

讲述法是指教师用口语形式生动地叙述、阐释、解读课程内容和教材的一种教学方式。这种方式被广泛运用于教学实践中,不仅适用于向儿童传授新知识,还被广泛应用于不同活动的组织,是语言教学中的主要手段。讲授技巧包括叙述、描写、解释等不同方式。根据所述内容的不同可划分为现实性讲述和创造性讲述;按心理过程可归类为感知讲述、记忆讲述和想象讲述;根据形式划分为叙事性讲述和情节化讲述。各种讲述方式包括展示实物、观看图像讲述、编织故事等。

运用讲述法的关键是:
① 描述语言应准确、生动、形象、富有情感,能激发幼儿兴趣,如语速变化、语音音调、情感表达。
② 简洁明了地叙述,集中重点,运用让儿童感到友好的语言。
③ 在讲述前,教师需明确说明要讲述的内容。
④ 教导幼儿仔细聆听问题,回答问题声音要洪亮,培养他们回答问题的能力和良好的学习习惯。

**2. 谈话法**

谈话法是指借助提问、回答、讨论等方式进行教学。教师可通过提问引导学生运用学过的知识回答问题,以获取新知识、巩固旧知,这种方法有助于引起学生注意,激发积极思维,促进语言表达,提高教学效果。谈话法包括自发式谈话、讲授式谈话等形式。

运用谈话法的核心在于:
① 要在幼儿已有知识经验的基础上进行。
② 提出的问题要经过深思熟虑,在教学目标指导下明确、具体、启发性,适合不同幼儿需求。
③ 问题须合乎逻辑,能够引导幼儿深思。
④ 教导幼儿倾听问题、大声回答问题,培养幼儿养成思考问题、回答问题的良好习惯。

### (四) 情境教学法

情境教学法是指在教学中,教师创设具体、生动、形象的学习情境,通过恰当的方式让幼儿完全融入其中,有效引导他们学习。使用情境教学法时,需关注以下几个方面:
① 要让幼儿产生真实体验,让他们在情境中观察、感受、操作、体验,从具体情境中产生快乐或悲伤、喜爱或厌恶、欢欣或愤怒等情感。

■ 教育基础

② 设计的模拟场景应在形式上别具一格,独具匠心的刺激能吸引幼儿的关注,激发幼儿的求知欲;在内容上需具有实用性,创造的情境能够有效实现目标,避免虚假炫耀。

③ 在运用情境教学法时,教师应当进行启示性解释和总结引导,帮助幼儿将感性经验概括提取。

④ 必须让幼儿处于情境中,并为其提供充分表达和交往的机会,以培养他们的主体意识。

**(五) 实验操作法**

实验操作法是让幼儿在不断重复的实践中学习知识、掌握某种技能。教师需要根据幼儿的特点和兴趣,使操作变得更加生动有趣,并避免单调的重复。过多的重复会使幼儿产生反感情绪,从而降低学习兴趣。教师应将实验操作融入具体情境或游戏中,让幼儿在游戏活动中逐步练习直至熟练。

在教学中,到底应该选择什么样的教学方法,幼儿教师要根据课程的目标、教学的内容、幼儿的年龄特点、教师自身的能力和特点等做出判断。

## 第四节 教学组织形式

### 一、教学组织形式的概念

在许多西方国家的教学理论中,教学方式和教学组织形式经常被混淆,然而在苏联和我国的教学理论中,教学组织形式却被单独作为一个专门的领域加以研究。

教学组织形式是指教学活动中教师与学生为实现教学目标所采用的社会结合方式。

教学组织形式对于教学的质量和效果至关重要,教学组织形式上的差异,可能带来截然不同的教学成效。教学组织形式经历了多次变迁,从最初的个别教学到近代班级授课制,再到今天以班级授课制为主的多元化的教学组织形式,其演变与社会发展息息相关。当前全球最普遍采用的教学形式是班级授课制度。

常见的教学组织形式主要包括以下几种。

**1. 个别教学制——最早的教学组织形式**

个别教学制是古代学校的主要教学形式。教师向学生传授知识、布置任务及批改都是个别进行的。个别教学有利于因材施教。然而,由于学生接受知识的速度、学习能力和付出不同,导致学业水平参差不齐。此外,个别教学下,单一教师的教学对象有限,规模小,教学效率低。

**2. 班级授课制——现代教学基本组织形式**

班级授课制又称课堂教学,是把一定数量的学生按年龄和文化程度编成固定人数的班级,教师根据周课表和作息时间表有计划地向全班学生集体授课的一种教学组织形式。

1632年捷克教育家夸美纽斯在《大教学论》中从理论上对班级授课制作了论述,奠定了班级授课制的理论基础。这是首次对班级授课制理论进行系统阐述。我国最早采用班级授课制,要追溯到1862年清政府在北京设立的京师同文馆(清末第一所官办外语专门学校,北京大学的前身)。

班级授课制的特点如下：第一，"班"——以班为单位，人数固定；第二，"课"——以课为单元教学；第三，"时"——每节课和中间的休息时间固定。

班级授课制的优势在于：遵循课程表和制度，保障教学质量；与其他教学模式相比，更有利于培养大批人才；教师可更好地发挥主导作用；以班级为单位，有利于开展集体教育。

班级授课制亦有其局限性：不便因人而异；学生主体地位或独立性受局限；学生学习以接受固定知识为主，实践少，不利于培养探索、创造和实践能力；教学内容和方法缺乏灵活性。

**3. 复式教学——班级授课制的特殊形式**

复式教学是将不同年级学生进行合班，教师利用不同难度的教材，采用直接教学与自主作业轮换，实现跨年级教学的模式。

复式教学是为了教育普及，在特定地区的教育和经济不发达或不均衡情况下，年级学生人数过少所做的选择。复合教学增加了教师备课和课时分配的负担。

**4. 现场教学——班级授课制的辅助形式**

现场教学是根据具体教学任务，组织学生赴工厂、乡村、社会现场等，通过观察、调查或实践操作进行教育，以弥补班级授课制的局限，有助于培养学生的探索精神、创造力和实践能力。

**5. 分组教学**

分组教学亦称分层教学，是按学生能力或学业成绩分组进行的一种教学方式。学生被划分为不同水平组，小组内合作学习，实现多人共同学习。

由于分组教学根据学生能力和成绩进行划分，因此体现"组内同质，组间异质"特点，有利于因材施教。

**6. 设计教学法**

单元教学法，又称设计教学法，是美国进步主义教育家克伯屈所创的一种教学形式。该方法强调学生在教师指导下自主决定学习目标和内容，在设计、负责的单元活动中获取知识和能力。

特点是"学生设定目标，学生执行实践"。

**7. 道尔顿制**

美国教育家柏克赫斯特在道尔顿中学创立了道尔顿制，提倡教师不再传授教材内容，而仅指定自学参考书目、布置作业，学生自学并独立完成，有问题时向教师请教，学生自主学习。

其特点为"教师指定参考书，学生自主实施"。

**8. 特朗普制**

特朗普制被认为是一种"灵活的课程表"，是由美国教育学教授劳伊德·特朗普创立的一种整合性教育形式。这一教学方式将大班授课、小组研究和个别指导相结合，促进学生全面发展。

## 二、幼儿园教学活动的组织形式

幼儿园教学活动的组织形式根据活动方式的不同，可以分为集体教学活动、小组教学活动和个别教学活动三种。

**1. 集体教学活动**

集体教学活动指教师有意识、有计划、有条理地引导幼儿学习,全班儿童共同参与,教师面向每位学生,在短时间内提供丰富的共同体验。

集体教学活动强调内容的合乎逻辑、有条不紊,教师应充分利用有限的时空,优化教育资源,推动每位幼儿在原有水平上取得个别进步,幼儿在活动中应该相互启迪,培养自我约束和合作精神。然而,集体教学可能忽视了每个幼儿的个性、兴趣和需求,导致幼儿能展现才华的机会减少,不利于有目的地培养各类技能。

集体教学的优点在于能够培养幼儿的倾听和表达的能力,促进他们遵守规则和自律,集中学习特定知识技能。这对幼儿社交和知识获取起着积极作用。然而,集体教学的缺点在于全班幼儿需同步学习,难以关注个体差异,因为每位幼儿的发展水平各不相同。

**2. 小组教学活动**

小组教学活动是将班级幼儿分组,每组教师引导不同活动,活动结束后交换引导。分组教学可解决班级人数多的问题,使教师尽可能地关注到每位学生。实质上,小组活动是小规模的团体活动。

在小组教学活动中,幼儿被分成若干小组参与活动,教师提供场地和材料,在这一过程中起间接引导作用,促使幼儿自主探索、协作,有更多展示自我的机会。这种形式有助于培养幼儿的独立性、自主性和合作精神。培养幼儿小组合作能力是小组任务有效开展的前提。由于参与人数较少,小组活动能让教师有机会向幼儿提供更细致全面的指导,同时也有助于因材施教的实现。

在引导幼儿参与小组活动时,需要关注的要点不仅包括教学方法、幼儿学习特点和教材,还需注意以下几个方面:

① 为了避免干扰,应在不同区域安排两组幼儿,比如一组在教室,另一组在卧室,或者一组在教室,另一组在走廊。

② 在内容方面应避免重复,比如一部分涉及"手机"的认知,包括了解手机的特点和用途,另一部分则是通过手工制作模拟手机。

③ 保证小组活动正常交流,确保每位学生都能获得均等的学习机会。

进行小组教学时,分组方式可多样,如直接分组。适宜小组活动的教学内容可在课堂内或课外,甚至在集体活动后实施。比如在《金色的小船》这一散文欣赏中,教师引导幼儿细心聆听,感受散文的画面美和意境美。接着,指导儿童利用绘画、演出等手段分组展示散文内容。教师还可根据各功能区域进行组合,由于小组间的空间分隔,同时也便于教师展开引导。例如,在同一时间段,一个班级的孩子可以分成两组,一组科学室在教师指导下展开科学实验,另一组在音乐活动室开展韵律音乐活动。

**3. 个别教学活动**

个别教学活动是指教师通过一对一或者一对二的形式,根据幼儿的兴趣、能力、水平等进行有针对性的指导教育的过程。这是一种辅助教学的形式,教师可以在集体教学和分组教学活动之外,根据教育目标以及儿童的年龄发展水平,有意识地针对在集体活动中表现较弱的幼儿进行个别指导,着重了解幼儿表现差的原因,并根据具体情况制订有针对性的教育方案,进行相应的练习与指导,帮助他们养成学习兴趣,建立自信心,提高发展水平。在个别教学任务中,幼儿独自行动时,教师可为其提供个别引导,有助于因材施教,培养儿童自主学习的能力。尽管如此,个别教学还需要更高的师资和设备投入,对教师的教学技能也有更高的要求。

　　上述三种教学活动形式各有利弊,如果教师能够依据教学目标,考量幼儿身心发展水平以及各种活动形式的优缺点,适当地灵活运用于整合集体、小组、个别活动三种教学组织形式,则可以达到更好的教学成效,更好地促进幼儿的身心发展。由于我国的历史遗留传统,以及集体教学开展起来比较容易等原因,我国目前幼儿园中较为主要的教学形式还是集体教学形式,因此,幼儿教师更应该根据本园的需要尽可能地运用分组教学和个别教学的活动组织形式,使每一个幼儿都能得到全身心的和谐、健康的发展。

## 思考与练习

**一、选择题**

1. 在汉语中,"教学"二字最早见于(　　)。
   A.《尚书》　　　　B.《学记》　　　　C.《论语》　　　　D.《孟子》
2. 下列关于教学与智育的关系,说法错误的是(　　)。
   A. 教学不等同于智育　　　　　　B. 智育是教育的组成部分
   C. 教学是智育的主要途径　　　　D. 智育是教学的唯一任务
3. 教师应该提供更多机会让幼儿探索物体,让幼儿产生多样的感官体验,包括观看、聆听、触摸、嗅闻、品味、操作。材料要求每人或每小组都能拥有,以培养幼儿对事物和现象的全面、准确和深刻印象。这反映了教学原则中的(　　)。
   A. 因材施教原则　　　　　　　　B. 趣味直观性原则
   C. 全面整合性原则　　　　　　　D. 科学性和思想性结合原则

**二、判断题**

1. 幼儿园教学的活动等同于小学教学活动。(　　)
2. 游戏是教育的基本途径。(　　)
3. 教学组织形式的选择和教学方法的运用应符合幼儿年龄特点和认识事物的规律。(　　)

**三、辨析题**

1. 教学就是指教师教的活动。
2. 幼儿园教学活动的最大特征是以文化知识为主导。
3. 教学活动与教育活动相互包含。

**四、案例分析题**

　　钟老师在课堂上讲述《三只蝴蝶》的故事,不仅传授故事美妙语汇,还在轻松的氛围中引导幼儿领悟团结友爱之道。

　　问题一:案例主要体现了哪一教学原则?
　　问题二:怎样贯彻该原则?

# 第四章 教师

## 学习任务

① 了解教师职业的特点。
② 理解教师职业的意义、职业资格。
③ 了解教师基本素质的内涵、理解教师基本素质的要求。
④ 了解教师扮演的角色、理解教师的角色特征。
⑤ 了解教师专业发展的内涵、阶段,理解教师专业发展的意义。
⑥ 掌握教师专业发展的途径。
⑦ 了解老师职业道德的意义。
⑧ 理解教师职业道德的功能。
⑨ 掌握老师职业道德规范。

## 知识导图

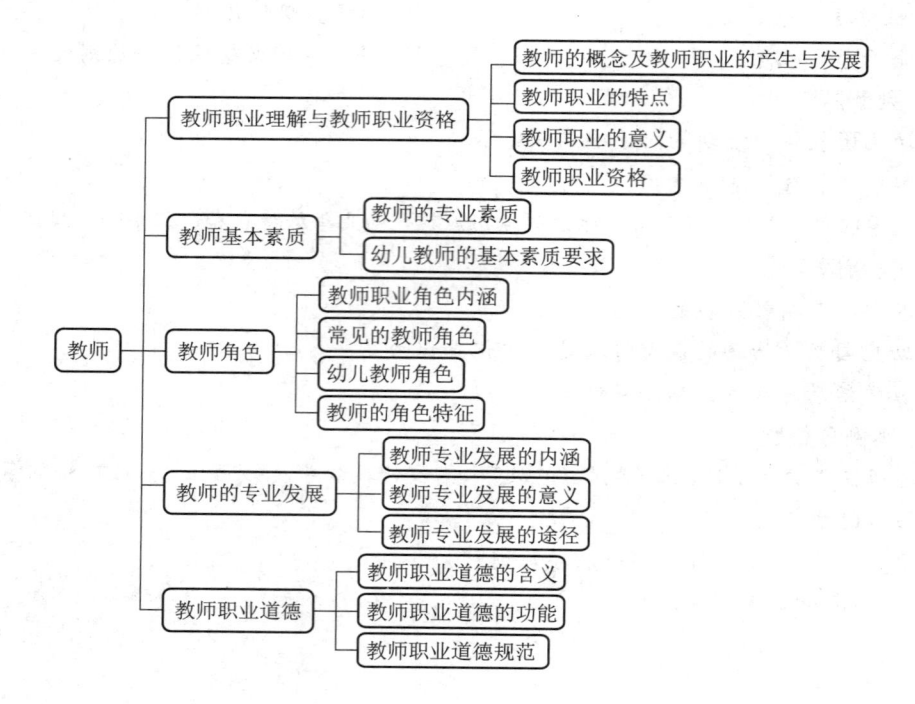

```
        ┌─ 教师职业理解与教师职业资格 ─┬─ 教师的概念及教师职业的产生与发展
        │                              ├─ 教师职业的特点
        │                              ├─ 教师职业的意义
        │                              └─ 教师职业资格
        │
        ├─ 教师基本素质 ─┬─ 教师的专业素质
        │               └─ 幼儿教师的基本素质要求
        │
  教师 ─┼─ 教师角色 ─┬─ 教师职业角色内涵
        │            ├─ 常见的教师角色
        │            ├─ 幼儿教师角色
        │            └─ 教师的角色特征
        │
        ├─ 教师的专业发展 ─┬─ 教师专业发展的内涵
        │                  ├─ 教师专业发展的意义
        │                  └─ 教师专业发展的途径
        │
        └─ 教师职业道德 ─┬─ 教师职业道德的含义
                         ├─ 教师职业道德的功能
                         └─ 教师职业道德规范
```

德国存在主义哲学家雅斯贝尔斯说过:"教育的本质意味着:一棵树摇动另一棵树,一朵云推动另一朵云,一个灵魂唤醒另一个灵魂。"教师通过自身的品德、修养和价值观去影响学生,在潜移默化中塑造学生的灵魂,引导他们形成积极向上的人格。"国将兴,必贵师而重傅。"(《荀子·大略》)教师的作用关系到整个国家和社会的兴衰。一名优秀的教师能培养出众多有知识、有道德、有创造力的人才,这些人才将成为推动社会进步、科技发展、文化繁荣的中坚力量。

## 第一节 教师职业理解与教师职业资格

### 一、教师的概念及教师职业的产生与发展

教师是履行教育教学职责的专业人员,承担着教书育人的重要使命,服务于提高民族素质,培养社会主义建设者和接班人的教育目的。一般来说,教师等同于教育者,但教育者除了指教师之外,也指广义上的教育者,如对人产生思想启迪、品德影响的人。因此,教师一般是指狭义意义上的,也就是用来专指学校里的承担教学任务的专职教师。

"教师"一词的内涵,随着教育和教师职业的演进逐步发展。在古代社会中,教师属于兼职。为促进部落的存续与壮大,那些具备生产、生活经验的长者和族长们,会有意识地将所掌握的知识、经验以及行为规范传授给年幼一辈。而在西周时期,随着学校的产生,专职的教师也就出现了。在政教合一、官师一体的背景下,专职教师就是官学中的专职分为"大师""小师"的教育官"师氏"。到了战国时期,韩非子在《韩非子·五蠹》中明确提出了"以法为教,以吏为师"的观点。秦朝秦始皇听从丞相李斯的建议"以吏为师"的建议,实施吏师制度;汉唐以来,专职教师有各种称呼,但都属于以吏为师。除了官学的"以吏为师"外,私学也在春秋战国时期慢慢兴起,孔子是办私学的代表人物。无论是古代还是近现代,我国的教师都以"学识"和"人格"为本,为社会政治伦理功能和教化做出了重要贡献。

而在西方古希腊时期,"智者派"是当时最早的教师,他们以教授别人知识为业。到了中世纪,当时僧院学校、教会学校,有了新的角色承担教师工作——僧侣、神父、牧师等。

到了近代,教育越来越呈现制度化趋势,教师的价值和社会功能日益显著,教育和教学工作得到了社会的广泛赞誉,如夸美纽斯提出"教师的职业是太阳底下最光辉的职业"。英国哲学家培根称教师是"科学知识的传播者,文明之树的栽培者,人类灵魂的设计者"。俄国教育家乌申斯基也肯定了教师的巨大作用。苏联教育家加里宁对教师的"人类心灵的工程师"的称谓响彻世界。这些赞誉,都极大地肯定了教师在人类社会发展中的历史和现实意义,提升了教师的职业认同感。

当代发展,更离不开教育。党的二十大报告提出:"教育、科技、人才是全面建设社会主义现代化国家的基础性、战略性支撑。"教育是国之大计,党之大计。教育大计,教师为本,教师在人类文化的传承和传递中发挥着巨大的作用,也成为社会发展和变革的重要力量。现代教师的重要性超越了古代教师的重要性,主要体现在:第一,多功能性,教师承担多项任务,除了学科教学外,还需承担班级管理、家庭教育指导等任务;第二,专门性,作为教师,必

须经过培养和培训，取得合格证书方能上岗；第三，高素质性，现代教师是"四有"好教师，是"经师"，更是"人师"，要求教师知识水平过硬，品德高尚；第四，发展性，信息社会中，现代教师必须终身学习，不断更新自己的知识结构、能力结构方能胜任教师职责。

## 二、教师职业的特点

### 1. 教师职业是一种专门性职业

根据职业的本质、特征，可以将职业划分为专门职业和普通职业两种。大多数的职业都属于普通职业。能被称为专门职业的，往往具有以下三个最基本的特点：第一，从事该职业，需要具备专门的技术和特殊的智力，而要具有专门技术，需要在职前接受专门的教育。第二，为社会提供专门的服务，从业人员需要具有较高的职业道德和社会责任感。第三，行业拥有专业自主权或控制权，如聘用或解聘从业人员不受专业外因素控制。从业人员获得本专业资格证书，专业内部以不同的职称来确定专业水平差异。

根据上述区分标准，可以认为教师职业是一种专门性职业，教师在从业前必须经过专门的师范教育训练，以掌握教育教学知识与学科知识，并获得教师资格证书。

教师职业的专业性得到普遍认可经历了一个漫长的过程。教师职业专业性的世界场域的提出，可追溯到1966年10月，当时国际劳工组织和联合国教科文组织在巴黎会议上通过了《关于教师地位的建设》。该文件提出：教师工作应被视为一种专业，它是一种要求教师经过严格训练而持续不断地学习研究，才能获得并保持专业知识和技能的公共职业；它还要求对其管理下的学生的教育和发展有个人的和公共的责任感。1996年第45届国际教育大会以《加强变化世界中教师的作用》为主题，教师在社会变革中的作用得到了再次强调。其后，美国掀起了"教师专业化"的改革浪潮。

教师职业是专门性职业，教师是专业人员得以确认标志的是在国际劳工组织制定的《国际标准职业分类》中，教师被列入了"专家、技术人员和有关工作者"的类别中。而我国于1993年10月颁布的《中华人民共和国教师法》在法律上把"教师"界定为"履行教育教学职责的专业人员"。

### 2. 教师职业是以教书育人为职责的创造性职业

教育是培养人的实践活动。教师这一职业与其他专业的根本区别在于有目的地培养人才。教师以教书育人为己任。教书育人，就是教师通过承担学科课程的教学，向学生传授系统的科学文化知识，引导学生树立科学的世界观、人生观和价值观，指导学生进行主动和有效的学习，促进学生的健康、全面发展。教书和育人是教学的双重任务，展现了教师这一职业的本质。

尽管随着时代和社会的不断发展，"教书育人"的目标、内容、方式可能存在差异，但"教书育人"依然被视为教师职业与其他职业相区分的性质之一。

教师职业具有创造性，因为教师要面对的教育对象存在复杂性、多样性和发展性，要解读的教育内容也随时代发展而变化，面对的教育环境充满了多变性和不可控性。这对教师提出了挑战，也激发了教师工作的创造性。教师要根据不同的教育对象、教育内容、教育环境，灵活运用自己的知识经验，创造性地设计不同的教育方法和教学情境，形成自己的教育教学风格。其中，灵活机智处理各种偶发事件的教育智慧，更彰显了教师工作的创造性。

**3. 教师职业是需要持续专业化的职业**

信息化社会知识呈现爆炸级增长，人类知识的激增，对教师提出了极大挑战，教师必须持续学习、终身学习，更新自己的知识结构，不断反思教育过程，研究教育教学规律，才能适应时代发展的要求，培养出与时俱进的学生。教师不仅是教学者，更是课程的建设者和开发者，是教育教学的研究者。教师职业需要持续专业化。

**4. 教师职业是一种示范性职业**

幼儿表现出极强的好奇心和模仿能力，对教师保持着无限的信任和尊重，行为表现极容易受到教师的影响。因此，幼儿园教师的言行举止对幼儿的发展至关重要，具有示范作用，教师需要充当良好榜样，时刻以高标准要求自己的一言一行，向幼儿展示真善美的行为，努力树立完美的职业形象。

**5. 教师职业具有复杂性和长期性**

教师的劳动对象是活生生的人，也是具有个性差异的人，不是以教师的意志为转移的。教师要教好学生，就要面对复杂的工作对象和工作场景。

"十年树木，百年树人"，教师工作是一个长期的发展过程，不可能一蹴而就。

### 三、教师职业的意义

**1. 教师职业的社会意义**

教师职业在社会中的作用，是指其对社会发展的实际影响，是教师社会地位的客观基础。教师职业对社会的作用是非常重要的。首先，教育工作者是文化传承者，在人类社会的进程中发挥着承先启后的作用；其次，他们是物质和精神财富的创造者，通过学术研究、创新知识、道德榜样、教育咨询等方式直接参与社会建设，具有引领作用；再者，他们是新一代人才的主要培养者，肩负着培养学生的使命，在受教者成长中扮演着引导者的角色。

**2. 教师职业的个体意义**

教师在社会分工下从事培养人、塑造人的活动。教师职业的个人意义是教师这个职业内在价值的独特性体现，教师劳动充满乐趣与自由，内含幸福的创造性；教师付出和奉献的同时，也持续获得回报。因此，教师的职业融合了个人价值与教师职业价值，为教师个体带来生存、发展、创造和享受的意义。

### 四、教师职业资格

教师资格是国家对专门从事教育教学工作人员的基本要求，是公民获得教师职位、从事教师工作的前提条件。教师资格制度是国家实行的教师职业许可制度。《中华人民共和国教育法》和《教师法》明确规定，凡在各级各类学校和其他教育机构中从事教育教学工作的教师，必须具备相应的教师资格，没有相应教师资格的人员不能聘任为教师。

中小学教师资格实行 5 年一周期的定期注册，每个注册有效期内需完成不少于国家规定的 360 个培训学时或省级教育行政部门规定的等量学分。

取得教师资格的教师可在本级及以下等级学校和机构任教；中职校实习指导教师资格

只能在中专、技校、职高或初级职业学校担任实习指导教师。高级中学教师资格与中职校教师资格相互通用。使用假资格证者,一经查出,五年内不得重新申请认定教师资格。

《幼儿园工作规程》中规定,幼儿园教师必须具备《教师资格条例》规定的幼儿教师资格。我国的教师需合法取得教师资格从事教育工作。我国的师范类大学学生必须通过校内的教育学和教育心理学考试,并在全省举办的普通话考试中取得二级乙等成绩(中文专业为二级甲等)方可领取教师资格证书;非师范类和其他社会人员则需通过各种认证考试方可申请教师资格证书。自2016年起,无论是师范生还是非师范生都需参加国家组织的统一考试才能申请教师资格证。

## 第二节 教师基本素质

教师的地位与价值、职责及专业特质,都是透过其专业素养、职业角色和具象形象来展现的。一个专业水平高的教师必然拥有卓越的专业素质、善于扮演职业角色和塑造良好的职业形象。

### 一、教师的专业素质

教师的专业素质是作为专业人员的教师应满足社会对教师的多元专业要求,是教师有效教学的基本条件。教师专业素质不仅具有多元性、时代性特质,还包含结构性特质。其素质构成包含教学理念、学科知识、专业技能、专业道德、身体素质和心理素养等内容。为建立教师专业标准体系、培养高素质专业化师资队伍,2012年教育部设计并发布了各级教师专业标准。教师必须符合国家规定的《专业标准》,这是培养幼儿园至中学阶段合格教师必备的基本素质要求。该标准规范着教师在教育教学中的行为,引导着教师的专业成长,对教师的培养、选拔、培训和评价等方面具有重要指导意义。

现代教师的专业素质主要包括以下几个方面。

**1. 先进、科学的教育理念**

教育理念源于教师对教育工作本质的理性理解,基于教育现象和问题建立的观念和信念。先进科学的教育观念强调教师应努力促进学生心灵世界的丰盈、人格尊严的维护和美好人性的培养,如重视学生主体性、倡导教学互动、推崇发展性教学评价、践行创新人才理念、倡导以人为本的学校管理。

**2. 合理的专业知识**

教师需要具备合理的知识架构,包含以下几方面:(1)专业知识,即某一学科及相关知识,是教学的基础;(2)条件性知识,即了解教育对象、进行教学活动以及研究所需的教育学科知识和技能,如教育理论、心理学、教学理论、学习理论、班级管理、现代教育技术等;(3)教学实践知识是指课堂操作技能,如引导、强化、提问、课堂管理、沟通、总结等技能。

**3. 复合型的专业能力**

教师的专业能力是指在教学过程中展现出来的促进教育活动顺利进行的能力和技能。包括但不限于:

① 应对教学内容的能力;

② 分析学生情况的能力;
③ 设计教学活动的能力;
④ 清晰表达的能力;
⑤ 教学组织和管理能力;
⑥ 自我控制和反思的能力;
⑦ 教学研究能力;
⑧ 持续学习的能力;
⑨ 课程设计能力;
⑩ 专业发展规划能力等。

**4. 崇高的专业道德**

教师在教学中应遵循专业道德规范,这是教师工作的基本准则。崇高的专业道德的要求,受教育工作性质、任务和教育对象特点的影响。根据教育部2008年修订的《中小学教师职业道德规范》,教师的专业道德主要包括爱国守法、爱岗敬业、关爱学生、教书育人、为人师表、终身学习等。

**5. 强健的身体素质**

教师的身体素质是指教师在教学过程中展现出的生理表现,包括其身体健康状况和生理素质。这主要体现在教师拥有健康的体魄、充沛的精力、旺盛的活力、有规律的生活方式和锻炼习惯等方面。教师的身体素质在教学工作中有着重要的教育意义。

**6. 健康的心理素质**

教师的心理素质是教师综合素养的重要组成部分,代表教师在教育教学实践中形成的必备心态,涵盖细致、可靠、亲切的教学态度,积极、丰富的教学情感,坚定的教学意愿,多元的兴趣爱好,灵活果断的工作风格,友善、亲和的个性特质等。

## 二、幼儿教师的基本素质要求

为促进幼儿园教师专业发展,建设高素质幼儿园教师队伍,根据《中华人民共和国教师法》,教育部颁布出台了《幼儿园教师专业标准(试行)》[2012]1号文件。

《幼儿园教师专业标准(试行)》是国家对幼儿园教师专业素质的基本要求,是幼儿园教师实施保教行为的基本规范,引领幼儿园教师专业发展的基本准则,是幼儿园教师培养、准入、培训、考核等工作的重要依据。

贯穿《幼儿园教师专业标准(试行)》的基本理念是:师德为先、幼儿为本、能力为重和终身学习。

**1. 拥有正确的职业理念和良好的师德**

(1) 职业理解与认识
① 贯彻党和国家教育方针政策,遵守教育法律法规。
② 理解幼儿保教工作的意义,热爱学前教育事业,具有职业理想和敬业精神。
③ 认同幼儿园教师的专业性和独特性,注重自身专业发展。
④ 具有良好职业道德修养,为人师表。
⑤ 具有团队合作精神,积极开展协作与交流。

(2) 对幼儿的态度与行为

① 关爱幼儿，重视幼儿身心健康，将保护幼儿生命安全放在首位。

② 尊重幼儿人格，维护幼儿合法权益，平等对待每一位幼儿。不讽刺、挖苦、歧视幼儿，不体罚或变相体罚幼儿。

③ 信任幼儿，尊重个体差异，主动了解和满足有益于幼儿身心发展的不同需求。

④ 重视生活对幼儿健康成长的重要价值，积极创造条件，让幼儿拥有快乐的幼儿园生活。

(3) 幼儿保育和教育的态度与行为

① 注重保教结合，培育幼儿良好的意志品质，帮助幼儿养成良好的行为习惯。

② 注重保护幼儿的好奇心，培养幼儿的想象力，发掘幼儿的兴趣爱好。

③ 重视环境和游戏对幼儿发展的独特作用，创设富有教育意义的环境氛围，将游戏作为幼儿的主要活动。

④ 重视丰富幼儿多方面的直接经验，将探索、交往等实践活动作为幼儿最重要的学习方式。

⑤ 重视自身日常态度言行对幼儿发展的重要影响与作用。

⑥ 重视幼儿园、家庭和社区的合作，综合利用各种资源。

(4) 个人修养与行为

① 富有爱心、责任心、耐心和细心。

② 乐观向上、热情开朗，有亲和力。

③ 善于自我调节情绪，保持平和心态。

④ 勤于学习，不断进取。

⑤ 衣着整洁得体，语言规范健康，举止文明礼貌。

**2. 具有一定的专业知识**

(1) 幼儿发展知识

① 了解关于幼儿生存、发展和保护的有关法律法规及政策规定。

② 掌握不同年龄幼儿身心发展特点、规律和促进幼儿全面发展的策略与方法。

③ 了解幼儿在发展水平、速度与优势领域等方面的个体差异，掌握对应的策略与方法。

④ 了解幼儿发展中容易出现的问题与适宜的对策。

⑤ 了解有特殊需要幼儿的身心发展特点及教育策略与方法。

(2) 幼儿保育和教育知识

① 熟悉幼儿园教育的目标、任务、内容、要求和基本原则。

② 掌握幼儿园各领域教育的学科特点与基本知识。

③ 掌握幼儿园环境创设、一日生活安排、游戏与教育活动、保育和班级管理的知识与方法。

④ 熟知幼儿园的安全应急预案，掌握意外事故和危险情况下幼儿安全防护与救助的基本方法。

⑤ 掌握观察、谈话、记录等了解幼儿的基本方法和教育心理学的基本原理和方法。

⑥ 了解 0~6 岁婴幼儿保教和幼小衔接的有关知识与基本方法。
（3）通识性知识
① 具有一定的自然科学和人文社会科学知识。
② 了解中国教育基本情况。
③ 具有相应的艺术欣赏与表现知识。
④ 具有一定的现代信息技术知识。

**3. 具有一定的专业能力**
（1）环境的创设与利用
① 建立良好的师幼关系，帮助幼儿建立良好的同伴关系，让幼儿感到温暖和愉悦。
② 建立班级秩序与规则，营造良好的班级氛围，让幼儿感受到安全、舒适。
③ 创设有助于促进幼儿成长、学习、游戏的教育环境。
④ 合理利用资源，为幼儿提供和制作适合的玩教具和学习材料，引发和支持幼儿的主动活动。
（2）一日生活的组织与保育
① 合理安排和组织一日生活的各个环节，将教育灵活地渗透到一日生活中。
② 科学照料幼儿日常生活，指导和协助保育员做好班级常规保育和卫生工作。
③ 充分利用各种教育契机，对幼儿进行随机教育。
④ 有效保护幼儿，及时处理幼儿的常见事故，危险情况优先救护幼儿。
（3）游戏活动的支持与引导
① 提供符合幼儿兴趣需要、年龄特点和发展目标的游戏条件。
② 充分利用与合理设计游戏活动空间，提供丰富、适宜的游戏材料，支持、引发和促进幼儿的游戏。
③ 鼓励幼儿自主选择游戏内容、伙伴和材料，支持幼儿主动地、创造性地开展游戏，充分体验游戏的快乐和满足。
④ 引导幼儿在游戏活动中获得身体、认知、语言和社会性等多方面的发展。
（4）教育活动的计划与实施
① 制定阶段性的教育活动计划和具体活动方案。
② 在教育活动中观察幼儿，根据幼儿的表现和需要，调整活动，并给予适宜的指导。
③ 在教育活动的设计和实施中体现趣味性、综合性和生活化，灵活运用各种组织形式和适宜的教育方式。
④ 提供更多的操作探索、交流合作、表达表现的机会，支持和促进幼儿主动学习。
（5）激励与评价
① 关注幼儿日常表现，及时发现和赏识每个幼儿的点滴进步，注重激发和保护幼儿的积极性、自信心。
② 有效运用观察、谈话、家园联系、作品分析等多种方法，客观地、全面地了解和评价幼儿。
③ 有效运用评价结果，指导下一步教育活动的开展。

(6) 沟通与合作

① 使用符合幼儿年龄特点的语言进行保教工作。
② 善于倾听,和蔼可亲,与幼儿进行有效沟通。
③ 与同事合作交流,分享经验和资源,共同发展。
④ 与家长进行有效沟通合作,共同促进幼儿发展。
⑤ 协助幼儿园与社区建立合作互助的良好关系。

(7) 反思与发展

① 主动收集分析相关信息,不断进行反思,改进保教工作。
② 针对保教工作中的现实需要与问题,进行探索和研究。
③ 制定专业发展规划,积极参加专业培训,不断提高自身专业素质。

## 第三节 教师角色

### 一、教师职业角色内涵

教师的职业角色涵盖了教师在教育系统中的身份、地位、职责以及相关行为模式。教师的职业角色是由教师在社会中的地位和属性决定的,也是由其教书育人的使命决定的,包括对教师在教育教学领域的行为规范以及社会大众对其角色的期许。

### 二、常见的教师角色

教师职业的最显著特征在于其角色的多元化。当代教学涉及文化传授、师生互动、情感沟通和教学共同体的达成等多个方面。教师作为主体,其作用的对象包括教材、单个学生或整个班级、自身以及教学活动,同时也是学生了解的客体。因此,当代教师要意识到自身多重角色、随时代不断变化和创新的角色。关于教师的基本角色可以分为以下几种。

**1. 学习者和研究者**

教师应当意识到自己首先是一个学习者,需研究课本内容、获取相关信息,与学生交流学习经验,并认真对待教学内容,将知识转化为个人认知结构的一部分。另外,当代教师还要承担课程设计和教育教学研究的责任。教师需不断学习,拓宽知识面,保证自己是一眼不断涌动的泉水,促进学生成长,促进自身专业发展,以响应课程改革需求。

**2. 知识的传授者**

教学中往往面临着知识的范围与深度、完备度之间的矛盾。正确处理这一矛盾是解决教学难题的关键。从知识的传授来看,教师在其中扮演着主导者的角色,学生是接受者。尽管身为教育者,但是,古今的教学方式却有所不同。古代教师多以讲授、诵读、提问和回答为主,而现代教师作为知识传授者,除了注重教学的科学性外,还需关注教学的艺术性和创新性。

**3. 学生心灵的培育者**

单纯传授知识的老师仅是"经师",真正优秀的老师应该能让学生得以生动活泼、主动发展。这类教师不仅传授学生知识,还教他们习得学习能力;擅长激发学生学习的热情与积极性,培养学生自主学习的技巧和习惯,调整学生的情绪和态度;提醒学生认真、勤奋,培育学生优良的学习心态;善于发现学生之间的学习差距,特别关照成绩差的学生;并鼓励学生相互协助,形成优良学风。

**4. 教学活动的设计者、组织者和管理者**

教学活动是一项集体性任务,为充分发挥教学综合功能,必须精心规划、严密组织和科学管理。首先,教师扮演着教学活动策划者的角色。优质教学设计可确保教学的顺利进行,提供优质教学环境,培养学生循序渐进的学习习惯,全面完成教学使命。为了成功地设计教学,教师需要全面了解教学任务、教材特点和学生特征。其次,教师扮演着教学活动引导者的角色,涉及教学资源分配、内容安排、学生分组等实际操作。合理分配活动时间、选择适宜方式,可激发学生思维、调和人际关系、激励团体学习动力。再次,教师是教学活动的管理者,通过调整教学资源、调整教学设计等,调控教学环节以调整学生的学习态度、学习活动,培养学生良好的学习习惯,处理偶发事件,实现教学管理。传统教学通常将教师的管理视为对学生的限制约束,经常通过在教育教学中制定规则、维持纪律来实现,教师和学生扮演"警察"与"小偷""猫"与"老鼠"的角色。但是,现代教师在教学管理中应通过以下途径进行教学管理:

① 设立各类教学规范,特别是课堂教学规范;
② 提倡学生参与管理,培养集体意识,发挥集体凝聚力;
③ 凭借个人威信,充分发挥情感在管理中的作用,教师充当"导师""建议者"等角色。

**5. 学生学习的榜样**

教师不仅仅扮演着教学的主导者角色,同时也是学生所认知的对象。作为成人社会的代表,教师的一言一行、态度、性格等方面都会悄无声息地对学生造成影响。教师的示范作用具有双重效应。优秀老师的标志性行为,为学生留下了公正、正义、理性、热情、坚毅、果断的深刻触动;相对而言,糟糕教师所展现的"楷模"可能给学生的心灵造成一定的伤害,导致学生在某些行为方面出现缺陷。

**6. 学生的朋友**

尽管学生在年龄、地位、经验等方面与教师存在差异,但这并不影响师生间友谊的形成。确实,若教师视学生如朋友,可促进双方更亲近,也能够帮助教师更全面地认识学生。作为学生朋友的角色,教师应当成为学生的亲密伙伴,关心学生的生活和全面发展,与学生平等相待,协助学生解决生活和学习中的难题。

**7. 学校的管理者**

教师不仅是学校管理的对象,也是管理的主体;不仅是教学管理的主体,也是学校管理的主体。教师是学校管理的主体,是贯彻现代学校民主管理思想的基本要求,《中华人民共和国教师法》第七条也赋予教师参与学校的民主管理权利。学校管理实践表明,教师的主体性得以大力发挥,对于提升学校管理效能、促进学校发展有莫大的作用。

总之,教师的角色有显性的角色,也有隐性方面的角色;既有引导学生认知方面的角色,也有引导学生情感方面发展的角色。这些角色统一于教育教学活动中。教师的行为表现为积极与消极、理性与非理性、道德与不道德、合法与不合法等多个方面。作为教师,应熟练运用积极的角色技能,有效扮演相关角色,避免角色不明确、角色紧张、冲突和失败,杜绝侵害学生权益和不端的行为,避免某些消极行为对学生产生不必要的影响。

### 三、幼儿教师角色

《纲要》指出:"教师应成为幼儿学习活动的支持者、合作者、引导者。"一般情况下,幼儿教师面对的学生具有独特性。他们对周遭事物充满好奇,但不清楚如何探索;想象力和创造力处于高峰,却很容易受到压抑;他们的思维灵活,个体间存在显著差异。这些特质决定了幼儿教师应成为最具教学艺术的教师群体。如何在教学过程中成功地扮演好幼儿学习的支持者、合作者、引导者这三个角色,是每位幼儿教师都必须考虑的。

**1. 教师是幼儿活动的支持者**

"支持"指帮助与激励。在幼儿教学中,教师应该勉励与及时协助。幼儿身心娇嫩,倚赖成年人、社会,尤其是教师的关怀、理解和支援。库特·费舍学者提到,在幼儿成长过程中,接受成人提供的"高度支持"或"低度支持"会启动幼儿不同的发展路径。适宜的教育支持(而非严格权威)在教育中扮演着核心角色,是儿童发展的至关重要条件之一。长期以来,教师一直采用的是"传声筒"教学法,而幼儿则倾向于"积累式"学习方法。目前,这种扮演教育知识传播者的教师角色已经不符合教育改革的需求。在新环境下,教师应减少传授知识的任务,更多地留白给幼儿参与教育活动。教师需要敏锐地把握幼儿的问题、困难和需求,倾听和接受幼儿的想法和感受。

对幼儿的支持主要包括两方面:一是情感上的支持,即在日常生活中对幼儿的建议给予必要的认可和支持,对他们的创新想法进行褒奖和鼓励。二是提供活动时间和空间上的支持。由于孩子能力有限,当他们无法实现自己的理想和愿望时,教师需要及时提供所需支持,以便为他们提供实践的机会和条件。

**2. 教师是幼儿活动的合作者**

过去的课堂中,幼儿仅仅扮演了知识的接收者角色,往往是教师单方面进行强制灌输,只有教师在"教",幼儿没有积极"学"的行为。教师和幼儿之间缺乏互动,主要是老师向孩子下达指令,孩子们只能被动执行和服从。因此,《纲要》强调要留意幼儿在活动中的表现和反应,敏锐察觉其不同需求,及时以恰当方式回应,教师作为"合作伙伴"融入幼儿的学习活动,共同推动学习的延伸,建立师生间合作探究的互动模式,使权威转变为学习伙伴。在这种平等互动中,教师作为伙伴参与孩子的活动,逐渐融入他们的活动场景,与幼儿逐步建立情感和信任关系,这是教育的基础。同样,在合作关系中,幼儿才能自然展现自我,教师才能真实观察到幼儿的内在,了解其发展状况,进而指导教学。

根据意大利瑞吉欧方案的教学理念,教师有时身处儿童团体中,有时则在儿童周围。教师深入研究儿童,为其提供发展机会,关键时刻介入儿童活动,分享热烈的情绪。幼儿认为老师不是裁判或者评价者,而是可以在他们需要帮助时提供支持的伙伴。这种互动涵盖了智慧的激发和碰撞、经验的分享、情感的交流,每个人都能感受到彼此的支持。这正是教师做好合作者角色的具体体现。

**3. 教师是幼儿活动的引导者**

随着社会信息化程度的不断提高，教育环境变得更加多元化，孩童的学习资源也更加丰富，包括书籍、电视节目，甚至网络。在这种情况下，幼儿教师不再是幼儿唯一的知识来源，如果继续扮演"知识传递者"的角色就变得毫无意义，反而会束缚幼儿的思维，限制他们的好奇心和求知欲，阻碍他们更好地了解周围的环境。因此，幼儿教师的任务需要改变，由传授知识转变为引导学生。引导型教师是指根据教学目标引导学生逐步实现教育目标。教师的引导者角色是各种角色中最具挑战性的，因为其关键在于了解幼儿的学习状况以及应对幼儿面临的问题和矛盾。教师需要评估这些情况，确定它们与教育目标的关联，以明确引领幼儿朝向积极目标的方向发展。幼儿充满了好奇心、渴望知识，而教师的指导为他们提供了精神食粮。通过指导，促使幼儿自发参与的活动形成各种主题教育活动，教师的引导也真正实现了引领和指导的功能。如果强调支持与协作更多地取决于教师个人的教育观念和对儿童的看法，更多地展现了教师的情感变化，那么引导则展示了教师的教育智慧、教育艺术以及驾驭教育方向的能力。在信息社会中，教师不仅仅是知识传授者，更是能够灵活担任最适合角色，并积极与幼儿互动的人。这正是教师工作中最生动、最具挑战性的部分。

### 四、教师的角色特征

教师职业的最大特点是职业角色的多样化，如上所述，教师承担着多种角色。

## 第四节 教师的专业发展

### 一、教师专业发展的内涵

教师专业发展，又称教师专业成长，是指教师在整个专业生涯中，依托专业组织、专门的培养制度和管理制度，通过持续的专业教育，习得教育教学专业技能，形成专业理想、专业道德和专业能力，从而实现专业自主的过程。它包括教师群体的专业发展和教师个体的专业发展。

**1. 教师群体的专业发展**

教师群体的专业发展不仅是教师个体专业化的条件和保障，也标志着教师职业的专业化进程。其主要包括以下方面：

① 教育知识技能体系化建设，形成学科和教育专业，教师任职须符合国家学历标准，同时具备必要的教育知识、教育教学能力与职业道德。

② 国家设立特定机构负责教师培训，提供专业化教育内容和措施。

③ 政府设立了教师资格和教育机构认定及管理制度。

④ 形成社会公认的教师专业团体。

**2. 教师个体的专业发展**

教师个体的专业发展是指教师作为专业个体，从专业理念、专业知识、专业技能、专业心态等方面逐步由不成熟向成熟转变的过程，即由初级专业人员成长为专家型教师或教育家型教师的过程。教师专业发展不仅与时间相关，更依赖于教师个体的素质提升和专业自我的塑造使其成为教育领域的创新者。具体来说，教师专业发展涉及多个方面。

(1) 专业理想的确立

教师的专业理想是建立在对教育实践的认知基础上的，反映了对教育的看法、工作的目标和意义。比如"科教兴国""育人为本"等。它代表着教师对教育工作的态度和价值观，是教学方法和行为的指导准则，也是专业发展的动力和精神核心。

(2) 教师的专业知识拓展

教师的专业知识是其区别于其他职业的理论框架和实践体系。教师的专业知识拓展主要包括三个方面：首先是知识量的增加，教师要不断更新、补充、拓宽自身的知识范围。其次是知识深化的质量，涵盖了从知识的领悟和掌握，到对知识的批判性思考，再到知识的创新性应用。教师知识深化的质量反映了其专业性；教师具备独特见解，在教育领域拥有话语权，是专业化水平的重要标志之一。再次，涉及知识结构的优化。这是专业教师力求实现的目标，知识结构优化要求基础知识广博、学科知识深入、相关学科补充，还要有教育科学和心理学知识作指导。优化知识结构也需要教师独到的感悟、体验和总结经验。

(3) 专业能力的增强

教师的专业能力指的是教师在教学实践中通过完成各项任务所展现的能力和技巧。教师的专业素养是其整体素质的显著展示，也是评价其专业性的核心标准。不同学者对教师专业能力的类型和架构有不同看法。一般认为，教师的专业能力应涵盖以下几个方面：

① 设计教学能力，即教师在考虑教材、学生、教学时间、教学手段等因素后，能够对教学目标、内容、程序和方法进行整体规划。

② 表达能力，包括口头表达、板书及简笔画等才能。

③ 教学组织管理能力，例如班级领导力、课堂管理技能、学习外课程管理能力等。

④ 教学交流能力，包含理解他人本领、沟通技巧、协调人际关系能力等。

⑤ 教学智慧，即处理教学进程中意外事件的能力。

⑥ 自我反思能力，指的是对个人教育教学状况做出准确评价的能力。

⑦ 教育教学研究能力，指的是教师在学生、教育实践和理论方面进行探索，发现问题并寻求解决方法的能力。

⑧ 具备创新能力，包括创新教学理念、课程内容、教学方法以及教学模式的能力。

(4) 教师专业自我的构建

专业自我指教师在工作中创造并展现适合自身兴趣、能力和个性的独特教学方式，以及在职业生涯中积累的知识、理念、价值观和教学风格的总和。教师专业自我构建具体包含以下几个方面：

① 对自身形象的正确认知；

② 积极的个人体验；

③ 正确的事业动机；

④ 对工作状况的满意程度；

⑤ 对理想职业生涯的明晰构想；

⑥ 对未来工作前景的高期许;
⑦ 持有独特的教育哲学和教学方法。

教师专业自我是在教师与外界环境互动的过程中逐渐塑造而成的。教师专业自我塑造是通过与外界环境互动、不断提升教育教学素质、个性化职业生活以及打造良好教师形象等多重过程实现的。一旦专业自我确立,将深刻影响教师的工作态度、教育行为方式,进而直接影响教学效果。

从历史进程来看,教师专业发展与研究经历了被忽视到逐渐受重视的过程;由专业化关注教师群体到专注于个体教师的专业成长;由重视外部专业发展环境和社会认可到注重内在专业素质提升过程。

**3. 教师专业发展阶段**

关于教师专业发展阶段的理论较多,比较有影响的如表 4-1 所示。

表 4-1 教师专业发展的理论

| | 理论 | 阶段 | 主要特点/表现 |
|---|---|---|---|
| 专业发展阶段 | 福勒和布朗的教师关注阶段论 | 关注生存 | "学生喜欢我吗""同事们如何看我""领导是否觉得我干得不错"。 |
| | | 关注情境 | "如何备好课、上好课、提高学生成绩"。 |
| | | 关注学生 | "我的上课方式是否符合学生的特点、满足学生的需要";能否自觉关注学生是衡量一个教师是否成熟的重要标志之一。 |
| | 叶澜的"自我更新"取向的教师专业发展的阶段论 | 非关注阶段 | 进入正式教师教育之前,无意识中以非教师职业定向的形式形成了较稳固的教育信念,具备了一些"直觉式"的"前科学"知识与教师专业能力密切相关的一般能力。 |
| | | 虚拟关注阶段/教学前关注阶段 | 这一阶段专业发展的主体师范生的身份是学生,开始思考对合格教师的要求,在虚拟的教学环境中获得某些经验,对教育理论及教师技能进行学习和训练,有了对自我专业发展反思的萌芽。 |
| | | 生存关注阶段 | 入职初期阶段;"骤变与适应"下,产生了强烈的自我专业发展的忧患意识,特别关注专业活动中的"生存"技能,专业发展集中在专业态度和动机方面。 |
| | | 任务关注阶段 | 由关注自我的生存转到更多地关注教学,由关注"我能行吗"转到关注"我怎样才能行"。 |
| | | 自我更新关注阶段 | 以专业发展为指向;有意识地自我规划,谋求最大程度的自我发展,关注学生的整体发展,积累了比较科学的个人实践知识。 |

## 二、教师专业发展的意义

**1. 教师的专业发展是提高教育质量的关键**

教育工作者主要是教师的工作,学校教育质量高低主要由教师来决定。

**2. 教师的专业发展是教育改革的原动力**

教师的观念更新了,教师的水平提高了,教师的能力增强了,就会认识到目前教育方法、教育内容存在的问题。这时候,教改的原动力就是教师自己,这样才能实现教育的可持续发展。

**3. 教师的专业发展是提高学校凝聚力的核心要素**

学校的凝聚力、向心力和向上力量都离不开教师的关键作用。教师的力量源于其自身的发展。当教师的工作变得枯燥乏味,日复一日地重复上课、批改作业时,会逐渐失去教学热情,学校也将失去活力。

**4. 教师的专业发展是教师自身幸福感的源泉**

教师的红烛精神、春蚕精神,从奉献角度说是好事,但从教师专业发展的角度说,是不合适的,教师必须在职业生活中不断丰富自己,提高自身素质。

**5. 教师的专业发展是学生发展的根本保障**

教师作为学生成长道路上的引路人,其专业素养和能力的不断提升,直接影响着学生的学习效果和未来发展。专业发展良好的教师具备更丰富的学科知识和教学方法。他们能够以清晰、易懂且生动有趣的方式向学生传授知识,激发学生的学习兴趣和求知欲。例如,一位精通数学专业知识并且不断研究新教学方法的老师,能够将复杂的数学概念通过实际生活中的例子讲解给学生,让学生更容易理解和掌握。

教师的专业发展有助于更好地了解学生的心理特点和学习需求。专业的教师能够因材施教,为不同学生提供个性化的指导和支持。比如,对于学习进度较慢的学生,专业的教师会更有耐心和方法去帮助他们逐步进步;对于学有余力的学生,教师能提供更具挑战性的学习任务,促进其深入发展。

不断发展专业能力的教师具有更强的教育创新意识。他们能够引入新的教育理念和技术,为学生创造更优质的学习环境和体验,比如:利用现代信息技术开展线上线下翻转课堂,丰富教学资源和形式。

### 三、教师专业发展的途径

普遍认为,教师专业发展可从三个方面进行:理智取向,实践反思取向,文化生态取向。理智取向强调通过正规培训,向专业人士学习先进的学科和教育知识,从而提升教育认知水平和教学技能。实践反思取向认为教师应通过实践反思来发现教育教学的价值,获取实践智慧,具体方法包括撰写日志、编写传记、分析文献、进行教育叙事、进行师生访谈、参与性观察等。文化生态取向强调教师专业成长不单单取决于个人努力,更在于依托"教学文化"或"教师文化"为其工作赋予意义、支持和认同身份;主要途径是通过建设学习团队,开展协作教学和研究,实现共同进步。教师专业进步应融合以上三个方面。就个体教师专业发展而言,主要包括师范教育、新教师入职指导、在职培训、教师专业发展学校、同伴互助以及自我教育。

**1. 师范教育**

师范教育是教师个人职业发展的起点与基础,师范学校根据教师所需要的专业素质培养专业化师资。为此,师范教育需牢记其培养教育专门人才的使命,整合学术、专业和服务元素;重视专业信念体系的构建和职业精神的培养;构建符合教师专业需求的课程体系;加强教学理论与实践的衔接,确立有效的教学实习机制。

**2. 新教师入职指导**

新教师的入职指导是在20世纪70年代兴起的，并成为被教育界普遍认可的一种协助教师专业成长的引导措施。这种引导主要由有经验的导师进行现场指导。在我国，各级教师培训学校还担当短期系统培训任务，旨在为新教师提供系统持续的指导，帮助他们快速适应新角色和新环境。

**3. 在职培训**

教师的在职培训旨在适应教育改革与发展的要求，满足在职教师在不同阶段专业发展的需求，综合采用"理论学习、实践尝试、反思探讨"方式，引导教师掌握新兴现代教育理论，培养他们研究教育课题、问题的意识和能力，同时加强计算机知识、现代教育技术应用的能力的培养。教师在职培训范围广泛，包括业余进修和学校内的专家引导、集体观摩、互评互研、案例分析等多种形式。

**4. 教师专业发展学校**

教师专业发展学校，是20世纪80年代末在美国兴起的一种新型教育模式，90年代开始受到我国国内学者认可并逐渐在部分地区试行。该教育形式旨在促成大学教育学院与中小学之间的合作，实现教师职前培训与在职教师专业发展的融合。在认可中小学、幼儿园对学生发展的重要性基础上，强调学校也是促进教师成长的关键场所，应具备支持教师实现持续有效专业发展的功能。当前，教师专业发展学校不再是简单的规划，而是融入教师教育模式中，成为一种教育生活方式。

**5. 同伴互助**

20世纪80年代初，美国学者乔伊斯和肖尔斯率先提出"同伴互助"的理念。"同伴互助"的理念为：改良早期教师培训模式的构建，或许有利于帮助教师将培训内容有机地融入实际教学之中。之前将教师培训成果低效归咎于教师自身的假设可能存在误导。据推测，教师在课堂上采用新的教学策略和方法时可能需要持续的支持和回馈。他们随后进行的研究验证了这个推测，并确认了同伴支持的积极影响。同伴互助是指在一起或多人之间的致力于专业发展的教师活动，通过多种方式开展旨在实现教师持续自我提升、合作共同进步的教学研究，以达到提高教学质量的目标。合作形式包括：教学沙龙、同课异构、微格教学、专业对谈、示范教学、互相观课、共同评价、互相激励、协同反馈等。为了有效地实施合作，学校要倡导团队合作氛围、建立教学团队平台并实施协同授课，培养教师的团队协作精神；同时，教师应当虚心向同伴学习，提高个人综合素养。

**6. 自我教育**

教师的自我教育是自我建构的专业过程，是教师个人专业成长的主要途径之一，也是教师个体专业化发展的最直接、最普遍的途径。教师自我教育的方法包括定期进行系统的自我反思、主动获取教改信息、研究关键教学事件、学习现代教育理论、积极体验教学成效等。这种自我教育方式是确立专业理想、培养专业情感、提升专业技能、塑造专业风格的重要途径。

## 第五节 教师职业道德

### 一、教师职业道德的含义

教师的职业道德是指在教育工作中,教师应遵循的行为准则和道德品质要求,是调和师生、社会等关系时必须遵循的基本道德规范和行为标准,以及展现出的道德观念、情感和优良品质,体现了一般社会道德在教师行为中的独特价值。

教师应当遵守一系列道德规范和准则,在从事教育工作时作出道德抉择、进行道德评估、进行道德教育和示范道德行为。这些规范反映了教师的职业义务,体现了其承担的道德责任。教师职业道德包括教师职业理想、职业责任、职业态度、职业纪律、职业技能、职业良心、职业作风和职业荣誉等要素。教师职业道德修养的核心问题是确立坚定的职业道德信念。教师职业道德规范的核心是爱与责任,教师的天职是教书育人。

### 二、教师职业道德的功能

**1. 对教师工作的促进功能**

教师教育行为受教师职业道德调控,主要借助社会舆论和内心信念两种途径。相较学校规章、教学计划、大纲等,职业道德更为灵活、更具指导性,时刻引导、调整和监督教育行为。教师的教育行为受教师职业道德的双重调控,一方面受社会舆论压力,另一方面受内心信念影响。教师职业道德可激发动力、评估行为、调整行为,以处理各种利益关系,确保教学顺畅、教育任务圆满完成,这是教师职业道德的最基本的社会作用。

**2. 对教育对象的教育功能**

儿童的可塑性很高,他们通常接受教师的道德观念和行为中的道德规范。当教师恪守职业道德时,会使道德准则更具体、更具个性化,从而让学生在富有形象力的榜样中得到启示和教导,无形中培养出教师所期望的优秀品德与思想,提升教学的吸引力和有效性。

**3. 对社会文明的示范功能**

教师对社会文明的示范功能主要通过三种途径表现出来:

① 通过培养学生的良好品德,可以对社会道德产生影响。学生在不同场合扮演着不同的角色,在校园里是学生,在社会中是公民,这种多重身份有助于传播社会文明。

② 教师参与多元社会活动可塑造积极的社会道德形象。恪守职业操守的教师在社会中展现高尚道德面貌,其品德和形象必将积极地影响社会各个层面。

③ 借助教师的家庭和社交生活,推动社会主义新型人际关系的形成。这些因素以多种方式直接或间接地体现在社会的各个层面,助力社会文明发展。

**4. 对教师修养的引导功能**

社会大众对教师的整体素质要求往往高于其他行业从业者。教师需要不断提升自身的专业技能和道德水平,加强修养是教师职业道德的必要要求。在提升修养的过程中,教师的职业道德发挥着引领作用。

### 三、教师职业道德规范

自改革开放以来,我国分别于1985年、1991年、1997年多次颁发和调整《中小学教师职业道德规范》,以适应新的历史发展。随着国家社会经济和教育步入新时代,2008年9月,教育部、中国教育科学文化卫生体育工会全国委员会共同发布了修订后的《中小学教师职业道德规范》,以符合时代要求。新《规范》包括六点要求,凸显了教师职业特质对师德的根本要求和时代特点。爱与责任是贯穿其中的核心和灵魂。

**1. 爱国守法——教师职业的基本要求**

教师爱国守法内容包括热爱祖国,热爱人民,拥护中国共产党的领导,拥护社会主义。遵守国家的宪法和法律,依法履行教师职责。贯彻国家教育方针,不得有违背党和国家方针政策的言行。

"爱国守法"要求教师做到:

第一,爱国是教师做好本职工作的支撑。爱国是中华民族的优良传统,是各族民众道德品质的显著标志,更是国家生存与繁荣的灵魂。对祖国倾注热爱,是每位公民的职责。作为教师职业道德准则,爱国精神是支撑教师履行教育职责的核心。教师应将热爱祖国视为崇高职责,不断增强爱国意识,培养爱国情感,激发爱国热情,成为一名忠诚的爱国者。

第二,教师需依法执教,符合《宪法》中规定的义务。守法意味着所有社会成员、政府机构和公民需将法律视为行为准则,依法行使权利、履行义务。作为教师,其职业特质要求其成为守法的典范,通过示范对学生产生潜移默化的影响,致力于提高全民法治素养,为构建社会主义法治国家打下坚定的基础。

**2. 爱岗敬业——教师职业的本质要求**

教师爱岗敬业包括忠诚于人民教育事业,志存高远,勤恳敬业,甘为人梯,乐于奉献。对工作高度负责,认真备课上课、批改作业、辅导学生,不得敷衍塞责。

倡导"爱岗敬业"即要求教师对教育充满责任心与深情。责任心不足则难以有效开展教育工作,感情缺失则难以成功从事教学。教师应常怀使命感,心怀远大理想,将个人发展与社会主义伟业和国家繁荣紧密联系,积极承担光荣的职责,在社会变革和教育实践中不断提升教育教学能力。

**3. 关爱学生——师德的灵魂**

关爱学生包括:关心爱护全体学生,尊重学生人格,平等公正地对待每一位学生;对学生严慈相济,做学生的良师益友;保护学生安全,关心学生健康,维护学生权益;不讽刺、挖苦、歧视学生,不体罚或变相体罚学生。

"关爱学生"要求教师热情地、不厌其烦地教导学生,给予学生情感和关怀。亲其师,信其道。有了爱就有了一切。"关爱学生"是维系师生关系的基本原则。

**4. 教书育人——教师的天职**

教书育人包括:遵循教育规律,实施素质教育;循循善诱,诲人不倦,因材施教;培养学生良好品行,激发学生创新精神,促进学生全面发展。不以分数作为评价学生的唯一标准。

教书育人是教师最核心的职责与任务。教书是育人的主要手段,育人是教书的根本宗旨,二者相辅相成,辩证统一。"教书育人"要求教师将育人视为首要使命,须遵循教育规律,贯彻素质教育理念,致力于培养学生的良好品德,激发学生的创新能力,促进学生全面发展。

**5. 为人师表——教师职业的内在要求**

为人师表包括:坚守高尚情操,知荣明耻,严于律己,以身作则;衣着得体,语言规范,举止文明;关心集体,团结协作,尊重同事,尊重家长;作风正派,廉洁奉公;自觉抵制有偿家教,不利用职务之便谋取私利。

"为人师表"要求教师言传身教,立身为范。"为人师表"对教师工作至关重要。教师应保持高尚情操,率先示范,做学生楷模,以独特魅力教育影响学生。

**6. 终身学习——教师专业发展的不竭动力**

教师终身学习的内容包括崇尚科学精神、树立终身学习理念、拓宽知识视野、潜心钻研业务、勇于探索创新、不断提高专业素养和教育教学水平。

支持"终身学习"即要求教师作为学生的学习榜样。终身学习是时代进步的需求,也源自教师的专业特性。为提升专业水平,教师需确立终身学习观念,终身学习包括职业道德修养提升、教育研究能力发展、批判性思维加强以及现代科技运用等方面。

# 思考与练习

**一、选择题**

1.《教师地位的建设》提出,将教师工作视为一种(　　)。
　　A. 行业　　　　　B. 专业　　　　　C. 产业　　　　　D. 职业
2. 贯穿《幼儿园教师专业标准(试行)》的基本理念是:师德为先、幼儿为本、能力为重和(　　)。
　　A. 终身学习　　　B. 关爱幼儿　　　C. 全面发展　　　D. 素质教育
3. 教师有时在幼儿的团体内工作,有时在幼儿的周围工作。这反映了幼儿教师是(　　)。
　　A. 幼儿活动的支持者　　　　　　　B. 幼儿活动的合作者
　　C. 幼儿活动的引导者　　　　　　　D. 幼儿活动的领路人

**二、判断题**

1. 我国颁布的《中华人民共和国教师法》把"教师"界定为"履行教育教学职责的专业人员"。(　　)
2. 教师的自我教育是教师个体专业化发展的全部途径。(　　)
3. 为人师表,是教师职业的基本要求。(　　)

**三、辨析题**

1. 教师职业是以授业解惑为职责的创造性职业。
2. 教师职业最大特点是职业角色的单一化。

**四、案例分析题**

小班的欣欣首日入园，由妈妈带入幼儿园，她一路上哭声不止。田老师见状，牵起欣欣的小手，蹲下身子将她拥入怀中，轻柔地为她拭去脸上的泪水，并安抚道："宝贝，别再哭啦！老师很爱你哟！跟妈妈说再见，好不好？"

在早餐时间，欣欣的手拿着勺子有些不稳，她咬了一口包子后就把它含在嘴里，并没有进行咀嚼或吞咽，导致她进食的速度非常缓慢。在喝牛奶时，她只是用舌头舔着，直到早餐结束也没吃多少。田老师耐心地喂她吃饭。临近离园时，田老师与欣欣的母亲交流后得知，欣欣的体质较弱，经常生病。由于家长担心孩子吃不饱，弄脏衣服，几乎没有给她自己吃饭的机会，还一直给她喝奶瓶。

第二天起，田老师开始细致指导欣欣正确握取勺子的方式，提醒她用餐时不宜将食物玩弄于口中，强调牙齿要同步咀嚼，同时演示以正确方式使用杯子喝水。

田老师还向家长推荐了家庭教育的相关图书，并建议他们在家里让孩子自己吃饭和喝水。经过一个月的努力，欣欣成功地像其他幼儿一样愉快地用餐，入园时的焦虑情绪也逐渐减少了。

问题：请结合案例，从教师职业道德角度，评析田老师的教育行为。

# 第五章 班级管理

## 学习任务

① 理解班级管理内容的构成。
② 理解班级管理的功能。
③ 了解班级管理原则的内涵。
④ 掌握班级管理原则的贯彻要求。
⑤ 了解班级管理的常用方法。
⑥ 掌握班级管理方法的实施要求。
⑦ 掌握幼儿园物质环境的创设。
⑧ 掌握幼儿园精神环境的创设。

## 知识导图

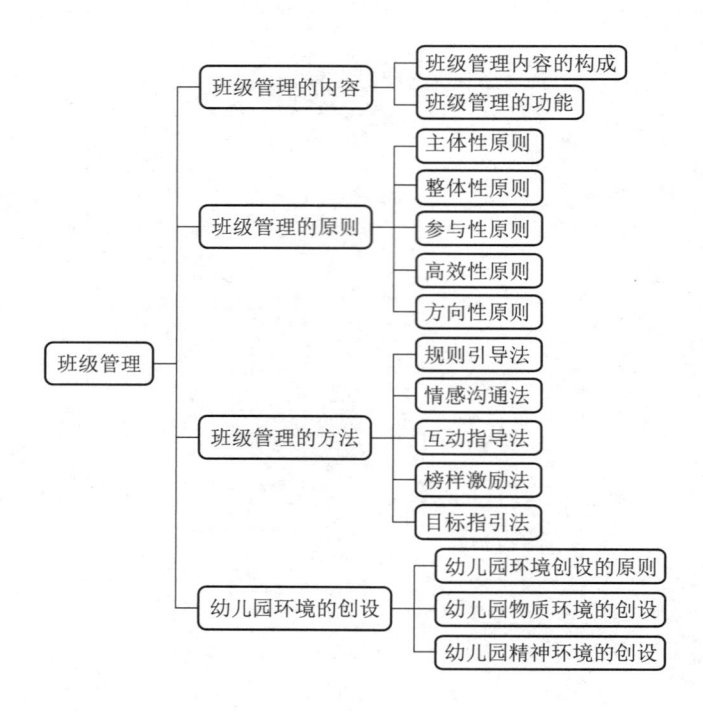

- 班级管理
  - 班级管理的内容
    - 班级管理内容的构成
    - 班级管理的功能
  - 班级管理的原则
    - 主体性原则
    - 整体性原则
    - 参与性原则
    - 高效性原则
    - 方向性原则
  - 班级管理的方法
    - 规则引导法
    - 情感沟通法
    - 互动指导法
    - 榜样激励法
    - 目标指引法
  - 幼儿园环境的创设
    - 幼儿园环境创设的原则
    - 幼儿园物质环境的创设
    - 幼儿园精神环境的创设

班级是学前教育机构的细胞,是学前教育机构开展集体活动最基本的组织形式。学前教育机构班级管理的内在目的,是把学前儿童培养成个体生活和社会生活的主体。本章重点介绍了班级管理的内容、班级管理的原则、班级管理的方法和幼儿园环境的创设,以期协调和统一各种教育力量,培养学前儿童的自我管理能力,提高托幼园所管理的整体效益。

## 第一节 班级管理的内容

班级是学前教育机构进行保教活动的基本单位,是学前教育机构管理的核心工作。学前教育机构班级是指教师与行政人员遵循国家的学前教育政策、法规,按照学前儿童身心发展规律和保教工作的工作规律,采用科学的工作方式和管理手段,将人、财、物、时间、空间、信息等各要素合理组织起来,为实现国家规定的学前教育目标而进行的保教组织管理活动。

### 一、班级管理内容的构成

**1. 生活管理**

生活管理是为了保证学前儿童的身心健康发展,保教人员围绕学前儿童在园内一日生活的需要而从事的管理工作。它是保育工作的主要内容,是学前教育工作的前提。它构成了班级管理的基础,也是顺利进行班级管理和教育教学的必要条件。没有科学规范的生活管理,儿童就无法开展各种有目的、有规则的保教活动。

**2. 教育管理**

教育管理,是指班级保教人员在对本班学前儿童进行调查研究的基础上,对教育过程进行精心设计组织,对教育结果进行评价等管理工作。

教育管理对实现学前教育目标、优化学前教育方法、保证学前教育效果起着非常重要的作用,同时也是班级保教人员最经常和基本的管理工作,又是幼儿园各项管理工作的中心部分。教育管理是托幼园所管理水平的反映,是衡量托幼园所保教工作成果的显性标准。

**3. 物品管理**

人、财、物、时间、空间、信息是班级管理的重要因素。班级物品包括小床、小被等生活用品,玩具、学具等学习用品以及教具、电视等教师教学物品。班级物品管理得当、物品摆放有序,给学前儿童创设一个整齐的环境,有利于建立学前儿童的秩序感,为其生活和活动提供保障,为教师保教工作提供便利。

**4. 日常管理**

幼儿园日常管理包括:常规管理、人际关系管理、时间管理、安全管理等内容。

**5. 其他管理**

班级管理,还包括班级间交流管理、家长工作管理和学前儿童社区活动管理等。

#### 二、班级管理的功能

学前教育机构班级管理中最重要的和最直接的管理对象是学前儿童。在班级中,学前儿童是主体,教师起着主导作用。班级管理工作要遵循学前儿童的发展规律,把他们培养成个体生活的主体和社会生活的主体。班级管理应充分发挥其作用:

**1. 生活功能**

生活功能是幼儿园班级的最基本功能,也是与其他教育阶段班级功能的区别。具体包括一日生活引导功能、身体锻炼功能、习惯养成功能、卫生保健功能。

班级为学前儿童提供了共同生活的组织环境,每个孩子在集体中的生活行为,如喝水、吃饭、如厕、休息等都会受到班级组织管理的影响,有序、合理地安排儿童的一日生活,对于提高儿童的生活质量、提高活动效率、促进儿童发展有重要意义。

**2. 教育功能**

教育功能,是指班级能够促进学前儿童认知、情感和社会性的发展。主要体现在以下两个方面:

(1) 认知发展功能

学前教育机构以游戏为基本活动形式,各个班级可根据学前儿童的年龄特点采取多种形式组织丰富多彩的活动,以激发学前儿童的学习兴趣和好奇心,增进学前儿童对外部世界的认识,在游戏活动中促进其认知的发展。

(2) 社会性发展功能

① 班集体共同的教育目标和行为规范,对班集体中每个成员都具有约束作用。学前儿童在集体中能够学会自觉地遵守班集体的共同目标和行为规范,提高自身的集体意识,克服自我中心性,有助于学前儿童自我意识的发展。

② 有利于形成共同的舆论和价值观,潜移默化地影响着学前儿童的行为和态度。教师要注意引导班级营造一种积极向上的舆论氛围。同时,班级在开展集体活动时,学前儿童在相互学习和监督的过程中也能够不断成长。

③ 班级为学前儿童提供了人际交往的平台,包括学前儿童之间的交往和师幼交往。学前儿童在教师的指导下,逐渐掌握人际交往的技巧,有利于学前儿童社会性的发展。

**3. 社会功能**

社会功能,是指班级对社会发展所起的作用。具体包括:服务家长,指导家长科学育儿;服务基础教育,为终身教育奠基。

### 第二节 班级管理的原则

学前教育机构班级管理原则是对班级进行管理必须遵循的普遍性行为准则。

## 一、主体性原则

主体性原则是指教师作为班级管理的主体,具有的自主性、创造性和主动性,同时又充分尊重幼儿作为学习者的主体地位。运用主体性原则时应注意以下几点。

**1. 明确保教人员对班级管理的职责和权利**

（1）幼儿园教师的职责

《幼儿园工作规程》第四十一条指出,幼儿园教师对本班工作全面负责,其主要职责如下：

① 观察了解幼儿,依据国家有关规定,结合本班幼儿的发展水平和兴趣需要,制订和执行教育工作计划,合理安排幼儿一日生活；

② 创设良好的教育环境,合理组织教育内容,提供丰富的玩具和游戏材料,开展适宜的教育活动；

③ 严格执行幼儿园安全、卫生保健制度,指导并配合保育员管理本班幼儿生活,做好卫生保健工作；

④ 与家长保持经常联系,了解幼儿家庭的教育环境,商讨符合幼儿特点的教育措施,相互配合共同完成教育任务；

⑤ 参加业务学习和保育教育研究活动；

⑥ 定期总结评估保教工作实效,接受园长的指导和检查。

（2）幼儿园保育员的职责

《幼儿园工作规程》第四十二条指出,幼儿园保育员的主要职责如下：

① 负责本班房舍、设备、环境的清洁卫生和消毒工作；

② 在教师指导下,科学照料和管理幼儿生活,并配合本班教师组织教育活动；

③ 在卫生保健人员和本班教师指导下,严格执行幼儿园安全、卫生保健制度；

④ 妥善保管幼儿衣物和本班的设备、用具。

**2. 调动儿童参与班级活动**

在班级管理过程中,教师要让学前儿童参与进来,调动他们参与班级管理的积极性,引导儿童进行自主管理,在参与的过程中也可提高他们的自我管理能力与交际能力。

**3. 教师应充分了解并把握班级的各种管理要素**

**4. 正确处理教师与学前儿童之间的关系**

在许多情况下,教师是班级管理的主体,学前儿童是管理的客体或对象。在自我管理中,学前儿童处于管理活动的主体地位。教师只有理清这种关系才能使班级管理更有效。

**5. 教师管理和儿童自我管理相结合**

学前儿童自主管理是一种直接民主形式,应尽可能地让学前儿童自己的事自己做,并通过适合的途径和方式参与班级管理工作。

## 二、整体性原则

整体性原则是指班级管理应该是面向全体学前儿童,并涉及班内所有管理要素的管理。运用整体性原则应注意以下三个要点。

① 集体管理与个体管理相结合。教师对班级的管理不仅是对集体的管理,也是对幼儿个体的管理。

② 充分利用班集体作为一个整体的熏陶作用和约束作用。营造良好的班级风貌,潜移默化地影响每个学前儿童,使班级管理向自觉化、自律化方向发展。

③ 合理安排物质、时间、空间等要素的管理。班级管理既是对人的管理,也是对物、时间、空间的管理,各种因素协调统一,使管理效益最优化。

## 三、参与性原则

班级管理的参与性原则是指教师管理学前儿童的过程要以多种形式参与到儿童活动中,同时要引导儿童这一主体参与到管理中来。在活动中民主、平等地对待儿童,与儿童共同活动。运用参与性原则时应注意以下四个要点。

① 应注意角色的不断变化,以适应学前儿童活动的需要。

② 在某种场合教师参与活动要根据幼儿的需要,取得幼儿的许可。

③ 尊重儿童活动的自主性,在参与活动中指导和管理要适时适宜。

④ 培养学前儿童的主人意识,师幼共同创设和营造良好的生活学习、游戏的环境。

## 四、高效性原则

高效性原则是指教师在进行班级管理时,要求以最少的人力、物力和时间,尽可能地使幼儿获得更多、更全面、更好的发展,使班级呈现更健康的面貌。运用高效性原则应注意以下四个要点:

① 班级管理目标的确定要合理,计划的制定要科学。

② 班级管理计划的实施要严格而灵活。

③ 班级管理方法要适当,管理过程中重视检查反馈。

④ 班级管理中教师要学会利用多种可利用的资源。

## 五、方向性原则

方向性原则是指教师班级管理工作必须坚持正确的方向,并在这个总方向的指引下,制定清晰和具体的操作目标。运用方向性原则要注意以下两个方面。

① 长远目标与短期目标相结合。长远目标保证班级管理活动方向正确,但长远目标较为抽象,所以还需制定操作性强的短期目标,才能起到良好的效果。

② 遵循学前儿童身心发展的规律。坚持方向性原则必须尊重学前儿童身心发展的客观规律,教师要树立正确的儿童观,努力探索科学的教育教学方法,保证班级管理方向正确。

## 第三节 班级管理的方法

班级管理的方法包括规则引导法、情感沟通法、互动指导法、榜样激励法和目标指引法等。

### 一、规则引导法

规则引导法是班级管理中最直接最常用的方法,是指用规则引导学前儿童的言行,使其与班集体活动方向和要求保持一致,朝着班级管理既定的目标健康发展。

这种规则包括学前儿童之间、学前儿童与保教人员之间、学前儿童与环境之间的关系准则。规则引导法的实施要求如下:

① 规则要领要明确简单易行。规则的内容要简明扼要,简单易行,规则不能太多,应突出重点,适合儿童年龄和理解水平。例如,阅读区的门口地上画有五对脚印,孩子们一看就知道阅读区的规则:阅读区只能容纳5人,进区需要脱鞋子,鞋子应该整齐地放在脚印上。

② 提供实践的机会,在活动中掌握规则。教师可以创设一些活动,在具体情境中引出规则,引导学前儿童理解规则,进而执行规则。例如,为了让学前儿童理解阅读区的规则,可以安排一个图书管理员,让学前儿童轮流担任。让他们在管理图书的过程中亲身体会规则,养成遵守规则的好习惯。

③ 教师要保持规则的一贯性。规则一旦制订,就要坚决贯彻实施,不可随意改变。但又要具体问题具体分析,灵活运用规则。

### 二、情感沟通法

情感沟通法是指通过激发和利用师幼间或学前儿童之间以及学前儿童对环境的情感,引发或影响学前儿童行为的方法。情感沟通法的实施要求如下:

① 日常生活中和教育活动中,要观察幼儿的情感表现。教师在观察中,了解学前儿童的情感表达特征与需求,对每个学前儿童做到心中有数。当学前儿童出现情感问题时,教师能准确地判断他们的想法,这是有效地做好指导工作的前提。

② 对学前儿童进行移情训练。鼓励学前儿童尝试从别人的角度看问题,学会与人沟通交往,并能从他人的困境产生助人等亲社会行为。

③ 要保持和蔼可亲的形象。情感沟通的基础是教师对学前儿童的爱。教师要有爱心和童心,经常和学前儿童产生情感共鸣,把学前儿童的感情需求与活动情景相联系,这样才能更好地引导儿童。

### 三、互动指导法

互动指导法就是通过促进学前儿童与同伴、学前儿童与教师、学前儿童与环境材料的相互作用,引导儿童主动、积极、有效地与人交往,实现教育目标的方法。互动指导法的实施要求如下:

① 对学前儿童指导的适当性。教师要做好适当的指导，过多的指导会抑制学前儿童的自主性、积极性，缺乏指导又会影响活动效果。

② 对学前儿童指导的适时性。不同的互动内容，教师指导的时机也不同。如，当学前儿童对互动的对象不熟悉的时候，教师在互动之前就应给予耐心指导，当学前儿童对互动的对象很熟悉的时候，教师可以先让他们自主发挥，在出现问题时再给予及时指导。

③ 对学前儿童指导的适度性。教师的指导不能过于笼统、过于细致。如果教师把指导儿童的过程当成对儿童的行为示范或硬性要求，儿童就会失去思考和探索的机会。教师可以采用语言、行为、表情等多种方式灵活、适度进行指导。

### 四、榜样激励法

榜样激励法是指通过树立榜样并引导幼儿学习榜样以规范幼儿行为，从而达成管理目的的方法。榜样激励法的实施要求如下：

① 选择健康、具体的榜样形象。学前儿童通过模仿来学习，选择的榜样可以是儿童身边的同伴，也可以是儿童熟悉的故事人物或动物，前提是儿童通过努力可以达到。

② 班级集体中榜样的树立要公正，有权威性。教师要善于观察每个学前儿童的闪光点，公平给予每个学前儿童充当榜样的机会。班级中的榜样不应该只局限于少数成绩表现优异的学前儿童，在其他方面表现优秀的学前儿童也应该有机会成为班级中的榜样。

③ 及时对学前儿童的榜样行为做出反应。当学前儿童按照榜样的行为来要求自己，并积极践行榜样行为时，教师要及时给予肯定，以增强学前儿童保持榜样行为的信心。

### 五、目标指引法

目标指引法是指教师以行为结果作为目标，引导学前儿童的行为方向，规范学前儿童行为方式的一种管理方法。目标指引法的实施要求如下：

① 目标要明确具体。目标符合学前儿童的接受水平，是可测量的。在制定目标时，教师可以让学前儿童参与到目标制定的过程中来。

② 目标要切实可行，要具有吸引力。目标难易应适中，具有可操作性，目标设定的过高或过低都无法吸引学前儿童的注意力。

③ 目标与行为的联系要清晰可见。教师要引导学前儿童注意目标与行为之间的具体联系，学前儿童在活动中随时能够意识到目标的存在。

④ 目标可分为个人目标和集体目标两种，教师在日常班级管理中要对这两种目标加以注意，并关注这两种目标的结合。

## 第四节 幼儿园环境的创设

《幼儿园教育指导纲要（试行）》明确提出："环境是重要的教育资源，应通过环境的创设和利用,有效地促进幼儿的发展。"环境作为幼儿园的"隐性课程",对促进学前儿童身心和谐发展具有重要作用。

广义的幼儿园环境是指幼儿园教育赖以进行的一切条件的总和,它包括幼儿园内部小环境,又包括园外的家庭、社会、自然、文化等大环境。狭义的幼儿园环境是指在幼儿园中,对幼儿身心发展产生影响的物质与精神要素的总和。幼儿园环境的创设包括创设良好的物质环境和精神环境,幼儿园环境具有教育性、可控性、参与性的特点。

## 一、幼儿园环境创设的原则

幼儿园的空间、设施、活动材料和常规要求等应有利于引发、支持学前儿童的游戏和各种探索活动,有利于引发、支持学前儿童与周围环境之间积极的相互作用。要达到这些要求,幼儿园环境创设必须遵循以下基本原则:

**1. 安全性原则**

幼儿园环境的安全主要包括两个方面:一是物质环境的安全。如幼儿园建筑及其附属设备(电线、开关、插座、餐具等)、活动场地、活动材料等符合卫生标准和安全标准。物质环境的安全是保障学前儿童人身安全的基础。二是精神环境的安全。它是保证学前儿童获得心理安全的重要条件。学前儿童的心理安全感主要来自于教师良好的素质,以及在此基础上建立起来的良好师幼关系、同伴关系及合理的生活制度和常规要求等。

**2. 目标导向原则**

目标导向原则是指环境设计的目标要符合学前儿童全面发展的需要,与幼儿园的教育目标相一致。幼儿园教育目标是促进学前儿童的全面、和谐发展,那么,在环境创设时就应兼顾幼儿体、智、德、美四育。践行环境创设的目标导向原则,应该考虑以下三点:1. 环境创设要有利于教育目标的实现;2. 依据幼儿园教育目标对环境设置进行系统规划;3. 实现环境创设与幼儿园课程的巧妙融合。

**3. 师幼共创原则**

幼儿园的环境首先是学前儿童的环境,只有学前儿童自己参与创设的环境,才是他们最认同、最关心,也是最喜欢的环境。遵循师幼共创的原则,一是教师可以根据幼儿的年龄特点、能力水平,让学前儿童不同程度地参与协商、确定主题、材料和分工。二是在学前儿童参与过程中,教师应扮演观察者、支持者和引导者的角色,当幼儿遇到困难时,及时给予指导和帮助。

**4. 有利于操作原则**

幼儿园环境创设应将学前儿童当做教育活动的主体来看待,要考虑学前儿童年龄的特点,增强学前儿童与环境的互动。如墙面布置与孩子的视线应该是适宜的,基本上在 1 米高左右,孩子平视即可看到;存放材料的柜子,应高低适宜,有利于幼儿取放;活动区设置合理,以方便学前儿童探索、学习。

**5. 经济性原则**

幼儿园环境创设要坚持遵循低费用、高效益的经济性原则。践行经济性原则,就要求教师创设环境时因地制宜,就地取材,充分利用社区资源。在保证清洁、卫生的前提下,可以利用废物制作教具,如用蛋壳制作不倒翁,用纸杯子制作装饰品等。

**6. 可变性原则**

环境的可变性是指环境的创设要根据教育要求和学前儿童的发展需要不断发展变化。落实可变性原则要注意:1. 环境随着季节、节日、幼儿园学习的主题的变化而变化。例如,春天来了,可以将教室内主题墙布置成春天的主题。2. 根据学前儿童的兴趣及时改变或创设新的活动区。当学前儿童对已有的环境表现出厌倦时,就应及时更换材料,创设新的环境,以维持兴趣满足学前儿童的需求。

## 二、幼儿园物质环境的创设

物质环境是指包括幼儿园建筑活动场地、各项设施设备、教学器材、玩具学具、环境布置、空间布置及绿化等有形的东西,是幼儿学习、生活和娱乐的重要环境,是满足幼儿的各种活动需求,促进幼儿身心全面发展,保证幼儿园各项教育、教学活动顺利进行的必要条件,具有保育和教育的功能。

**1. 幼儿园室内物质环境创设**

(1) 室内环境规划

幼儿园室内物质环境主要包括:园舍的内部建筑设计、活动室的空间规划、活动区的材料与布置、活动室的设备、活动室的墙饰、活动室陈设的变更频率等。室内物质环境,能潜移默化地影响学前儿童的心理健康,促进其发展。室内环境规划应做到以下几点:

① 规划要合理。如,根据教育目标、活动主题、学前儿童年龄特点等要求,可以设置阅读区、美工区、建构区、表演区、操作区等。活动区的创设要考虑动静分区,如阅读区比较安静,要避免设在建构区、表演区这种比较吵闹的区域附近。

② 规划要科学。要充分考虑色彩、光线、声音、通风等要素,如绿色让人觉得稳定和柔和,黄色也可产生宁静感。光线会影响学前儿童的视力和心情。安静的环境可以使学前儿童集中注意力,音乐可以使学前儿童产生愉快的情绪,室内通风可以直接影响室内温度、湿度、空气流动和空气清新度等。

③ 规划要有"趣"。幼儿园活动室室内地面、墙面与空间装饰物既要符合幼儿兴趣,又要体现环境的教育性。

(2) 室内环境布置要求

在上述室内环境规划的基础上,教师要着手对室内环境的布置,良好的室内环境的布置一般应符合以下几个要求:

① 目的性和动态性。无论是室内环境布置,还是材料的投放,都要结合教育目的和课程目标及时补充、更换,保持学前儿童对材料操作的新鲜感。如,墙面与空间装饰物则需要根据年龄、季节、主题活动的不同等适时更换,以免幼儿出现审美疲劳现象。

② 安全性和层次性。环境布置的安全性是指环境布置中涉及的所有材料都应是无毒、无菌、无污染、无尖角的。层次性即投放的材料应体现不同层次,使材料能反映学前儿童之间的个性差异,使每个幼儿都能在适宜的环境中获得发展。再则,提供的材料要考虑操作难度,循序渐进、有层次地投放。

③ 丰富性和适宜性。区角活动环境,主要是通过材料的投放来布置完成。一是要确保材料的丰富性,确保每个区域的活动有足够数量和类型的材料可以利用。二是投放的材料要适合幼儿的年龄特点和区角的要求,数量既要够用,又不能太多以致影响幼儿自由探索活动的开展。

(3) 室内环境创设

① 活动室环境的创设。学前儿童在园内的大部分活动都是在活动室内进行的,因此活动室的环境布置对学前儿童的影响甚大。在具体布置时要注意以下几个方面:第一,空间大小。足够的空间是在室内开展各种活动的必要条件。过于拥挤的环境可能会增加学前儿童的攻击性行为,减少其社会性交往。因此,活动室在设计时要有足够的空间,人均为3平方米以上,活动室应向阳、干燥、空气流通,并保证室内有足够的照明。第二,室内环境结构。活动室一般设置几个活动区以方便学前儿童从事各种活动。区域大小的设置应适中、彼此互不干扰。第三,墙面布置。可以按照本班幼儿的年龄特点,用孩子喜爱的色彩布置主题。

② 卧室环境的创设。卧室是幼儿休息的地方,幼儿卧室的面积,平均每人3~4m²,为避免幼儿在生病期间相互接触或感染,也便于保育人员的巡视和护理,床与床之间要间隔30~50cm。可以使用暗红、蓝色等深色的窗帘,有助于幼儿心跳减缓、血压下降,较快地进入梦乡。寝室应保持较好的通风条件,同时保证紧急疏散通道畅通。

(4) 盥洗室环境的创设

盥洗室通常包括盥洗和厕浴两个部分,这两个部分要合理分区。盥洗室应该注意通行方便、相对开放,而且要提供各种相关设备,如毛巾架、水杯架等等。注意使用流动水,做到一人一巾一杯。厕浴部分则要相对封闭,保证有安全感。

(5) 走廊环境的创设

精心布置的走廊可成为幼儿园教育环境的重要部分和最好的家园互动平台。如在走廊的墙壁上,可以创设有关文明礼仪、行为规范、安全教育等内容的图片,学前儿童每天路过走廊时可潜移默化地接受影响。

**2. 幼儿园室外物质环境创设**

室外环境是学前儿童户外活动的场所,幼儿园室外物质环境主要包括自然生态环境、活动场所、大型玩具及园艺区、种植区、动物区等。幼儿园室外物质环境的创设要注意以下4点。

(1) 合理利用、安排空闲角落与场地

在考虑安全、卫生的前提下,室外场地要充分体现绿化、美化和自然化。要保证幼儿有足够大的活动场地。一般认为,每位幼儿至少有2平方米的空间,以保证幼儿能够在户外奔跑追逐、攀登、钻爬跳跃等,使身体基本活动能力得到锻炼。

(2) 户外环境的地质地貌多样化

户外的地质要包括沙地、水泥地、石地、塑料地和草地五类,地面要富于变化,即有高有低,有凸有凹,有平面平地,有斜面,有阶梯。

(3) 户外场地划分区域化

基本分为器械区、游戏区、沙水石区、休闲区、动物区、植物区、生活学习区和科学观察区。

（4）场地设置游戏化

在这种场地上一般由教育者带学前儿童开展各种自然活动，如建造小屋子、垒城堡、种植、挖洞、挖水沟、饲养小动物等。

### 三、幼儿园精神环境的创设

精神环境是指符合幼儿的审美情趣，令其身心轻松愉快的亲切温馨的气氛，如幼儿园的人际关系及风气、幼儿学习、活动及生活的气氛等，关键是要有利于幼儿的身心健康发展。精神环境对幼儿的身心发展起着潜移默化的影响。

学前教育从本质上讲就是一种环境的创造。依据学前儿童的年龄特点，创设符合学前儿童发展和教育要求的精神环境，要求做好以下工作：

**1. 幼儿园教师要具备正确的教育观和儿童观**

儿童观是对儿童总的认识，即各种对待儿童观点的总和。教育观是在一定的儿童观的指导下，对儿童的态度和所施行的教育思想，它是在儿童观的基础上产生的。

教师应树立体现现代教育思想的儿童观和教育观。要热爱、尊重并了解学前儿童，为幼儿营造一种安全、温馨、轻松、愉快的精神环境。教师热爱学前儿童是其热爱教育事业的直接表现，是教育的灵魂，是教师对学前儿童进行教育的基础。这种爱是爱全体学前儿童，是有原则的、公正的、有理智的和有分寸的。

**2. 建立和谐、平等的师幼关系**

师幼关系是促进儿童发展的最重要的因素，建立民主、平等的师幼关系应注意以下三点：第一，教师对学前儿童要持支持、尊重、接受的情感态度和行为；第二，教师对待学前儿童应善于疏导而不是压制；第三，教师对学前儿童要尽量使用多种适宜的身体语言动作。例如，微笑、点头、肯定性手势、抚摸等。

**3. 建立幼儿园教师之间的良好合作关系**

教师与教师之间的人际交往对学前儿童的社会性培养具有多重影响。首先，教师间的交往是幼儿同伴交往的重要榜样。其次，教师间的交往涉及班级、幼儿园是否具有良好的氛围。因此，教师与教师之间应经常进行沟通交流、讨论和研究，取长补短，采取合作的态度。

**4. 引导学前儿童建立良好的同伴关系**

同伴关系是指同龄学前儿童之间相互联系而构成的一种人际关系。幼儿园教师要引导学前儿童建立良好的同伴关系：第一，为学前儿童提供与同伴交往、合作的机会；第二，教给孩子初步的交往、合作的经验、技能；第三，引导学前儿童在活动中相互帮助、相互支持。

**5. 建立良好的教师与家长交往关系**

幼儿园的各项教育都离不开家长的配合，要建立良好的精神环境同样也离不开家长的支持和帮助，教师要经常和家长交流，互相学习、取长补短，共同教育好幼儿，教师和家长的沟通直接影响到教师和幼儿的关系。

## 思考与练习

**一、单项选择题**

1. 小王老师进行班级管理时,总是以最少的人力、物力和时间,尽可能地使孩子们获得全面发展,小王老师遵循了(  )。
   A. 主体性原则         B. 开放性原则
   C. 整体性原则         D. 高效性原则

2. 小王老师请从来不迟到的小朋友分享"不迟到的好办法",此后,班里的迟到现象少了。小王老师采用的班级管理方法是(  )。
   A. 角色扮演法    B. 情感沟通法    C. 规则引导法    D. 榜样激励法

3. 班级为学前儿童提供了共同生活的组织环境,每个孩子在集体中的生活行为都会受到班级组织管理的影响。这体现了班级管理的(  )功能。
   A. 生活功能      B. 教育功能      C. 社会功能      D. 舆论功能

**二、判断题**

1. 班级是学前教育机构进行保教活动的基本单位。                          (    )
2. 狭义的幼儿园环境是指幼儿园教育赖以进行的一切条件的总和。            (    )
3. 教师采用目标指引法这一班级管理法时,制定的目标要难一些,对孩子来说更有挑战性。                                                              (    )

**三、辨析题**

1. 教育功能是幼儿园班级的最基本功能。
2. 互动指导法是指在班级管理中教师与幼儿之间的相互作用。
3. 许多家长在选择托幼园所时,往往只考虑托幼园所有没有空调设备、活动室大不大、环境是否优美,你认为这些家长的观点正确吗?

**四、案例分析**

有的幼儿园在创设物质环境过程中,购买大量高价的成品玩具,追求高档,教师花费大量心血布置五彩缤纷的墙饰,环境的布置非常明显地体现了幼儿园中教师的特长和喜好。面对这些高档材料,教师时刻提醒儿童注意爱护,甚至很多时候不让儿童操作这些材料,只是有人来参观时,才拿出来让儿童操作。这种高档的环境一旦布置之后,整个学期,甚至整个学年基本不会改变。此外,有的幼儿园小、中、大班环境布置非常雷同。

问题:(1)教师的做法是否正确。
(2)结合材料,根据幼儿园环境创设的原则来分析教师的行为。

# 第六章 学前儿童卫生保健

📚 **学习任务**

1. 学前儿童生理特点及卫生保健
① 了解学前儿童八大系统和感觉器官的特点。
② 掌握学前儿童八大系统和感觉器官的卫生保健要求。

2. 学前儿童的营养与膳食卫生
① 了解营养、营养素和能量的概念。
② 了解学前儿童所需六大类营养素的生理功能、组成、食物来源和缺乏症。
③ 理解学前儿童合理营养、平衡膳食的内容。
④ 理解学前儿童膳食特点。
⑤ 掌握学前儿童膳食配制的原则。

3. 学前儿童常见疾病及预防
① 了解传染病的概念、基本特征及其流行的三个环节。
② 了解学前儿童常见传染病（流行性感冒、水痘、流行性腮腺炎、手足口病和急性出血性结膜炎）的病因和主要症状，掌握其护理方法和预防措施。
③ 了解学前儿童常见非传染性疾病（维生素D缺乏性佝偻病、缺铁性贫血、中耳炎、小儿肺炎、腹泻、龋齿、肥胖、痱子）的病因和主要症状，掌握其护理方法和预防措施。

4. 学前儿童意外事故的预防和急救
（1）常用的急救技术
① 了解小外伤、动物咬伤、异物入体、急性中毒的种类和症状，掌握其处理方法和预防措施。
② 了解烫伤、扭伤、脱臼、中暑、骨折、触电、溺水、晕厥的症状，掌握其处理方法和预防措施。
（2）常用的护理技术
① 掌握测体温、冷敷、热敷、止鼻血的方法。
② 掌握喂药、滴眼药、滴鼻药、滴耳药的方法。

5. 托幼园所的卫生保健制度
① 掌握学前儿童一日活动的内容和各环节的卫生要求。
② 理解幼儿健康检查制度、体格锻炼制度、卫生与消毒制度的内容。

## 知识导图

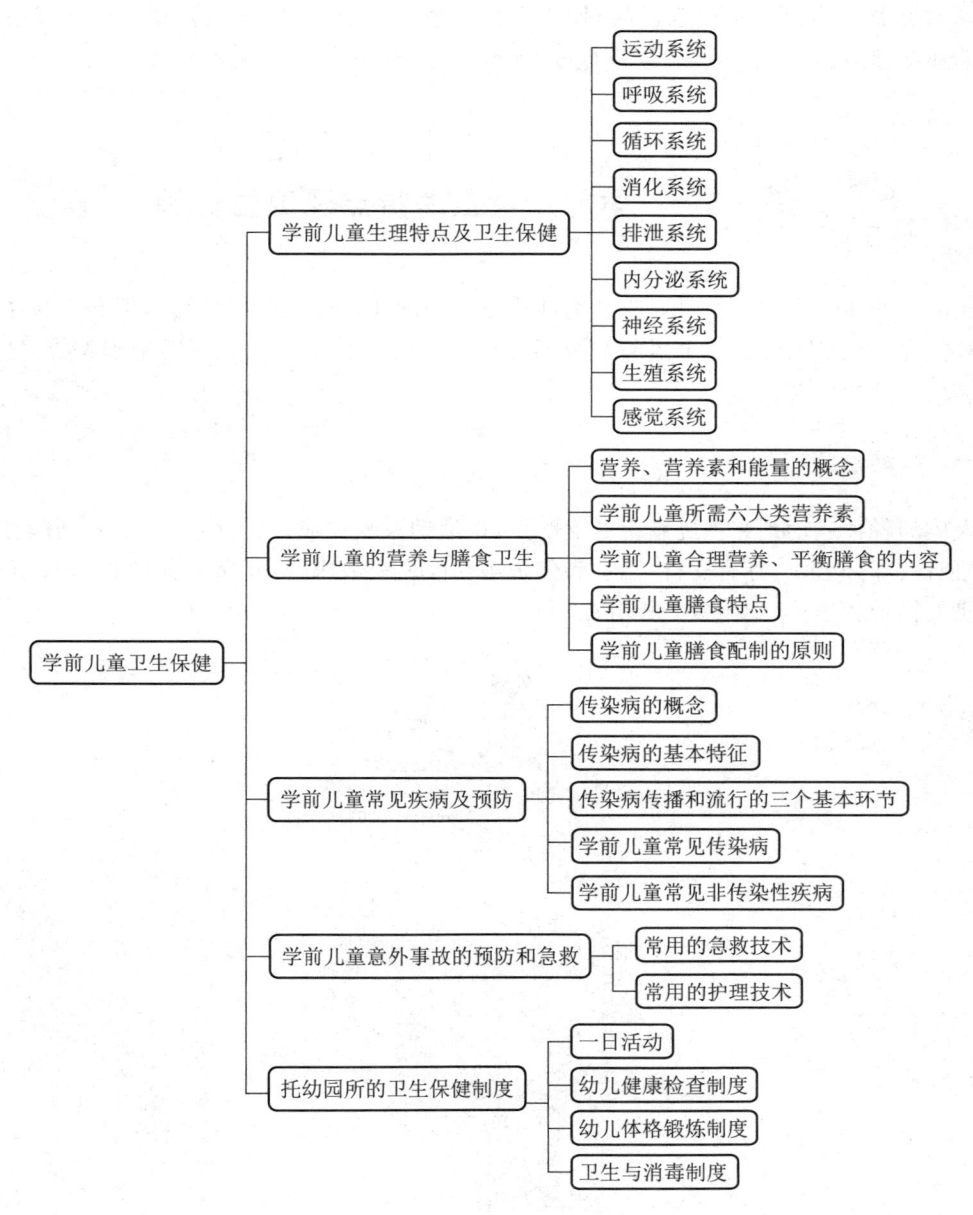

- 学前儿童卫生保健
  - 学前儿童生理特点及卫生保健
    - 运动系统
    - 呼吸系统
    - 循环系统
    - 消化系统
    - 排泄系统
    - 内分泌系统
    - 神经系统
    - 生殖系统
    - 感觉系统
  - 学前儿童的营养与膳食卫生
    - 营养、营养素和能量的概念
    - 学前儿童所需六大类营养素
    - 学前儿童合理营养、平衡膳食的内容
    - 学前儿童膳食特点
    - 学前儿童膳食配制的原则
  - 学前儿童常见疾病及预防
    - 传染病的概念
    - 传染病的基本特征
    - 传染病传播和流行的三个基本环节
    - 学前儿童常见传染病
    - 学前儿童常见非传染性疾病
  - 学前儿童意外事故的预防和急救
    - 常用的急救技术
    - 常用的护理技术
  - 托幼园所的卫生保健制度
    - 一日活动
    - 幼儿健康检查制度
    - 幼儿体格锻炼制度
    - 卫生与消毒制度

■ 教育基础

　　学前儿童卫生保健主要研究如何保护和增进学前儿童的健康。它的任务是讲述学前儿童解剖生理特点、生长发育规律、心理卫生及其与教育、生活环境之间的相互关系,探寻影响学前儿童健康的多种因素,提出增进学前儿童健康、促进学前儿童正常生长发育的卫生要求和保健措施,为学前儿童创设良好的学习和生活环境,为其身心健康发展打下良好的基础。

## 第一节　学前儿童生理特点及卫生保健

　　让两岁的孩子写字一小时好吗?为什么小班的幼儿,路虽然走得很稳,但是拿筷子吃饭就很笨拙呢?孩子为什么需要进行户外活动呢?只有了解了学前儿童的生理特点,才能为他们提供科学的保育。

### 一、运动系统

　　人体的各种运动是在神经系统的支配下,由运动系统完成。运动系统主要由骨、骨连结和骨骼肌三部分组成,具有支持、运动和保护等功能。一般来说,正常人体的骨头共 206 块,通过肌肉韧带相连接(如图 6-1 所示)。

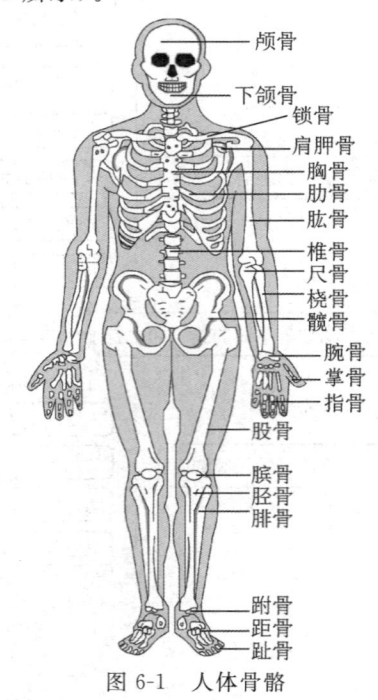

图 6-1　人体骨骼

#### (一)学前儿童运动系统的特点

**1. 柔软的骨**

骨由骨膜、骨质、骨髓三部分构成,骨膜内的成骨细胞,在幼年时期直接参与骨的成长,使骨不断地伸长和增粗。学前儿童骨的特点包括：

① 学前儿童的骨骼比较柔软，软骨多。

② 学前儿童的骨膜比较厚，血管丰富，这对骨的生长及再生起重要作用。当学前儿童骨受损时，与成人相比愈合较快。

③ 学前儿童的骨髓全是红色的，称红骨髓，具有造血的功能。

④ 学前儿童骨的化学成分与成人不同，骨骼中含有机物较多，无机物较少，骨的弹性大而硬度小，不易骨折，但受压后容易弯曲变形。

⑤ 随年龄的增长，学前儿童的腕骨逐渐钙化。孩子手腕负重能力较差，应避免让他们拎较重的物品或长时间做手部的精细动作。

⑥ 学前儿童的胸骨尚未完全结合。维生素 D 缺乏、患有呼吸系统疾病或日常不正确的坐姿，均会影响幼儿胸骨的发育。

⑦ 学前儿童的骨盆尚未定型，应避免从高处向硬的地面上跳，特别是女孩子，严重的会影响骨盆的发育和成年后的生育功能。

⑧ 学前儿童的脊柱逐渐形成 4 个生理性弯曲（图 6-2、图 6-3）：骶曲在胎儿期形成；2～3 个月抬头，出现颈曲；6～7 个月会坐，出现胸曲；10～12 个月站立行走，出现腰曲。学前儿童的脊柱尚未定型，到 20～21 岁或更晚，脊柱才最终定型。

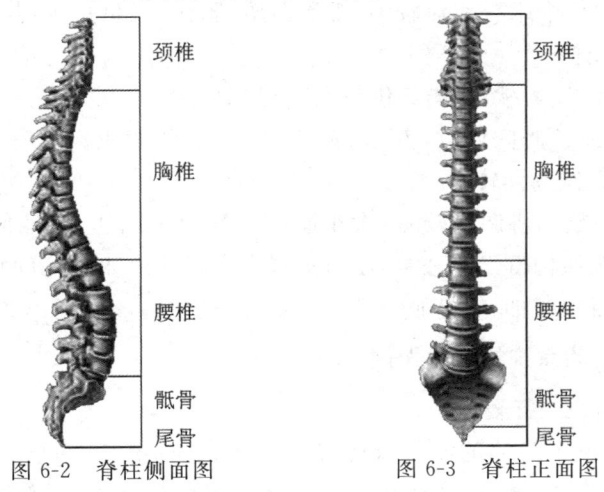

图 6-2 脊柱侧面图　　图 6-3 脊柱正面图

⑨ 足弓具有弹性，可以缓冲行走时产生的震荡，保护足底的血管和神经免受压迫。幼儿过于肥胖，走路、直立时间过长或负重过度，都可导致足弓塌陷，形成扁平足，如图 6-4 所示。

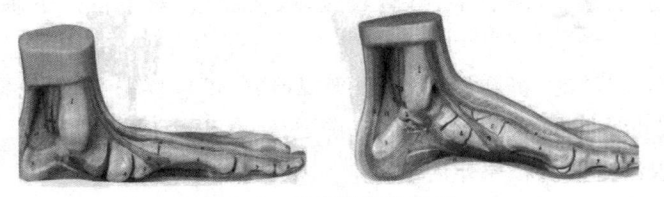

图 6-4 正常足和扁平足

**2. 灵活的关节**

骨与骨之间的连结叫骨连结。骨连结包括两类，一是直接连结，即不能活动或者稍微能活动,如颅骨;二是间接连结,即关节,关节由关节面、关节囊、关节腔三部分组成。关节面则由关节头和关节窝组成(如图6-5所示)。

学前儿童的关节窝较浅,关节附近的韧带较松,肌肉纤维比较细长,所以关节和韧带的伸展性和活动范围比成人大,但关节的牢固性较差,在外力作用下容易发生脱臼。

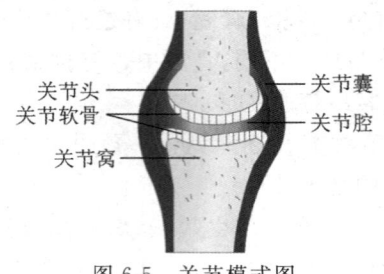

图6-5 关节模式图

**3. 易疲劳的骨骼肌**

骨骼肌是运动的动力部分。人体大约有600多块骨骼肌,是非常重要的肌肉群。成人骨骼肌约占体重的40%,学前儿童骨骼肌约占体重的30%。学前儿童的肌肉重量与体重之比随年龄增长而增加。学前儿童的骨骼肌特点是:

① 学前儿童的肌肉含水分相对较多,含蛋白质、脂肪、无机盐少,收缩力差,力量和耐力不足,容易疲劳和受损伤。

② 学前儿童肌肉嫩、柔软,肌肉纤维较细,肌腱宽而短;

③ 运动量过大,或长时间站立、写字、静坐等,学前儿童肌肉容易疲劳,因新陈代谢旺盛,消除疲劳恢复体力比成人较快。

④ 幼儿肌肉的力量和协调性较差,大小肌肉群发育不同速,但他们的肌肉发展有一定的顺序,一般情况下大肌肉群发育较早,小肌肉群发育迟些。如,小班的幼儿,路虽然走得很稳,但是拿筷子吃饭就很笨拙,握笔画一条直线更是不容易。

**(二)学前儿童运动系统的卫生保健**

**1. 培养正确的坐、立、行姿势**

① 正确的坐姿:整个身体的姿势保持自然状态,上身正直,两肩一样高,不驼背,不耸肩,胸部不要靠在桌子上,胸部脊柱不要向前弯,脚自然的放在地面上,小腿与大腿成直角。

② 正确的站姿:头端正,两肩平,挺胸收腹,肌肉放松,双手自然下垂,两脚跟并拢两脚尖张开约60°。

③ 正确的行姿:走路时,挺胸抬头,双眼平视前方,不弯腰驼背,不乱晃身子。

教师要随时纠正幼儿坐、立、行中的不正确姿势,并为幼儿做出榜样。

**2. 合理地组织体育锻炼和户外活动**

体育锻炼和户外活动可以促进学前儿童的新陈代谢,刺激骨的生长,使身体长高,使骨更坚硬。参加户外活动时,适量接受阳光照射,可使身体补充维生素D,增强抵抗力和预防佝偻病。作为保教人员,应选择适宜的运动方式和运动量,不宜开展拔河、长跑等剧烈运动。

### 3. 保证充足的营养和睡眠

蛋白质、钙、VD等能促进骨的钙化和肌肉的发育。应给幼儿供应充足的营养,多晒太阳,同时,保证充足的睡眠,使肌肉得到充分的休息。

### 4. 衣服和鞋子应宽松适度

学前儿童足弓具有弹性,可以缓冲震荡,保护足底的血管和神经,因此鞋子大小要合脚,鞋子过小会影响足弓发育,鞋底高度建议1～1.5cm。还应给学前儿童提供宽松适度的衣服,因为衣服过紧会影响血液循环,过宽松易发生意外。

### 5. 注意安全,预防意外事故的发生

学前儿童易发生意外事故,所以在活动前需做好各项准备工作,避免用力牵拉幼儿手臂,以防止脱臼和肌肉损伤。女孩不宜从高处向硬的地面上跳。不宜拎过重东西,手做精细动作时间宜短。

## 二、呼吸系统

人体不断吸进氧气,呼出二氧化碳的过程称为呼吸。呼吸系统由鼻、咽、喉、气管、支气管和肺六部分组成(如图6-6所示)。肺是人体的呼吸器官,也是气体交换的场所,其余器官均为呼吸道。上呼吸道包括鼻、咽、喉,下呼吸道包括气管、支气管。

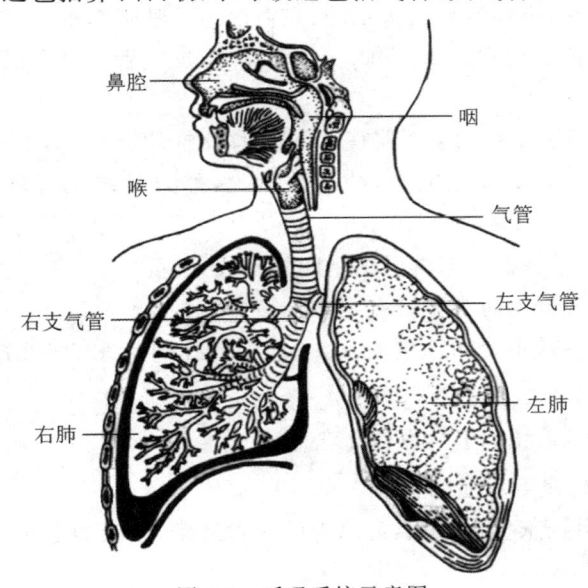

图6-6 呼吸系统示意图

### (一)学前儿童呼吸系统的特点

#### 1. 鼻

鼻是呼吸道的起始部分,是保护肺的第一道防线,也是人体的嗅觉器官。鼻腔内有鼻毛和黏膜等鼻部组织,黏膜能分泌黏液,鼻毛和黏液能阻挡、吸附空气中的灰尘和细菌。学前儿童鼻的特点是:

① 学前儿童鼻腔窄小,鼻毛细致,不能阻挡灰尘和细菌,所以容易堵塞患上呼吸道

感染。

② 鼻泪管特别短,鼻部炎症常影响耳、咽、眼部,引起中耳炎、泪囊炎、扁桃体炎等。

**2. 咽**

咽是呼吸道与消化道的共同通道,与鼻腔、口腔、喉腔、中耳都是相通的。学前儿童咽部相对狭小且垂直,咽鼓管较短,并且呈水平位,故学前儿童易患中耳炎。

**3. 喉**

喉既是呼吸道最狭窄的一部分,也是人体的发音器官。学前儿童喉的特点是:

① 学前儿童喉腔狭窄,软骨柔软,血管和淋巴组织丰富,有炎症时易发生梗阻而致吸气性呼吸困难。

② 学前儿童的声带不够坚韧,声门肌肉容易疲劳。如果发音时间过长、发音不得法,或经常哭闹,均可使声带增厚,声音变得嘶哑。

**4. 气管、支气管**

气管和支气管壁内覆盖有纤毛的黏膜,能分泌黏液,粘住空气中的灰尘和细菌。学前儿童气管、支气管的特点是:

① 学前儿童气管、支气管软骨柔软,缺乏弹力组织。

② 黏膜柔嫩,纤毛运动差,黏液分泌少,不易清除外来微生物,易发生感染。

③ 因气管管腔较小,炎症后易引起水肿、充血而导致呼吸困难。

④ 学前儿童气管位置较成人高,右侧支气管较直,支气管异物亦以右下肺为多见。

**5. 肺**

肺位于胸腔内,是呼吸系统的主要器官,也是气体交换的场所。学前儿童肺的特点是:

① 学前儿童肺组织发育尚未完全,肺泡数量少,弹力组织发育较差,气体交换面积不足,间质发育良好。

② 血管组织丰富,毛细血管与淋巴细胞间隙较成人宽。

③ 学前儿童肺含气量少而含血量多,肺部易感染。

④ 呼吸运动的频率随年龄和性别而异,一般女性比男性多 1~2 次。学前儿童年龄越小,呼吸频率越快。

**(二)学前儿童呼吸系统的卫生保健**

**1. 培养学前儿童的良好卫生习惯**

学前儿童鼻不能阻挡灰尘和细菌,易患上呼吸道感染,还会引起中耳炎。要培养学前儿童良好的卫生习惯应做到:

① 养成用鼻呼吸的习惯。

② 不用手挖鼻孔,以防止鼻腔感染或鼻出血。

③ 教会幼儿擤鼻涕的方法:轻轻捂住一侧鼻孔,擤完再擤另一侧。擤鼻涕时不能用力过大。

④ 打喷嚏时用手帕捂住口鼻,不随地吐痰,不蒙头睡觉等。

**2. 保持室内空气新鲜**

新鲜的空气能促进人体新陈代谢,有利于学前儿童呼吸系统的健康,使学前儿童保持心情愉快。因此,托幼园所室内应经常开窗通风换气。

## 3. 加强体育锻炼和户外活动

适宜的体育锻炼和户外活动可以加强学前儿童呼吸肌的力量，促进胸廓和肺的正常发育，增加肺活量，提高幼儿对疾病的抵抗力，降低呼吸道疾病的发病率。保教人员在组织学前儿童体育锻炼、做操、跑步时可以配合动作，引导学前儿童自然而正确地加深呼吸。

## 4. 保护学前儿童声带

为了保护学前儿童的声带，适宜的措施是：

① 选择适合的歌曲和朗读材料，段句不要太长，音调不要过高或过低。
② 组织学前儿童唱歌和朗诵的过程中要适当安排休息，以防声带疲劳。
③ 要避免学前儿童大声唱歌或喊叫，鼓励他们用自然优美的声音唱歌说话。
④ 教学前儿童听到过大的声音捂耳或张口。
⑤ 当学前儿童咽部有炎症时应减少其发音。

## 5. 严防异物进入呼吸道

培养学前儿童安静进餐的习惯，吃饭时不玩闹，以免食物进入呼吸道。年龄小的孩子吃东西不能整吞，若异物滑入呼吸道，引起器官阻塞，会造成呼吸困难，严重的还会危及生命。在日常生活中，不要让学前儿童玩扣子、硬币、玻璃球、豆类等小物件，教育他们不把小物件放入鼻孔。

### 三、循环系统

循环系统包括血液循环系统和淋巴系统。人体各个器官、组织和细胞需要不断地得到氧气和营养物质，并将其产生的代谢产物（如二氧化碳和代谢废物）不断地排出体外，这就离不开循环系统（如图 6-7 所示）。

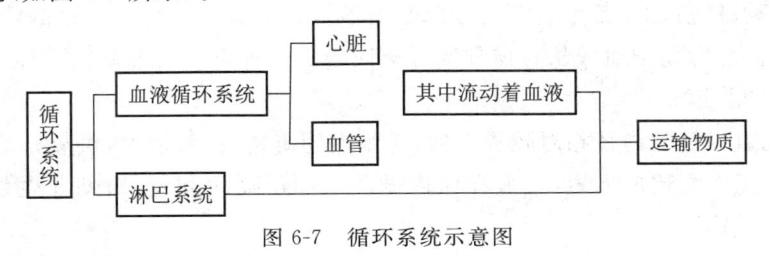

图 6-7 循环系统示意图

### （一）学前儿童循环系统的特点

#### 1. 血液循环系统

血液循环系统是一个密封的，连续性的管道系统，由血液，心脏和血管组成。

（1）血液的功能

① 机体所需要的氧气和养料的供应，以及代谢过程中所产生的二氧化碳和各种代谢废物的排除，都要通过血液的运输来实现。
② 血液对入侵机体的微生物、病毒、寄生虫等，以及其他有害物质发生反应，保护机体免遭损害。

③ 血液对机体还具有保护和防御等功能。血细胞分为红细胞、白细胞和血小板三种。红细胞的主要成分是血红蛋白,能运输氧气和二氧化碳。白细胞能吞噬病菌,白细胞数量低于正常值时,机体抵抗力会下降,易感染疾病,白细胞数目明显增多时,则反映机体已有病菌感染。血小板具有止血和凝血的功能。

(2)学前儿童血液的特点

① 学前儿童年龄越小,血液相对越多。这对幼儿的生长发育是有利的。

② 学前儿童血液中血浆含水较多,含凝血物质较少,因此幼儿出血时血液凝固较慢。

③ 学前儿童血液中红细胞含血红蛋白的数量较多,具有强烈的吸氧性,有利于幼儿新陈代谢。

④ 5~6岁学前儿童血液中白细胞数量和成人接近,对机体防御和保护功能较强的中性粒细胞较少,防御功能较差的淋巴细胞较多,因此抵抗疾病的能力较差,易感染疾病。

(3)学前儿童心脏的特点

心脏是血液循环的动力器官,通过收缩、舒张将血液送至全身。

① 学前儿童心脏体积比例相对较成人大。

② 学前儿童心肌薄弱、心腔小,心排出量少,而新陈代谢旺盛,所以学前儿童心率较快。

③ 由于神经调节不完善,学前儿童心脏收缩的节律不稳定,表现为脉搏节律不规律,10岁左右心率才较稳定。学前儿童的脉搏易受多种因素的影响,如哭闹、进食、运动后脉搏不稳定,因此成人应在学前儿童安静时为其测量脉搏。凡脉搏显著增快,即使在睡眠时也不减少者,或走路时出现口周青紫、心慌气短等现象,应及时就医。

(4)学前儿童血管的特点

血管包括动脉、静脉和毛细血管。动脉是血液从心脏流向全身所经过的管道,分布在身体较深的部位。静脉是把血液从身体各部分送回心脏的管道。毛细血管是连通最小动脉和最小静脉之间的管道。

① 学前儿童血管的内径相对较成人粗,毛细血管丰富,血液量大,供氧充足。

② 学前儿童血管比成人短,血液在体内循环一周所需时间短,对幼儿生长发育和消除疲劳都有良好的作用。

③ 学前儿童血管壁薄、弹性小,年龄越小,血压越低。这与他们心脏收缩力较弱,心脏排出血量较少,动脉管径较大有关。

④ 给幼儿测量血压,应在学前儿童绝对安静时进行。

**2. 淋巴系统**

淋巴系统是血液循环系统的辅助系统,包括淋巴管、淋巴结、脾、扁桃体等。

(1)淋巴系统的功能

① 运输淋巴液入静脉,是静脉回流的辅助装置;

② 淋巴结、扁桃体和脾,具有生成淋巴细胞,清除体内的微生物等有害物质和生成抗体等免疫功能。

(2) 学前儿童淋巴系统的特点

① 学前儿童淋巴系统发育较快,淋巴结防御和保护功能比较显著,表现在幼年时期常有淋巴结肿大的现象。

② 扁桃体在 4~10 岁时发育达到高峰,而 14~15 岁就开始退化,所以扁桃体发炎是幼儿期常见的一种疾病。

幼儿园应将检查学前儿童的淋巴结和扁桃体作为晨、午间检查重要内容之一。

### (二) 学前儿童循环系统的卫生保健

**1. 保证营养,防止贫血**

学前儿童生长发育迅速,血液总量增加较快,缺铁可导致缺铁性贫血。缺乏维生素 B12 和叶酸,可导致营养性巨幼红细胞贫血。所以,成人应纠正学前儿童挑食、偏食的习惯,适当增加含铁和蛋白质较为丰富的食物,例如猪肝、瘦肉、大豆等。

**2. 合理安排学前儿童的一日活动**

组织学前儿童一日活动时,要注意动静交替,劳逸结合,避免学前儿童长时间过度紧张,保持心脏的正常功能。同时,引导学前儿童养成按时睡眠的好习惯,减轻心脏的负担。

**3. 组织体育锻炼,增强体质**

适宜的体育锻炼和户外活动,可促进学前儿童血液循环,增强造血功能,提高心肌的工作能力,增强其心脏的功能。因此,学前儿童应每天进行体育活动,但对不同年龄、不同体质的学前儿童应安排不同时间、不同强度的活动。避免学前儿童进行长时间的剧烈活动及憋气活动。运动前做好准备活动,结束时做整理活动,剧烈运动后不可立即停止,也不宜立刻喝大量的水。运动时出汗过多,可喝少量的淡盐开水,以维持体内无机盐的平衡。

**4. 学前儿童的衣着要宽大舒适**

窄小的衣服会影响血液的流动和养料、氧气的供给。因此,学前儿童的衣服应宽大舒适,以保证血液循环的畅通。

**5. 要预防传染病和放射性污染**

学前儿童血液中白细胞较少,抗病能力差,易患传染病。因此,学前儿童生病发烧时,要卧床休息。还要预防放射性污染对学前儿童造血器官的损害。

**6. 预防动脉硬化应始于学前儿童**

预防动脉硬化关键在"早"。安排膳食时,应控制学前儿童胆固醇和饱和脂肪酸的摄入量,同时宜少盐,口味"淡"。

**7. 避免神经刺激**

过度或突然的神经刺激,会影响学前儿童的心脏和血管的正常功能。因此,应为学前儿童提供轻松、和谐的生活环境,避免神经刺激。

### 四、消化系统

消化系统由消化管和消化腺组成(如图6-8所示)。消化管:口腔、咽、食管、胃、小肠、大肠和肛门等。消化腺:唾液腺、胰腺、胃腺、肠腺、肝脏等。

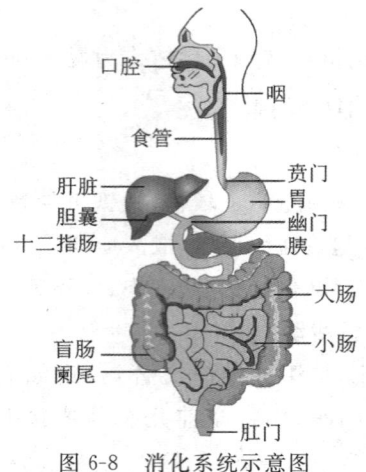

图6-8 消化系统示意图

#### (一)学前儿童消化系统的特点

**1. 牙齿**

牙齿是人体最坚硬的器官,人一生有两套牙齿,即乳牙和恒牙。牙齿的主要功能是咀嚼、磨碎食物,使食物和消化液混合,此处,牙齿对于发音还有辅助作用。学前儿童牙齿的特点如下:

① 牙齿的发育始于胚胎第6周,到出生时已有20个乳牙牙胚,婴幼儿4~10个月时出牙,2岁半左右出齐20颗乳牙。乳牙萌出过程中,恒牙开始发育。从6岁左右开始,乳牙先后脱落,逐渐换上恒牙。

② 学前儿童乳牙牙釉质薄,牙本质松脆,易生龋齿。

③ 学前儿童乳牙钙化程度低,耐酸性能差。

④ 学前儿童所吃食物软、黏稠、糖分高,易产酸。

⑤ 学前儿童睡眠时间长,口腔较多处于静止状态,唾液分泌少,自洁能力差,利于细菌生长,增加了龋齿的发生率。

乳牙存在时间虽短,却是儿童的主要咀嚼器官,它对消化和营养的吸收有重要作用。对刺激颌骨的正常发育和诱导恒牙的正常萌出及发育等作用重大。

**2. 食管**

食管主要有两个功能:一是推进食物和液体由口腔进入胃中;二是防止吞咽时胃里的食物反流。学前儿童食管的特点如下:

① 婴幼儿食管呈漏斗状,腺体缺乏,黏膜纤弱,弹性组织及肌肉组织发育不成熟,控制能力差,容易溢奶,也常发生胃食管反流。

② 学前儿童食管比成人短而窄,管壁较薄,黏膜柔嫩,易受损伤。

### 3. 胃

胃是消化道中最膨大的部分。其主要功能是暂时贮存食物,并初步消化食物。胃壁内表面为黏膜层,可分泌胃液。胃液中的主要成分有胃蛋白酶原、盐酸、黏液和黏蛋白等。学前儿童胃的特点如下:

① 学前儿童胃容量较小,以后随年龄的增长,胃容量逐渐扩大。新生儿喂食应少量多次。为学前儿童选配食物及每餐间隔时间,应考虑不同年龄学前儿童的胃容量,科学地制定学前儿童的食谱。

② 婴儿胃呈水平位,开始行走时其位置变为垂直。

③ 学前儿童胃黏膜血管丰富,胃壁肌肉发育不完善,伸展性和蠕动功能较差,胃液分泌量较成人少且酶活力低,因此学前儿童的消化能力薄弱。

胃排空速度与食物性状和化学组成有关,一般水需要 10 分钟即可排空,糖类食物需要 2 小时以上,蛋白质较慢,脂肪更慢,需要 5~6 小时,一般性混合食物需 4~5 小时排空。

### 4. 肠

小肠是消化道中最长的一段,是消化食物、吸收养料的最重要部分。大肠的主要功能是贮存经消化吸收后剩余的食物残渣,此外还能吸收水分、无机盐和部分维生素。食物残渣最后形成粪便,由肛门排出。学前儿童肠的特点如下:

① 学前儿童肠的总长度相对比成人长,肠黏膜发育较好,肠的吸收能力比消化能力强,这有利于学前儿童的生长发育。

② 学前儿童肠的位置不稳定,易发生肠套叠、脱肛等疾病。

③ 学前儿童肠壁肌肉组织和弹性组织发育较差,肠蠕动能力比成人弱,学前儿童乙状结肠和直肠相对较长,粪便中的水易被过度吸收,因此如果食物停留在大肠的时间较长,易造成便秘。

### 5. 唾液腺

唾液腺分泌的唾液中含淀粉酶,能够帮助人体消化淀粉类食物。还有溶菌酶,可杀灭口腔细菌,所含的黏蛋白对胃黏膜有保护作用,因此唾液也被称为"生命之津"。学前儿童唾液腺的特点如下:

① 学前儿童的唾液腺在出生时已形成,但唾液腺分泌唾液少,口腔较干燥。

② 3~6 个月唾液腺发育完善,但这时婴儿还没有吞咽大量唾液的习惯,唾液往往流到口腔外面,出现"生理性流涎",随年龄增长可逐渐消失。

### 6. 肝脏

肝脏是人体最大的消化腺。肝脏的作用:分泌胆汁促进肠液和胰液对脂肪的消化;代谢、贮存养料和解毒。学前儿童肝脏的特点如下:

① 学前儿童肝脏相对较大。

② 学前儿童分泌的胆汁较少,所以脂肪消化能力差。

③ 学前儿童糖原贮存较少,受饿容易发生低血糖。

④ 学前儿童肝细胞和肝功能不成熟,肝脏的解毒能力较差,故学前儿童用药剂量比成人小,要注意准确,以免发生危险。

⑤ 严防食物中毒，预防传染性肝炎，以保护学前儿童肝脏免受细菌毒素的损害。

**7. 胰腺**

胰腺能分泌胰液进入小肠，中和胃酸，保护肠黏膜，帮助食物消化。胰腺内还有特殊的细胞群，称为"胰岛"，能够分泌胰岛素，具有调节血糖浓度，保持血糖相对稳定的作用。学前儿童胰腺的特点如下：

① 学前儿童胰腺还很不发达，胰液及消化酶的分泌较少，对淀粉和脂肪的消化能力相对较弱。

② 极易受炎热气候及各种疾病影响而被抑制，最终导致消化不良。

### (二) 学前儿童消化系统的卫生保健

**1. 保护牙齿**

乳牙因牙釉质薄，牙本质松脆，易生龋齿。保护牙齿的措施有：

① 预防龋齿，定期检查。学前儿童乳牙钙化程度低，耐酸性能差，所吃食物软、黏稠、糖分高，易产酸，加之学前儿童睡眠时间长，口腔较多处于静止状态，唾液分泌少，自洁能力差，易患龋齿。注意学前儿童应少吃甜食，吃甜食后及时漱口或刷牙；定期检查牙齿，每半年检查一次，发现龋齿，及时进行适当处理。

② 做好口腔卫生，首要的是养成学前儿童早晚刷牙，饭后漱口的习惯。教会学前儿童刷牙的正确方法，顺着牙上下刷。选择头小和刷毛较软、较稀的儿童牙刷。2岁开始养成早晚刷牙的习惯。

③ 让学前儿童勤于咀嚼，不吃过冷过热的食物。让学前儿童常吃含纤维素较多的食物，如蔬菜、水果、粗粮等。高度的咀嚼功能是预防牙齿畸形的最有效、最自然的方法之一。

④ 纠正学前儿童某些不良习惯。为了保证牙齿正常发育，防止牙齿排列不齐，不要让学前儿童吮吸手指、咬嘴唇、咬指甲、托腮、咬铅笔等。

**2. 建立合理的饮食制度，培养良好的卫生习惯**

消化器官的活动是有规律的。所以不能让学前儿童暴饮暴食，要少吃多餐、定时定量进餐。饭前便后洗手、细嚼慢咽、少吃零食，不挑食，及时漱口。注意应定期对学前儿童的食品、玩具、物品等进行消毒。

① 饭后不做剧烈运动。轻微活动，能促进消化，增进食欲，剧烈运动会抑制消化，易导致阑尾炎。饭后宜轻微活动，不宜立即午睡，最好组织学前儿童散步15~20分钟再入睡。

② 培养学前儿童定时排便的习惯。婴儿半岁后，可培养定时排便的习惯，最好早饭后排便，不要让学前儿童憋着大便，以防形成习惯性便秘。多运动，多吃蔬菜水果，吃点粗粮，多喝开水，预防便秘。

## 五、排泄系统

人体新陈代谢过程中，最终产物如二氧化碳、尿素、尿酸、水和无机盐，如果在体内积存过多，会对人体造成伤害。二氧化碳和一部分水由呼吸系统通过呼气排出，一部分废物由皮肤通过汗液排出，大部分废物则是通过泌尿系统通过尿液排出体外的。

## (一)学前儿童排泄系统的特点：

### 1. 泌尿系统

泌尿系统包括肾脏、输尿管、膀胱和尿道（如图 6-9 所示）。肾脏是主要的泌尿器官，肾脏以尿的形式，排出大量的各种代谢终产物，如果肾脏的正常功能发生障碍，代谢的终产物积累在体内，就会破坏体内的酸碱平衡，最终可能会发展为尿毒症。

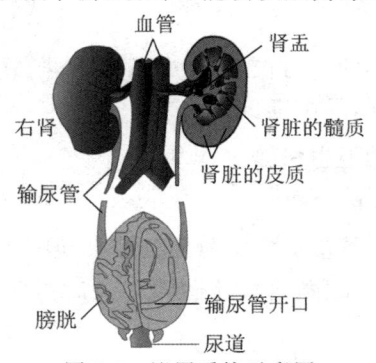

图 6-9 泌尿系统示意图

学前儿童泌尿系统的特点如下：

（1）肾脏

① 学前儿童泌尿器官正处于生长发育过程中，不起作用和不成熟的肾单位较多。

② 学前儿童肾脏的贮备能力差，调节机制不够成熟，经常处于紧张状态，喂养不当、疾病或应激状态下，易出现不适现象。

③ 学前儿童患肾病后，不仅损害肾功能，还影响肾脏的发育。

（2）输尿管

学前儿童输尿管长而弯曲，管壁肌肉弹力纤维发育差，易造成尿潴留及尿道感染。

（3）尿道

女童尿道较短，黏膜薄嫩，尿道外口显露且接近肛门，易受细菌污染。男童易引起上行性泌尿系统感染。

（4）膀胱

学前儿童膀胱肌肉层较薄，弹性组织发育不完善，贮尿功能差，排尿次数多，年龄越小，主动控制排尿的能力越差，常有遗尿。

### 2. 皮肤

皮肤覆盖在身体表面，由表皮、真皮和皮下组织组成（如图 6-10 所示）。皮肤具有保护、调节体温、感受刺激和排除废物等功能。

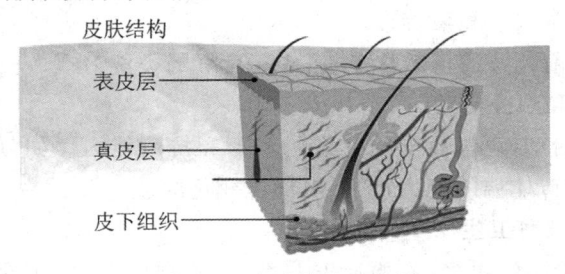

图 6-10 皮肤结构示意图

学前儿童皮肤的特点如下：

① 学前儿童皮肤面积相对较大，从皮孔蒸发的汗液是成人的2倍。

② 学前儿童皮肤水分多，约占体内水分的13％。

③ 学前儿童皮肤薄嫩，偏于碱性，保护功能差，易受损伤和感染。

④ 学前儿童皮肤中毛细血管丰富，流经皮肤的血流量比成人多，皮肤表面积相对比成人大。

⑤ 学前儿童皮肤调节体温的能力较差，易患感冒。

⑥ 学前儿童皮肤渗透性强，易中毒。

### (二) 学前儿童排泄系统的卫生保健

**1. 培养学前儿童及时排尿的习惯**

① 在组织活动及睡觉之前均应提醒学前儿童排尿，但不要过于频繁。

② 不要让学前儿童长时间憋尿，这样不仅难以及时清除身体的废物，还容易发生泌尿道感染。

③ 不要让婴幼儿长时间坐便盆。

④ 对于有尿床习惯的学前儿童，要做好遗尿的防范工作，切勿因遗尿而责怪惩罚学前儿童。

⑤ 要注意提醒学前儿童不要渴急了才喝水，保证身体充足的饮水。

**2. 保持会阴部卫生，预防尿道感染**

① 每晚睡前应给学前儿童清洗会阴部。要用专用的毛巾、脸盆，不要让学前儿童穿开裆裤。厕所、便盆应每天洗刷，定期消毒。

② 教会学前儿童擦屁股的正确方法：从前往后擦。

③ 注意防止个别学前儿童玩弄生殖器。

④ 每天适量喝水，满足机体新陈代谢的需要，及时排泄废物，同时，通过排尿起到清洁尿道的作用。

**3. 保持皮肤的清洁**

保护皮肤最重要的方法就是保持皮肤的清洁，应教育学前儿童养成爱清洁的习惯。

① 教育学前儿童每天擦洗身体裸露的部分，如手、脸、耳等。

② 给学前儿童洗头时，要避免皂沫进入眼睛。

③ 选择护肤品宜使用儿童的，不宜成人的。

④ 给学前儿童修剪指甲时，手指甲应剪成弧形，脚趾甲应剪平。

⑤ 不宜给学前儿童烫发和戴首饰。

⑥ 成人应根据学前儿童的年龄特点，培养其良好的盥洗习惯。

**4. 加强体育锻炼和户外活动**

适当锻炼和户外活动，可提高学前儿童的耐寒和抗病能力。如，应加强三浴锻炼，坚持冷水洗脸，提高皮肤调节体温的能力，增强对环境变化的适应性。

**5. 注意学前儿童衣着卫生**

学前儿童平时着装不宜过多，衣服应安全舒适，式样简单，便于穿脱。对不同年龄的学前儿童和不同季节的衣着卫生应有不同要求。如：冬季防寒保暖，夏季防暑降温。

**6. 预防和及时处理皮肤外伤**

学前儿童活泼好动，缺乏生活经验，容易引起外伤，教师应加强安全教育，预防意外事故的发生，有外伤时应及时处理。学前儿童皮肤渗透性强，易中毒，要避免接触带有腐蚀性的物品。

### 六、内分泌系统

内分泌系统是人体内的调节系统，由许多内分泌腺组成。功能：分泌激素，调节身体的代谢、生长发育、生殖和免疫。

#### （一）学前儿童内分泌系统的特点

人体的主要内分泌腺有甲状腺、垂体、甲状旁腺、肾上腺、胰岛、胸腺、松果体和性腺等（如图 6-11 所示）。其中胸腺与机体的免疫功能有关，松果体有防止性早熟的作用。

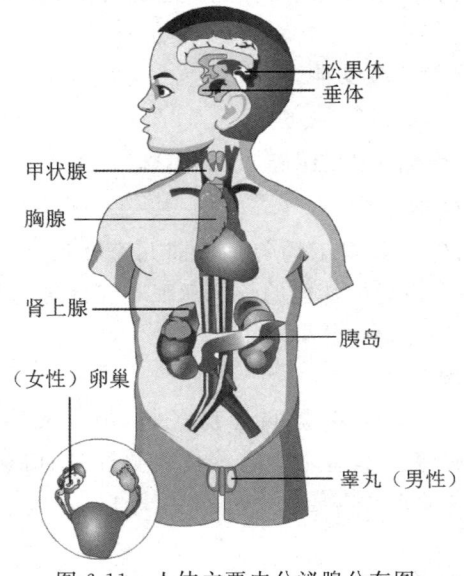

图 6-11　人体主要内分泌腺分布图

**1. 甲状腺**

① 甲状腺是人体最大的内分泌腺，分泌甲状腺素，碘是合成甲状腺素的主要成分。

② 甲状腺的功能包括调节机体的新陈代谢，促进学前儿童生长发育，提高神经系统的兴奋性。

③ 甲状腺功能不足时，人体代谢缓慢，体温偏低、畏寒，甚至出现神经兴奋性减低，反应迟钝，智力低下、嗜睡等症状。如果同时骨骼生长发育缓慢，身体矮小、耳聋，性功能不成熟，这样的病称"呆小症"（如图 6-12 所示）。

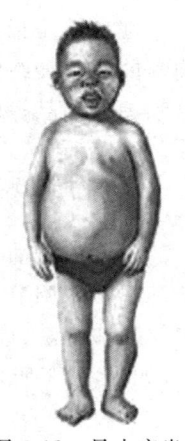

图 6-12　呆小症患者

④ 甲状腺功能亢进时，患儿新陈代谢过于旺盛，食量大增，身体日渐消瘦、乏力。或出现神经兴奋性增高，容易激动、紧张和烦躁，怕热、多汗、多语、失眠等现象。甲状腺功能亢进者，表现为甲状腺肿大，有的患者还伴有突眼症状。

**2. 脑垂体**

① 脑垂体的功能包括分泌生长激素、促甲状腺素和促性腺素；对学前儿童生长、发育及成熟起重要作用；调节其他内分泌腺活动。

② 幼年时期，生长激素分泌不足，可发生"侏儒症"，患者生长发育迟缓，身材矮小，性器官发育不全，但智力一般正常。

③ 如果幼年时期生长激素分泌过多，则过度生长，成为"巨人症"。

**3. 胸腺**

① 幼年时，胸腺腺体逐渐增大，青春期以后减小，成年时胸腺逐渐萎缩。

② 胸腺既是一个淋巴器官，也是一个内分泌器官。胸腺与机体的免疫功能有密切关系。幼年时期如果胸腺发育不全，会影响机体免疫功能，以致反复出现呼吸道感染或腹泻。

③ 到成年时，胸腺能维持免疫功能。

④ 胸腺与人体的衰老有关。

### (二) 学前儿童内分泌系统的卫生保健

**1. 组织好学前儿童的睡眠**

一昼夜间，垂体分泌的生长激素不均匀。学前儿童在夜间入睡后，生长激素才大量分泌，所以孩子长个子主要是在夜里静悄悄的长。睡眠不够会影响身高，托幼园所应组织好学前儿童的睡眠，让他们睡得好睡得香。

**2. 安排好学前儿童的膳食**

碘是合成甲状腺素的原料。若缺碘，除了脖子粗，最大威胁是影响学前儿童智力的发育，以及听力下降、言语障碍等。学前儿童的饮食中要注意补碘，如食用加碘食盐，多吃海带、海鱼等，以保证学前儿童的正常需要。

**3. 预防性早熟**

性早熟是指女童8岁前，男童9岁前呈现第二性特征发育的异常性疾病。性早熟会影响学前儿童最终的身高，易造成心理障碍和误入歧途。所以饮食要科学合理，避免使用营养品和美容用品，避免食用含激素食品。

## 七、神经系统

人体生命活动的调节机制非常复杂，神经系统和内分泌系统都在发挥着作用，但神经系统是主要的调节机构。神经系统分为中枢神经系统和周围神经系统两部分。中枢神经系统包括脑和脊髓，周围神经系统包括12对脑神经、31对脊神经及自主神经，它们分布在全身各处（如图6-13所示）。

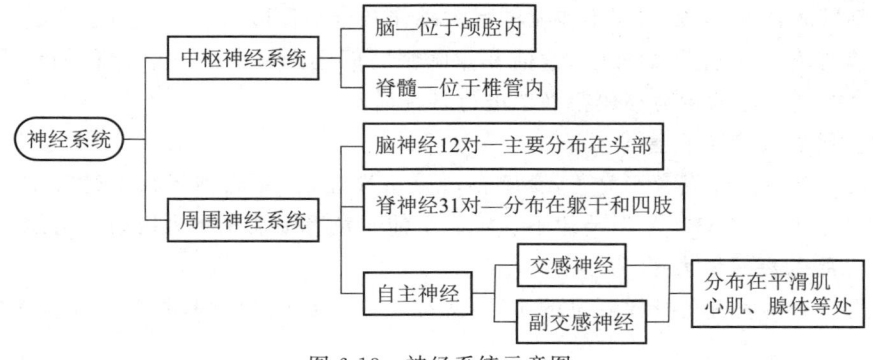

图 6-13 神经系统示意图

### (一)学前儿童神经系统的特点

学前儿童神经系统的发育正处于迅速时期,尤其是大脑的发育十分迅速,这为学前儿童尽快适应环境、接受早期教育做好了充分的物质准备。

**1. 脑的重量变化快**

脑分为大脑、小脑、间脑、脑干四部分。脑干由延髓、脑桥、中脑组成(如图 6-14 所示)。

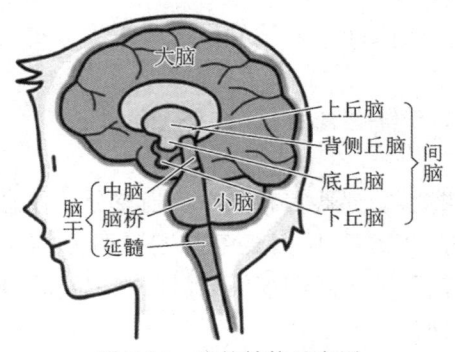

图 6-14 脑的结构示意图

妊娠 3 个月时,胎儿的神经系统已基本形成。出生前半年至出生后一年是脑细胞数目增长的重要阶段。新生儿脑重约 350 克,1 岁时脑重约 950 克,6 岁时已达 1200 克。从出生到 7 岁,脑的重量增加了近 3 倍,7 岁左右已基本接近成人。脑的迅速发育为建立各种条件反射提供生理基础,为实施早期教育提供物质基础。

**2. 神经系统的发育不均衡**

① 脊髓和脑干发育早。人出生时,脊髓和延髓已基本发育成熟,保证了新生儿基本的生理和生命活动的需要,如确保了婴幼儿的呼吸、消化、血液循环等器官的正常活动。

② 小脑的发育则相对较晚,导致学前儿童早期肌肉活动不协调。

③ 大脑皮质的发育随年龄而逐步成熟。学前儿童大脑皮质发育尚不成熟,学龄前期,大脑皮质各中枢才接近成人水平,为学前儿童智力的迅速发展提供了可能性。

**3. 容易兴奋,容易疲劳**

兴奋和抑制过程发展不平衡。兴奋占优势,抑制过程不够完善,兴奋过程强于抑制过程。主要表现在学前儿童容易激动,控制自己的能力较差,容易疲劳,注意力不容易集中,容易随外界刺激而转移,经常出现不协调的粗大动作及全身反应,年龄越小,表现越突出。

随年龄增长,兴奋过程的加强,学前儿童睡眠时间逐渐减少。抑制过程的加强,学前儿童逐渐学会控制自己的行为和较精确地进行各种活动。

**4. 自主神经发育不完善**

学前儿童自主神经发育不完善,交感神经兴奋性强,副交感神经兴奋性较弱。所以,学前儿童心率及呼吸频率较快,但节律不稳定。学前儿童胃肠消化能力极易受情绪影响。

**5. 脑细胞的耗氧量大**

学前儿童脑耗氧占全身耗氧量的1/2,成人只占1/4,因此学前儿童生长发育需要更多的氧气。

### (二)学前儿童神经系统的卫生保健

**1. 制定和执行合理的生活制度**

托幼园所应根据学前儿童解剖生理特点,为不同年龄的学前儿童安排好一天的活动时间和内容。活动内容和方式应注意动静交替,避免疲劳。制定生活制度要注意以下五点:

① 一天中游戏时间多,上课时间少;
② 各项活动时间短,内容与方式多变;
③ 进餐间隔时间短,睡眠时间长;
④ 生活自理时间比较多;
⑤ 保证学前儿童呼吸到新鲜空气。

**2. 保证充足的睡眠**

睡眠可以使中枢神经系统、感觉器官和肌肉得到充分的休息。长时间睡眠不足会影响学前儿童身体和智力的发育,年龄越小,神经系统越脆弱,所需的睡眠时间越多(如图6-15所示)。托幼园所应培养学前儿童午睡和夜间按时睡眠的习惯,同时要重视个别差异,适当延长体弱学前儿童的睡眠时间。

| 年龄 | 新生儿 | 1~6个月 | 7~12个月 | 1~3岁 | 4~6岁 | 成人 |
|---|---|---|---|---|---|---|
| 睡眠时间 | 18~20小时 | 15~18小时 | 14~16小时 | 12~14小时 | 10~12小时 | 7~8小时 |

图 6-15  各年龄阶段学前儿童一昼夜所需睡眠时间

**3. 提供合理的营养**

学前儿童脑组织增长迅速,需要充足的营养给予补充。脑细胞活动需要消耗大量的能量,需要物质供给。营养不良将影响大脑发育,可能会导致学前儿童注意力涣散、记忆减退、反应迟钝等,因此应提供优质蛋白质、脂类、无机盐等营养素,为大脑发育奠定物质基础。

**4. 创造良好的生活环境,使学前儿童保持愉快的情绪**

心情舒畅、精神愉快是学前儿童身心健康发展的基本保证。保教人员应关爱学前儿童,全面细致地照顾他们,坚持正面教育,严禁体罚或变相体罚学前儿童,努力为他们创造一个轻松愉快的生活环境。

**5. 开发右脑,协调左右脑**

人的大脑分为左半球和右半球,虽然左半脑和右半脑很对称,但是功能是不同的,二者各具特点。左脑半球主要通过语言和逻辑来表达内心世界,负责理解文学语言、数学计算、逻辑分析、阅读书写等。右脑半球主要通过情感和形象来表达内心世界,负责鉴赏绘画,欣赏音乐,欣赏自然风光,凭直觉观察事物,把握整体等。要做到开发右脑,协调左右脑,保教人员可以从以下几方面入手。

① 有意识地加强学前儿童左侧肢体的锻炼。

② 让学前儿童多参加体育游戏和全身性运动,促进学前儿童脑的发育,提高神经系统反应的灵敏性和准确性。

③ 学前儿童多动手,在活动中左右开弓,两手同时做手指操、进行攀爬和做各种学前儿童基本体操。

④ 让学前儿童尽早使用筷子进餐,学会使用剪刀,玩穿珠子游戏等,以更好地促进大脑两半球的均衡发育。

### 八、生殖系统

#### (一)学前儿童生殖系统的特点

生殖是生物繁衍后代,保证种族延续的重要生命过程。生殖系统可分为外生殖器官和内生殖器官两部分。学前儿童生殖器官发育缓慢,处于幼稚状态,进入青春期后,在内分泌激素的影响下,内、外生殖器官迅速发育。学前儿童时期是性心理发育的关键时期。3岁左右的幼儿大多都知道自己是男是女,也能了解男孩女孩的一些差异。

#### (二)学前儿童生殖系统的卫生保健

**1. 保教人员应对学前儿童进行科学、系统的性教育**

学前期是形成性别角色、发展健康的性心理的关键期,保教人员可以对学前儿童开展科学的、系统化的性教育,引导他们合理认识性别,提高自我保护意识,防范性侵害,进而使他们获得性别同一性、稳定性和恒常性。

**2. 保持外生殖器的卫生**

① 培养学前儿童养成每天清洗外阴部的习惯,要有专用毛巾和洗屁股盆,并经常消毒晾晒。

② 教会学前儿童擦屁股的正确方法,由前往后擦,以保持会阴部的清洁。

③ 学前儿童出现玩弄生殖器的现象或出现习惯性擦腿动作,成人不要责骂,应转移其注意力,认真查明原因,合理解决。如因内裤过紧引起的,可为孩子换上宽松的裤子,如因蛲虫病引起的,应及时治疗。

**3. 预防性早熟**

如果在学前儿童期出现性发育征象,就要考虑是否为内分泌疾病,或是滥服"补药"等带来的后果,应及时采取措施,避免性早熟对孩子生理和心理带来的伤害。

### 九、感觉器官

#### (一)学前儿童感觉器官的特点

感觉,是指人脑对直接作用于感觉器官的刺激物的个别属性的反映。比如,看到苹果的红色,是对苹果的颜色这一个别属性的反映。感觉是人生最早出现的认识过程,包括视觉、听觉、嗅觉、味觉、皮肤觉、平衡觉、运动觉和机体觉等。人们获取的知识70%来自视觉和听觉,因此对于人体视觉器官和听觉器官的保护显得尤为重要。

#### 1. 视觉器官——眼

人的眼睛就像一架照相机,由眼球和一些附属部分组成(如图6-16所示)。

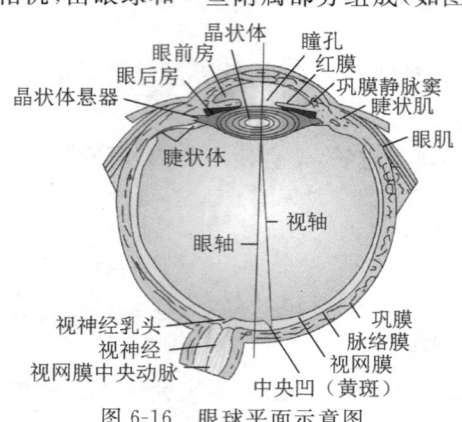

图6-16 眼球平面示意图

眼球是由眼球壁及内容物(折光装置)构成。眼球壁里外共三层,外层前面是透明的角膜,角膜上有丰富的神经末梢,能感受任何微小的刺激。后面是坚韧的巩膜,巩膜较厚、坚韧,乳白色不透明,俗称"白眼珠",能保护眼球。中间层含有丰富的血管和色素,前面是虹膜,决定眼珠的颜色。虹膜中间的圆孔即瞳孔,又称"瞳仁,能根据外界光线的强弱自行调节,如遇强光时瞳孔缩小,遇弱光时瞳孔放大。虹膜后面是睫状体,含有丰富的平滑肌,借悬韧带跟晶状体相连。里层是视网膜,也是视觉器官最重要的部分,视网膜上有无数感光的神经细胞,可以感受光线的刺激,并形成物像。内容物是眼内透光的物质,包括房水、晶状体、玻璃体,它们和角膜共同构成眼的折光系统。房水是透明的液体,充满在眼房内,可用于维持一定的眼内压。晶状体位于瞳孔之后,有弹性,借悬韧带与睫状体相连,形状为双凸透镜形的透明体,由于睫状体的收缩与舒张而间接地调节晶状体的凸度,使远近物体都能在视网膜上聚焦,形成清晰的物像。玻璃体为透明的胶质,除有折光作用外,还能支撑眼球呈球体状。眼的附属部分主要包括眼睑、结膜、泪器、眼外肌和眼眶,另外还有眉和睫毛。

学前儿童视觉器官的特点如下:

① 学前儿童眼球较小,前后径较短,呈生理性远视。随着年龄的增长,眼球前后径逐渐增长而被矫正。一般5~6岁转为正视。

② 学前儿童晶状体的弹性大,调节能力较强,所以能看清较近的物体。

③ 长时间地看近距离的物体,会使睫状肌过度紧张而疲劳,晶状体凸度加大,可发生调节性近视,又称假性近视。调节性近视若不及时矫治,会发展为轴性近视,又称真性近视。

④ 0~3岁是视觉发育的敏感期,视觉功能的发育有赖于外界环境光的刺激。如果缺少光刺激,会影响学前儿童视觉功能的正常发育,导致视力下降,严重者会丧失视觉。

#### 2. 听觉器官——耳

听觉器官即耳,由外耳、中耳和内耳三部分组成(如图6-17所示)。

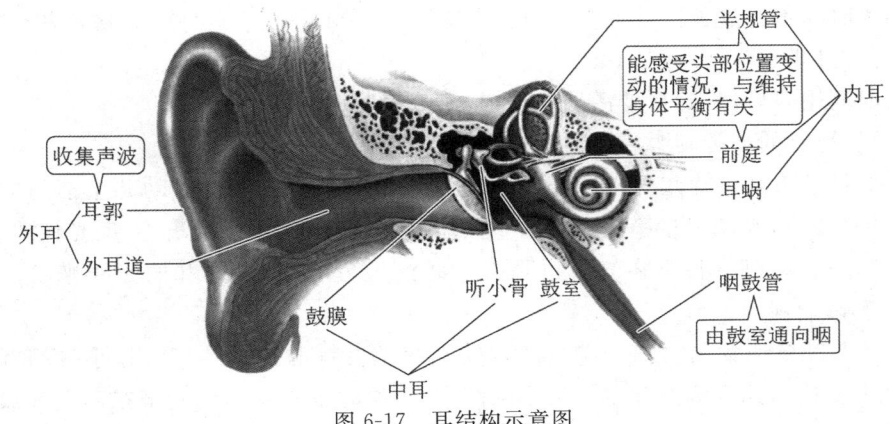

图 6-17 耳结构示意图

外耳包括耳郭、外耳道。耳郭由皮肤和软骨组成,可收集声波。外耳道是外界声波传入中耳的通道,其皮肤耵聍腺的分泌物叫耵聍(俗称耳屎),有保护外耳道皮肤及黏附灰尘、小虫等异物的作用。

中耳包括鼓膜、鼓室和三块听小骨。鼓膜是一层薄薄的膜,鼓膜在声波的作用下能产生振动,在整个听觉传导过程中起重要作用,但易受损伤。鼓膜内有一个小腔叫鼓室,室内有三块互相连接的听小骨(锤骨、砧骨和镫骨),听小骨外接鼓膜,内连内耳。鼓室有一条小管即咽鼓管,当吞咽、打呵欠时管口开放,空气由咽部进入鼓室,以保持室内外空气压力平衡,使鼓膜的正常振动。

内耳可以感受声音,保持平衡,由半规管、前庭、耳蜗三部分组成。前庭可感受头部的位置,半规管可感受旋转刺激,耳蜗可感受声波刺激。耳蜗在接受声波刺激以后,使听神经产生神经冲动,传到大脑皮层颞叶产生听觉。

学前儿童听觉器官的特点如下:

① 学前儿童外耳道狭窄,外耳道壁未完全骨化;
② 耳廓血液循环差,易生冻疮;
③ 咽鼓管既短又粗,倾斜度小,当咽、喉、鼻腔感染时,易引起中耳炎。中耳炎治疗不及时,会导致耳聋。
④ 硬脑膜血管和鼓管血管相通,中耳炎可以引起脑膜炎。
⑤ 幼儿耳蜗的感受性比成人强,听觉比成人敏锐。

**(二) 学前儿童感觉器官的卫生保健**

**1. 做好学前儿童眼的卫生保健工作**

(1) 教育学前儿童养成良好的用眼习惯

虽然幼儿眼的晶状体弹性大,调节力强,但极易因视觉疲劳而造成眼睛近视。在日常生活学习中,应教育幼儿养成良好的用眼习惯,做到:

① 看书时坐姿要端正,眼睛与书本应保持33cm(1尺)距离。
② 不躺着看书,以免眼与书距离过近;走路或乘车时不看书,因身体活动可导致书与眼的距离经常变化,易造成视觉疲劳。

③ 用眼时间不宜过长。看电视、手机、电脑要有节制,每周1~2次,每次不超过1小时,小班不超过半小时。

④ 长时间用眼后,可到户外活动或远望,消除疲劳。

(2) 提供适宜的视觉刺激

① 注意科学采光。幼儿视觉功能的正常发育离不开光的刺激。幼儿生活与学习要在采光充足的环境下,光源尽量稳定、柔和;室内墙壁、桌椅家具等宜用浅色,反光性要好;自然光不足时可用白炽灯照明;不在光线过强或过暗的地方看书,且柔和的光线来自幼儿左上方,避免暗影影响视力。

② 为幼儿准备读物、教具时,应当注意幼儿视觉发育的特点。年龄越小,准备的字、画应该越大,不要让幼儿看画面和字体很小的图书;上课时也不要让他们坐在离图片或实物太远的地方,以免影响幼儿的视力和教育效果。

(3) 加强安全教育,防止眼外伤

加强安全教育,以免造成眼外伤。教育幼儿在活动、游戏中不要对着自己或他人玩小刀、竹签、笔、剪刀等物品,更不要拿着这些物品追逐打闹。

(4) 定期为学前儿童调换座位,以防斜视

斜视即当两眼向前视时,两眼的黑眼珠位置不匀称。为预防斜视,保护幼儿的视力,教师应定期调换位置,还要照顾视力差的幼儿,减轻他们的用眼负担,合理安排座位。

(5) 培养良好的卫生习惯

教育学前儿童不用手揉眼睛,不用他人毛巾手帕,以预防沙眼和结膜炎。

(6) 定期给学前儿童测查视力

《幼儿园工作规程》第十九条指出,每半年测身高、视力一次。因此,幼儿园应定期为幼儿测查视力,及时发现和处理眼部异常,幼儿期也是矫治视觉缺陷效果最明显的时期。在日常生活中教师要注意观察幼儿的行为,及时发现幼儿视力异常表现。比如,两只眼睛的黑眼珠不对称;经常眨眼、眯眼、眼睛发红或常流泪;看东西喜欢歪头、偏脸;眼睛怕光,看书过近等等。成人一旦发现孩子有以上行为,应尽早送医检查治疗。

**2. 做好学前儿童耳的卫生保健工作**

(1) 保护耳朵,避免损伤

① 禁止用锐利的工具为幼儿挖耳。外耳道内分泌的耵聍有保护作用,可自行脱落。若较多,可请医生取出。挖耳容易损伤外耳道,引起感染,若损伤鼓膜,则影响听力。因此,不能随意用耳匙在无照明条件下取耵聍。

② 冬季要注意头部保暖,预防耳朵生冻疮。

③ 避免药物损伤。在使用链霉素、卡那霉素、庆大霉素等对听力有损伤的耳毒性抗生素时要谨慎。

(2) 预防中耳炎

① 保持鼻咽清洁,既可预防感冒,又可预防中耳炎。

② 要教会学前儿童正确擤鼻涕的方法,即用手指按住一侧鼻孔,擤完,再擤另一侧鼻孔,不要太用力,更不要按住两个鼻孔同时擤,以免鼻腔分泌物经咽鼓管进入中耳。

③ 不要让学前儿童躺着进食、喝水。

④ 若污水进入外耳道,可将头偏向进水一侧,单脚跳几下,将水排出,或用干毛巾将水吸出。

(3) 减少噪音,发展学前儿童听力

① 听到过大的声音要教会学前儿童捂耳朵或张嘴,预防强音震破鼓膜。

② 成人与学前儿童说话不要大声喊叫。

③ 幼儿园可组织各种游戏活动、唱歌、欣赏音乐等,培养学前儿童的节奏感。

③ 教育学前儿童辨别各种细微而复杂的声音。

④ 日常中应注意观察学前儿童,及早发现听力异常,及早到医院检查、治疗。

(4) 进行听力监测,及时发现异常

成人应对婴幼儿的听力进行监测,注意观察学前儿童的活动,及早发现其听觉异常。如出现以下现象,均应及早将婴幼儿送医检查、治疗,以免病情恶化:婴幼儿对突然的或过强的声音反应不敏感;与人交流时总盯着对方的嘴;听人说话喜欢侧着头,耳朵对着声源;到了一定年龄还是不爱说话,或发音不清、说话声音很大;平时乖巧安静,睡觉不怕吵;经常用手挠耳朵,说耳闷、耳内有响声等。

## 第二节　学前儿童的营养与膳食卫生

营养是学前儿童生长发育的物质基础。如果身体缺乏营养,可能会导致学前儿童精神不佳、免疫力下降、生长发育迟缓等。保教人员应为学前儿童提供科学、合理的饮食,保证幼儿营养均衡,以满足生长发育的需求,促进其身心和谐发展。

### 一、营养、营养素和能量的概念

营养是指机体摄取、消化、吸收和利用食物的整个过程,也可用来表示食物中营养素含量的多少和质量的好坏。

营养素是指维护机体健康,提供生长发育、劳动和活动所需的各种食物中所含的营养成分。六大营养素包括蛋白质、脂肪、糖类、无机盐、维生素和水。

能量也叫做"热能",是人体进行生理活动和生活活动所需的动力来源,人体每时每刻都在消耗能量。食物中的热源营养素包括糖类、脂肪和蛋白质(三大产热的营养素)。

学前儿童所需的能量主要用在以下五个方面:

① 基础代谢。人体在空腹(饭后 12～14 小时)、静卧、清醒以及 18－25℃ 的环境下,用以维持生命最基本活动所需的能量。学前儿童时期基础代谢的能量需要量占总能量的 60%,比成人高 20% 左右。

② 食物的特殊动力作用。是指由于摄取食物而引起机体能量代谢的额外增高。各类食物所引起的能量消耗不相同,以蛋白质的特殊动力作用最大。

③ 活动所需。活动需要消耗能量，学前儿童活泼好动，随着年龄的增加其活动量不断增加，所需热能也逐渐增加。

④ 生长发育所需。这是学前儿童所特有的需要，生长发育越快，能量需要越多。

⑤ 排泄的损失。摄入的食物不能完全被吸收，部分未经消化、吸收的食物随排泄物排出体外，需要消耗热能。

在学前儿童膳食中，通过蛋白质供应的能量应占总能量的 12%～15%，通过脂肪供应的能量应占总能量的 25%～30%，通过糖类供应的能量应占总能量的 55%～60%。

## 二、学前儿童所需六大类营养素的生理功能、组成、食物来源和缺乏症

### （一）蛋白质

**1. 蛋白质的生理功能**

① 构成组织。蛋白质是构成人体细胞和组织的主要成分，肌肉、骨骼、皮肤等均含有蛋白质，尤其肌肉和神经细胞含蛋白质成分最多，约占体重的 20%。人体细胞的不断更新、旧组织的修补，都需要蛋白质。

② 调节生理功能。人体中许多具有重要生理作用的物质，如抗体、激素、酶等都是由蛋白质构成的。

③ 增强抵抗力。保护人体机制的抗体就是各种蛋白质，或由蛋白质衍生而成的物质，蛋白质缺乏时机体的抵抗力会下降。

④ 供给热能。蛋白质是三大产热营养素之一。蛋白质分解代谢能给人体提供热能。

⑤ 人体内多种物质的运输、体液酸碱度的调节、遗传信息的传递等都与蛋白质有着密切的关系。

**2. 蛋白质的组成**

蛋白质是由多种氨基酸组成的，常见的氨基酸有 20 种，氨基酸分必需氨基酸和非必需氨基酸两类。

必需氨基酸是指体内不能自行合成，必须由食物供给的氨基酸，对于成人而言，必需氨基酸有 8 种：异亮氨酸、亮氨酸、赖氨酸、蛋氨酸、苯丙氨酸、苏氨酸、色氨酸和缬氨酸。对于婴幼儿来说组氨酸也是必需氨基酸，共 9 种。

非必需氨基酸是指可以在体内自行合成，不一定要由食物供给的氨基酸。这类氨基酸约 14 种。

优质蛋白质包括动物蛋白质、豆类蛋白质。植物蛋白质，除豆类外，属非优质蛋白质。将几种营养价值较低的植物蛋白质混合食用，使所含氨基酸的种类、含量得以互相补充，从而提高混合食物的营养价值，称为蛋白质的互补作用。

**3. 蛋白质的食物来源**

蛋白质的食物来源主要有以下两种。

① 动物性食物：乳类、蛋类、肉类、鱼类。

② 植物性食物：豆类及其制品、谷类、干果类。

**4. 蛋白质的缺乏症**

学前儿童如长期蛋白质摄入不足,会使他们生长发育迟缓,体重过轻,易疲劳,易发生贫血,抵抗力降低,伤口不易愈合,甚至影响智力。蛋白质严重缺乏,会出现营养不良性水肿。摄入太多,多余的蛋白质则被分解代谢,以含氨废物的形式通过肾随尿液排出体外,不仅造成营养的浪费,而且会增加肝、肾的负担。

**(二) 脂肪**

**1. 脂肪的生理功能**

① 供给热能。人体内的脂肪是热能的储存仓库,是供给热能最高的一种营养素,可在腹腔、皮下等处大量贮存。

② 构成身体组织。脂肪是神经组织、脑、心、肝、肾等组织的组成物质,尤其在神经组织中,类脂质含量丰富。它还可以间接帮助身体组织运用钙,有助于学前儿童骨骼和牙齿的发育。

③ 良好溶剂。提供脂溶性维生素,并促进脂溶性维生素的吸收。脂溶性维生素包括胡萝卜素和维生素 A、维生素 D、维生素 E、维生素 K。

④ 保持体温。脂肪不易传热,可阻止身体表面的散热,有助于防寒。

⑤ 保护内脏及神经、血管。脂肪可以保护内脏免受撞击伤害。脂肪还能增加食物美味,让人具有较强的饱食感。

**2. 脂肪的组成**

脂肪分为饱和脂肪酸和不饱和脂肪酸两种。

饱和脂肪酸可在人体内合成。不饱和脂肪酸大多数须从食物中摄取。不饱和脂肪酸有促进学前儿童正常生长发育,维持神经、动脉和血液健康的作用,与学前儿童视网膜和脑部发育有关,能提高记忆力、学习及认知应答能力。动物脂肪中的鱼类脂肪和多数的植物油含不饱和脂肪酸较多。

**3. 脂肪的食物来源**

脂肪的食物来源主要有以下三种。

① 动物性食物(主要):猪油、牛油、羊油、奶油、肥肉、乳类、蛋类、肝类、鱼类。

② 植物性食物:豆类、花生、菜籽、芝麻及干果类等。

③ 植物油含维生素 C 丰富,奶油、鱼油消化率高,富含维生素 A、D。

**4. 脂肪的缺乏症**

长期缺乏脂肪,会造成体重下降、消瘦、各种脂溶性维生素缺乏症,使学前儿童发育迟缓。脂肪过多,会引起学前儿童消化不良、食欲不振,还可导致肥胖,动脉硬化、心脏和循环系统疾病。

**(三) 糖类(碳水化合物)**

**1. 糖类的生理功能**

① 供给热能。糖类是人体最主要、最经济的供能物质,在体内能迅速分解成葡萄糖,葡萄糖在人体内通过有氧氧化提供能量,供机体利用。

② 能量贮存。糖类可以以糖原形式贮存于肝和肌肉之中，当人体需要时，首先动用的是糖原，然后才是脂肪。糖类还可以以脂肪的形式贮存起来。

③ 构成机体的重要物质。糖类是组成糖蛋白、黏蛋白、糖脂等不可缺少的成分，在生命活动中起着重要的作用，可参与体内多种生命活动。

④ 节约蛋白质。糖类能提供足够的热能，可以减少用于供能所消耗的蛋白质，有利于维持体内氮平衡和增加体内氮的贮留。

⑤ 维持内脏和神经等的正常功能。心脏的活动主要靠葡萄糖和糖原供给能量。血糖是神经系统能量的唯一来源，血糖过低时会出现昏迷、休克等情况，严重的还会导致死亡。

⑥ 促进肠蠕动和排空。糖类中不能被人体消化、吸收的纤维素，能促进肠道蠕动、排空，防止食物滞留在肠中腐败产生毒素。

⑦ 解毒作用。糖类的解毒作用体现在它能增加肝脏内肝糖原的储存量，从而增强肝脏的解毒能力。

**2. 糖类的组成**

糖类可分单糖（葡萄糖、果糖等）、双糖（蔗糖、麦芽糖、乳糖等）和多糖（淀粉、糖原、膳食纤维等）三大类。膳食纤维包括果胶、纤维素等，具有促进胃肠蠕动、提高免疫力、调节血糖等作用。学前儿童对蔗糖的消化能力较差，也不能吸收果胶和纤维素。

**3. 糖类的食物来源**

糖类主要来源于食物中的谷类和根茎类，少数来自含糖的蔬菜和水果等。谷类，如大米、白面、玉米等；根茎类，如红薯、马铃薯、山药、芋头等；乳糖，如母乳、乳制品等；果糖，如蔬菜、水果等；各种食糖，如蜂蜜、蔗糖、麦芽糖等。

**4. 糖类的缺乏症**

缺乏时，会引起体重减轻，血糖过低，便秘，甚至引发营养不良。若摄入过量，会使脂肪积存较多，出现肥胖免疫力下降。一般的甜食主要成分为食糖，除可提供热能外，其他营养成分含量较低，多食会影响食欲，还会导致龋齿的发生。

**（四）无机盐**

无机盐又叫矿物质，现在已知的无机盐有20余种，可分为常量元素和微量元素两类。钙、磷、钾、钠、硫、氯、镁7种元素称为常量元素。铜、铁、碘、锌、氟等称为微量元素。

无机盐是人体的重要组成部分，也是调节人体生理活动、维持人体正常生理功能不可缺少的物质。无机盐对维持机体酸碱平衡、对心脏及神经肌肉兴奋性的调节均有重要作用。无机盐与学前儿童生长发育密切相关，年龄越小，越易缺乏，学前儿童较易缺乏的四种无机盐包括钙、铁、锌和碘。

**1. 钙**

（1）生理功能

① 构成牙齿和骨骼的主要成分。人体中99%的钙存在于骨骼、牙齿之中，是构成骨骼和牙齿的主要原料，另外的1%存在于血液、细胞外液及组织中。

② 维持神经、肌肉的兴奋性。如血钙降低，神经、肌肉的兴奋性增强，会引起手足搐搦症。

③ 参与血凝过程,是血液凝固的要素。

④ 参与机体能量代谢和激活酶。

（2）食物来源

钙的食物来源主要有以下两种。

① 动物性食物:乳类含钙量最高,且易于吸收和利用。鱼、虾、豆类。

② 植物性食物:紫菜、海带、豆类及其制品、绿叶蔬菜（如小白菜、油菜、芹菜）、芝麻酱。菠菜、苋菜、冬笋、茭白等虽含钙丰富,但草酸含量也高,身体难于吸收。

（3）缺乏症

学前儿童缺钙,不仅会造成发育迟缓,牙齿不整齐,易患龋齿,严重的还会引起手足搐搦症或佝偻病,及成年后易患骨质疏松。钙过量,可能增加肾结石危险性,持续摄入大量钙还会发生骨硬化。

**2. 铁**

（1）生理功能

铁是人体极为重要的微量元素之一,是合成血红蛋白的主要成分。人体中60%～70%的铁存在于红细胞中,经血红蛋白参与氧的输送和组织呼吸过程。

（2）食物来源

铁的食物来源主要有以下两种。

动物性食物（主要）:肝、瘦肉、动物血、蛋黄、鱼类,且吸收率高。

动物性食物:黑木耳、海带、发菜、芝麻酱、淡菜等。

绿叶蔬菜、豆类中含有少量的铁,奶类含铁量低。

（3）缺乏症

饮食中摄入的铁不足或生长发育较快的婴幼儿,可发生缺铁性贫血,面色苍白,乏力,影响婴幼儿体格及智力的发育。

**3. 锌**

（1）生理功能

① 促进生长发育。人体中的锌约有1/3贮存于骨骼,1/4贮存于肝。锌参与氨基酸代谢与蛋白质合成,能促进学前儿童生长发育,增强创伤的愈合。

② 促进性器官发育。男性第二性特征发育及女性生殖系统各个时期的发育都需要锌的参与。

③ 促进消化系统功能。锌能使人保持正常味觉,促进食欲。

④ 促进免疫功能。免疫球蛋白的生成、白细胞的生成及其功能,均依赖于锌离子对人体物质代谢的参与。

⑤ 促进皮肤健康。皮肤细胞的正常生长及维持其生理功能均离不开锌离子。锌对保持头发健康也有重要作用。

（2）食物来源

锌的食物来源主要有以下两种。

① 动物性食物:肉类、肝、鱼类、奶类及海产品。瘦肉、鱼及牡蛎含锌量较高。

② 植物性食物:花生、玉米。蔬菜、水果含锌很少,谷类中锌的可利用率较低。

(3) 缺乏症

婴幼儿缺锌会表现为厌食、味觉降低,经常发生口腔炎及口腔溃疡,还会导致生长发育迟缓,皮肤发黄,脱发等,严重的会患异食癖,及缺锌性侏儒综合征。

**4. 碘**

(1) 生理功能

① 合成甲状腺素。碘是人体必需微量元素之一,是合成甲状腺素的主要原料。

② 促进物质和能量代谢。甲状腺素调节机体新陈代谢,使人体产生的热能增加。

③ 促进生长发育。参与调节机体的新陈代谢,促进生长发育。

(2) 食物来源

海带、紫菜、海鱼等海产品中含碘最丰富。蔬菜、肉类、蛋类、奶类及谷物中均有碘,饮用水中也含有微量碘。食用碘盐是摄入碘的重要途径。

(3) 缺乏症

孕妇缺碘,造成胎儿缺碘,可致死胎、早产及先天畸形,或造成出生后的"克汀病",也称"呆小症",引起的严重后果是智残。婴幼儿食物中如长期缺碘会引起甲状腺肿大。

**(五) 维生素**

维生素是维持人体正常生命活动必不可少的一类营养素,需要量甚微。它们不能在体内合成,必须由食物供给。

维生素不能提供热能,也不能构成组织,但可以调节人体的生理功能,尤其是与酶有密切关系。维生素分为脂溶性维生素和水溶性维生素两大类。与学前儿童营养关系较密切的脂溶性维生素有维生素 A、维生素 D、维生素 E、维生素 K 等,水溶性维生素有 B 族维生素、维生素 C 等。

**1. 维生素 A(视黄醇)**

(1) 生理功能

① 维持夜视功能。维生素 A 与正常视觉功能有关,能使眼睛对弱光敏感,在暗处视物时起作用。

② 促进骨骼与牙齿的发育。

③ 维持上皮细胞的正常发育。维生素 A 缺乏还会使上皮细胞过度角化导致皮肤粗糙。因呼吸道上皮细胞角化,失去纤毛,易引起呼吸道感染。

④ 提高机体免疫力。

(2) 食物来源

维生素 A 只存在于动物性食物中,如肾、心、肺、肝、蛋黄、奶类、鱼肝油。深绿色、红色、黄色蔬菜水果中含有胡萝卜素(称维生素 A 原),在小肠内可转变为维生素 A。

(3) 缺乏症

一般情况下,缺乏维生素 A,较容易患夜盲症。还可引起干眼病,严重者会造成失眠。皮肤干燥、粗糙,毛发干脆易脱落,也容易患呼吸道感染。但人体摄入过量维生素 A 又可导致维生素 A 中毒。

## 2. 维生素 D(骨化醇)

(1) 生理功能

维生素 D 可帮助钙和磷在肠道中的吸收,调节钙和磷的正常代谢,促进骨骼和牙齿的矿质化和机体的正常生长。

(2) 食物来源

接受日照是获得维生素 D 的主要来源。肝脏、禽蛋、鱼肝油、脱脂牛奶、海鱼、乳类等均含有一定量的维生素 D。

(3) 缺乏症

维生素 D 缺乏症主要有:幼儿缺乏维生素 D 较容易得佝偻病和手足搐搦症;但服用维生素 D 制剂过多,会引起维生素 D 中毒。

## 3. 维生素 B1(硫胺素)

(1) 生理功能

① 维生素 B1,是酶的重要组成部分,能促进糖类代谢。

② 促进胃的排空,增进食欲。

③ 保持神经系统和心脏的正常生理功能。

(2) 食物来源

谷类、豆类、麦胚、硬果类及动物内脏、蛋类等均含有较多的维生素 B1。谷类粮食皮中含维生素 B1 最丰富,粗粮比精细粮食含量多,杂粮比精米含量多。由于维生素 B1 为水溶性维生素,在碱性环境中遇热极不稳定,如果在煮粥、煮豆时加入碱,大部分维生素 B1 将会被破坏。

(3) 缺乏症

缺乏维生素 B1,可引起脚气病,主要症状为人易疲劳,腿无力,食欲不振,下肢水肿麻痹,感觉迟钝等,严重时还会因心力衰竭而死亡。

## 4. 维生素 B2(核黄素)

维生素 B2 为水溶性维生素,极易被日光和碱性溶液破坏。

(1) 生理功能

① 维生素 B2 是酶的重要组成部分。

② 能促进细胞的氧化还原反应。

③ 参与物质和能量代谢。

④ 消除口腔内唇、舌的炎症。

(2) 食物来源

维生素 B2 的食物来源主要有以下两种。

动物性食物(含量最高):动物内脏、肉类、蛋类、奶类、鱼类。

植物性食物:豆类、部分新鲜蔬果和杂粮含量较高,如香菇、紫菜、油菜、橘子、葡萄等,但精细谷类含量低。

(3) 缺乏症

缺乏维生素 B2 时,细胞代谢受阻,会出现多种维生素 B2 缺乏症,常见的有口腔溃疡、口角炎、舌炎、唇干裂及角膜炎、脂溢性皮炎等。

**5. 维生素C**

(1) 生理功能

① 抗维生素C缺乏病。维生素C能促进组织中胶原蛋白的形成,维生素C是治疗维生素C缺乏病的特效药。

② 促进伤口愈合。维生素C缺乏时伤口愈合不良,其原因和维生素C缺乏病发生原因相同。

③ 治疗贫血。维生素C可以促进人体对铁的吸收,有利于血红蛋白的合成。

④ 保护和解毒功能:人体患重病或发生中毒时,使用维生素C是有益处的。

⑤ 维生素C还有保护心脏、防止动脉硬化的作用。

⑥ 提高免疫力、抗癌和预防感冒的作用。

(2) 食物来源

维生素C主要来源于新鲜水果与蔬菜。柑橘、山楂、鲜枣、柚子、番茄、白菜及深色蔬菜中(如韭菜、菠菜、青椒)的含量较丰富。

维生素C为水溶性维生素,极易氧化,易被碱、热、铜离子破坏。烹调中应注意减少维生素C的损失,所以蔬菜要现切现洗、急火快炒,以减少食物中维生素C的丢失。

(3) 缺乏症

缺乏时易患维生素C缺乏病(坏血病),表现为毛细血管脆弱,皮下出血,牙出血、溃烂,还可引起骨膜下出血,以致肢体在出血局部疼痛、肿胀等。

**(六) 水**

水为人体不可缺少的物质,它的重要性仅次于空气。学前儿童体内水分相对较成人多,占体重的70%~75%。

**1. 生理功能**

① 构成机体的基本成分。水是构成细胞的必需物质,是人体组织、体液的主要成分。

② 水能促进体内生理活动的进行,并参与物质的吸收、运输及排泄。

③ 水是体腔、关节、眼球等器官的良好润滑剂。如,泪液可防止眼球表面干燥,关节滑液对关节起润滑作用。

④ 调节体温和维持渗透压的作用。

**2. 食物来源**

① 饮用水与汤。最理想的是白开水、温开水。

② 食物中所含的水。

③ 代谢产生的水,又叫内生水。

**3. 缺乏症**

人体失水10%会产生酸中毒,失水20%以上即可危及生命。

### 三、学前儿童合理营养、平衡膳食的内容

**1. 学前儿童合理营养**

(1) 合理营养的概念

合理营养是指通过合理的膳食和科学的烹调加工,能向机体提供足够数量的热能和各种营养素,并保持营养素之间的数量平衡,以满足人体的正常生理需要,保持人体健康。

(2) 学前儿童合理营养包含的内容

① 含有机体所需的一切营养素和热量,且比例适当。

② 食物易消化,并能促进食欲。

③ 不含对机体有害的物质。

④ 按时、有规律地定量摄入食物。

**2. 学前儿童平衡膳食**

(1) 平衡膳食的概念

平衡膳食是指膳食中所含的营养素种类齐全,数量充足,比例恰当,膳食中所供给的营养素与机体的需要保持平衡。它是合理营养在膳食方面的具体体现。

(2) 平衡膳食的内容

平衡膳食包括各种营养素和热量的平衡、各种氨基酸的平衡、酸碱平衡和各类食物的平衡等。

(3) 学前儿童平衡膳食包含的食品

学前儿童平衡膳食基本上包括六大类食品:谷类、动物性食品、豆类及其制品、蔬菜和水果、烹调油类、调味品。这六大类食品在一日膳食中要搭配得当,才能保证合理营养。

这六大类食品必须具备以下四个条件:

① 质优,种类齐全。

② 量足。

③ 各种营养素之间比例恰当合理。

④ 调配得当,容易消化。

## 四、学前儿童膳食特点

**1. 膳食营养的丰富性和均衡性**

学前儿童正处于生长发育期,须获得充足的营养,才能满足机体需要。如果营养不良,将影响学前儿童的生长发育,从而诱发各种疾病,营养过多,也会有不良影响,所以,学前儿童膳食营养要求丰富、多样化,各类营养成分互补、均衡。

**2. 学前儿童因地域、环境的不同,对膳食的喜好则不同**

不同地区、不同地理位置,饮食习惯不一样,学前儿童对膳食的喜好则不同。不同家庭环境的学前儿童,膳食特点也不一样。在为学前儿童提供平衡膳食时,还要适当考虑地域环境对膳食的影响。

**3. 各年龄阶段学前儿童的膳食心理特点表现不一**

1岁以内婴儿以奶类为主。1~3岁婴学前儿童喜欢软的温热的食物。3岁学前儿童喜欢味道鲜美、色彩分明、图形刀法规则,熟、软、温和的食品。4~6岁的学前儿童喜欢吃形式多样、色香味形俱佳的饭菜。当学前儿童拒食某种食物时,不能硬塞硬喂,应在膳食配置上进行加工,使他们乐于接受。

**4. 膳食次数较多**

1岁以内的婴儿膳食次数从10~12次/天逐渐向7~8次/天过渡，1~3岁学前儿童5~6次/天，3~6岁学前儿童4~5次/天，其中包括正常的三餐和两餐之间的点心或水果。

### 五、学前儿童膳食配制的原则

**1. 满足学前儿童营养需要，达到营养均衡**

① 主副食搭配合理，品种多样。午点丰富，配合三餐配置，多吃时令的蔬菜和水果。各类食物相互搭配，蔬菜量和粮食量相等，有机蔬菜占摄入蔬菜总量的1/2。

② 每日食物中所含的蛋白质、脂肪、糖类三大营养素之间比例恰当，分别占总热量的12%~15%，25%~30%和55%~60%。

③ 动植物食品平衡。

④ 动物性蛋白质及豆类蛋白质不少于每日所需蛋白质总量的50%。

**2. 能促进学前儿童食欲，适合学前儿童消化**

学前儿童膳食调配上要注意色诱人、香气浓、味可口、花样多，以激发学前儿童的食欲。选择的食物品种、数量和烹调方法，要适应学前儿童胃肠道的消化和吸收功能，并注意讲究卫生。

**3. 根据季节变化调整膳食**

结合季节变换的实际情况，科学合理地制定膳食。如，冬季适当增加脂肪量，春末夏初要补充维生素D和钙等，夏季多选用清淡爽口的食品，秋季要及时补足热量和各种维生素等。

## 第三节 学前儿童常见疾病及预防

由于学前儿童对疾病的抵抗力较弱，尤其在集体生活中，个体之间接触频繁，容易发生传染病，且很容易流行，而传染病一旦发生会严重损害学前儿童的健康。因此，预防传染病的发生和流行是学前儿童卫生与保健工作的一项重要内容。

### 一、传染病的概念

传染病是由病原体（细菌、病毒、寄生虫等）侵入机体引起的，并能够在人群，人与动物之间传播疾病。

### 二、传染病的基本特征

**1. 有病原体**

这个特征是传染病和非传染病的根本区别所在。病原体是指能使人感染疾病的微生物，多数传染病的病原体是病毒。病原体是有生命的活体。它们的共同特性是可以在适合条件下生长、繁殖,产生有害代谢产物。每种传染病都各有其特异的病原体。

**2. 传染性与流行性**

① 传染病都具有传染性,传染病的病原体会通过一定的途径,由患者、其他动物或带有病原体的物体传染给健康的人。

② 传染病还具有流行性,在流行时某些传染病还具有地方性和季节性。

**3. 病程发展具有一定的规律性**

传染病的发展过程具有从一个阶段到另一个阶段的规律性,一般可以分为以下几个时期。

(1) 潜伏期

自病原体侵入机体到最初症状出现为止的时期叫潜伏期。潜伏期有长有短,如水痘潜伏期为2周左右,流行性感冒潜伏期1~2天,多数传染病的潜伏期较恒定。

(2) 前驱期

从出现一般传染病所共有的头痛、低热、疲乏、食欲不振等症状到开始出现传染病所特有的明显症状,这段时期称为前驱期。一般时间为1~2日,前驱期的患者已具有传染性,如果起病急速可不出现前驱期。

(3) 发病期

病症由轻而重,逐渐出现某种传染病特有的症状,如患有急性结膜炎的患儿眼部疼痛、怕光,常有脓性或黏性分泌物。这一时期一般又可分为上升期、高峰期和缓解期三个阶段。

(4) 恢复期

主要症状大部分消失,病情好转,直至完全康复。但在这一时期,保教人员也不能放松护理,需警惕病情恶化或者发生并发症。

**4. 免疫性**

免疫性是指传染病痊愈后,人体对该传染病有了抵抗能力,产生不感受性。有些传染病痊愈后可获得终身免疫,如麻疹;而有的如流感,则免疫时间很短。

### 三、传染病传播和流行的三个基本环节

传染源、传播途径和易感人群构成了传染病发生和流行的三个基本环节,它们相互依赖、相互联系,缺少其中任何一个环节,传染病都不会流行。

(1) 传染源

传染源是指传染病患者、病原体携带者、受感染的动物。传染病患者是主要传染源。

(2) 传播途径

传播途径是指病原体离开传染源,经过一定的方式侵入他人体内所经历的路径。传播途径主要包括以下几种。

① 空气飞沫传播:呼吸道传染病的主要传播途径。病原体随着病人或携带者说话、咳嗽、打喷嚏、吐痰等产生的飞沫散布到空气中,他人一旦吸入即可受到感染。

② 饮食传播:消化道传染病的主要传播途径。食物或饮水受病原体污染后,经口进入人体而使其感染。

③ 虫媒传播:病原体以昆虫为媒介直接或间接进入易感者体内造成传染。如蚊子传播流行性乙型脑炎。

④ 日常生活接触传播:患者、携带者排出的分泌物或排泄物污染了日用品,如衣服被子、毛巾等造成传播。

⑤ 医源性传播:医务人员在检查、治疗和预防疾病时或在实验室操作过程中造成的传播。如带有乙型肝炎病毒的血液,经输血造成传播。

⑥ 母婴传播:母亲和婴儿接触密切,一方可将疾病传染给另一方。包括胎盘传播、分娩损伤传播、哺乳传播和产后接触传播四类。

(3) 易感人群

易感人群是指容易受这种传染病传染的人群。人群中某种传染病的易感患者越多,则发生传染病流行的可能性就越大。

## 四、学前儿童常见传染病

### (一) 流行性感冒

流行性感冒简称"流感",此病传染性较强,四季均可流行,以冬春季居多。其流行特点是突然发病,迅速蔓延,患者众多,但流行过程较短。病后免疫力不持久。

**1. 主要症状**

潜伏期为数小时至1~2日。起病急,容易出现高烧、寒战、头痛、背痛、乏力、眼结膜充血等症状。进而出现流鼻涕、流泪、咳嗽、恶心、呕吐、腹痛、腹泻等症状。嗜睡,高热时可能出现惊厥。易并发中耳炎、肺炎。

**2. 病因**

流行性感冒是由流行性感冒病毒感染引起的急性呼吸道传染病。传播途径主要为空气飞沫传播和接触传播。

**3. 护理方法**

① 高热时卧床休息;
② 居室要有阳光,空气新鲜;
③ 睡眠充足;
④ 多喝开水;
⑤ 饮食有营养,易消化;
⑥ 对高热患儿应适当降温,采用物理降温或药物降温。

**4. 预防措施**

① 增强机体的抵抗力,加强体育锻炼;
② 让学前儿童多晒太阳,多户外活动;
③ 衣着要适宜,及时给学前儿童添减衣服;
④ 冬春季不去或少去拥挤的公共场所,避免感染;
⑤ 居室要定期消毒,保持空气新鲜;

⑥ 对患儿进行隔离。

### (二) 水痘

水痘是一种常见的病情较轻的呼吸道传染病,传染性极强,多通过呼吸道和接触传播。易感者接触后90%均会发病。多发生于冬春两季,病后终身免疫。

**1. 主要症状**

潜伏期一般为13～17天。病初1～2天有低烧,后出现皮疹,皮疹特点为向心性,先见于躯干、头皮,渐延及脸面、四肢。皮疹初为丘疹或红色小斑疹,数小时或一日后转为"露珠"状水疱,3～4天后,水疱结痂。干痂脱落后,皮肤上不留疤痕。疱疹奇痒,抓破后又感染健康皮肤。这样就导致有的疱疹逐渐结痂脱落,有的水疱正在形成,患者全身可出现三种皮疹,即丘疹、水疱、结痂。

**2. 病因**

水痘是由水痘病毒引起的急性传染病,主要传播途径为空气飞沫、接触、母婴传播。

**3. 护理方法**

① 发热时应卧床休息。
② 室内保持空气清新,饮食易消化,多喝开水。
③ 注意皮肤、指甲清洁。勤剪指甲,避免抓破皮肤引起感染。
④ 疱疹上涂龙胆紫,可使疱疹尽快干燥结痂。
⑤ 勤换内衣和床单。
⑥ 病儿需隔离到全部皮疹结痂为止。

**4. 预防措施**

① 可注射水痘疫苗进行预防。
② 在水痘高发季节少去人群密集的公共场所。
③ 注意室内清洁通风。
④ 加强学前儿童体育锻炼,增强自身的抗病能力。
⑤ 隔离患儿至皮疹全部干燥结痂为止,约2周。
⑥ 没出过水痘的学前儿童要避免和患儿接触。接触者须检疫21天。

### (三) 流行性腮腺炎

流行性腮腺炎在幼儿园极易发生暴发性流行,以腮腺的非化脓性肿胀及疼痛为主要特征。学前儿童和学龄儿童多患此病,2岁以内很少发病,且多见于冬春季。患儿治愈后可获得终身免疫。

**1. 主要症状**

起病急,可出现发热、畏寒、头痛、肌肉酸痛、食欲不振、呕吐等症状。多数患儿无前驱症状。1～2天后,腮腺肿大。一般先一侧腮腺肿大,再过1～2日另一侧也肿大,持续4～5天消肿。肿大的腮腺以耳垂为中心,向四周蔓延,肿胀部位疼痛、灼热,张口或咀嚼时痛感较为明显。

**2. 病因**

流行性腮腺炎是由腮腺炎病毒引起的呼吸道传染病。传播途径主要为空气飞沫、接触、母婴传播。

**3. 护理方法**

① 患儿应卧床休息。

② 多喝开水,应给流质或半流质饮食,避免吃酸的食物,以减轻咀嚼时的疼痛。

③ 多用盐开水漱口,以保持口腔的清洁。

④ 腮部疼痛时用热敷或冷敷。也可外敷清热解毒的中药。体温太高可用退热药。

⑤ 预防并发症的发生。

**4. 预防措施**

① 接种疫苗。

② 避免学前儿童与患者密切接触。

③ 培养学前儿童良好的个人卫生习惯,注意休息,加强营养,积极锻炼。

④ 隔离患者保护易感儿。

⑤ 接触者可用板蓝根冲剂预防。

### (四) 手足口病

手足口病是一种由肠道病毒感染引起的传染病,此病5岁以下儿童多发,其中以4岁及以下年龄组发病率最高。每年的4~7月是手足口病高发期,易在托幼园所爆发流行。

**1. 主要症状**

手足口病的潜伏期为2~10天,没有明显的前驱症状,多数患儿突然起病,也可出现轻微症状,如发热、全身不适、咽痛、咳嗽。

多数患儿手、足、口腔等部位长疱疹。在患儿的手指、脚趾的背部或侧缘、手掌、指(趾)甲周围等地方出现红色斑丘疹,很快发展成水疱,有时在臀部、躯干、四肢等部位也能见到。口腔内,在舌、硬腭、颊黏膜、齿龈上发生水疱,水疱若破溃,会产生疼痛感影响患儿进食。疱疹"四不像",不像蚊虫咬,不像药物疹,不像口唇牙龈疱,不像水痘。肛部、手心、脚心的疱疹不痒、不痛、不结痂、不结疤,患儿尿黄。一周左右,水疱干涸、病愈,愈后不留痕迹。

少数患儿可出现心肌炎、肺水肿、无菌性脑膜脑炎等并发症。个别重症患儿如果病情发展快,会导致死亡。

**2. 病因**

引发手足口病的肠道病毒有20多种(型),最常见的是由柯萨奇病毒A16型引起的。患儿是主要传染源。其传播途径主要为饮食传播、空气飞沫传播和接触传播。患者的水疱液、咽分泌物及粪便中均可带病毒。

**3. 护理方法**

① 消毒隔离。患儿一般应隔离2周,用过的物品要彻底消毒。房间要定期开窗通风或进行空气消毒,保持空气的新鲜、流通、温度适宜。

② 饮食营养。患儿宜卧床休息1周,多喝开水。需要适当补充水和营养,宜吃清淡、温性、可口、易消化、软的流质或半流质食物。禁食冰冷、辛辣、咸等刺激性食物。

③ 口腔护理。要保持患儿口腔清洁,饭前饭后用生理盐水漱口,还可将维生素B2粉剂直接涂于口腔糜烂部位。或涂鱼肝油,亦可口服维生素B2、维生素C,辅以超声雾化吸入,促

使糜烂早日愈合,预防细菌继发感染。

④ 皮疹护理。保持患儿皮疹部位、衣服、被褥清洁,衣着要舒适、柔软,经常更换。要防止患儿抓破皮疹。

⑤ 发热时要注意降温。

**4. 预防措施**

① 最主要的是养成学前儿童良好的卫生习惯,做到饭前便后要洗手。

② 不喝生水,不吃生冷食物。

③ 多晒被子,多通风,不去人群聚集空气流通差的公共场所。

④ 发现可疑情况及时到医院治疗,及时向卫生和教育部门报告并采取控制措施。

⑤ 轻症患儿不必住院,可在家中治疗、休息,避免交叉感染。

⑥ 托幼园所应做好物品消毒工作,加强晨检和日检。

### (五) 急性出血性结膜炎

急性出血性结膜炎俗称"红眼病",多发生于夏秋季,传染性强,可重复感染发病,也易在托幼园所爆发流行。

**1. 主要症状**

急性出血性结膜炎的潜伏期为1～3日,可单眼发病,也可两眼同时发病,一般表现为眼结膜充血,有异物感或烧灼感及轻度怕光、流泪。细菌性结膜炎,眼睛常有脓性及黏性分泌物。病毒性结膜炎,眼分泌物多为水样,角膜可因细小白点混浊影响视力,或引起同侧耳前淋巴结肿大,有压痛。一般1～2周即可痊愈。若未得到及时治疗,常转为慢性结膜炎。

**2. 病因**

急性出血性结膜炎是由病毒或细菌感染引起的急性传染性眼病。传播途径主要为接触传播,也可由风、粉尘、烟等其他类型的空气污染,以及电弧、太阳灯的强紫外线和积雪反射的刺激引起。在麻疹、风疹、猩红热等病的病程中亦常见有轻重不同的结膜炎。

**3. 护理方法**

① 冲洗眼睛。每天要用3%的硼酸水或生理盐水冲洗眼睛2～3次,并用消毒棉签拭净眼缘。也可用中草药方剂洗眼或湿敷,每日2～3次。

② 点眼药水,选用抗菌眼药水,每1～2小时点一次。

③ 睡前涂金霉素、红霉素等抗菌眼药膏。

④ 不能包扎眼睛和热敷,会影响内分泌物的排出,使结膜炎症加重。

**4. 预防措施**

① 加强环境消毒,避免学前儿童接触患儿。

② 教育学前儿童养成良好卫生习惯,不用手揉眼睛,不用患者的手帕和毛巾,不共用脸盆。

③ 如果单眼患病,嘱患者不要用手、手巾擦了患眼再擦健康眼,以免感染。

④ 用流动水洗脸,尤其是夏季游泳后和外出回来后。

⑤ 教师为患儿滴眼药前后必须认真用肥皂洗手。

## 五、学前儿童常见非传染性疾病

### (一) 维生素 D 缺乏性佝偻病

维生素 D 缺乏性佝偻病简称佝偻病,俗称软骨病,是指由于学前儿童体内缺乏维生素 D,引起全身钙、磷代谢失常的一种慢性营养性疾病。它是 3 岁以下儿童常见的一种慢性营养性疾病。

**1. 主要症状**

① 一般症状:烦躁爱哭,睡眠不安,食欲不振,枕部、前额秃发,夜间多汗,发育迟缓,坐立和行走较正常儿童晚。

② 骨骼畸形:颅骨软化,头呈方形,骨闭合过晚。胸骨骼软化,使胸骨前凸,形如"鸡胸",或内陷呈"漏斗胸"。长骨的骨端肿大,以腕部和踝部最为明显。脊柱后凸,骨盆扁平,腹部膨大呈"蛙状腹",下肢畸形,呈"O"或"X"形。

③ 出牙迟、易患龋齿。

④ 表情淡漠、语言发育迟缓,免疫力低下。

以上症状不一定全表现在一个患儿身上,有时只发生 1~2 种。

**2. 病因**

① 主要原因:维生素 D 缺乏。人体维生素 D 的来源主要有两个,一种是由皮肤接受紫外线照射后产生。如果学前儿童接触日光不足,不能接受足够紫外线照射,那么易缺乏维生素 D,从而导致佝偻病。第二种是从各种食物中获得,如蛋黄、牛奶、动物肝脏等。因此,日光照射不足,喂养不当易造成人体维生素 D 的缺乏。

② 生长过快。早产儿、低体重儿、双胞胎出生后生长速度较快,对维生素 D 的需求较多,易患佝偻病。

③ 疾病和药物影响,维生素 D 和钙、磷吸收障碍。

④ 母亲妊娠期维生素 D 不足可造成学前儿童维生素 D 缺乏性佝偻病。

**3. 护理方法**

① 要注意皮肤和头部清洁。

② 保持室内空气新鲜,冷暖适宜,预防上呼吸道感染及传染病。

③ 多晒太阳、多运动、多喝开水。

④ 按医嘱补充维生素 D。

⑤ 避免早坐、早站、早行走和久坐。

**4. 预防措施**

① 多在户外活动。

② 多吃新鲜蔬菜和水果。

③ 按时加食蛋黄,适当补充维生素 D 和钙。

④ 预防呼吸道感染,胃肠道疾病,肝胆疾病。

⑤ 正确喂养,提倡母乳喂养。

⑥ 定期健康检查。

### (二) 缺铁性贫血

缺铁性贫血是由于各种原因而引起体内铁缺乏,致使血红蛋白合成减少而发生的贫血。在6个月至3岁学前儿童中发病率最高,对其健康危害较大,因此被列为我国儿童保健重点防治的"小儿四病"(小儿四病包括:维生素D缺乏性佝偻病、缺铁性贫血、腹泻和肺炎)之一。

**1. 主要症状**

呼吸急促,心跳、脉搏加快,活动之后,感到心慌、气促。大脑供氧不足,出现头晕、耳鸣、精神不振、注意力不集中、易激动等症状。皮肤(面、耳轮、手掌等)、黏膜(睑结膜、口腔黏膜)及甲床显得苍白或苍黄。可能出现食欲不振、腹胀、恶心、便秘等现象,严重者可有轻度肝脏肿大。这不仅严重影响学前儿童的生长发育,而且会影响他们的智力发展。

**2. 病因**

① 先天性贮铁不足。如早产儿、双胎儿可因体内储存的铁少,且出生后发育迅速而出现贫血。

② 铁摄入量不足。如长期以乳类为主食,或严重偏食、挑食等造成铁的摄入量不足。

③ 生长发育过快。随着体重的增加,血液量也不断增加。铁是合成血红蛋白的原料,学前儿童生长过快会造成体内缺铁,血红蛋白含量下降。

④ 疾病影响,铁丢失过多。如果学前儿童长期患有腹泻、胃肠炎、寄生虫病等可降低身体对铁的吸收。

**3. 护理方法**

① 注意观察幼儿皮肤、指甲、趾甲、舌、口腔、食道及精神方面的异常症状和体征变化,对症处理。

② 饮食上多注意均衡摄取高铁食物,如蛋黄、猪肝、猪血、木耳、海带等。也可适当补充维生素C,如各种新鲜蔬菜水果。

③ 遵医嘱补充铁剂。

**4. 预防措施**

① 提倡用母乳喂养婴儿,及时添加含铁丰富的辅助食品。

② 注意维生素C的补充,因为维生素C可提高机体对食物中铁质的吸收。

③ 及时治疗胃肠道慢性出血等疾病;

④ 纠正幼儿挑食偏食的习惯;

⑤ 定期进行健康检查,早发现,早治疗。

### (三) 中耳炎

俗称"烂耳朵",是中耳鼓室黏膜的炎症,常见于感冒和流感高发的冬天和早春。

**1. 主要症状**

耳内疼痛(夜间加剧)、耳鸣、发热、恶寒、口苦、小便红或黄、大便秘结、听力减退等。如鼓膜穿孔,耳内会流出脓液,疼痛会减轻。幼小婴儿因不会表达,常表现为不明原因烦躁哭闹、睡眠不安、以手击头、摇头或揉耳朵等。急性期治疗不彻底,会转变为慢性中耳炎,会引发听力受损,严重的还会危及学前儿童的生命。

**2. 病因**

① 由病毒或细菌引起,婴幼儿的咽鼓管平坦和短粗,若鼻咽部感染后,病菌极易由此进入鼓室,当抵抗力减弱或细菌毒素增强时,耳朵易产生炎症。

② 学前儿童擤鼻涕的方法不正确也可导致中耳炎。

③ 学前儿童游泳时水咽入口中,通过鼻咽部进入中耳也可引发中耳炎。

④ 学前儿童吸入二手烟,会引起中耳炎,情况严重时会使中耳炎患者造成永久性耳聋。

⑤ 长时间用耳机听大分贝的音乐,易引起慢性中耳炎。

**3. 护理方法**

中耳炎发作时主要的护理方法是送医治疗。

**4. 预防措施**

① 预防感冒是预防中耳炎的积极措施。婴幼儿感冒后,家长或教师应帮助其揩去鼻涕等分泌物。

② 要教会幼儿正确的擤鼻涕方法,还要戒除不良生活习惯。

③ 不要随便给学前儿童掏耳朵。

④ 耳内灌了水,应及时用棉签或棉球吸出污水。

⑤ 预防异物进入学前儿童耳道。

### (四) 小儿肺炎

小儿肺炎是学前儿童中最常见的一种呼吸道疾病,对学前儿童影响较大,是这一时期导致儿童死亡的主要原因之一。四季均易发生,尤其3岁以内的学前儿童在冬、春季易患,而且易反复发作、引起多种重症及并发症。学前儿童以急性支气管肺炎为多见。

**1. 主要症状**

小儿肺炎有典型症状,也有的不典型,如新生儿肺炎就不典型。典型症状表现在发烧、咳嗽、气喘,肺部细湿啰音,随着病情的加重,患者可能会出现口唇青紫、面色发灰、呼吸困难、精神状态差等症状,甚至抽风、昏迷、心功能不全等,严重的还会引发死亡。

**2. 病因**

肺炎是由病毒或细菌(以肺炎链球菌为主)侵入肺部。某些疾病也可诱发肺炎,如患有佝偻病或感染麻疹、百日咳的学前儿童易发生肺炎。

**3. 护理方法**

① 保持室内空气新鲜,温湿度适宜。

② 卧床休息,减少活动,穿衣盖被适宜。

③ 注意体温,保持呼吸通畅,多饮水。

④ 饮食有营养,清淡、易消化,避开致痰食物,保证充足的维生素。

⑤ 密切观察患儿的病情,防止病情加重引发并发症。

**4. 预防措施**

① 室内注意通风换气,清洁卫生。

② 注意加强锻炼,增强抗病能力。

③ 随天气适当增加衣服,避免接触感染源。
④ 预防佝偻病、贫血、麻疹以及百日咳等疾病。
⑤ 通过疫苗预防小儿肺炎。

### (五) 腹泻

腹泻俗称"拉肚子",是学前儿童中的一种常见病,多发生于夏秋季节,是指学前儿童大便次数增多,粪便稀薄,可有黏液、脓血等。学前儿童腹泻分为感染性腹泻和非感染性腹泻两大类。非感染性腹泻也称消化不良。感染性腹泻除细菌性痢疾、鼠伤寒外,其他皆称为小儿肠炎。严重腹泻时,由于机体脱水,可危及生命。

**1. 主要症状**

腹痛,可伴有发热。大便次数增多,轻者一天腹泻几次,重者一天腹泻十几次甚至几十次。易产生脱水。尿量减少,粪便稀薄,可带有黏液、脓血或呈水样等。精神差,眼窝凹陷,口唇发干,皮肤弹性差,严重者会发生昏迷,甚至危及生命。通常把尿量减少,精神差,眼窝凹陷,口唇发干,皮肤弹性差作为判断脱水程度的指标。腹泻可造成学前儿童营养不良,影响生长发育,甚至危及生命,成人应慎重对待。

**2. 病因**

① 生理原因:学前儿童消化器官发育不够完善和消化功能较弱。
② 多由喂养不当引起。如进食过多,导致消化不良。再如,过早过多地喂给学前儿童淀粉或脂肪性食物,使消化系统的分泌和运动功能紊乱,引起腹泻。此外,个别学前儿童由于肠内特殊酶类的缺乏,如脂肪酶缺乏等,也可导致消化、吸收障碍,从而引起慢性腹泻。另外,牛奶或其他食物过敏、食物中毒等也可引起腹泻。
③ 感染因素。分肠道感染和肠道外感染两大类。肠道感染包括细菌和病毒感染。如学前儿童吃了被污染的食物,或食具被污染,就较容易引起肠道感染,此类情况在夏秋季较为多见。肠道外感染常为呼吸道感染、泌尿道感染或其他传染病的症状之一,故又被称为症状性腹泻。
④ 其他因素,如机体的防御能力差、气候因素等。

**3. 护理方法**

① 注意每次便后用温水给患儿清洗臀部。
② 不要让腹泻学前儿童挨饿,少食多餐,烹调宜软、碎、烂。
③ 有脱水症状的患儿无论程度轻重,均应立即送医院治疗。

**4. 预防措施**

① 注意搞好饮食和环境卫生,以防感染。
② 平时加强体格锻炼和户外活动,增强体质。
③ 饮食定时定量,添加辅食循序渐进,不宜过多、过急。
④ 细心照料婴幼儿,避免腹部着凉。
⑤ 当发现腹泻患儿时,应进行隔离治疗,做好消毒工作。

### (六) 龋齿

龋齿俗称虫牙、蛀牙,是牙齿硬组织逐渐被破坏的一种慢性细菌性疾病。世界卫生组织已将龋齿列为重点防治的第三大非传染性疾病。它是学前儿童中最常见的一种牙病。

**1. 主要症状**

根据龋洞的深浅和龋洞距牙髓的远近可将其分为五度：

① Ⅰ度龋无自我感觉。

② Ⅱ度龋对冷、热、酸、甜刺激有过敏反应，出现疼痛感。

③ Ⅲ度龋反应较为明显。

④ Ⅳ度龋即牙本质深层龋，并伴有牙髓发炎，可出现剧烈疼痛和肿胀等症状。

⑤ Ⅴ度龋为残根。

龋齿的危害主要包括：使学前儿童的牙齿产生不适感或疼痛；牙痛会影响学前儿童的食欲和咀嚼，进而影响消化、吸收和生长发育；龋齿使得学前儿童的乳牙被破坏，可致恒牙萌出异常；影响美观和正确发音，造成患儿的心理障碍。

**2. 病因**

① 主要是细菌感染导致的牙体硬组织破坏。

② 孕妇和学前儿童缺乏营养，特别是缺乏维生素和矿物质。

③ 不注意口腔卫生，如果学前儿童睡前不刷牙致使食物残渣（特别是糖类食品）滞留在牙齿上，这就为细菌侵蚀牙齿提供了条件。

④ 牙齿的矿化程度低。乳牙的钙化程度较低，牙釉质和牙本质的致密度不高，抗龋性低，易患龋齿。

⑤ 牙齿排列不齐。牙齿排列不整齐，牙缝过大，易使食物残渣和细菌存留，且不易刷净。

**3. 护理方法**

① 注意口腔卫生，用药物牙膏刷牙，正确刷牙。

② 症状明显时要到口腔专科医院治疗，填补或镶嵌。

③ 饮食上注意减少对龋齿的刺激。

**4. 预防措施**

① 重点要抓好学前儿童口腔保健工作，使学前儿童养成良好的口腔卫生习惯。

② 多吃粗糙、硬质和含纤维质的食物。

③ 睡前刷牙，使用含有一定量的氟化物牙膏，或使用防龋药物。

④ 定期开展龋齿普查，以便及时采取治疗措施。

**（七）肥胖**

肥胖症是一种热能代谢障碍，是指因长期能量摄入超过人体消耗，导致体内脂肪积聚过多而造成的疾病。凡是体重超过标准体重20%以上者即可被称为肥胖症。肥胖症分为三种程度，即超过标准体重20%～30%者为轻度肥胖症，超过标准体重30%～50%者为中度肥胖症，超过标准体重50%以上者为高度肥胖症。肥胖症所带来的危害不可忽视，患儿易出现扁平足；呼吸不畅、易感疲乏；若肥胖症延续到成人期易致高血压、心脏病、糖尿病等疾病；患儿体型不美观，易遭到同伴嘲笑，同时行动不便造成不愿参加集体游戏，进而产生自卑、孤独等心理问题，但智力与性的发育一般正常。

**1. 主要症状**

患儿食欲佳,多食且喜食含糖、油脂、淀粉类食物。不爱活动,行动迟缓,怕热、多汗。过食、少动与肥胖成为恶性循环。皮下脂肪堆积过多,以乳房、腹部、臀部、肩部尤为显著。常有疲乏、气短、腿痛的感觉等。

**2. 病因**

① 过食,缺乏适当的体育锻炼,是主要诱因。如幼儿饮食中热量过多,食量大或吃零食较多,而运动量小,摄入热量超过消耗量,转化为脂肪积蓄在体内引起肥胖。

② 遗传因素。如双亲肥胖,子女易成肥胖体型。

③ 也可因物质代谢和内分泌疾病导致肥胖。

④ 精神因素。学前儿童如果心理异常或有精神创伤,可能会出现食欲异常,进而造成肥胖症。

⑤ 药物性因素也可引起肥胖。

**3. 治疗**

① 最关键的是要改变饮食习惯。控制高糖、高脂食物,多吃含纤维素多、较清淡的食物。

② 每日饮食少食多餐,不吃零食和洋快餐,尤其是高热量的甜食。

③ 逐渐减少肥胖儿的进食量,使之恢复正常体重。

④ 多做有氧运动,如跳绳、慢跑等不剧烈的活动,每次坚持15分钟到1小时。

**4. 预防措施**

① 主要从饮食入手。科学喂养,谷物辅食不宜过早,牛奶加糖不要过多,少饮糖水或含糖多的饮料,少食油脂类食品,每日需进食一定的粗粮、蔬菜和水果。

② 每天保证适当的活动。

③ 定期测体重,若发现超重及时采取措施。

④ 不可乱用药物。

⑤ 解除心理负担。

### (八) 痱子

痱子是夏季或炎热环境下常见的表浅性、炎症性皮肤病,易发生感染而成脓疱或疖。

**1. 主要症状**

起初,皮肤出现红斑,后形成针尖至粟粒大的红色丘疹或疱疹,密集成片,有刺痒感或灼痛感。痱子多发生在多汗或容易摩擦的部分,如头皮、前额、颈部、胸部、腋窝、腹股沟等处。天气凉爽时,数日内即可干涸、脱屑、不留痕迹。若痱子发生继发性感染,可发生脓疱或疖。唇周围和鼻根部的疖子很危险,要正确处理。

**2. 病因**

夏季环境高温闷热,学前儿童出汗多,大量的汗液不易蒸发,使皮肤表皮浸软,若皮肤上堆积污垢,将阻塞汗腺口,发生痱子。

**3. 护理方法**

① 室内通风,降低室温,保持凉爽干燥。

② 勤洗澡,用温水,不用刺激性肥皂,洗后立即擦干,然后擦痱子水、痱子粉或爽身粉等药物。

③ 勤换内衣,穿宽松、吸汗、易干布料的衣服。

④ 脓痱子的患儿,除了保持皮肤清洁外,还要进行有效的抗感染治疗。

⑤ 患儿如果伴有发热,立即送医院就诊。

**4. 预防措施**

① 保持室内通风,采用防暑降温措施;

② 保持皮肤清洁,衣着宽松,随时为学前儿童擦汗;

③ 夏季每天至少洗两次澡,勤换衣服,洗后用痱子粉。

④ 不要在烈日下活动。

⑤ 饮食不要过饱,少吃高糖和高脂肪的食物,多喝清凉饮料,如绿豆汤、五花茶。

## 第四节 学前儿童意外事故的预防和急救

我们的教育对象是一群身心发育尚未成熟的学前儿童,在一日生活中难免会出现一些安全事故。作为托幼园所保教人员应该具备安全事故的急救和处理能力,以便更好地对学前儿童进行保育和教育。

### 一、常用的急救技术

**(一) 小外伤**

**1. 跌伤**

跌伤在学前儿童中比较常见,如奔跑、跳跃时不慎跌倒,蹭破膝盖、胳膊肘,尤其在夏季更为常见。学前儿童跌伤后,除应注意局部损伤情况外,还应根据学前儿童的神情来判断其他部位及内脏有无损伤。如果学前儿童跌伤后,神态木然,反应迟钝,说明病情严重。如果出现休克,应考虑学前儿童脑及内脏是否受到损伤。

跌伤的主要处理方法有:

① 首先观察学前儿童损伤情况和神情,判断学前儿童其他部位及内脏有无损伤。

② 伤口小而浅:用双氧水清洗伤口,红汞涂患处。

③ 伤口大而深:出血较多先止血,将伤部抬高,立即送医院处理。

④ 未破皮有淤青:先局部冷敷,减少出血和疼痛,一天后热敷,促进患处血液循环,减轻肿胀。

⑤ 如果出现短时间的意识丧失,甚至昏迷,并伴有头痛、头晕、呕吐、嗜睡等症状,一般判定为脑震荡,应立即送医院处理。

**2. 割伤**

切割伤是指幼儿被锋利器具如刀、玻璃片等切割皮肤引起的损伤。切割伤的特点是伤口边缘较整齐,多呈直线,出血量较多。处理方法:先用干净纱布按压止血,再用碘酒消毒伤口,敷上消毒纱布,用绷带包扎。如果是玻璃器皿扎伤,先用镊子清除玻璃片后再进行包扎。

**3. 挤伤**

幼儿的手指常常被门或抽屉挤压造成损伤,虽然受伤部位表面无明显伤口,但疼痛异常,严重者指甲下出现血肿,呈黑紫色,可造成指甲脱落。

挤伤的主要处理方法有:

① 如果无破损,先用水冲洗,进行冷敷,减轻痛苦。疼痛难忍时,将受伤手指高举过心脏,缓解痛苦。

② 如果指甲脱落,应立即送医院处理。

**4. 刺伤**

尖锐而细长的物体如竹刺、木屑、钉子等刺入皮肤,容易造成刺伤。刺伤的伤口小而深,出血少、疼痛剧烈、易发生感染。

刺伤的主要处理方法是:先清洗伤口,用消毒镊子或针顺刺方向把刺挑出来。挤出淤血后,可用乙醇消毒伤口。难拔出的刺,应送医院处理。

**5. 眼外伤**

当外力或异物直接作用于眼部时,很容易损害眼的结构和功能,造成眼外伤。轻者流泪不止,眼睛剧痛无法张开,眼睛红肿。重者眼睛疼痛、畏光、出血、视网膜震荡、视力受损等,甚至眼盲。

眼外伤的主要处理方法有:

① 教师首先冷静下来。

② 如果是酸碱化学品烧伤,应立即用清水反复冲洗眼睛,或将面部浸入水中,达到稀释或清除化学品的目的,然后争分夺秒就近送医。如果眼部有出血或者石灰入眼,不得冲洗,立即送医处理。

**6. 小外伤的预防措施**

① 教育学前儿童不要玩尖锐的物品,加强玩具质量的管理。

② 不要让学前儿童接触乙醇、石灰等化学物品,不要观看电焊火花,远离烟花爆竹。

③ 户外活动时,注意安全,以防跌伤出血。

④ 定期做好大型玩具修缮工作。

⑤ 若室内、楼道、走廊、过道湿滑,及时拖干,也可铺设纸板草袋。

⑥ 装修地板应选用粗糙防滑材料。

**(二) 动物咬伤**

**1. 虫咬伤**

(1) 蚊子、臭虫咬伤

夏季,幼儿最容易被蚊子、臭虫叮咬。学前儿童被叮咬,可用乙醇擦患处,严重可用虫咬水或清凉油涂擦。

(2) 蜂、黄刺蛾幼虫(洋辣子)蜇伤

被蜂、黄刺蛾幼虫蜇伤,伤口处疼痛红肿。被蜇伤后,应先用橡皮膏把刺粘出,再涂肥皂水。由于黄蜂毒液呈碱性,被咬伤后可用食醋涂抹患处。

(3) 蜈蚣咬伤

被蜈蚣咬伤,首先检查伤口处有没有毒刺,如果有,要及时清除。由于蜈蚣毒液呈酸性,可用碱性溶液(如肥皂水、氨水或小苏打)冲洗伤口。进行冷敷后,及时送医院处理。

**2. 虫咬伤的预防措施**

① 消除生活环境中蚊虫滋生的场所,活动室和卧室装纱门纱窗,定期使用杀虫喷雾。

② 注意学前儿童卫生,保持皮肤清洁,衣着干净。可擦花露水防蚊虫。

③ 户外活动注意安全,不到草丛多的地方玩,不捅马蜂窝。

**3. 宠物咬伤**

随着豢养宠物的家庭增多,学前儿童被狗咬伤的现象屡见不鲜。若是被疯狗咬伤或抓伤,狂犬病毒进入学前儿童体内,易造成狂犬病。狂犬病又称恐水病,是一种人畜共患的传染病,潜伏期长短不一,一旦发病,无特殊药物治疗,死亡率为100%。因此,一旦出现学前儿童被猫狗咬伤应及时采取相应的措施。处理方法是:

① 立即、就地、彻底清洗伤口。一是要快,分秒必争;二是要彻底;三是伤口不可包扎。

② 正确处理伤口后,有伤口要止血,但不上任何药,不包扎,应立即把学前儿童送往医院。

③ 本着"早注射比迟注射好,迟注射比不注射好"的原则,及时注射狂犬疫苗,能行之有效地预防发病。

**4. 宠物咬伤的预防措施**

① 不让学前儿童单独与宠物相处,控制好宠物。

② 教导学前儿童不去碰别人的宠物,懂得动物不是玩具,不要随意打扰。

③ 家养宠物要定期注射疫苗,远离流浪猫狗。

④ 最简单的方法是在儿童年龄较小时家中不养宠物。

(三)异物入体

**1. 外耳道异物**

外耳道异物即学前儿童将小物体塞进外耳道内或者各种小昆虫进入耳内。常见的异物分为两种,一种是生物异物,如小昆虫、植物的种子等,另一种是非生物异物,如圆珠子、小石块、纽扣等。异物在外耳道,会引起异物感、耳朵痒、耳鸣、耳痛、外耳道炎症以及听力下降等。体积大的异物还会引起反射性咳嗽或影响听力,应及时取出。

外耳道有异物的主要处理方法有:

① 活体昆虫进入外耳道,可用灯光诱其爬出,如不成功可滴入油类,将其淹死,再行取出。

② 对于体积较小的异物,可让学前儿童将头歪向有异物一侧,单脚跳,以促使异物从耳中掉出来。

③ 对于不易取出的异物,应及时就医处理,以免损伤外耳道及鼓膜。

**2. 鼻腔异物**

鼻腔异物多因学前儿童好奇将异物塞入鼻腔而引起,时间久了常有恶臭或带血的鼻涕流出。

鼻腔有异物的主要处理方法有：
① 如果是小物体被塞进鼻孔，可让学前儿童按压住无异物的鼻孔，用力擤鼻，迫使异物随气流排出。
② 也可纸捻刺激鼻黏膜，使异物随喷嚏排出。
③ 若异物取不出来，应去医院处理，切不可用镊子夹，以免损伤鼻黏膜，造成鼻出血。
④ 特别是不能用镊子去夹圆形的异物，否则会越夹越深，一旦异物滑向后方掉进气管，就非常危险。

**3. 咽部异物**

咽部异物是指一些尖锐、不规则、细长物体经口进入并卡于咽部，或刺入扁桃体、咽侧壁、会厌谷等处。

咽部有异物的主要处理方法有：
① 可用镊子小心取出。
② 不可采用硬吞食物的方法，强使异物下咽，这样会把异物推向深处，一旦扎破大血管就很危险。
③ 对难以取出的异物，应及时就医处理。

**4. 气管、支气管异物**

喉、气管异物即幼儿将异物吸入喉部或气管内，多发生于1～5岁的学前儿童。学前儿童在进食或口含较小物品时，如果说话、哭闹或嬉戏，就很容易将食物或小物品吸入喉、气管内。气管内若有异物可表现为呛咳、吸气性呼吸困难。如异物较大，嵌于气管分岔处，将导致吸气和呼气困难。支气管异物以右侧多见。继发感染后，可出现发热、全身不适等症状。

气管、支气管有异物异物的主要处理方法是：气管、支气管异物的自然咳出率仅1%～4%。一旦发现学前儿童气管、支气管内有异物，应立即送医院急救。

**5. 眼部异物**

细小物体或液体进入眼内，易造成眼内异物。异物入眼后，学前儿童常感觉到不同程度的异物感、疼痛感，睁不开眼，流泪不止，严重的会造成眼球损伤，影响视力。

眼部有异物的主要处理方法有：
① 眼部有异物时，不要让学前儿童揉眼，以免损伤角膜。
② 可将其眼睑翻出，用干净手绢轻轻擦去异物。
③ 若异物牢固地嵌插在角膜上，为了不损伤角膜，必须去医院处理。

**6. 异物入体预防措施**

为了防止异物进入体内，需要做好以下预防措施。
① 培养学前儿童良好的饮食习惯，进食时慢吞细咽。
② 进食时不要惊吓、逗乐或责骂学前儿童。
③ 告诫学前儿童不要将别针、硬币、纽扣等物塞进鼻孔、耳朵或放在嘴里玩。
④ 不要给较小学前儿童吃花生米、瓜子、豆子、果冻等，以免发生意外。

### (四)急性中毒

**1. 煤气中毒**

煤气中毒主要是指一氧化碳中毒。一氧化碳经呼吸道吸入后与血液中的血红蛋白结合,破坏了血红蛋白的携氧功能,造成机体细胞缺氧而中毒,属窒息性毒物。轻度中毒患者会出现头痛、头晕、耳鸣、眼花、四肢无力等症状,中度中毒患者会出现恶心、呕吐、意识模糊、口唇呈樱桃红色等症状,中毒严重者会出现呼吸困难、抽风、休克等症状,若不及时救治,可造成死亡。

(1) 处理方法

① 立即开窗通风。

② 把患儿抬离中毒现场,移至通风处。

③ 松开衣襟呼吸新鲜空气。

④ 注意保暖。

⑤ 对严重者进行心肺复苏术,通知医院前来抢救。

(2) 预防措施

① 幼儿园避免长时间在室内生炉子,用煤炉要有烟囱,注意通风。

② 引导学前儿童树立安全意识,不要自行拧开燃气灶开关。

③ 冬季使用取暖设备时,有不舒服症状及时告诉成人。

**2. 误服毒物**

误服毒物即幼儿误食含毒物品而引起的中毒,包括细菌性食物中毒、有毒动植物性中毒以及化学性中毒。患儿会出现皮肤潮红、恶心、呕吐、食欲差、血压下降、昏迷、抽搐、呼吸及循环衰竭等症状。

(1) 处理方法

① 催吐是误服毒物后最简便有效的方法,具体操作为:让幼儿喝大量清水,刺激幼儿咽部,引起呕吐,反复2~3次。

② 强酸强碱中毒,不能洗胃,可服用牛奶、豆浆、生蛋清等保护胃黏膜。

(2) 预防措施

① 培养学前儿童良好的饮食习惯和卫生习惯,如吃东西前要洗手,知道什么可以吃,什么不可以吃。

② 妥善保管幼儿园的各种杀虫剂、灭鼠药以及各种药品。

### (五)烧(烫)伤

烧(烫)伤是指高温(热水、蒸汽、火焰等)、电以及化学物质作用于人体而造成的特殊性损伤,是一种常见的学前儿童安全事故。因学前儿童皮肤薄嫩,故对学前儿童造成的损伤比成人要严重。根据烧(烫)伤的深浅,可将烧(烫)伤分为三度,其症状分别是:Ⅰ度,表皮受损,局部皮肤红痛,一般情况下,数日后可自愈,不疤痕。Ⅱ度,表皮全层和真皮一部分受损,皮肤出现水疱,局部水肿,疼痛较剧。一般两周内能自愈,不留疤痕。Ⅲ度,全层皮肤或皮下组织、肌肉甚至骨骼都被烧伤。局部皮肤呈黄灰色、干燥,甚至形成焦痂。2~3周后,焦痂下有液体渗出,易感染,愈合极慢。愈合后留下严重疤痕。

(1) 处理方法

① 用流动的水不断冲洗伤处,进行冷却处理。

② 若是隔着衣服,先用冷水使烫伤处冷却 20～30 分钟,剪开衣服,脱下来,涂抹"红花油""獾油"等油剂,并保持创伤面的清洁。

③ 对烫伤面积较大的学前儿童,应立即将湿衣服脱掉。用干净被单将伤者包裹起来,送医院治疗。

(2) 预防措施

① 教育学前儿童不玩火,炉子周围应有围栏。

② 开水、热饭、热汤应放在安全的地方,以免学前儿童打翻。

③ 手提开水时要提防学前儿童从旁突然冲出来。

④ 给学前儿童洗澡时,要先倒凉水,后倒热水。

### (六) 扭伤与脱臼

**1. 扭伤**

扭伤多为关节处软组织受伤,患处疼痛,运动时疼痛加剧,可出现肿胀或青紫色瘀血。

扭伤时,应对患处先冷敷,达到止血、止痛的目的。一天后改为热敷,改善伤处的血液循环,减少肿胀和疼痛。

**2. 脱臼**

脱臼又称关节脱位,是指关节面脱离正常的对合关系,也就是说骨与骨之间的连接完全或部分地脱离了原来正常的位置。学前儿童常见的脱臼包括肩关节脱臼和桡骨小头半脱位。

① 肩关节脱臼时,肩部失去正常形状,局部疼痛,关节不能活动。

② 桡骨小头半脱位,多见于 6 岁以下的学前儿童。学前儿童因桡骨头较小,当肘部处于伸直位时,若用力牵拉手臂可使桡骨头从关节窝中脱出。如上楼梯时,成人将学前儿童手臂突然拎起,或在脱衣时,成人过猛地牵拉学前儿童的手臂,均可发生桡骨小头半脱位。

脱臼时,应及时就医,请医生复位。

**3. 扭伤与脱臼的预防措施**

① 幼儿园运动前,应组织学前儿童进行充分的准备活动,避免开展幅度大的运动。

② 活动中,教师对学前儿童要"放手不放眼",防止出现意外情况。

③ 教师不可用提物的方式突然提起学前儿童的手臂,不能用粗暴的动作为学前儿童脱衣服。

### (七) 中暑

中暑多发生于炎热的夏季,在高温环境中或烈日暴晒下从事一定时间的活动,处于湿度较高和通风不良的环境中,学前儿童自身身体虚弱、肥胖、疲劳等,均可导致中暑。中暑的先兆症状为头昏、头痛、口渴、多汗、全身疲乏、心悸、注意力不集中、动作不协调等症状,体温正常或略有升高等。

(1) 处理方法

教师迅速将中暑者移至阴凉通风处,解开其衣扣,用冷毛巾或冰袋敷其头部,还可以让其服用清凉饮料、人丹、十滴水等。

(2) 预防措施

① 高温天气,不论运动量大小,都应注意增加液体摄入,不要口渴再饮水,注意补充盐分和矿物质,不饮用过凉的冰冻饮料,以免胃痉挛。

② 夏季学前儿童宜穿着质地轻薄、宽松、浅色的衣物。

③ 高温时减少户外锻炼,避开正午前后时段,选择阴凉处进行。

**(八) 骨折**

因外伤破坏了骨的完整性,称骨折。学前儿童发生骨折一般为青枝骨折,即以植物青枝比喻学前儿童骨骼虽然折断,但仍连接着。青枝骨折的症状不明显,易被忽视,这将给儿童骨骼发育带来严重的影响。骨折可分为闭合性骨折和开放性骨折两种。闭合性骨折,骨折处皮肤不破裂,与外界不相通;开放性骨折,骨折处皮肤破裂,与外界相通。

(1) 骨折的症状

骨折的症状为疼痛、压疼;骨折处肿胀、淤血、畸形;伤处不能活动,功能障碍,出现活动异常和骨擦音;严重的骨折常伴有血管神经损伤、创伤性休克、内脏出血、感染等并发症。

(2) 处理方法

① 未经急救包扎前,不要移动学前儿童。

② 骨折处理的原则是使断骨不再刺伤周围组织,不使骨折再加重,这种处理叫"固定"。

③ 闭合性骨折的处理:可用木板、木棍或竹片将断骨的上、下两个关节用绷带固定起来,使断骨不再有活动的余地。

④ 开放性骨折的处理:若伤肢的皮肉已破损,断骨露在外面,就不要把断骨硬塞进去,也不要在伤口处涂红药水、紫药水。应在伤口处盖上消毒纱布,再固定。

⑤ 骨折后要在2~3小时内将幼儿送往医院,进行断肢复位处理。

(3) 预防措施

① 教育学前儿童走路时要小心,遇到障碍物,要绕过障碍物行走。

② 上下楼梯时,要一格一格走,不要从楼梯上向下跳。

③ 玩游戏时要团结友爱,不要争抢玩具,打打闹闹会碰伤造成骨折。

④ 饮食中增加富含钙的食物,多进行户外有氧运动,促进钙质转换和吸收,利于新陈代谢。

**(九) 触电**

幼儿玩弄带电电器、湿手摸开关或者将手指插入插座插孔等行为,均易造成触电。

(1) 触电后的症状

① 轻者惊吓、心悸、全身发麻、头晕、乏力、脸色苍白,一般可自行恢复,重者因电流通过心脏,引起心室颤动而使心博骤停,因损害呼吸中枢,引起呼吸抑制、麻痹而导致呼吸停止。

② 轻者出现局部皮肤烧伤,重者烧伤严重,可深达肌肉、肌腱、血管、神经及骨骼。

(2) 处理方法

① 以最快速度,用适当的方法,脱离电源。如关闭电门,用干燥的木棍、竹片拨开电线。
② 患儿脱离电源前,避免直接拖拉。
③ 对濒危学前儿童,立即施行口对口人工呼吸,胸外按压术(心肺复苏术)。
④ 洗净灼伤部位,用消毒敷料包扎,最后送医院治疗。

(3) 预防措施

① 对幼儿园中易发生触电的隐患要及时检修。室内电源插头应安装在学前儿童触摸不到的地方。
② 雷雨时不要让学前儿童待在树下、电线杆旁避雨,以免雷击触电。
③ 教育学前儿童室外玩耍时,千万不要爬电线杆,遇到落在地上或半垂的电线时,一定要绕行。
④ 告诉学前儿童千万不要用湿手去开灯、关灯或接触其他电源开关,不能用手指、小刀和铅笔去插多用插座。

**(十) 溺水**

学前儿童溺水事件屡见不鲜,多见于夏秋两季,且男孩溺水多于女孩。溺水时,大量水、泥沙、藻类随呼吸吸入口、鼻和肺,因阻塞呼吸道而引起窒息,或因喉部反射性痉挛,造成窒息缺氧,一般5~6分钟就可因呼吸心跳停止而死亡。当幼儿溺水时,保教人员一定要抓紧时间进行救治,以免给幼儿留下后遗症甚至死亡。

(1) 处理方法

① 积极抢救,使幼儿脱水上岸:救护者不会游泳,抛物拖其上岸;会游泳,从溺水者后面救护,采取仰泳姿势,将幼儿头部拖出水面,救其上岸。
② 保持呼吸道畅通:检查溺水者口鼻,清除异物。
③ 倒水:使溺水者俯卧,腹部放在救护者左膝,用手压迫背部,倒水。
④ 进行人工心肺复苏急救,同时通知医院前来抢救。

呼吸复苏:口对口人工呼吸。救护者捏紧幼儿鼻孔,深吸一口气,对准幼儿的嘴吹气,直至上胸部抬起,放开口鼻,轻压幼儿胸部。反复进行,每分钟16~18次,也可对幼儿鼻孔吹气。

心跳复苏:胸外心脏按压。单掌往下垂直地冲击挤压胸骨,按压深度至少为胸廓的1/3,挤压心脏,血液压入动脉,胸骨复位时,静脉血回流心脏。

呼吸和心跳都停止的急救:口对口人工呼吸和心脏按压交替进行。

(2) 预防措施

① 教学前儿童游泳和游泳的规则,知道自然水域游泳安全知识。
② 告诉学前儿童不要在没有人看管下单独游泳,不要跳水、潜水,会用脚试探水的深浅,不要在水里吃东西。
③ 冬季避免冰上步行、滑冰或在薄冰上骑车,以免掉入冰窟窿。
④ 学前儿童在水周围玩耍嬉戏时,教师要时刻严密监护。

### (十一) 晕厥

晕厥是由于短时间内大脑供血不足所引起的一种症状。多见于神经系统发育不全的学前儿童,常表现为突然失去知觉,晕倒在地。尤其是在饥饿、疲乏、气候闷热、精神紧张时特别容易发生。晕厥常伴有短时间的头晕、恶心、心慌、出汗、四肢无力、眼前发黑等症状,然后摔倒在地。倒地后,脸色苍白,四肢冰冷。

(1) 处理方法

让学前儿童平卧,头部略低,脚略高于头,松开衣领、腰带,经短时间休息后,即可恢复正常。

(2) 预防措施

① 日常加强营养,有规律进食,生活节奏正常。

② 适度运动,保持正常睡眠。

③ 定期带学前儿童到医院进行检测,做到早发现早治疗。

## 二、常用的护理技术

### (一) 测体温

学前儿童的体温比成人略高,正常体温(腋表)为 36℃～37.4℃。一昼夜之间,有生理性波动。

**1. 水银温度计腋表测量**

① 测体温前,先看看体温表的度数是否超过 35℃。

② 如果超过 35℃,可用一只手捏住远离水银球的一端,向下向外轻轻甩几下,使水银线降到"35"刻度以下。

③ 擦去学前儿童腋窝的汗,把体温表的水银球端放在腋窝中间,注意不要把表头伸到外面。让学前儿童屈臂,教师扶着他的胳膊以夹紧体温表,测 5 分钟后取出。

④ 查看度数并记录。

⑤ 测体温应在学前儿童进食半小时以后,安静状态下进行。

**2. 红外线耳温计**(对 3 岁以下的幼儿不太适合)

① 先打开耳温计盖头,将耳背向后上方拉,将感温头轻轻插入耳道与之吻合。

② 按下测量键 1 秒,听到"嘀"声后,表示测量完毕。

③ 将耳温计拿开,显示屏上即可显示测得的温度。

### (二) 冷敷

学前儿童体温超过 39℃就属于高热,高热时应及时采取降温措施。常用的降温措施有药物降温和物理降温两种。药物降温就是吃退热药,打退热针;物理降温则是借助冷敷、乙醇擦拭等方式,将人体体温快速低至正常范围。冷敷可以使局部的毛细血管收缩,起到散热、降温、止血、止痛及防止肿胀等作用。

**1. 冰袋冷敷**

① 在冰袋里装入半袋或 1/3 袋碎冰或冷水。

② 把袋内的空气排出,用夹子把袋口夹紧。

③ 放在学前儿童额头、腋下、大腿根等处。

**2. 冷毛巾冷敷法**
① 将小毛巾折叠数层,放在冷水中浸湿,拧成半干以不滴水为度。
② 敷在学前儿童前额,也可以敷在腋窝、肘窝、大腿根等地方。
③ 每5～10分钟换一次。
④ 若冷敷时学前儿童发生寒战、面色发灰,应停止冷敷。
⑤ 冷敷时间不宜过长,以免影响血液循环。

### (三) 热敷

热敷是一种物理治疗方式,当出现内出血时,先进行冷敷,超过24小时可进行热敷。热敷可扩张血管,增加血液循环,促进炎症的消散,有消炎退肿的作用。热敷方法:用一少半开水,一多半凉水灌入热水袋至2/3左右,放平热水袋,将气排出,拧紧盖子,检查是否漏水,擦干表面,温度以不烫为宜,毛巾包裹好敷患处。热敷后,皮肤短暂变红,若持久红疹、痛楚或不适要尽快就医。

### (四) 止鼻血

学前儿童鼻部受到外伤、挖鼻孔损伤了鼻黏膜、鼻腔异物等均会引起鼻出血。鼻出血一旦发生,要及时止血。止鼻血的主要方法有:
① 尽量使学前儿童安静,避免哭闹,并为他松开衣领、腰带,安慰学前儿童不要慌张。
② 采取坐位,头稍向前倾。
③ 填塞止血:出血较多时,用清洁、干燥棉花或加数滴麻黄碱或肾上腺素,填塞鼻孔内止血,但不可用乙醇棉花填塞,以免加重出血。更不能将草灰等敷入鼻内,否则极易造成感染,甚至发生破伤风。
④ 捏鼻止血:用拇指和食指捏住鼻翼5分钟,压迫止血,这种做法对鼻腔前部出血作用最好。
⑤ 若经以上处理,鼻仍出血不止,立即送医院处理。
⑥ 注意事项:出血时应禁食,出血时间较长者,可给予温、冷的汤水或牛奶,不要给热食。止血后则以高热量易消化的流质、半流质等饮食为宜,不要吃生硬及刺激性食物,还可吃富含维生素的水果,以保持大便通畅。

### (五) 喂药

① 先核对药名、人名,防止用错药。
② 如果是药片,可将药片研成细小粉末,溶在糖水、果汁等液体中,或用奶瓶喂进去。
③ 1岁左右婴儿,如果因常哭闹拒绝吃药。先固定其头部,使头歪向一侧。喂药者左手捏住婴儿下巴,右手将勺尖紧贴孩子的嘴角将药灌入。等药咽下去以后,再放开下巴,让他喝几口糖水,以免药物刺激胃黏膜,引起呕吐。
④ 对2～3岁以后的幼儿,应鼓励他们自己吃药,也不要把药掺在饭菜里,以免影响药效。

### （六）滴眼药

① 滴眼药前，一定要先核对药名，防止用错药。

② 教师先把手洗干净。学前儿童眼部如有分泌物，先用干净毛巾擦净。

③ 然后用左手食指、拇指轻轻分开其上下眼皮，让学前儿童的头向后仰、眼向上看。教师右手拿滴药瓶，将药液滴在学前儿童下眼皮内，每次1~2滴。

④ 再用拇指和食指轻提上眼皮，嘱学前儿童转动眼球，使药液均匀布满眼内。

⑤ 注意不要点在学前儿童眼珠上，以免引起眨眼而把药全挤出来。

⑥ 对于眼药膏，最好在睡前涂药。可直接挤在学前儿童下眼皮内，闭上眼睛轻轻揉匀即可。

### （七）滴鼻药

① 滴鼻药前，一定要先核对药名、人名，防止用错药。

② 教师先把手洗干净。

③ 滴鼻药前，先让学前儿童平卧，肩下垫个枕头，使头后仰，鼻孔向上。或让学前儿童坐在椅上，背靠椅背，头尽量后仰。

④ 教师右手持药瓶，在距离鼻孔2~3厘米处将药液滴入鼻孔，每侧2~3滴。

⑤ 轻轻按压鼻翼，使药液分布均匀。

⑥ 滴药后保持原姿势3~5分钟。

### （八）滴耳药

① 滴耳药前，一定要先核对药名、人名，防止用错药。

② 教师先把手洗干净。

③ 滴耳药时，让学前儿童侧卧，使患耳向上。

④ 如外耳道有脓液，可先用干净的棉签将脓液擦净，再滴药。

⑤ 向下、向后轻拉学前儿童耳垂，使外耳道伸直。

⑥ 右手持药瓶将药水滴入外耳道后壁，轻轻压揉耳屏，使药液充分进入外耳道深处。

⑦ 滴药后保持原姿势5~10分钟。

⑧ 若刚从冰箱内取出滴耳液，要在室温下放一会儿再用，否则会引起不适，甚至发生眩晕。

## 第五节 托幼园所的卫生保健制度

### 一、学前儿童一日活动的内容和各环节的卫生要求

学前儿童一日的主要生活环节有晨检、进餐、睡眠、盥洗、如厕、喝水、集中教学活动、户外活动、来园和离园等内容。

**(一) 进餐的卫生要求**

**1. 进餐前**

① 教师要为学前儿童创设舒适、愉快的进餐环境。说话轻声细语，欢快热情。

② 教师要让学前儿童洗手、如厕、听音乐、休息等，不做剧烈运动。

③ 按照学前儿童不同年龄和要求分发、摆放餐具。可指导中、大班值日生将桌子抹干净或分发碗筷。

④ 教师要注意激发学前儿童的食欲。4岁以后，学前儿童的食欲基本稳定下来，但也会受食物、身体状况、情绪等因素的影响。教师可用稍微夸张的语气、语调表达食欲和赞美食物。

**2. 进餐中**

① 不进行说教。保教人员此时不处理班级或学前儿童发生的问题，以免影响学前儿童食欲和情绪。

② 注意培养学前儿童文明的进餐习惯。如安静就餐、不说话、细嚼慢咽、不挑食剩饭等。

③ 注意培养学前儿童良好的卫生习惯。提醒学前儿童保持桌面、地面清洁，不掉饭、漏饭等。

**3. 进餐后**

① 注意培养学前儿童擦嘴、漱口、收拾碗筷的良好习惯。

② 带学前儿童散散步，以利于食物消化和午睡。

**(二) 睡眠的卫生要求**

学前儿童神经系统发育不完善，神经细胞容易发生疲劳，要保证学前儿童有充足的睡眠，才能消除疲劳，使他们在学习和游戏时头脑清醒、精力充沛、记忆力好。年龄越小，所需睡眠时间越长。

**1. 睡前准备工作要做好**

睡前，教师的准备工作要做到"三要"：一是要提醒学前儿童如厕；二要要求学前儿童不做剧烈运动，也不刺激学前儿童情绪，让学前儿童保持安静愉快的睡眠情绪；三要要求学前儿童安静地上床，不与同伴讲话、疯闹。

**2. 创造良好的睡眠环境**

要求教师做到三点：一是安静，不说话、不吵闹；二是空气清新，教师要提前让卧室通风；三是室内光线不宜太强。

**3. 培养学前儿童正确的睡姿**

要求学前儿童以右侧睡和平睡为宜，不蒙头睡，用鼻呼吸。教师要仔细观察，发现学前儿童的不良睡姿和异常行为，应及时纠正。

**4. 培养学前儿童良好的生活习惯，培养初步自理能力**

保教人员要教学前儿童正确穿脱衣服、鞋、袜，还要教学前儿童整理床铺、被褥等，培养学前儿童初步自理能力。

**(三) 盥洗的卫生要求**

① 刷牙。幼儿养成早晚刷牙、进食后漱口的好习惯。掌握正确的刷牙方法：上下刷，里

外刷,每个牙齿都刷到,尽量刷 3 分钟;漱口时用力鼓水,反复几次,将水吐掉。

② 洗脸。每天早晚要洗脸,用流动水或湿毛巾洗,耳后、脖子都洗到。

③ 洗手。培养学前儿童主动洗手的好习惯。引导学前儿童掌握正确的洗手方法:先用流动水淋湿手,再用肥皂或洗手液将手心、手背、手指甲、手指缝反复搓至少 1 分钟,再用流动水冲洗。

④ 洗澡、洗头。学前儿童应定期洗澡、洗头。夏季每天可以洗一两次澡,冬季不用每天洗澡时,必须每晚洗外阴和脚。夏季隔一两天洗一次头,冬季隔三五天或一星期洗一次。

⑤ 剪指(趾)甲。每周剪一次手指甲,每两周剪一次脚指甲。

### (四) 如厕的卫生要求

① 教育学前儿童不随地大小便,活动时不尿裤。

② 教育学前儿童睡觉时不尿床,按时排便、排尿,不憋便、尿等。

③ 指导中大班学前儿童,学会自己料理大小便和穿、脱裤子。

④ 洗脸、洗脚盆要专人专用,定期清洗消毒。盥洗池、厕所、便盆每天清洗消毒。

### (五) 喝水的卫生要求

① 上下午各组织 1~2 次集体饮水,提醒并允许婴幼儿随时喝水。指导学前儿童有序取放水杯,取水时要注意他们的安全。

② 学前儿童应坐在自己的座位上喝水,避免泼洒。

③ 学前儿童个人专用水杯应每天清洗并消毒。

④ 帮助学前儿童学会渴了主动饮水,养成喝白开水的习惯。需注意的是剧烈运动后不宜饮用大量的水。

### (六) 教育活动的卫生要求

教育活动包括教学活动、游戏、艺术活动和体育锻炼等,还涉及幼儿园、家庭和社区相互配合,对幼儿实施同步教育的问题。

**1. 教学活动的卫生要求**

集体教学活动是幼儿园最重要的教学活动,它是幼儿园有计划地向幼儿传授粗浅知识、技能和发展智力的主要手段。

① 时间安排合理:年龄越小,教学活动时间越短,次数和内容越少。一般在早饭后半小时为宜,时间在上午 9:00—10:00。小班每天安排一节课,每节 10~15 分钟,中班每天两节课,每节 20~25 分钟;大班每天两节课,每节 25~30 分钟,到大班末期每节课可延长 5 分钟。

② 室内外清洁:教室要保持干净卫生、通风透气、光线充足,桌子排列有利于人际交流。体育课、音乐课前用湿拖把拖地。

③ 培养正确的姿势:注意培养幼儿正确的坐、立、行、阅读、绘画及握笔姿势,预防近视,不提倡幼儿手背在后面听课。

**2. 艺术活动的卫生要求**

① 教师应选择适合学前儿童音域特点的歌曲和朗读材料,不宜演唱成人歌曲,以防止幼儿声带疲劳。

② 教给学前儿童正确的发声方法,达到保护嗓子和预防呼吸系统疾病的目的。

③ 唱歌的地点要求无尘,空气新鲜,温度适宜。

④ 唱歌的姿势以立式为主,要求学前儿童抬头挺胸。

⑤ 唱歌时间不宜过长,注意配合舞蹈、动作训练和音乐欣赏。

⑥ 中大班幼儿可以学习打击乐,注重培养幼儿的音乐兴趣。

幼儿园一般1～2周开展一次娱乐活动,每学期至少开展一次大型节日活动。影视内容要简单化、幼儿化,小班幼儿不宜多看电视。电视、游戏机和电脑,虽然能促进幼儿的认知和想象力的发展,但如不适时控制,会弊多利少。如看电视时间过长,不利于幼儿创造力的发展,还会影响幼儿的进食而导致营养不平衡,严重的还会引起攻击行为等。因此,幼儿园和家庭要互相配合,规定幼儿看电视、玩游戏和电脑的时间和内容,并在成人指导下进行。

**3. 游戏活动卫生**

游戏是幼儿的基本活动,是幼儿园对幼儿进行全面教育的重要形式。游戏活动对学前儿童的认知、身体动作、情绪、社会性等发展都有重要作用。游戏的卫生要求包括:

① 最好在户外进行。户外阳光充沛,空气清新,有利于增强机体对外界环境的适应能力,促进新陈代谢,还能满足学前儿童的生理需要。

② 注意保持学前儿童的愉快情绪。安排学前儿童游戏角色时要考虑学前儿童不同的性格。

③ 游戏活动时间适当合理。户外游戏活动时间,春、夏、秋季每天不少于3～4小时,冬季不少于2小时,其中1小时为体育活动。

④ 游戏中注意安全保护。游戏前,保教人员要搬动游戏器材,认真检查玩具、器械、场地是否安全,向学前儿童交代注意事项。游戏中,保教人员要加强对幼儿的监督、照顾和保护,遇到突发状况(争抢玩具、碰撞、呕吐、发烧等)及时进行个别处理。照顾体弱儿童,适当调整他们的活动量;对患病的特殊学前儿童,要根据病情给予特殊照顾和护理。

**4. 体育锻炼卫生**

(1) 幼儿体育锻炼活动的主要任务

① 发展幼儿的基本动作;

② 提高幼儿对环境的适应能力;

③ 培养幼儿的良好品质与性格;

④ 激发和养成幼儿的体育锻炼兴趣和良好习惯。

(2) 幼儿体育锻炼活动的途径

幼儿体育锻炼活动的途经主要包括日常生活中的体育活动和利用自然因素进行的特殊锻炼——"三浴"锻炼。

① 日常体育活动:幼儿日常体育活动的形式和方法有很多,如体育游戏活动、早操、晨间活动、户外活动等。一般以体育游戏活动为主,重点是发展幼儿的基本动作能力。

卫生要求:科学组织,掌握活动量,培养正确姿势,注意安全防护。

② "三浴"锻炼:"三浴"是指空气浴、日光浴和水浴锻炼。

a. 空气浴。当学前儿童身体暴露在空气中时,呼吸到新鲜空气,体内外温差对身体构成刺激,能预防感冒,降低呼吸道疾病的发病率,提高学前儿童对环境变化的适应性,增强肌体对外界不良因素的抵御能力。

空气浴的卫生要求：空气浴最好从夏季开始，逐渐过渡到冬季。锻炼应先室内后室外。室温应逐渐下降，持续时间应由几分钟延长到20～30分钟。夏季可结合水浴或游戏进行，冬季可结合舞蹈与形体进行。

b. 日光浴。日光中的紫外线、红外线，能促进学前儿童生长发育，是在适应空气浴后的锻炼方法。日光浴能促进钙、磷吸收，增强学前儿童免疫力，预防和治疗佝偻病。

日光浴的卫生要求：日光浴应选择清洁、平坦、干燥、绿化较好、空气流通但又避开强风的地方。日光浴春秋季以上午10:00—11:00为宜，夏季以上午8:00—9:00为宜，冬季以上午10:00—12:00为宜。空腹或饭后1小时内不宜进行日光浴。日光浴时，学前儿童身体尽量裸露，要注意保护眼睛。

c. 水浴。水浴是幼儿非常喜爱的一种锻炼形式，可在空气浴、日光浴锻炼后进行。水浴锻炼能预防反复呼吸道感染，防范手脚冻疮，增强皮肤对寒冷环境的适应能力。方法有冷水盥洗、擦身、淋浴和游泳等。

水浴的卫生要求：水浴可从温水逐步过渡到冷水。对学前儿童应提倡长期坚持冷水盥洗，每天用冷水洗手洗脸，可提高幼儿对冷刺激的抵抗力，预防感冒。冷水擦身宜用柔软的湿毛巾，擦洗的部位依次为：上下肢、胸、腹、背，之后用干毛巾擦干身子，不可用力过猛。淋浴时，先从上肢开始，再到背部、胸腹部、下肢。游泳结合了水、空气和日光三种自然因素，游泳时间不宜太长，饭后1.5小时内或空腹状态下以及患病幼儿不宜游泳。

一旦幼儿适应"三浴"锻炼，则"三浴"可在一天内同时进行。

### （七）日托幼儿来园及离园的卫生要求

幼儿来园及离园是幼儿园和家庭联系的重要环节，是教师与家长互通信息、交流孩子生活状况、提出一致的保教措施的重要沟通时刻。

**1. 来园的卫生要求**

① 做好活动室的清洁卫生及通风换气工作，冬季做好采暖工作。
② 热情接待并向家长了解幼儿在家的表现及健康状况。
③ 进行晨检，并对幼儿提出一日的卫生要求。
④ 每班教室应为幼儿安排生活柜，方便幼儿来园后有固定的地方放置物品。
⑤ 教育幼儿不带危险物品入园。
⑥ 对刚入园的幼儿，教师要耐心做好安抚工作。

**2. 离园的卫生要求**

① 离园前教师要教育幼儿把玩具、桌、椅等放置好。
② 教师亲自将幼儿交给家长。此时，可向家长进行一些家教指导
③ 幼儿全部接走后，教师把活动室收拾好，然后巡视一遍，确定没有幼儿再锁门。
④ 个别晚接的幼儿，本班教师亲自交给值班人员，确保幼儿安全。
⑤ 若有家长来访，教师要耐心解答家长的疑问，与家长友好沟通。
⑥ 班级通知可在本班门口贴出，以便家长及时知道。

## 二、幼儿健康检查制度

**（一）学前儿童健康检查制度**

**1. 入园前健康检查**

学前儿童入园前必须经过全身体格检查，以便托幼园所了解孩子的生长发育情况，鉴定其是否适合过集体生活。

学前儿童入园前的健康检查通常是在所在地的妇幼卫生保健院所进行，健康检查结果只在1个月内有效。离园时间较长的学前儿童（1个月以上），再入园时必须重新体检。

**2. 入园后健康检查**

《幼儿园工作规程》指出："幼儿园应建立幼儿健康检查制度和幼儿健康卡或档案。每年体验一次，每半年测身高一次，每季度量体重、测视力一次，并对幼儿身体健康发展状况定期进行分析、评价。注意幼儿口腔卫生，保护幼儿视力。"

学前儿童入园后每年要定期进行健康检查，每年检查一次。对生长发育指标低于或高出正常范围的儿童，应注意动态观察。

**3. 晨、午、晚间的检查**

① 早晨起床或入园，中午起床后，夜间入睡前，均要进行健康情况观察。

② 晨检：一问二摸三看四查。

一问：询问家长，学前儿童有无不舒服，在家的饮食、睡眠、排便等生活情况。

二摸：摸学前儿童的额部，了解体温是否正常，摸学前儿童颈部淋巴结及腮腺有无肿大。

三看：认真查看学前儿童的咽喉部是否发红，学前儿童的脸色、皮肤和精神状况等有无异常。

四查：检查学前儿童是否携带不安全物品到幼儿园来，一旦发现问题及时处理。

**4. 全日观察**

保教人员对学前儿童进行随时观察。全日观察的重点是学前儿童的食欲状况、精神状况、大小便情况、睡眠情况、体温情况等。

**（二）工作人员的健康检查**

托幼园所工作人员参加工作之前，必须进行全身检查，经检查合格者才能进托幼园所工作。工作期间，每年复查一次。

## 三、幼儿体格锻炼制度

① 在正常天气下，学前儿童每天坚持2小时以上户外活动，并加强冬季锻炼。

② 要创造条件，充分利用日光、空气、水等自然因素，有计划地锻炼学前儿童体格。

③ 要做好运动前的准备工作，加强运动中的保护，避免因运动带来不必要的伤害。

④ 体格锻炼要循序渐进，运动量和运动项目要适合学前儿童的年龄特点，对个别体弱学前儿童要给予特殊照顾。

### 四、卫生与消毒制度

#### (一) 环境卫生制度

① 室内:每天在学前儿童入园前做好清洁卫生工作,上音乐课和体育课前用湿拖把拖地,经常保持空气流通,阳光充足,冬天开窗通风换气,防蚊、防蝇、防暑。

② 室外:室外每天一小扫,每周一大扫。做到环境整洁,活动场地周围不堆放杂物,下水道畅通,无积水。垃圾箱要设在远离活动场地处,并要加盖。对环境还要进行定人、定点、定期检查。

③ 厕所:幼儿园厕所要清洁通风,每天打扫,每周消毒一次。学前儿童用的便盆,刷洗干净,并每日用消毒液浸泡。三岁以上幼儿提倡用蹲式厕所。

④ 玩教具:玩教具要保持清洁,定期消毒、清洗。学前儿童桌椅高度应符合要求。

⑤ 绿化:要有计划搞好绿化,以净化空气、美化环境、陶冶情操为宗旨,促进学前儿童身心健康发展。

#### (二) 个人卫生制度

① 儿童日常生活用品专人专用,保持清洁。

② 培养儿童良好卫生习惯。

③ 工作人员应保持仪表整洁,注意个人卫生。

#### (三) 消毒制度

① 餐具消毒:餐具使用后就应及时清洗,每日消毒一次。对餐具进行消毒常用的方法是煮沸法,一般5～10分钟,取出后注意保洁。

② 水果消毒:食用前用清水洗净或用高锰酸钾溶液消毒,然后削皮。

③ 玩具消毒:玩具每周消毒1次,可在阳光下暴晒,或用0.1%过氧乙酸消毒。

④ 被褥、床单消毒:学前儿童的被褥、床单要定期洗晒,发生传染病时可用煮沸法或一定浓度的消毒剂消毒。

⑤ 图书消毒:儿童读物要定期在阳光下翻晒消毒,时间为3～6小时。或用紫外灯消毒。

⑥ 便盆消毒:便盆要定期消毒,可用含氯石灰(原称漂白粉)或过氧乙酸溶液浸泡,浸泡15分钟,然后冲洗干净。

⑦ 空气消毒:学前儿童的活动室和卧室要经常开窗,通风换气。传染病发生后可用食醋熏蒸或用漂白粉喷雾。

⑧ 门把手、水龙头要保持清洁,每天消毒一次。可用84消毒液(0.2%～0.5%浓度)或过氧乙酸溶液(0.1%浓度)进行擦拭,消毒液滞留10分钟后,用清水抹布擦拭干净。

⑨ 有游泳池的幼儿园,应按环境卫生有关条例要求,做好水的消毒。

## 思考与练习

**一、单项选择题**

1. 关于肝脏的说法，正确的是（　　）。
   A. 人体最大的消化腺　　　　　　　　B. 幼儿肝脏相对较小
   C. 幼儿肝脏糖原贮存少，不易饿　　　D. 幼儿肝脏的解毒能力比成人强
2. 要求幼儿学会自己料理大小便和穿、脱裤子，针对的年龄班是（　　）。
   A. 小班　　　　B. 中班　　　　C. 大班　　　　D. 中大班
3. 小明最近晚上看不清物体、皮肤干燥粗糙、毛发干脆易脱落。他可能缺乏（　　）。
   A. 维生素 A　　B. 维生素 B　　C. 维生素 C　　D. 维生素 D

**二、判断题**

1. 学前儿童要少吃粗糙、硬质和含纤维质的食物，避免龋齿。　　　　（　　）
2. 学前儿童淋巴结防御和保护功能比较弱，表现在幼儿时期常有淋巴结肿大的现象。
   　　　　　　　　　　　　　　　　　　　　　　　　　　　　　　（　　）
3. 冷敷时，如果发现幼儿打寒战或面色苍白，可以继续进行冷敷，因为这是进行降温时的正常现象。　　　　　　　　　　　　　　　　　　　　　　　（　　）

**三、辨析题**

1. 水痘是皮肤传染病。
2. 学前儿童生殖器官发育缓慢，可以在青春期再进行性教育。
3. 晨检中的四查是认真查看学前儿童的咽喉部是否发红，学前儿童的脸色、皮肤和精神状况等有无异常。

**四、案例分析题**

进餐时，强强的手臂被面条烫伤了，在医生到来之前，教师给强强的手臂涂抹了牙膏。

问题：(1) 该教师的处理方法是否恰当？结合材料分析理由。

(2) 说一说幼儿烫伤的正确处理方法。

# 第二部分 心理学

# 第七章 心理学概论

## 学习任务

① 了解心理学研究对象的具体内容。
② 掌握个体行为与个体心理的关系。
③ 掌握个体心理过程和个性差异的具体表现。
④ 了解心理学研究任务的具体内容。
⑤ 了解心理学研究方法,掌握心理学研究方法。

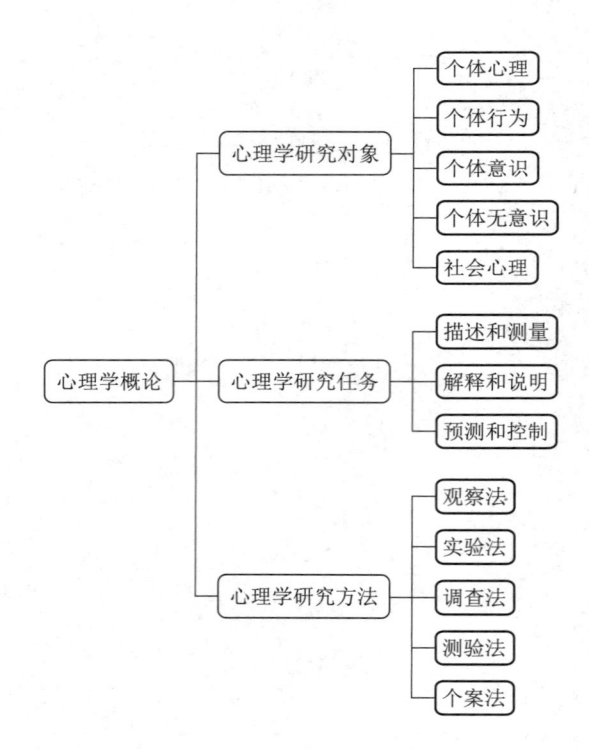

## 知识导图

```
                    ┌── 个体心理
                    ├── 个体行为
         心理学研究对象 ──┼── 个体意识
                    ├── 个体无意识
                    └── 社会心理

                    ┌── 描述和测量
心理学概论 ── 心理学研究任务 ──┼── 解释和说明
                    └── 预测和控制

                    ┌── 观察法
                    ├── 实验法
         心理学研究方法 ──┼── 调查法
                    ├── 测验法
                    └── 个案法
```

# 第七章　心理学概论

本章属于心理学基础知识，涉及心理学的研究对象、研究任务和研究方法。在心理学的研究对象中把心理学定义为研究心理和行为的科学，具体分析心理和行为的关系。在进行心理学的研究时，需要完成描绘和测量、解释和说明、预测和控制三个研究任务。在心理学研究方法上，主要介绍观察法、实验法、测验法、调查法、个案法。通过本章的学习，能帮助大家对心理学有个科学的、整体的认识，为随后章节的学习打下良好的基础。

## 第一节　心理学研究对象

心理学是研究动物和人的心理现象及其发生发展规律的科学，心理学主要的研究对象是人的心理。个人所具有的心理现象称为个体心理，所以心理学是研究个体心理现象及其发生发展规律的科学。心理现象又称心理活动，它包含心理过程和个性心理。心理是人脑对客观现实主观能动的反映，心理现象的产生离不开人脑和客观现实，人脑是产生心理活动的器官，人脑对客观现实反映具有主观能动性，表现为人对客观现实做出有意识的反应，即人在刺激面前做出主动的选择，认识自己的行为并加以调节、控制，所以说个体心理与行为息息相关。人的多数行为是在意识的支配下进行的，当然也存在无意识的心理现象，所以个体意识和个体无意识也是心理学的研究对象。个体心理发展受到各种关系和社会因素的影响，个体作为社会中的一员，在社会中不断完善自我。因此心理学研究对象包括个体心理、个体行为、个体意识、个体无意识、社会心理。

### 一、个体心理

个体心理是指个人所具有的心理现象和行为规律，包括认知、情绪情感、意志。例如，我们时隔数年回到心心念念的故乡，当看到物是人非，会心生悲凉，这时候我们会安慰自己，变化是人生常态，从而坦然接受一切，慢慢内心得以平复。这里的"看到""心生悲凉""安慰自己"就是心理现象。"看到"属于认知，也叫信息的加工；"心生悲凉"属于人的情绪，情绪的产生受到人的需要、动机等因素的影响，不是所有的人看到"物是人非"场景都会产生悲凉的情绪，这与个人的性格的特点息息相关；"安慰自己"属于意志，即人会有意识地觉察、调节和控制自己的心理状态或者行为。这里的认知、情绪、性格、意志均属于个体心理现象，它包含心理过程和个性差异两个方面（如图7-1所示）。

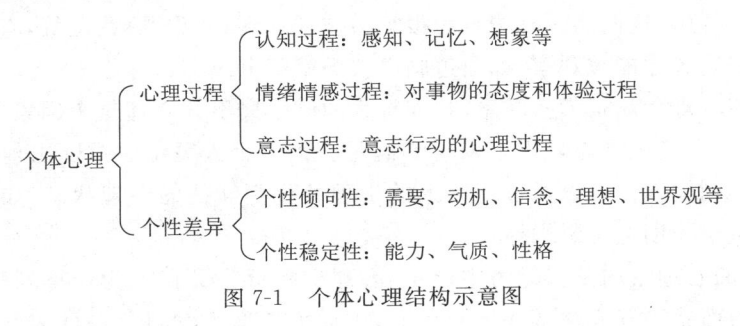

```
              ┌ 心理过程 ┬ 认知过程：感知、记忆、想象等
              │          ├ 情绪情感过程：对事物的态度和体验过程
个体心理 ─────┤          └ 意志过程：意志行动的心理过程
              │
              └ 个性差异 ┬ 个性倾向性：需要、动机、信念、理想、世界观等
                         └ 个性稳定性：能力、气质、性格
```

图7-1　个体心理结构示意图

### (一) 心理过程

心理过程是个体心理活动发生和发展的一般过程,即人脑对现实反应的过程,它包含三个方面:认知过程、情感过程和意志过程。认知过程是人脑对信息进行加工的过程,包含感觉、知觉、记忆、思维、想象等;情感过程是指人们对事物的态度和体验过程。如喜欢和厌恶,该过程带有明显情绪情感色彩;意志过程是指人有意识地克服各种困难以达到一定目标的心理过程,在该过程中个体要自觉地确定目标,根据目标调节并支配自己的行为,克服困难实现目标。例如,在一次考试中,你看到大家都在奋笔疾书,而你却脑袋空白,不由地感到紧张,这是感知觉。这种紧张的体验并没有因离开考场而消失,而是以画面形式保留在你的脑海中,这叫记忆。你会根据自己在考场上的状态推断出考试成绩的好坏,像这种推断的心理过程就是思维。你不希望自己考不好于是对这次考试的场景信息加以改造,想着蒙的题都能做对,这就是想象。你对这次考试引起你满意或不满意的主观体验,这是情感过程。对于这次考试,你会根据自己的认识和体验,产生新的动机和行为,如重新制定学习目标,改变学习方法,以达到预期目标,这是意志过程。从这个例子我们可以看出,认知过程、情绪情感过程和意志过程是相互联系、相互影响的,共同构成人的整个心理过程。

### (二) 个性差异

个性差异是指个体在心理特征上的独特性,它包含个性倾向性和个性稳定性。个性倾向性包含人的需要、动机、信念、价值观等,它会影响人们的决策和行为,例如,未来影响人类发展的不确定性因素越来越多,有的人觉得要活在当下,充实地过好每一天,有的人对这种不确定性持悲观态度,时常感到焦虑不安。不同的人对未来持不同的价值观,影响了他们当下的决策和行为。个性稳定性是指人在心理发展过程中形成稳定的心理特性,它包含个体的气质、性格、能力等。例如,有人擅长画画,有人擅长舞蹈,这是在能力上稳定带来个性的差异。

## 二、个体行为

个体行为指人的外显的、可观察的反应动作或活动,它包含生理的反应和心理反应。生理反应有单个的行为反应,如强光刺激眼睛,出现眨眼现象。也有多个复杂的行为反应,如驾驶汽车过程就需要多个动作协同发挥作用,既要眼观六路,又要耳听八方,手脚的动作相配合。有些行为属于心理的反应,不易被观察到,具有内隐性。如在商超购物时,我们会根据自己的需求、喜好挑选商品。有些行为很容易被观察到,如跑跳、哭泣等,有些行为则需要很复杂的方法和装置才能被观察,如通过脑电仪观察脑电波。

人的行为与心理活动是紧密联系的,人行为的产生离不开心理这个因素的影响。例如,攻击行为的出现,可能由于心理需求未得到满足。当一个人哭泣时推断出他可能正处于悲伤的情绪状态。同样人们可以通过观察人的生理变化判断他的心理状态,如经常出现肠胃不适的人可能由于长期焦虑紧张导致。

反过来,人的心理活动是在行为中产生,心理支配行为又在行为中得到表现。例如,在学习中因为努力而获得好成绩从而增长信心,此后加倍努力学习获得更多好成绩。学习信心增长这种心理活动的产生是因为努力学习而产生，学习信心的增长促使人出现更多努力学习的行为。正是由于个体心理与行为之间相互依存、相互影响，所以我们可以通过对人的行为进行系统的观察、描述、测量以及分析，揭示心理活动规律。所以心理学有时也被认为是研究行为的科学。需要注意的是心理学以心理现象为主要研究对象，研究行为目的是为了研究支配行为背后的心理现象，而不是为了研究行为本身。

### 三、个体意识

个体意识是指人所具有的一种主观的、感知和体验世界的能力，它包括对自我和外部世界的觉知。意识让我们感知周围的世界，帮助我们认识自己和周围事物，思考自己的感受和行为，并对它们进行反思和评价，从而调节自己的心理和行为。例如，对自我的觉知（自我意识），它使人们能够认识自己的能力、性格等方面的优势和不足，促使我们进行自我反思和调节。意识还能帮助我们集中注意力，有意识地将注意力指向和集中在学习工作中，提高我们的学习工作效率。因此个体意识成为心理学重要的研究对象。

### 四、个体无意识

无意识心理活动是指个体觉察不到，也不能自觉调节和控制的心理现象。梦就是无意识心理活动的典型表现，人在梦中不能调节和控制梦境的内容和进程。无意识会在潜移默化中影响我们的行为习惯和认知，一些自动化的行为就是受无意识的支配。例如，刚学会写一个字时需要意识的调节和控制才会觉察笔画是否规范，但在多次反复练习后，便转化为自动化的行为，这时人就觉知不到每个字的书写笔画。无意识心理还表现在无意注意、无意想象、无意记忆等。通过深入地探索无意识的心理过程可以帮助我们更好地理解自己和他人的内心世界，因此无意识心理现象成为心理学的研究对象之一。

### 五、社会心理

社会心理不是个体心理的简单相加，而是人们在共同生活环境中产生的，是整个社会的共识和价值取向的体现，是社会群体内个体心理的典型表现。社会心理包括群体心理现象和个体心理现象（如图7-2所示）。群体心理现象是指群体内人们所共有的心理现象，例如，从众现象，它是个体在群体的压力下改变自己的行为以符合群体的规范。人的感知觉、情绪情感、语言和思维等心理的发展离不开特定的社会环境。因此在一个群体中属于这个群体典型的心理现象，它会通过个体表现出来，这就是社会群体中个体心理典型的现象，例如，通过接触南方人和北方人，我们会感受到他们在性格上的差异，南方人比较温和细腻，北方人直爽豪放。

社会心理 { 群体心理现象：如从众、模仿、风俗、传统、集体无意识等
个体心理现象：如社会需要、社会动机、社会知觉及个性在社会化过程中的其他心理现象

图7-2 社会心理结构示意图

## 第二节 心理学研究任务

心理学研究的基本任务主要围绕心理现象的事实、本质、机制和规律展开探索，具体包括描述和测量、解释和说明、预测和控制三个方面。

### 一、描述和测量

心理学研究的最基本的工作对心理现象进行准确的描述，包括对人类感知、思维、情感、动机等心理过程的详细阐述。探索人有哪些心理现象和行为，这些心理现象和行为有什么特点，他们之间有什么共性和差别，并根据这些对心理现象和行为进行分类。如什么是感觉和知觉，他们有哪些种类，各自的特点又是什么，如何区别感觉和知觉。基于这些研究，对各种心理现象和行为形成心理的科学概念，帮助人们更好地对心理现象和行为加以理解，这个过程就是描述。除了描述心理现象，心理学研究还需要对心理现象进行量化测量，一般通过问卷调查、实验研究等方法收集和分析数据，揭示心理现象的内在规律和特点，更好地理解和解释人类行为。描述和测量心理现象和行为的研究，就是要解决"是什么"的问题。

描述和测量还可以帮助人们更好地对心理现象和行为加以控制。如要研究如何减少攻击性行为的发生，首先要告诉人们攻击性行为是一个什么行为、它有什么样的特点和表现，如何加以测量。基于这些我们才能判断一种行为是否属于攻击性行为，这种行为是否随着我们的干预而减少。所以心理研究首先要给心理现象和行为下操作定义，并且要开发和使用测量工具。测量工具的开发和使用必须考虑信度和效度。信度指一个测量工具的可靠性、稳定性和一致性。我们可使用该测量工具在不同时间、不同情境下对同一对象进行测试，如所测量所得数据没有很大的变化，就说明它可靠。例如，一份问卷，在不同时间、不同情境对同一批人多次进行测试（排除练习效应），每次测试结果差异很大，就说明这份问卷信度很低。效度指一个测量工具能不能准确测量到我们所考察的内容的程度，测量结果与考察的内容越吻合，则效度越高。假如一位家长用人格测试问卷 16PF 来测量儿童的智商，他可以得出一个测试结果，但是这个测量结果并不能完全反映儿童智商的情况，这样的测量是无效的。

### 二、解释和说明

解释和说明心理现象是心理学研究的核心任务。心理学家需要通过理论构建和实证研究，探究心理现象背后的原因和机制。这包括对心理现象的形成、发展和变化的解释，以及对心理现象与社会环境、文化因素等相互关系的阐述。解释和说明就是要解决"为什么"的问题，即研究心理现象和行为为什么会发生，它受到哪些因素的影响，心理现象和行为发生的内在机制是什么等。

由于心理现象的复杂性，它的发生发展受到多种因素的影响，对此我们可以从生理、心理、行为和社会文化，这四个层面来对心理现象和行为的发生发展过程进行解释说明。例如,后进生学习成绩不好,其原因可能是在生理上,体弱多病,大脑发育迟缓;在心理上,缺乏学习兴趣;在行为上,没有予以积极强化;在社会文化方面,家庭教养方式不当,社会风气不好等。因为人的心理活动是一个系统,对任何一个层面的解释都要考虑其他层面的影响,做到生理、心理、行为和社会文化四个层面理论的整合。

### 三、预测和控制

心理学研究不仅要揭示心理现象的内在规律和特点,还要能够预测人类行为。在预测的基础上,心理学研究还致力于通过各种手段改变个体的不良行为或改善其行为表现。心理学研究最终的目的不仅仅在于帮助人们认识世界,还在于改造世界,这里的世界包括外在的客观世界和内在的主观世界。也就是要解决"怎么做"的问题,即在发现心理发生发展的规律后,如何更好运用规律改变和控制行为。例如,当我们发现中等强度下压力,绩效最高这个规律后,我们就会有意识地去调节自己的压力,不让过大的压力或者过小的压力影响我们的工作效率。行为预测目的是改变和控制行为,例如,通过测量找到造成学生出现考试焦虑的原因,控制和改变影响考试焦虑的因素,预测学生出现考试焦虑的概率,以此来帮助他们降低考试焦虑。这方面研究是否有成效很大程度上靠测量工具的信度和效度以及相关理论作为依据。

## 第三节 心理学研究方法

心理学不仅有自己特定的研究对象和研究任务,而且和其他学科一样遵循科学的一般方法论原则,采取客观的、科学的研究方法。关于心理学的研究方法有很多,常用的有观察法、实验法、调查法、测验法、个案法。

### 一、观察法

个体心理与行为之间相互影响,因此我们可以对人的心理外部活动进行观察,以分析研究其心理活动规律。

#### (一) 观察法的概念

由研究者通过感官和辅助仪器,有目的、有计划地观察和记录人的行为活动,从而分析心理发展的规律与特征的方法称为观察法。例如,通过观察儿童在阅读绘本时行为和语言的表现,分析儿童的阅读能力,内部言语等心理活动发展的规律和特征。

#### (二) 观察法的种类

根据是否在自然情境中对人的行为进行观察,可分为自然观察法和控制观察法。根据观察者是否参与活动进行观察,可分为参与观察和非参与观察。

① 自然观察法是指在自然情境中,对人的行为直接观察、记录,然后分析解释,从而获得有关行为变化的规律。自然观察法减少人为的干预和限制,可以比较真实地得到被观察

者的心理活动资料。

② 控制观察法是在预先设置的情境中对被观察者进行观察,如观察学前儿童在特定游戏活动中与他人互动的频率和互动方式的特点。控制观察法能够高效地帮助研究者获得想要的研究资料。

③ 参与观察法是指观察者参与活动中将所见所闻随时加以观察记录,如教师参与学前儿童游戏活动,作为游戏成员观察学前儿童的行为。

④ 观察者以旁观者的身份随时观察记录所见所闻的方法属于非参与观察法。如通过安装监控来暗中观察儿童的行为。

**(三) 观察法的实施步骤**

通常包括以下几个步骤:首先要确定要观察的心理现象、观察的对象和观察的具体内容;观察法的实施通过制订观察计划,确定观察的时间、地点、方式、记录方法等,以确保观察的系统性和有序性;观察时对研究对象的心理外部活动进行细致入微的观察,并做好详尽的记录,记录可运用事先设计好的表格,也可采用适当的仪器设备;对记录结果进行整理和分析,提取有价值的信息和结论,以揭示心理现象的规律和特点。

**(四) 观察法的优缺点**

观察法的最大优点是能够获得生动、真实的资料,因为观察的是人在自然条件下的行为反应;其次通过直接观察可以及时捕捉到人的细微变化,收集一些因为表达能力局限而无法获得的资料。例如,幼小儿童因为无法用语言表达内心想法,这时候通过观察其外部的行为,了解他们的心理活动。所以观察法是研究学前儿童(0~6岁)心理活动的最基本、最常用的方法。

其主要缺点是过于强调在自然状态进行观察,无法控制被观察者,观察时可能出现无关的现象,而要研究的现象却没有出现,造成花费大量时间却无法获得有用的资料;观察的结果容易受到被观察者的主观因素和观察技能的影响;运用观察法获得的资料有助于研究者了解事实现象,却不能解释产生事实的原因。

## 二、实验法

心理学研究方法中的实验法是一种系统而科学地研究心理现象的方法,实验法具有高度的主动性和可重复性,是心理学研究中非常重要的一种方法。

**(一) 实验法的概念**

实验法是指在有目的地控制或改变某些条件的情况下,观察心理现象的变化,并对其进行记录和分析的研究方法。

**(二) 实验法的种类**

根据实验环境的不同,实验法可以分为自然实验法和实验室实验法两种。

自然实验法在日常生活或工作环境中,通过适当地控制某些条件来观察心理现象的变化。例如,在正常教学活动中,要求不同年龄班的学前儿童讲述相同的图片,以分析各年龄班学前儿童观察的基本特点,从中发现学前儿童观察的发展特点。自然实验法使实验过程更加接近实际情况,但控制条件可能不如实验室实验法严格。

实验室实验法是指在专门设置的实验室里,利用专门的仪器设备,对实验条件进行严格的控制下研究人的心理现象。例如,延迟满足实验、三山实验、感觉剥夺实验。它的最大优点是有助于发现变量之间的因果联系,并对实验结果进行反复验证。其主要缺点是被试者可能会意识到自己正在接受实验,而干扰实验结果的客观性,加上人为控制的情境也会影响到将实验结果应用于日常生活。

### 三、调查法

调查法是一种广泛应用于心理学研究中的重要方法,它主要通过向受调查者提出问题或要求,以收集他们对某个心理现象、态度、行为或观点的数据和信息。

**(一)调查法的概念**

调查法是通过被调查者以书面或口头回答问题的方式,了解他们的心理活动和特点。根据研究的需要,调查者可以向被调查者本人进行调查,也可以向熟悉被调查者的人进行调查。

**(二)调查法的种类**

根据调查方式的不同,分为书面调查和口头调查。书面调查是指通过发放问卷、量表等书面形式,让受调查者填写并返回。这种方式具有标准化、易于量化和分析的特点,但可能受到受调查者阅读能力和理解能力的限制。口头调查是指通过面对面的访谈、电话访谈或网络访谈等方式,直接询问受调查者的意见和看法。这种方式能够更深入地了解受调查者的真实想法和感受,但可能受到访谈者主观性和访谈技巧的影响。

**(三)调查法的实施步骤**

调查法的实施通常包括以下几个步骤:首先要确定调查的主题、范围和目的,明确需要了解的问题;然后根据研究目的和问题,设计合适的调查问卷或访谈提纲,确保问题的清晰、明确和具有针对性;接着根据研究需要,选择合适的受调查者样本,确保样本的代表性和广泛性;然后按照设计好的问卷或提纲,向受调查者发放问卷或进行访谈,以收集数据和信息;最后对收集到的数据和信息进行整理、归类和分析,提取有价值的信息和结论。

**(四)调查法的优缺点**

调查法的优点是易于在短时间内收集大量数据,操作起来相对简单易行,不需要复杂的实验设备和条件,具有广泛的适用性。缺点是研究结果可靠性容易受调查者和被调查者主观因素,以及问卷编制质量的影响。另外调查法主要关注受调查者的态度和看法,难以直接揭示心理现象之间的因果关系。综上所述,心理学调查法是一种重要的心理学研究方法,具有广泛的应用价值和意义。然而,在使用时需要注意其局限性。

### 四、测验法

**(一)测验法的概念**

测验法也称测量法,它是通过一系列精心设计的问题、任务或情境,系统地收集被试者的行为反应数据,进而对其心理特征进行量化分析和评估。测验法是采用标准化心理量表或者精密的仪器来测量人的心理品质,因此具有标准化、客观性和可比较性等特点。

### (二) 测验法的信度与效度

一个实用的心理测验必须具备一定信度和效度。其中信度是指测验结果的一致性、稳定性及可靠性。信度系数越高即表示该测验的结果越一致、稳定、可靠。例如,我们用同一份测试量表对一个被试在一个月内先后进行两次测试,测试间隔时间是两周,前后两次的分数大致相同,说明该测试量表信度系数高。效度即有效性,它是指测量工具或手段能够准确测出所需测量事物的程度。测量结果与考察的内容越吻合,则效度越高;反之,则效度越低。例如,心理老师通过与学生访谈发现他出现严重心理危机,随后通过让学生完成 SCL-90 心理健康测试,测试结果证实老师的想法,就说明该测试效度高。

### (三) 测验法的种类

测验法按内容可分为智力测验、人格测验等,常用的智力测验量表是斯坦福-比纳智力量表和韦氏智力量表。人格测验有艾森克人格问卷(EPQ)、卡特尔十六种人格因素测验(16PF)、罗夏墨迹图等。按形式可分为文字测验和非文字测验,如瑞文测验(SPM)就属于非文字智力测验,主要通过图形的辨别、组合、系列关系等测量人的智力水平;按测验规模可分为个别测验和团体测验。

### (四) 测验法的实施步骤

测验法的实施通常包括以下步骤:首先根据评估的目的和被测者的特点,选择适合的心理测验工具。然后制订测试计划,确定测试的时间、地点、测试人员和测试顺序等。在制订测试计划时,需要考虑被测者的个体差异、注意力集中度和测试环境的控制等因素。在实施心理测验之前,需要与被测者进行面对面的沟通,解释测试的目的和意义,以及测试的程度和内容等。同时,告知被测者的权限和义务,以及测试结果的保密性和适用范围。实施心理测验时应严格按照测验工具的说明和操作步骤进行操作,保持测试环境的安静和稳定,以减少干扰和误差的可能性。测试结束后对结果进行数据的收集和整理,包括将被测者的测试成绩进行记录和归类,以及对测试过程中的细节和特殊情况进行描述和分析。最后根据测试结果,对被测者的心理特征和行为模式进行解释和诊断,提出相应的建议和改进措施。同时,考虑被测者的文化背景和个体差异,以确保解释的准确性和适用性。

## 五、个案法

### (一) 个案法的概念

个案法通过详尽地收集、记录和分析个案材料,最终撰写出个案报告。它要求收集单个被试的资料以分析其心理特征,收集的资料包括个人的基本信息、家庭关系、生活环境以及心理特征等。个案法有时需要配合其他方法(如测验法、调查法等)一起使用,以方便收集更多的个人资料。如对被试作心理健康测验和人格测验,调查被试的家长、同学等,或从被试的书信、日记等方面进行分收集信息。个案法不仅可以以个体为对象,同样也可以以群体为对象,如一个班级,一个家庭。

## （二）个案法的优缺点

个案法的优点能够深入探究研究对象的内心世界和行为表现，揭示其心理发展变化的规律。通过长时间、多角度的追踪和调查，个案研究能够收集到丰富的资料，为研究提供全面的信息支持。其缺点是由于个案研究通常选择具有典型性或特殊性的个体或群体作为研究对象，因此其研究结果可能难以推广到一般人群。个案研究中的资料收集和分析往往受到研究者主观因素的影响，可能导致研究结果存在一定的偏差。个案研究需要长时间的追踪和调查，因此研究周期较长，需要研究者具备足够的耐心和毅力。

## （三）个案法的实施步骤

个案法的实施通常包括以下步骤：首先，确定典型性或特殊性的个体作为研究对象，明确研究目的和问题。接着通过观察记录、访谈记录、测验结果等多种途径收集研究对象各方面的信息。最后整理和分析收集到的资料，研究行为产生的原因，理清问题发展的脉络，确定对个案影响的主要因素。在诊断与分析的基础上，设计一套因材施教的方案加以实施，以解决研究对象存在的问题。最后将研究过程、结果和分析整理成个案研究报告，以便他人参考和借鉴。

值得注意的是我们应根据不同的研究目的和课题，以及研究的具体条件和要求，综合运用各种研究方法，确保研究过程科学、客观、严谨。

# 思考与练习

## 一、单项选择题

1. 心理学的研究对象是（　　）。
   A. 心理过程及其规律　　　　　　　B. 情绪人格及其规律
   C. 生理现象及其规律　　　　　　　D. 心理现象及其规律

2. 心理学研究就是要解决"为什么"的问题，要对心理现象加以（　　）。
   A. 假设与证实　　　　　　　　　　B. 描述与测量
   C. 解释与说明　　　　　　　　　　D. 预测与控制

3. 由研究者通过感官和辅助仪器，有目的、有计划地观察和记录人的行为活动，从而分析心理发展的规律与特征的方法称为（　　）。
   A. 观察法　　　　　　　　　　　　B. 测验法
   C. 实验法　　　　　　　　　　　　D. 访谈法

## 二、判断题

1. 心理活动是在大脑内部进行的，不能直接观察或度量，但可以通过外部行为表现出来。　　　　　　　　　　　　　　　　　　　　　　　　　　　　　（　　）
2. 心理学研究任务包括描述和测量、解释和说明、预测和控制三个方面。（　　）
3. 非参与观察法因为减少人为的干预和限制，可以比较真实地得到心理活动资料。（　　）

### 三、辨析题

1. 意识是与生俱来的,在人初生时就出现了。
2. 心理学研究最终的目的不仅仅在于帮助人们认识世界,还在于改造世界。

### 四、案例分析题

为了研究人对视觉和听觉刺激的简单反应时间的差异,实验者在实验中布置好电秒表、光、声刺激、电键等仪器,让被试将一只手放在电键上,要求他当看到或听到信号时立即按下电键,经过多次实验,实验者可以统计分析出人对视觉和听觉刺激的简单反应时间是否存在显著差异。

问题一:该实验属于哪种心理学研究方法。

问题二:该方法的主要优缺点是什么。

# 第八章 认知的发展

## 学习任务

① 了解感知觉的概念和种类、掌握学前儿童感知觉发展的规律和特点、掌握观察力培养的方法。
② 了解注意的概念和种类、掌握学前儿童注意发展的规律和注意品质的培养。
③ 了解记忆的概念和种类、掌握遗忘的特点和规律、学前儿童记忆发展的规律和记忆的培养。
④ 了解思维的概念和种类、掌握学前儿童思维发展阶段与特点、思维的培养。
⑤ 了解想象的概念和种类、掌握学前儿童想象发展与特点、想象力的培养。
⑥ 了解言语的概念和种类、掌握学前儿童言语发展特点与规律、言语的培养。
⑦ 了解智力与创造力的概念和种类、掌握学前儿童智力和创造力发展的规律、智力与创造力的培养。

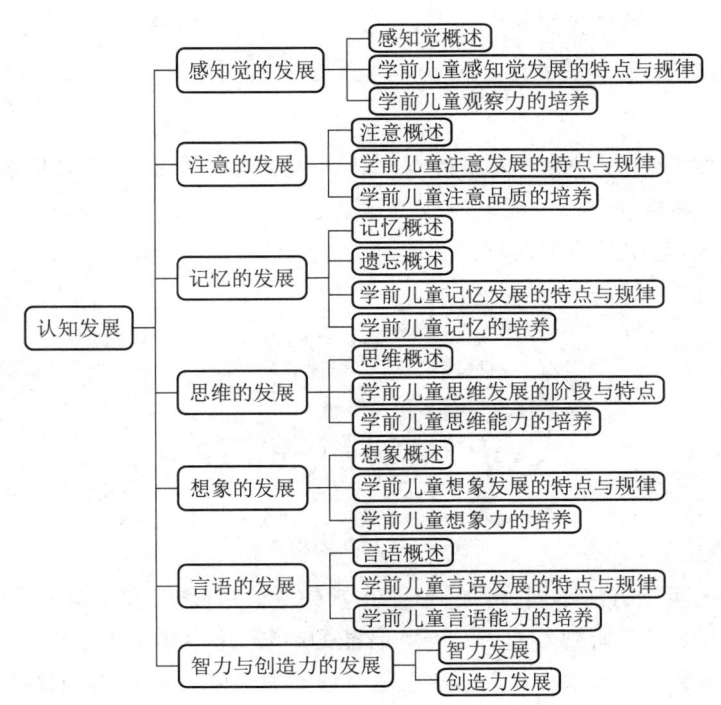

## 知识导图

```
                    ┌─ 感知觉的发展 ─┬─ 感知觉概述
                    │                ├─ 学前儿童感知觉发展的特点与规律
                    │                └─ 学前儿童观察力的培养
                    │
                    ├─ 注意的发展 ───┬─ 注意概述
                    │                ├─ 学前儿童注意发展的特点与规律
                    │                └─ 学前儿童注意品质的培养
                    │
                    ├─ 记忆的发展 ───┬─ 记忆概述
                    │                ├─ 遗忘概述
  认知发展 ─────────┤                ├─ 学前儿童记忆发展的特点与规律
                    │                └─ 学前儿童记忆的培养
                    │
                    ├─ 思维的发展 ───┬─ 思维概述
                    │                ├─ 学前儿童思维发展的阶段与特点
                    │                └─ 学前儿童思维能力的培养
                    │
                    ├─ 想象的发展 ───┬─ 想象概述
                    │                ├─ 学前儿童想象发展的特点与规律
                    │                └─ 学前儿童想象力的培养
                    │
                    ├─ 言语的发展 ───┬─ 言语概述
                    │                ├─ 学前儿童言语发展的特点与规律
                    │                └─ 学前儿童言语能力的培养
                    │
                    └─ 智力与创造力的发展 ─┬─ 智力发展
                                           └─ 创造力发展
```

■ 教育基础

人的认知是其他心理活动发展的前提和基础,认知过程包括感知觉、记忆、思维、想象、言语等心理过程。感知觉是记忆、思维等心理活动的基础,所以称它为认知活动的开端;注意作为心理活动的调节机制使心理活动指向和集中于某个对象;记忆是人类最重要的信息贮存库;思维是对客观事物共同的、本质的特征和内在联系的间接、概括性的反映。本章我们将学习这些认知过程的规律和特点,并进一步探讨如何将认知发展规律运用于教育实践中,以提高教育效果。

## 第一节 感知觉的发展

### 一、感知觉概述

人类认识世界是从感知觉开始的,通过感知觉我们可以获取外部世界和自身内部状态的大量信息。例如,通过感知外部世界,我们可以了解事物的颜色、形状、声音、大小等个别属性,在此基础之上形成对事物的整体认识。此处,其他高级、复杂的心理活动(如记忆、思维、想象等)都是在感知觉基础之上发展起来的。

**(一)感觉的概念**

感觉是人脑对直接作用于感觉器官的客观事物的个别属性的反应。也就是说感觉的产生,需要满足两个条件:一是刺激物,也就是直接作用于人体器官的客观事物。二是感觉器官,也就是我们的五官、手、皮肤等。感觉包括听觉、视觉、嗅觉、味觉、触觉、肤觉等。例如,夏日阳光作为刺激物,晒在我们的皮肤上,让我们感觉到发烫,这就是肤觉。

**(二)感觉的种类**

**1. 听觉**

听觉是由物体振动产生的声波通过空气传入人耳而产生的。听觉接收到的是频率为 16~20000 次/秒(赫兹)的声波,收集声音感觉器官是耳朵(如图 8-1 所示),它由外耳、中耳和内耳三部分组成,其中最重要的部分是内耳的耳蜗。

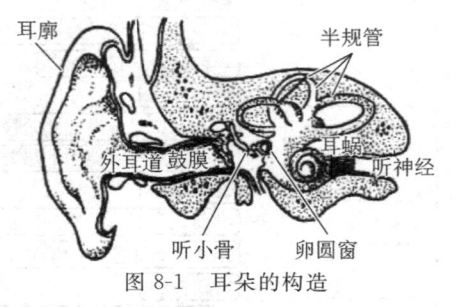

图 8-1 耳朵的构造

不同年龄的人听觉有所不同,例如,学前儿童(3~6 岁)能听到 30000~40000 赫兹的高音,50 岁以上的人则只能听到不超过 13000 赫兹的高音,这主要是由于生理变化、疾病、环境因素等多种原因导致的。音高、响度和音色是声音的三个基本要素,它们决定了我们所听到的各种声音的特性。

音高是指声音的高低,它是由声波的频率决定的。频率越高,音高就越高;反之频率越低,音高就越低。例如,小提琴因弦的振动频率比大提琴高,发出的声音比大提琴高。

响度是指声音的大小,它取决于声波的振幅,振幅越大,声音就越响。反之振幅越小,声音就越小,响度的单位为分贝(db)。

音色是指声音的品质和特色,它决定了声音听起来是"什么样"的。例如,小提琴与二胡演奏同一个音符时,我们可以很轻松地就区别开来。

根据发声体的振动是否具有规则、是否有组织,将声音分为乐音和噪声。乐音是有规律的声波振动,它有益于人体的健康,能帮助人消除疲劳,振奋精神,治疗疾病。噪声是无规则的、无组织的声波,它使人头晕目眩,注意力分散,工作效率下降。

**2. 视觉**

外界事物有60%～80%是通过眼睛被认识的,也有人估计85%的信息是通过视觉传入到大脑的。无论如何,有充分的理由证明视觉是人最重要的感觉通道。视觉指的是光线作用于视觉器官(眼球),使其感受细胞兴奋,并通过视觉神经系统加工后产生的感觉。视觉所接受的光线来源于发光体直接发出的光,如太阳光。不发光的物体反射出来的光也能被视觉接受,如湖面折射的光。

视觉对比是由光刺激在空间上的不同分布引起的视觉经验,它包括明暗对比与颜色对比。明暗对比是由光线的强弱在空间上的不同分布造成的。例如,夜晚,街灯下的路面与周围黑暗的环境也就形成了明显的明暗对比。颜色对比是指一个物体的颜色会受到它周围物体颜色的影响而发生色调的变化。例如,将一个灰色圆环放在红色背景上,圆环将呈现绿色。

视觉适应是指刺激持续作用于我们的眼睛,导致眼睛感受物体的能力发生变化。视觉的适应包括明适应和暗适应两种。明适应是指从暗到明,视觉感受光刺激的能力下降,明适应的过程非常快,5分钟左右就完成了。例如,白天我们从一个昏暗的房间走到户外,刚开始你会觉得一片朦胧,过了一会儿才能看清周围的事物,这也是为什么从废墟中救出来的人要遮住眼睛,以防被光线刺伤;暗适应是指从明到暗,视觉感受光刺激的能力上升,暗适应的过程相对较慢,会持续30～40分钟。例如,夜晚当我们从光线充足的教室里学习疲惫时走出教室,起初什么也看不清,过一会儿才可以看清物体的轮廓,这就是暗适应。

**3. 其他感觉**

(1) 肤觉

肤觉是指刺激作用于皮肤引起的各种感觉的总称,它包括冷觉、热觉、触觉和痛觉等。例如,当我们的手接触到热水时,皮肤上的热感受器会接收到刺激,并将这个信号通过神经传递到大脑皮层,我们就会产生热觉,从而迅速将手从热水中移开,避免烫伤。同样,当我们的皮肤受到压力或触摸时,相应的感受器也会接收到刺激,并产生触觉。

(2) 嗅觉和味觉

嗅觉指有气味的气体物质引起,这种物质作用于鼻腔上部黏膜中的嗅细胞而产生。人的嗅觉相当敏捷,但长时间闻一种气味会使嗅觉能力下降,产生嗅觉适应现象。例如,冬天的教室因长期没有开窗通风,空气会比较浑浊,而在教室内的我们却浑然不觉,刚走进教室的同学就能明显感觉到室内空气不新鲜,不过一会儿也会逐渐适应。

味觉是指食物在口腔内对化学感受系统的刺激而产生的一种感觉,味觉的感受器主要分布在舌头表面,包括味蕾等结构。味蕾内的味觉细胞能够感知食物中的化学物质,并将其转化为神经信号。

嗅觉和味觉都是对化学物质的感觉,两者互相影响。当嗅觉功能发生障碍时,味觉功能也会随之而减退。例如,当我们感冒的时候,味觉也会受到影响,再美味的食物吃在嘴里,也感觉没那么好吃。

（3）运动觉和平衡觉

运动觉是反映身体各部分的位置相对变动的感觉,它是一个涉及多种感受器和神经传导途径的复杂感知过程,对人体的运动控制和平衡维持具有重要意义,并受到多种因素的影响。

平衡觉是反映人体姿势和地心引力关系的感觉,它的感受器位于人体内耳中的前庭器官,前庭器官的半规管中充满了淋巴液,当人进行加速或减速运动时,其中的毛细胞就在淋巴液的惯性作用下发生兴奋并向中枢发放神经冲动,产生平衡觉。

（三）知觉的概念

知觉是人脑对直接作用于感官的客观事物的整体属性的反映。它是将多种感觉（视觉、听觉、嗅觉、味觉等）获得的信息进行组织、整合、解释,并非感觉获得信息的简单相加。例如,对他人的认识,通过观察他的外貌、穿着、言谈举止在大脑中形成一个初步的判断和评价,这里我们实现了对视觉、听觉提供信息的整合,根据与以往认识的人对比,觉得他是一个有趣的人。知觉的形成离不开感觉输入的信息和以往的知识、经验。

（四）知觉的种类

**1. 空间知觉**

空间知觉是对物体的大小、形状、距离、方位等空间特性的知觉。它是通过后天学习获得的,需要多种感官系统协同活动来实现。空间知觉主要包括:形状知觉、方位知觉、大小知觉和深度知觉。

（1）形状知觉

形状知觉是指个体对物体轮廓和细节的整体反映。主要是靠视觉、触摸觉和动觉来实现对二维空间的知觉,即知觉物体的高和宽。形状知觉一般具有恒常性,即当物体的物理条件（如大小、距离、方向等）发生变化时,人们对物体形状的知觉仍能保持相对稳定。在空间上的相似性、对称性、邻近性等规律易形成形状知觉。

（2）方位知觉

方位知觉是对物体所处空间的位置和方向的知觉,如上下、前后、左右。方位知觉的实现主要依赖于视觉、听觉、动觉、触摸觉和平衡觉等多种感觉系统的协同活动。其中,视觉在方位知觉中起着主导作用,它提供了物体在空间中的位置和方向的直接信息。而听觉、动觉、触摸觉和平衡觉等则在不同程度上为方位知觉提供了辅助信息。

（3）大小知觉

大小知觉是人基于视觉信息对物体实际大小的一种感知。它受到物体与眼睛的距离、物体投射在视网膜上映像的大小和人的经验的影响。具体来说,同等距离,物体越大,其视网膜上的映象也越大;同样大小的物体,距离越远,看起来越小。大小知觉受经验的影响,具有恒常性,大小知觉恒常性指当物体距离改变时,人们仍能保持对物体原有实际大小的知觉,即使物体距离观察者较远或较近,观察者仍然能够准确地知觉到物体的实际大小。

（4）深度知觉

深度知觉也称为距离知觉。是指个体对物体的立体形态或不同物体之间远近关系的知觉。通过深度知觉我们能够感知和理解周围环境的立体结构,它属于三维空间的知觉,即知觉物体的距离、深度、凹凸等。

心理学家通过视崖实验研究婴儿深度知觉的发展。实验者设置了一个视崖装置(如图 8-2 所示)。实验中,将婴儿放在视崖的中间,观察他们是否会跟着母亲的召唤,向"视崖"或"浅滩"爬去。实验发现,大多数婴儿在面对"视崖"时,会显得犹豫、紧张甚至哭泣,他们更倾向于留在"浅滩"的一侧,或者尝试寻找其他路径到达母亲那里,而不是直接爬过"视崖"。视崖实验揭示了婴儿在很早的时候就已经具备了深度知觉的能力。

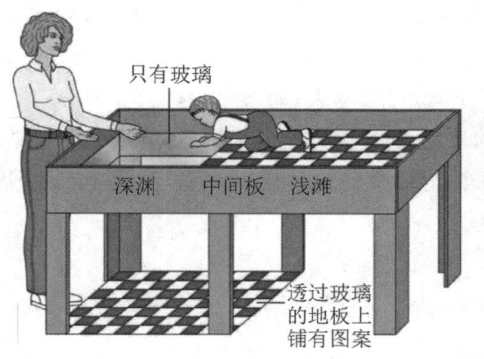

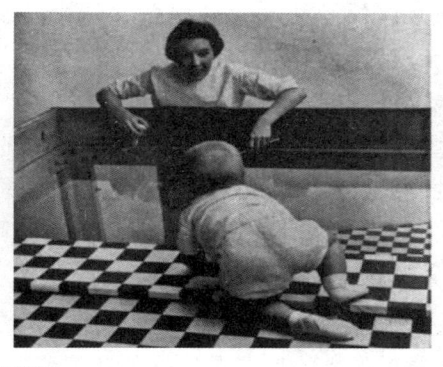

图 8-2 视崖装置

**2. 时间知觉**

时间知觉是指人们对客观事物和事件的连续性和顺序性的感知。这种感知既来源于外部的信息,如计时工具、环境的周期性变化(如太阳的升落、季节的更替等),也依赖于机体内部的有节奏的生理过程。例如,人到了晚上身体感到疲倦打哈欠,而早晨则会自然醒来。对时间的估计受事件的数量与性质以及主体的兴趣、情绪、态度、注意、年龄和经验的影响。例如,我们在完成自己感兴趣的事情时,会觉得时间过得很快,对厌恶不愿意做的事情时,会觉得时间过得很慢。

**（五）感受性与感觉阈限**

人的感官并不是对所有的刺激随时都能感觉到,只有在一定范围内的刺激才能引起人的感觉。

感受性是指感觉器官对适宜刺激的感觉能力,也就是人对刺激的感觉灵敏程度。感受性可以分为绝对感受性和差别感受性,绝对感受性是指感觉出最小刺激量的能力,即能够感知到最微弱的刺激的能力。差别感受性指在感觉上能察觉出两个同类刺激物之间的最小差别量的能力。它强调的是对刺激间微小差异的辨别能力。

感觉阈限是指能够引起人的感觉的刺激范围或刺激量。它是测量感觉系统感受性大小的指标,反映了人对刺激的反应敏感程度。感觉阈限根据刺激呈现方式的不同,可以分为差别感觉阈限和绝对感觉阈限。

差别感觉阈限指能觉察到刺激物的最小差异量,也称最小可觉差,它是测量差别感受性的指标,表示的是能够觉察到刺激间差异的最小量。例如,如果手上原来有 100 克的重量,那么,必须至少增加 2 克,人才能感觉到两个重量的差别。刺激增加量(AI)与原刺激量(I)之间存在一定的关系,我们称它们之间这种关系为韦伯定律,用公式 K = AI/I 来表示,K 为一个常数,即韦伯常数。人们在研究中发现,对于不同的刺激,韦伯常数不同。如感觉重量的变化与感觉光的强度的变化不同,则韦伯常数也不同,但韦伯定律只适用于中等强度的刺激,刺激过强或过弱,韦伯常数都会发生一定的改变。

绝对感觉阈限指刚刚能引起感觉的最小刺激量,低于这个值,人就感觉不到刺激的存在。它是测量绝对感受性的指标,表示的是感觉从无到有的临界点。每个人的绝对感受性各不相同。绝对感受性与绝对感觉阈限,二者在数值上成反比关系。即 E = 1/R,其中 E 为绝对感受性,R 为绝对感觉阈限,说明绝对感觉阈限越大,则绝对感受性越低;反之,绝对感觉阈限越小,则绝对感受性越高。

感受性与感觉阈限之间也呈反比关系,即感觉阈限越大,感受性越低;感觉阈限越小,感受性越高。具体来说,如果一个人需要较强的刺激才能产生感觉(即感觉阈限高),那么他的感受性(感觉能力)就相对较低;反之,如果一个人对微弱的刺激也能产生感觉(即感觉阈限低),那么他的感受性(感觉能力)就相对较高。

### (六)感觉发展规律

**1. 感觉后像**

感觉后像指的是在观察一个明亮或鲜明的物体后,将视线移开并注视一个空白或较暗的背景时,视网膜上仍会短暂地保留该物体的影像。视觉后像可分为两种类型,即正后像和负后像。正后像是指当观察一个明亮的物体后,移开视线,在暗背景上看到的与物体形状相同但亮度较低的影像。与正后像相反,当观察一个明亮的物体后,如果快速注视一个颜色与背景相反的均匀表面(如看白色物体后在看黑色背景),会看到一个与物体形状相同但颜色相反的影像。这就是负后像。

**2. 感觉适应**

感觉适应是指在外界刺激的持续作用下,感受性降低或者提高的现象。例如,视觉适应分为感受性提高的暗适应和感受性降低的明适应。还有嗅觉适应,如"入芝兰之室,久而不闻其香;入鲍鱼之肆,久而不闻其臭。",感觉适应有助于我们适应环境中的变化并保护我们的感官系统不受过度刺激的伤害。

**3. 感觉的相互作用**

感觉的相互作用是指不同感觉之间因接受不同刺激而产生的相互影响。感觉的相互作用主要有三种表现形式:

① 同一感受器因接受不同刺激而产生的感受性变化的现象,如视觉对比现象;

② 刺激物对同一感受器持续作用,使感受性提高或降低的现象。如视觉适应现象;

③ 不同感受器因接受不同刺激而产生的感觉之间的相互影响,具体可分为三种情况:一是对一个感受器的微弱刺激能提高其他感受器的感受性,例如,微弱的声音刺激可以提高视觉对颜色的感受性,二是对一个感受器的强烈刺激会降低其他感受器的感受性,例如,强噪音会降低视觉的感受性。三是一种感觉引起另一种感觉的心理现象,即联觉。例如,白色给人以纯洁、紫色给人以高贵、绿色给人以清新、黑色给人以沉重的感觉。

### (七) 知觉的特性

**1. 知觉的整体性**

当我们感知一个熟悉的事物时,会根据以往的经验把这个事物的个别属性、个别部分,作为一个整体进行反映。例如,小学三年级教材中要求求出不规则图形的面积,我们往往会把图形缺失部分添补进去,将这个图形识别成完整的长方形再求出面积。知觉的整体性使人对整体的知觉优先于个别成分的知觉。例如,我们先注意他人整体的特征,如容貌、身高、体型等,然后才会去注意到他的身体细微部分的特征,如眼睛大小。

**2. 知觉的选择性**

知觉的选择性是指个体会主动地选择一些事物当成知觉的对象,而把其他事物当成知觉的背景,以形成清晰的知觉。简而言之,知觉的选择性就是把知觉对象从背景中区分出来。例如,在课堂上,学前儿童会把黑板上会动的教具作为知觉的对象,而把静止的黑板作为知觉的背景。在一定的条件下对象和背景可以相互转换。例如,老师提醒学前儿童注意黑板上还有哪些东西,学前儿童知觉对象从动的教具上转移到黑板上。所以刺激物特性和人的主观因素会影响知觉的选择性。

**3. 知觉的理解性**

知觉的理解性是指个体在知觉过程中,会基于已有的知识经验,对知觉对象进行解释和理解,赋予知觉对象一定的意义。所以知识经验会影响人们对知觉对象的理解。例如,对于熟悉的事物,人们能够迅速识别其特征和属性,而对于陌生的事物,则需要借助已有的知识经验进行推测和判断。图 8-3 中人们容易将该图黑点觉知成一只狗,这是由于人们在看到黑点后,会根据保留在我们大脑中关于狗的形象,来对黑点进行解释。

图 8-3 知觉成一只狗的黑点

**4. 知觉的恒常性**

知觉的恒常性是指受个体知识和经验的影响,知觉往往并不随知觉条件的变化而改变,而表现出知觉的相对稳定性。知觉的恒常性在视知觉中的表现非常明显,视知觉的恒常性包括大小恒常性、形状恒常性、颜色恒常性等。图 8-4 表明,尽管门处于关门到开门的不同状态",但人们对门的大小、形状知觉并没有发生改变。

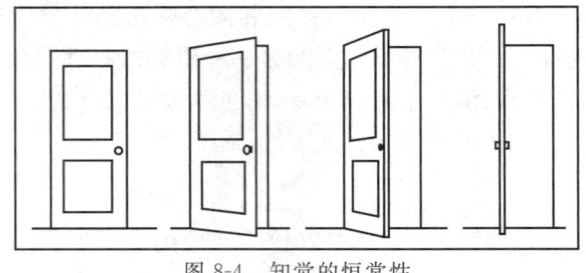

图 8-4 知觉的恒常性

## 二、学前儿童感知觉发展的特点与规律

### (一) 感觉发展的特点和规律

**1. 视觉发展的特点和规律**

视觉是人类最重要的感觉通道,至少有 80% 以上的外界信息是通过视觉获得的。对于学前儿童来说,它的作用就更大。学前儿童如果只听别人描述某种事物而看不见它,不能完全认识该事物。反之,儿童有时无需过多语言提示,看见别人行为就会模仿。例如,老师让儿童"向左转""向右转",孩子都能照着老师的示范做动作。但询问孩子哪边是左,哪边是右时,他们则区分不清,只是照着老师的样子转。这说明视觉对于儿童早期心理发展起着至关重要的作用。

视觉发展表现为视力和辨色力,视力又称视敏度,是指眼睛精确地辨别细小物体或远距离物体的能力,即眼睛发觉物体的形状或体积上最小差别的能力。在整个学前儿童期,儿童的视觉敏锐度都在不断地提高。5 岁是视觉敏锐度发展的转折期。辨色力是指用视觉区分颜色细微差别的能力。3 岁左右儿童能够分清红、绿、黄、蓝这几种颜色,对于色调相近的颜色易混淆不清,如蓝和天蓝,红和粉红。4 岁儿童已能辨别各种颜色和它们在色调上的细微差别,儿童对不熟悉的东西更多依靠颜色来辨认,但因语言发展方面的问题导致其不一定能说出颜色的名称。有的人不能识别某些颜色或者无法区分某些颜色之间的差别,即所谓的"色盲",我们可以用专门的色盲检查表来检查孩子是否存在色盲现象。

**2. 听觉发展的特点和规律**

胎儿一般在 5 个月左右开始发育听力。如汽车喇叭声会引起胎儿的反应。新生儿对人的声音比对其他的声音反应更为强烈。出生一个月的孩子能区别自己母亲和别人的声音。2~3 个月的孩子已能够集中注意听力声音,对声音的反应也越来越积极。3~4 个月时,开始倾听人们的谈话。8~9 个月时已能分辨各种声音,对严厉或和蔼的声调会作出不同的反应。随着年龄的增长区别不同声音的能力也在不断提高。

学前儿童从小就要大量运用听觉学说话,学知识。不同孩子的听力个别差异很大,应该注意识别那些听力上有缺陷的儿童,虽然他们听力受损,但是他们可以根据他人的面部表情和动作以及眼前的情景,理解和猜测他人说话的内容。对于听力偏弱的孩子,应创造条件加以保护,例如,让他坐在教室的前排,确保他们能够听得清老师上课的内容。长期在高分贝的噪音环境里工作和生活,人们的听力会受到极大的损害,因此为保证儿童的听觉健康,应尽量让他们在安静有序的环境中学习。

**3. 肤觉、味觉和嗅觉发展的特点和规律**

(1) 肤觉发展的特点和规律

孩子出生后最早出现的是肤觉,它包括温度觉、触觉和痛觉。新生儿已具备温度觉,对温度的变化非常敏感。他们通过皮肤感知到冷和热,随着年龄的增长,学前儿童对温度觉的敏感度逐渐增强,能够更准确地分辨出不同温度的物体或环境。孩子出生时触觉已经很发达,年龄越小,触觉对他认识世界的作用就越大。例如,用手触碰新生儿的嘴巴就会发生吃奶的反应。手指是触觉非常敏感的部位,2个月以后的婴儿手指偶然碰到东西,就会去摸它。6个月左右,婴儿就学会用手指去抓东西,手指的触觉在认识事物中的作用越来越大。2~3岁的孩子,还较多依靠手的触觉去探索世界。儿童对痛的感觉是随着年龄的增长而增长,孩子的情绪状态会影响痛觉,当小孩子跌倒时,如果成人作出紧张害怕的样子,就会引起孩子紧张害怕的情绪,他就会大哭起来,而且越哭越痛。

(2) 味觉发展的特点和规律

味觉是与生俱来的,例如,新生儿对糖水作吸吮动作,对酸水的反应是做怪相。婴儿对味觉的差异非常敏感,能立刻辨别出来熟悉的味道。因此在孩子很小时候,就应让孩子习惯适应各种味道的食物,否则容易养成偏食的习惯。

(3) 嗅觉发展的特点和规律

新生儿已经具备辨别不同气味的能力,出生一周的婴儿已经能够辨别出母亲的气味和其他人的气味,6个月左右的婴儿,嗅觉的发展已经相当成熟,能够准确地区分不同气味。人的嗅觉会随着年龄的增长而变得更加灵敏。

**(二) 知觉发展的特点和规律**

儿童在出生后的半年内主要是通过感觉认识事物。5~6个月后,随着手眼协调动作的出现,儿童便产生了知觉。

**1. 空间知觉发展的特点和规律**

(1) 形状知觉发展的特点和规律

根据出生不久的儿童对不同图形的注视时间不同,判断他们已能辨别图形。具体来说,学前儿童初期能准确辨认圆形、正方形、三角形和长方形,最容易辨别的是圆形,其次是正方形,然后是长方形和三角形等等;学前儿童中晚期能辨别半圆形和梯形。在教师的指导下,学前儿童还能适当辨认菱形、平行四边形和椭圆形。

3岁学前儿童一般不容易掌握几何图形的名称,因为这些名称对他们来说比较抽象。他们往往用一些形象的词来称呼几何图形,如把红色圆形叫做红太阳。4岁到4岁半是学前儿童辨别几何图形正确率增长最快的时期。经过学习,5岁的他们能够叫出基本的几何图形名称。对学前儿童进行这方面的教学,不要仅停留在认识抽象的几何图形上,应该结合生活,让学前儿童认识各种物体的实际形状。例如,带学前儿童认识各种树叶不同的形状。

(2) 大小知觉发展的特点和规律

辨别物体的大小比辨别物体的形状难些,因为大小是相对的,需要对两个物体进行比较。

有的研究发现,2岁半到3岁的儿童判别平面图形大小的能力迅速发展。在实验中,要求4~5岁学前儿童比较两块积木的大小时,他们常常还要用手摸摸物体的边沿,或者把它们叠在一起进行比较,还不会一眼看出哪块积木大、哪块积木小。在日常生活中,教会学前儿童辨别物体大小的能力。比如在家里分苹果,可以问他们哪个大、哪个小。搭积木时,引导学前儿童区分大小,把大块放在底下,小块放在上面。这些都是帮助学前儿童学习分辨大小的机会。

（3）距离知觉发展的特点和规律

距离知觉（深度知觉）是辨别距离远近的知觉,既包括双眼视觉,也包括伸手和走路等的运动觉,这是一种比较复杂的知觉。儿童要学会随时调节双眼对物体的视轴,并根据两眼视轴辐合的角度来判断物体之间的距离。以及通过实际行动获得经验,从中学会准确判断物体之间的距离。例如,学前儿童在迈过一条小水沟时,时常犹豫不决,容易一脚踏到水里去,其主要原因是他的目测力还很差,不知道该迈多大的步子,经过多次尝试后他就能轻松迈过。

（4）方位知觉发展的特点和规律

学前儿童方位知觉发展的顺序是：上、下、前、后、左、右。孩子出生后就能依靠听觉确定物体的位置,例如,声音从左边来,他就会向左边看。3岁儿童已经能够正确辨别上下的方向和位置,但在看图或认字时,常常把上下方向弄错。4岁儿童能正确辨别前后方位,但在辨别左右方位时容易出现错误,5岁儿童开始能够辨别以自身为中心的左右方位,6岁学前儿童能准确地辨别上下、前后4个方位,但辨别以他人为中心的左右方位时仍感到困难。

学前儿童在计算和认字、写字时,常常出现方位知觉上的错误。例如,小班儿童学写"3"字,可能把"3"字的方向任意颠倒。大班儿童学拼音时,常把形状相同而方向不同的字母混淆起来,如分不清"b、d、p、q"等。在日常生活中,孩子把两只鞋穿反了的情况,也是比较常见的。

由于学前儿童方位知觉发展是从以自身为中心辨别过渡到以其他客体为中心辨别,因此,教师要以学前儿童的角度来做示范动作。如要对面站立的儿童举起左手,教师示范时自己要举起右手来示范。总的来说,学前儿童方位知觉发展的水平还是很低的,所以不能对他们要求过高。为了发展学前儿童的方位知觉,可以教他们把方位的概念同具体事物结合起来,比如说："举起你们的右手就是拿勺子的手。"

**2. 时间知觉发展的特点和规律**

小班儿童已经具有初步的时间概念,但时间往往与他们具体的生活活动相联系。如早晨就是早上起床的时候,晚上就是睡觉的时候。此处,还较难正确掌握相对性的时间概念,如"昨天""今天""明天"。中班儿童可以正确理解昨天、今天、明天,也会运用早晨、晚上等词,但不能理解较远的时间,如前天、后天……。大班儿童开始能辨别前天、后天,能分清上午、下午,知道今天是星期几,但很难分清更短的或更远的时间,如从前、马上等。

学前儿童对时间的知觉常常依靠周围的一些具体事物来辨别。因此应结合具体情况说明,不能抽象地讲一些时间概念。此处,有规律的生活制度,有节奏的音乐、体育等活动,观察自然界的有规律的变化,对学前儿童时间知觉的发展都很有帮助。

### 三、学前儿童观察力的培养

观察是一种有目的、有计划、比较持久的知觉过程,是知觉的高级形态,是人从现实中获得感性认识的主动积极的活动形式。学前儿童观察力发展具有目的性不强、持续时间较短、系统性较差、概括性弱的特点,观察力的发展需要在成人帮助下逐渐发展起来。因此,在发展和培养学前儿童的观察力时要注意以下几点:

**(一)明确观察的目的和任务**

学前儿童常常不能自觉地去观察,容易受事物突出的外部特征以及个人兴趣、情绪的影响。针对儿童观察具有目的性不强的特点,在观察前成人需要帮助儿童提出具体的观察对象、观察目的和任务。例如,让儿童在观察绿豆如何在水中长成豆苗,在观察前先具体地提出观察的目的(观察种子的发芽过程)和观察的任务(观察种子在发芽过程中发生什么变化,如种子的大小、颜色变化?),这样儿童的观察效果就会显著提高。

**(二)培养观察的兴趣**

由于儿童观察目的性偏弱,观察过程容易受个人兴趣的影响。在培养儿童的观察兴趣时,需注意以下两个方面:

一是要有意识地引导儿童观察周围事物的变化,并尽可能提供实物给他观察,比如观察校园植物一年四季的叶子颜色、大小的变化。

二是启发儿童观察时多思考,多提问。成人除了耐心解答孩子提的问题外,还可通过及时提问的方式,引导孩子多思考,并带着问题去观察周围的事物。

**(三)教儿童观察的方法**

儿童在观察客观事物时往往抓不住要点,东瞧瞧、西看看,缺乏一定的顺序性,观察效果较差。因此,教师应教给儿童一些有效的观察方法,让孩子学会按从上到下、从左到右、从远至近、由整体到局部的顺序进行观察。例如,儿童在观察蚕宝宝时,我们可以引导他们先对蚕宝宝的整体进行观察(体长、颜色、大小),然后再部分进行观察(头部、腹部、尾部)。另外,在进行同类事物的观察时,可以让孩子进行对比观察。例如,观察橙子和橘子,它们成熟后在颜色上很相似,但是进一步观察就会发现它们在形状,大小、果皮厚度上有所不同。这样的观察方式可以加深孩子对橙子和橘子的印象。通过对照比较,对橙子和橘子的分辨就更清楚、更明确。

**(四)调动多种感官参与观察活动**

调动儿童充分运用视觉、听觉、味觉、触觉、嗅觉等感官去感知事物各方面的特征,让他们在观察时,通过多听听、多讲讲、摸一摸、闻一闻、尝一尝等方式,加深其对事物的印象。例如,观察乌龟,不但可用眼睛观察它的形态,还可以用手摸一摸乌龟的壳、爪子、尾巴,感受它的质地,以及让学前儿童学一学乌龟是怎么爬的,从而帮助儿童形成对乌龟的完整印象。

## 第二节 注意的发展

### 一、注意概述

注意是伴随着感知觉、记忆、思维、想象等心理过程的一种共同的心理特征。注意是作为心理活动的调节机制存在，而不是一种独立的心理过程。它能帮助人们对信息进行筛选，从而更有效地适应环境。它能使心理活动保持一定的方向，有利于人们更清晰地认识事物、更深入地思考问题，并使人能够更准确地做出反应，从而顺利地完成各种活动。

### （一）注意的概念

注意是心理活动对一定对象的指向和集中，注意的两个基本特征是指向性和集中性。指向性是指心理活动有选择地反映某一对象，而离开其余的对象。集中性则是指心理活动停留在被选择的对象上的强度或紧张度，它使心理活动离开一切无关的事物，多余的活动被抑制。

### （二）注意的种类

根据注意有无目的性和是否需要意志的参与，可将注意分为无意注意、有意注意和有意后注意。

无意注意也叫不随意注意，它是指没有预定目的，也无需作意志努力的注意。它是一种被动的注意，容易受外界因素的干扰，引起无意注意的有刺激物的特点和人的主观状态。如刺激物的强度、刺激物的活动和人的情绪状态、需要、动机等。

有意注意也叫随意注意，它指有预定目的，需要意志努力的注意。例如，上课时，学生需要努力控制自己，集中注意力听课，以防止分心。有意注意是一种主动的注意，主要是在社会实践中发生和发展起来的，是人所特有的一种心理现象。

有意后注意也叫随意后注意，它是指有自觉的目的，但不需要意志努力的注意，通常是有意注意转化而成的。例如，学前儿童在刚开始学做手工的时候，往往需要一定的努力才能把注意力保持在手工上，但在对操作动作熟练之后，就可以不需要意志参与而能够继续保持注意力，这种注意是自觉的和有目的的。

### （三）注意的品质

**1. 注意的稳定性**

注意的稳定性是指注意在同一对象或同一活动上所能持续的时间。狭义的注意稳定性是指注意保持在同一对象上的时间。但是人很难长时间保持固定不变注意去感知某一事物，注意会出现周期性变化，这种现象被称为注意的起伏。例如，听一只表的滴答声时，会感觉表的声音一时强，一时弱。广义的注意稳定性是注意指向不同的对象时保持的时间长短。只要是围绕某一个总任务而变换注意的具体对象，就是稳定的注意。所以要把注意的稳定性理解为动态的稳定。

**2. 注意的广度**

注意的广度也叫注意的范围，指个体在同一时间内能够清楚地觉察或认识到注意对象的数量。在同一时间内，个体能够觉察到的对象越多，注意广度就越大；反之，能够觉察到的对象越少，注意广度也就越小。例如，阅读时能一目十行的人注意的广度大于只能逐字逐句地阅读的人。注意的广度受知觉对象的特点、注意有无目的性和知识经验的影响。简单任务下，注意广度大约是 $7\pm2$，即 $5\sim9$ 个项目。

**3. 注意的分配**

注意的分配是指注意在同一时间内指向不同的对象。人能顺利地同时进行两种活动离不开注意分配,例如,司机在驾驶过程中同时关注路况、车速和交通信号等信息。注意的分配受多种条件的限制,如对活动项目的熟练度,即同时进行的几项活动中至少有一项是高度熟练或者达到自动化状态。

**4. 注意的转移**

注意的转移是指注意主动地从一个对象或一种活动转移到另一个对象或另一种活动上去。注意的转移受到原有活动吸引注意的强度的影响,原来活动的吸引力越大,注意转移就越困难。例如,一个沉迷于电脑游戏的孩子很难将注意力从游戏中转移到学习上。同时注意的转移还与个体的神经过程的灵活性有关。注意的转移有别于注意力分散,前者是主体根据任务需要主动地、自觉地将注意指向新的对象或新的活动;后者是被动的,它受到无关刺激的干扰而使注意离开活动任务。

## 二、学前儿童注意发展的特点与规律

### (一) 注意的发生

新生儿无条反射可以说是原始的注意行为。婴儿对规则的人脸图的注视时超过五官换位的人脸图,这种对某些感觉信息比较喜爱,注意它们的时间比较长的现象叫"感觉偏好",它是婴儿注意发展的表现。婴儿期的注意基本属于无意注意,注意极不稳定。

随着婴儿年龄的增长,无意注意的发展逐渐带有预期性,在内部言语的形成基础上他们能够主动调节自己的注意,使注意主动集中在与活动任务有关的事物上,并排除干扰,保持稳定的注意,这种注意属于高级水平的有意注意,有意注意是在无意注意的基础上产生的。

### (二) 注意的发展

**1. 无意注意的发展**

婴儿的注意基本都是被动、无目的性的,那些发光的、运动的、鲜艳的物体容易吸引他们的注意。学前儿童的无意注意已经相当发达。小班儿童的无意注意明显占优势,但容易受到其他因素的干扰而分散注意。中班儿童注意的广度变大,注意稳定性有所提高,他们对于自己感兴趣的活动能够保持较长时间的注意,而且注意的集中程度有所提高。大班儿童无意注意进一步发展,对于感兴趣的活动注意能集中更长的时间,注意也开始指向事物的内在联系和因果关系。

**2. 有意注意的发展**

婴儿末期有意注意开始萌芽,体现在注意发展进程比较缓慢,容易出现注意力分散。3~6岁儿童有意注意逐渐形成和发展,如小班的儿童有意注意的水平很低,能够维持3~5分钟。中班儿童的有意注意在排除干扰的情况下,可维持10分钟左右。大班儿童的有意注意的自觉性和稳定性有所提高,他们能根据成人提出的要求去集中注意,也能自觉地调节自己的注意,使注意服从任务。注意保持的时间能达到15分钟左右。

总之,整个学前期儿童的无意注意占优势,有意注意逐渐发展。

### (三) 注意品质的变化

学前儿童注意的发展,除了表现在无意注意和有意注意的发展,还表现在注意品质的变化上。

① 注意的稳定性：学前儿童注意的稳定性较差，容易受无关刺激物影响，注意的稳定性会随年龄增长而不断提高。表现为3~4岁学前儿童注意维持时间是3~5分钟，4~5岁学前儿童注意维持时间大概是10分钟，5~6岁学前儿童注意能够维持20分钟左右。

② 注意的转移：随着年龄的增长，儿童的注意转移能力会逐渐提高。注意从无意识的转移到意识控制的转移，到学前儿童后期，已经能够熟练地从一个活动转移到另一个活动，而不需要过多的意识控制。他们注意力转移变得更加自动化和流畅，能够迅速适应不同的情境和任务。

③ 注意的广度：学前儿童的注意广度相对较小，在1/20秒的时间内，学前儿童只能把握2~4个对象，且这些对象多为具体形象的事物。随着年龄的增长和经验的积累，学前儿童的注意广度会逐渐扩大。

④ 注意的分配：由于学前儿童能够熟练掌握的技巧较少，在多项活动同时进行时，常常顾此失彼。注意分配方面往往需要成人的指导和帮助，但随着学前儿童活动能力的增强，注意分配的能力也在不断提高。大班儿童做操时，已能既注意做好动作，又注意保持体操队形的整齐。

### 三、学前儿童注意品质的培养

良好的注意品质是在良好的教育条件下形成的。促进学前儿童注意的发展，是学前教育一项不可忽视的任务。所以在教育过程中要注意以下几点。

**（一）注意对象的数量和排列**

由于学前儿童注意的广度比较小，他们不能在很短的时间里注意较多事物。分配任务时，要注意量不可过多，做到简洁明了。例如，课堂提问时，注意不可一下子给出很多问题，应引导学生一题一题逐一解答。注意的广度受到注意对象组合特点的影响，注意对象排列越有规律，越集中，注意的范围就越广，反之就越小，因此在教学中为学前儿童准备的教具和图片排列应该有一定的规律性。

**（二）明确活动目的**

学前儿童年龄越小越容易分心，因此要提醒学前儿童活动目的性，学会转移注意力。例如，画画课上学前儿童正在认真地画小动物，突然出现的一只蜜蜂吸引住大家注意力，他们无心继续画画，都朝蜜蜂飞的方向看，这时候教师通过提问如：蜜蜂有什么特点啊？它跟我们今天画的小动物有什么相同地方？这样就又把话题通过蜜蜂转移到了课堂上。

**（三）建立活动前后的关联**

由于注意转移的快慢和难易，依赖于前后活动的性质、关系。可通过建立活动前后的关联，减少差异，调动他们的好奇心来保证注意的顺利转移。例如，先让学前儿童玩扮演数字宝宝找朋友的游戏，然后学计算，此时，孩子的注意就比较容易转移过来。

**（四）熟练掌握一项活动**

由于学前儿童熟练掌握的技巧较少，注意的分配比较困难，我们将几种活动建立起紧密的联系，注意分配就较容易形成。例如，元旦汇演时，学前儿童上台表演要一边唱歌一边做动作,通过让他们先熟练掌握歌曲,做到不需要太多思考回忆能脱口而出后,后考虑动作与歌曲的意义建立联系,做到听到曲调想起动作,达到协调熟练。

### (五)灵活交替地运用无意注意和有意注意

在学前儿童教育教学中,灵活交替地运用无意注意和有意注意,充分利用学前儿童的无意注意。同时,要注意培养和激发他们的有意注意。在教育教学过程中可以运用新颖、多变、强烈的刺激吸引他们的无意注意。同时,向他们解释进行这项活动的意义和重要性,并提出具体明确的要求,使他们能主动地集中注意,发展有意注意。

## 第三节 记忆的发展

### 一、记忆概述

从信息加工论角度来看,记忆就是对输入信息的编码、贮存和提取的过程。记忆是一个复杂的心理过程,包括识记、保持、再认或回忆(再现)三个基本环节,它是产生思维、想象、言语等高级心理活动的基础。

#### (一)记忆的概念

记忆是人脑对经历过的事物的识记、保持、再现或再认。识记是指识别和记住事物;保持是指在大脑中保存已有的知识经验;回忆和再认是指提取记忆。再认是指经历过的事物再度出现时,能把它认出来。再现是指事物不在眼前时,保存在记忆中关于该事物的信息重现在大脑里。

#### (二)记忆的种类

**1. 根据人在识记时是否有意识参与把记忆分为无意记忆和有意记忆两种**

(1)无意记忆

无意记忆是指个体在没有明确目的的情况下,自然而然地产生和保持的记忆。这种记忆往往是自动发生的,不需要个体的刻意努力和意识参与。记忆信息也比较零散、不系统,容易受外界因素的影响。例如,无意间经过一路口,记住路边广告牌的内容。

(2)有意记忆

有意记忆是指有明确的目的或任务,并需要凭借意志努力的记忆。例如,运用记忆技巧,反复背诵考点。有意记忆需要个体的刻意努力和意识参与,它的记忆效果优于无意记忆

**2. 根据记忆的内容可将其分为形象记忆、情绪记忆、动作记忆和逻辑记忆**

(1)形象记忆

形象记忆是根据具体的形象来记忆各种材料。例如,我们看完电影后演员的形象深深印在脑海里,就是形象记忆。

(2)情绪记忆

以体验过的某种情绪或情感为内容的记忆,叫做情绪记忆。例如,学前儿童害怕打针,

看到医生拿着针就想哭,这种害怕的情绪,就是由情绪记忆引发的。

(3) 动作记忆

以做过的运动或动作为内容的记忆,叫做运动记忆。例如,我们学习游泳时要记住手脚协调的动作的记忆,就是运动记忆。

(4) 逻辑记忆

以语词、概念、公式和规律等逻辑思维过程为内容的记忆,叫做逻辑记忆,也叫语词记忆。这种记忆方式依赖于对识记材料内容、意义及其逻辑关系的理解来进行记忆。例如,我们对数学公式的记忆,就是逻辑记忆。

**3. 根据记忆信息储存时间的长短来分类,可分为感觉记忆、短时记忆、长时记忆**

(1) 感觉记忆

感觉记忆又叫瞬时记忆、感觉登记,外界信息首先经过感觉器官进入感觉记忆,信息按照感觉输入的原样在这里登记下来。例如,我们在看电视时一个画面在我们脑海里一闪而过。感觉记忆主要靠图像和声像进行编码,记忆材料保持的时间很短,视觉感觉记忆的作用时间约在 0.5 秒以内,声像记忆的时间可能保持较长时间,达到 4 秒左右。所以它具有时间短、形象鲜明、容量较大、信息原始的特点。

(2) 短时记忆

短时记忆又称工作记忆,它是指记忆信息保持的时间在一分钟以内,一般认为约为 15~30 秒,甚至更短时间的记忆。例如,我们刷视频时看到一句话觉得挺有道理试着记下来,接着刷后面视频时试图回忆刚刚那句话,却想不起来。短时记忆中的信息经过复述后将进入长时记忆,信息没有得到及时复述将会遗忘,所以复述是短时记忆的重要保持机制。

短时记忆的容量有限,大约是 7±2 个组块,所谓组块是指将若干较小单位(如单词、数字、概念等)联合成有意义的、较大的信息单位的过程。组块的大小与人的知识经验有关。

(3) 长时记忆

长时记忆是指存储时间在一分钟以上的记忆。例如,你现在能回忆起学前儿童园时发生的事,考试时能够回忆起来的知识点,这些都属于长时记忆。也可以说,长时记忆是一个信息储存库,它的容量巨大,可以长期保持记忆信息。长时记忆使我们的过去、现在和将来连成了一个整体。

**4. 根据记忆时对材料是否理解,可以分为机械记忆和意义记忆**

(1) 机械记忆

机械记忆也称为死记硬背,它是指在不了解识记材料意义的情况下,只根据材料的表现形式,采用简单重复方法的一种记忆。例如,我们在记一个电话号码时,会通过多次反复念出声来记住它,这种记忆不强调对信息的理解或掌握信息之间的逻辑关系。

(2) 意义记忆

意义记忆则是指在理解材料意义及把握材料内容的基础上进行的识记。它强调对材料内在逻辑联系和意义的深入理解,而非简单的重复和死记硬背。意义记忆是一种高效且持久的记忆方式,它要求学习者在理解的基础上进行识记。通过深入理解材料、建立联系、多次复习和运用多种记忆方法,意义记忆的效果优于机械记忆。

## 二、遗忘概述

遗忘是指经历过的事物不能重现和再认或者是错误地重现和再认的现象。导致遗忘的原因,一是记忆痕迹的消退,二是与记忆中信息发生互相干扰。德国心理家学艾宾浩斯以无意义音节作为记忆材料研究遗忘现象时发现,遗忘的进程是不均衡的,遗忘在记忆发生那一刻便开始了。最初,遗忘的速度特别快,后期则逐渐减慢,即遗忘的进程先快后慢。

遗忘进程除了受时间因素的制约,还受到记忆材料的影响,包括记忆材料的重要性和性质。一般来说记忆材料对人来说越重要,越不容易被遗忘。例如,在学习中对学生来非重点的知识点容易遗忘。记忆材料越多,越容易遗忘,还有记忆材料的系列位置也会影响记忆效果。最先记忆和最后记忆的材料遗忘的最少,中间位置的内容则容易遗忘。这与记忆中信息发生互相干扰有关,具体表现为前摄抑制与倒摄抑制。前摄抑制是指先学习的材料干扰后学习的材料的记忆;倒摄抑制指后学习的材料干扰先学习的材料的记忆。系列材料的记忆过程中,最先记忆的内容只受倒摄抑制的影响,最后记忆的内容只受前摄抑制的影响,中间部分则受两种抑制的影响。

## 三、学前儿童记忆发展的特点与规律

### (一) 记忆的发生

人的记忆最早出现的时间并没有一个固定的答案。平均而言,人们能回忆起的最早记忆可能是在两岁半左右,但这也受到多种因素的影响。对于个体而言,记忆最早出现的时间可能更早或更晚。婴儿期的记忆都是无意记忆的,记忆保持的时间较短,一般随年龄增长而逐渐延长。婴儿再认发生早于再现,早期的记忆只有再认,到1岁末开始出现比较明显的再现。

### (二) 无意记忆和有意记忆的发展

整个学前期儿童以无意记忆为主,有意记忆开始发展。学前儿童早期的记忆是被动的,还难于主动服从于一定的目的,但在成人的要求下,会出现有意记忆,特别是学前儿童中后期,有意记忆逐步发展,他们不仅能记住需要记住的事物,还能运用记忆方法进行记忆。例如,把"2"想象成鸭子来记忆,即用意义联系的方法来记住数字。学前儿童无意记忆效果优于有意记忆,学前儿童两种记忆的效果都随年龄的增长而提高。

### (三) 形象记忆和语词记忆的发展

形象记忆比语词记忆出现得早,所占比重也更大。语词记忆出现比较晚,是因为受到言语的发生发展的影响,儿童善于记住那些形象鲜明、具体生动的事物,如生动的图片、有趣的故事等,不容易记住那些概括性、抽象性的语词材料。形象记忆和语词记忆都是随着年龄增长而提高,但语词记忆能力提高速度会更快,表现为两种记忆效果的差别随着年龄的增长逐渐缩小。

### (四) 机械记忆和意义记忆的发展

一般来说,儿童机械记忆用得较多,意义记忆效果也更好。这主要是由于他们缺少足够的知识经验,加上理解能力偏弱,不善于发现材料本身的内在联系,对于某些难以理解或比较生疏的材料,他们常常只能机械地、重复地去记忆。对于那些容易理解或比较熟悉的材料,他们常常运用意义记忆。意义记忆的效果往往比机械记忆好,两种记忆的效果都随着年龄的增长而不断提高。

### (五) 记忆的保持和恢复

学前儿童记忆的持久性与先学前儿童(1~3岁)相比有了相当发展。记忆保持时间随着年龄的增长而逐渐延长。儿童再认能力比再现能力强,他们在看到熟悉的事物时容易认出它,主动回忆起来则相对困难。

### (六) 记忆的精确性和准备性

虽然学前儿童记忆的持久性有了相当的发展,但相比之下,记忆的精确性和恢复的准备性还比较差。例如,复述故事时,常常只能讲出个别情节,而忘了基本内容,年龄越小的儿童越是这样。或者把一些相似的材料混淆起来。例如,常常"6""9"不分;也容易把想象的东西当作现实,把记忆与想象混为一谈。随着儿童经验的丰富,分析综合能力的增强,记忆也逐渐精确起来。

记忆的准备性是指在必要时能够迅速地把记忆中所保存的信息提取出来。学前儿童记忆恢复的准备性也比较差,常常不能及时提取出所需要的材料。这是因为学前儿童还缺乏对记忆材料进行分析、综合、加工整理的能力,记忆仓库中材料往往是零乱不成体系的,因而提取时比较费劲,难以及时恢复记忆材料。

## 四、学前儿童记忆的培养

### (一) 充分利用无意记忆

由于学前儿童的无意记忆占优势地位,因此,我们不应过多强求学前儿童为记而记,而应当采取多种方法、措施,充分利用学前儿童的无意记忆,提高记忆的效果。

学前儿童无意记忆的效果依赖于以下条件:

① 客观事物本身的特征。新奇、生动、形象、鲜明的事物最容易引起儿童的注意,最能引起儿童高度注意的事物也最易留下深刻的印象。因此,要求学前儿童记住的事物最好是能够吸引学前儿童注意的事物。

② 记忆内容与学前儿童的关系。对学前儿童来说具有重要意义、符合他们兴趣、能够满足他们需要、激起他们强烈情绪体验的事物,容易被他们记住,并且经久不忘。因此,应尽量采用儿童喜闻乐见的形式(故事、游戏等)进行教育,寓教育于娱乐中。此处,教学过程中可以设一些疑点,引起学前儿童的惊讶、怀疑,以加强记忆。

③ 学前儿童的情绪状态。由于学前儿童记忆具有强烈的情绪性这一特点,要特别注意不要引起学前儿童不良的情绪体验。恫吓、打骂孩子是错误的。这种教育方式带来的惊恐和痛苦会给孩子留下极深的印象,甚至会形成儿童的不良性格,如胆小、撒谎等。

④ 多种感官的参与。多种感觉器官参加的活动,无意记忆的效果会更好。一个新东西,如果只是看看,或者只听别人说说,记忆效果就比较差。如果既听别人讲,又亲眼看,还

能摸一摸,玩一玩,则记忆效果较好。

### (二) 重视培养有意记忆

有意记忆的形成和发展与学前儿童言语系统调节机能的增长有着密切的联系,同时,与成人的教育要求是分不开的。学前儿童期,言语调节机能已初步形成,儿童可以按照成人的言语引导来支配自己的行为和心理活动,继而学着用自己的言语调节行动。因此,成人在组织学前儿童的各种活动时重视培养孩子的有意记忆。那么,怎样才能提高有意记忆的效果呢?

首先,明确记忆的任务。学前儿童记忆的效果差,是因为儿童在活动中没有明确的记忆任务。当记忆对象是完成活动任务的手段时,他们就容易意识到记忆任务,记忆效果也就更好。例如,在玩"开商店"的游戏时,记住各种商品的名称或特征是进行游戏(扮演售货员或顾客)的必要条件,记不住这些游戏就无法开展,学前儿童想玩游戏的需求就不能得到满足。在这种情况下,儿童很清楚地意识到记忆任务,有意记忆的效果自然也就提高了。

其次,激发活动动机。活动动机对有意记忆的效果影响很大,通过调动学前儿童活动的兴趣,激发学前儿童产生积极的活动动机。

此外,还可以用活动满足他们的需求,学前儿童在完成自己感到迫切需要完成的实际任务时,有意记忆的效果最好。

### (三) 形象记忆与语词记忆相结合

在对学前儿童进行教育教学的过程中,应该引导他们将形象记忆和语词记忆相结合,以提高记忆效果。例如,在指导学前儿童观察事物时,应加以语言提示说明。这样,不仅能够提高教育效果,而且能促进学前儿童记忆的发展。教育教学中,教师如果遵循直观性原则,也能提高学前儿童对语言材料的记忆效果。

### (四) 机械记忆与意义记忆相结合

由于意义记忆的效果优于机械记忆,所以教师应注意引导学前儿童进行意义记忆。传授新知识时应当讲解,帮助学前儿童将新旧知识联系起来,在理解的基础上进行记忆。我们强调意义记忆,反对死记硬背,并不是不让学前儿童进行机械记忆,适当的机械记忆也是必要的。最好的办法是帮助学前儿童在理解记忆内容的基础上再进行机械记忆。

### (五) 及时复习,防止遗忘

根据遗忘进程先快后慢的规律,刚记住的知识和技能,应抢在遗忘速度最快的时候及时复习。否则,等到忘得差不多时再复习,复习效果就会事倍功半。此外,复习频率应该先密后疏。一开始复习,复习时间间隔要短些,遗忘速度最快的时候,抓紧复习,通过多次反复地巩固记忆,随着遗忘速度减慢,复习的时间间隔也可以逐渐拉长。

由于干扰可能导致遗忘,所以消除或减少干扰有利于记忆。例如,在学前儿童学习一种材料还不巩固时,应尽量避免立刻学习类似的材料,以免两者之间互相干扰,影响学习效果。再如两种学习活动之间应有一段休息时间,适当的休息能够消除疲劳,防止前后两种学习活动相互干扰,以巩固记忆效果。

## 第四节　思维的发展

### 一、思维概述

思维也是人脑对客观现实的反映，这种反映不同于感知觉，它反映的是客观事物共同的、本质的特征和内在联系，即揭示事物的本质和规律，预见事物的发展。思维是人类特有的一种高级认识活动。

**（一）思维的概念**

思维是人脑对客观现实的概括和间接的反映，它反映的是事物的本质和事物间规律性的联系。思维具有间接性和概括性，这也是理解思维活动时不能忽视的两个重要特征。

**（二）思维的特征**

思维的间接性是指人借助已有的知识经验理解或那些没有被直接感知过的事物，预见和推测事物发展的进程。例如，气象学家能够从太空拍摄地球的云图，通过分析云图的变化，推断出未来的天气趋势。思维的概括性是指概括出同一类事物的共同特征和本质特征或者概括出事物与事物之间的内在联系和规律。例如，各种各样花草树木都可以用"植物"这个概括性词来标志。事物与事物之间的内在联系和规律，也是通过思维概括出来的，具体的表现形式有概念、定义、定理、规律、法则等。

**（三）思维的种类**

**1. 根据思维形态的不同，可以将思维分为形象思维、抽象思维和动作思维**

（1）形象思维

形象思维是用表象来进行分析、综合、抽象、概括的过程。它的加工材料是表象，表象是指事物不在面前时，人们在头脑中出现的关于该事物的形象。儿童就是靠头脑中的实物表象来进行口算，在计算"3＋3"等于多少时，他们会把"3"想象成3个苹果来进行运算。

（2）抽象思维

抽象思维是在感性认识的基础上，通过概念、判断、推理等思维形式来揭示事物的内在联系、本质联系的过程。例如，我们要求证数学中的某一定理，就要运用数学符号和概念来进行推导。抽象思维是人类思维发展的重要阶段，标志着个体认知能力的显著提升。

（3）动作思维

动作思维也称实践思维，它是指在思维过程中以实际动作为工具的一种思维，其突出特点思维要伴随实际动作来解决问题，离开动作思维也就停止。例如，3岁前儿童常常一边做一边思考，这种思维就是动作思维。

**2. 根据思维过程中的指向性不同，可将思维分为发散思维和聚合思维**

（1）发散思维

发散思维是指思考问题时信息朝各种可能的方向扩散，并引出更多新信息，从各种设想出发,不拘泥于一个途径,不局限于既定的理解,尽可能做出合乎条件的多种解答。发散思维的主要功能是求异与创新。例如,要求列举出回形针的各种用途。答案是多种多样,有整理文件、书签、钥匙扣、DIY手工、别针等。这些答案把回形针的用途从一个领域拓展到了更多的领域,发散思维能够使人们拓展思路。

(2) 聚合思维

聚合思维又称集中思维,是指思考中信息朝一个方向聚敛前进,从而形成单一的、确定的答案的认识过程。聚合思维的主要功能是求同。例如,在药物研发过程中,科学家们会收集大量的临床数据和实验结果,进行聚合分析,以评估药物的疗效和安全性。

**3. 根据思维过程中思维活动新颖程度的不同,思维可分为常规思维和创造性思维**

(1) 常规思维

常规思维,也称为再造性思维或传统思维,主要依赖于人们已经获得的知识经验和固定的思维模式来解决问题。它遵循常规的方法和程序,倾向于使用已有的解决方案或模式来应对问题,表现出较强的稳定性和可预测性。例如,当电脑出现卡顿或死机时,我们会先尝试重启电脑或清理系统垃圾等方法来解决问题。

(2) 创造性思维

创造性思维则是一种能够产生新的、独特的、有价值的思维成果的思维方式。它不受传统思维模式的束缚,敢于挑战常规,寻求新的视角和解决方案。例如,英国小职员吉姆对滑冰情有独钟,但他发现除冬季以外很难找到适合滑冰的地方。于是,他创造性地将鞋子和轮子结合起来,发明了四季都能用的旱冰鞋。创造性思维的特征包括流畅性、变通性和独特性,这些特征使得人们在面对未知或挑战时,能够灵活应变、提出新颖的想法和见解。

## 二、学前儿童思维发展的阶段与特点

学前儿童思维发展要经历直觉行动思维、具体形象思维和抽象逻辑思维这三个阶段。

**1. 直觉行动思维阶段**

人类最初的思维方式是直觉行动思维。3岁前儿童思维的基本特点是直觉行动性,思维只有在直接感知具体事物时才能进行。例如,儿童在没有看到别的小朋友在玩火车玩具时,也常常想不起自己家的玩具火车。另一方面,这种思维只有在行动中才能进行。例如,儿童在口算"1+2"的时候,必须扳手指头才能进行。此外,3岁学前儿童的思维还具有以自我为中心的特点,瑞士心理学家皮亚杰通过三山实验所发现的"自我中心"的视角,就是儿童思维的典型特征。

**2. 具体形象思维阶段**

具体形象思维是指依靠有关事物的具体形象或表象进行的思维。它是学前儿童的主要思维方式。例如,学前儿童会指着天上的白云问:"白云是不是地上的棉花变的?地上的棉花被风吹到天上,就变成了白云。"他们总是根据自己生活中的直接经验去思考和理解新问题。

**3. 抽象逻辑思维阶段**

学前晚期,抽象逻辑思维的萌芽。例如,在体积守恒实验中,大班某些儿童已经能摆脱形象的干扰,做出正确的判断,但说不出更多的道理,只知道:"这还是那杯水。"还有的儿童会说:"这杯子的水高了,但杯子细了。"此时的抽象逻辑思维还相对简单,但标志着儿童思维发展的一个重要转折点。

综上所述,学前期儿童以具体形象思维为主,思维从直觉行动思维向具体形象思维和抽象逻辑思维发展。

### 三、学前儿童思维能力的培养

思维是高级的认识过程,是智力的核心。培养儿童的思维能力能促进他们认知的发展、提升问题解决能力,家长和教育者应高度重视对儿童思维能力的培养,建议可以从以下几方面进行:

**1. 丰富感性知识**

由于儿童思维主要依靠动作和表象来进行,因此,感性知识和直观经验是否丰富,会影响儿童思维的发展。教师应有意识、有计划地在班级内组织各种实践活动(科学实验、手工制作等),并为儿童提供丰富的活动工具,例如,计算时可提供小棍、珠子、小玩具等,让他们边摆边算。儿童通过动手操作和亲身体验,可以丰富他们的感性知识及其表象。

**2. 发展语言能力**

语言是抽象逻辑思维的工具。借助于语词的抽象性和概括性,学前儿童才得以逐渐摆脱对实际行动的依赖,摆脱表象的束缚,促进自身思维向更高水平发展。在日常生活中,我们可以通过鼓励儿童多读书、多交流,提升他们的语言表达能力和沟通能力。教师应在学前儿童理解抽象词语的基础上,不断丰富他们的词汇,以增强学前儿童对事物的概括能力。

**3. 教授正确的思维方法**

随着年龄的增长,思维的工具越来越丰富,如何使用这些工具,需要掌握正确的思维方法。常见的思维方法有分类、归纳、比较、判断、推理等。可以引导孩子将日常生活中的物品或事物根据颜色、形状、用途等属性进行分类和归纳。例如,整理玩具时引导儿童将玩具车归为一类,将玩具水果归为另一类。

**4. 激发求知欲,保护好奇心**

家长和教育者可以通过提问的方式激发儿童的求知欲,引导他们主动探索未知领域。例如,带学前儿童走进大自然中看到彩虹,可以询问儿童彩虹是怎么形成的,并鼓励他们去寻找答案。学前儿童对周围未知东西充满好奇,经常会围着大人问"为什么?",这时候我们对儿童表现出的好奇心和探索精神,要及时给予表扬和鼓励。对于他们提出的问题不要急于给出答案,而是要引导他们自己去思考、探索。

## 第五节 想象的发展

### 一、想象概述

想象是一项比较复杂的心理活动,一般随着经验的积累和思维的发展才会出现。想象加工的材料来自对客观现实的感知,人总是根据自己已有的知识经验,记忆表象进行想象。例如,莱特兄弟发明飞机,其灵感来自于自由自在飞翔的小鸟。所以,想象归根结底也是对客观现实的反映。

**(一) 想象的概念**

想象是对大脑中已有的表象进行加工改造而建立新形象的过程。想象有三大基本特征:形象性、新颖性和主观性。形象性是指想象主要依赖于具体形象或图形作为媒介,通过形象化的方式来表达和构建新的认知。新颖性表现在想象常常打破常规和传统的思维方式,创造出前所未有的新形象或情境。想象是主观的心理活动,常受到个体经验、情感、愿望和期望等因素的影响,因此具有主观性。

**(二) 想象的种类**

**1. 根据想象有没有目的,可划分为无意想象和有意想象**

无意想象没有预定的目的,而是在某种刺激物的影响下,被动的,不由自主地想象出某种事物形象的过程。例如,看到天上的白云,我们会下意识地把它想象成各种动物。

有意想象是主动的、有目的的想象,它是根据一定的任务而进行的想象的过程。例如,建筑师根据设计图纸想象建筑物建成后的样子。

**2. 根据想象独立性和创造性程度的不同,分为再造想象和创造想象**

再造想象是根据一定的图形、图表、符号,尤其是语言文字的描述说明,形成关于某种事物的形象的过程。例如,听故事时,大脑中就会浮现关于故事的情景,这就是再造想象。

创造想象比再造想象复杂得多,创造想象是一个人根据自己的想法,独立地去构造新形象的过程。创新想象具有新颖性、独特性。例如,漫画家宫崎骏在漫画中创造一个天空之城,就属于创造想象。创造想象是创造性活动中不可缺少的成分,因而在人类进步中有着不可估量的作用。

## 二、学前儿童想象发展的特点与规律

**(一) 先学期儿童想象发展特点**

幼儿想象的萌芽通常出现在1岁半至2岁,主要通过动作和语言表现出来。例如,在玩过家家游戏时,儿童会把自己想象成妈妈去照顾别人,游戏过程中一边说一边做。最初的想象,基本是记忆表象的重现与新的情境相结合。

**(二) 学前儿童想象发展特点**

学前儿童的想象处于初级阶段,水平并不高,以无意想象和再造想象为主,有意想象和创造性想象刚开始发展。学前儿童想象发展的特点具体表现在以下几个方面。

**1. 想象主题不稳定**

学前儿童的想象常常没有主题,即使有主题也容易变化。例如,一位小班儿童在画画前告诉老师:"老师,我要画一朵花!"当他画一个大圆形后看看同学发现他在画太阳,就说:"我要画一个红太阳"说完拿起一支彩笔在上面使劲涂了起来。

**2. 以想象的过程为满足**

小班儿童表现得最明显,比如小班儿童画出的东西之间毫无关系,但在画画过程中儿童却感到极大地满足,除对绘画过程本身感兴趣之外,没有其他目的。听故事也是这样。小班儿童对"灰姑娘"等童话故事百听不厌,因为他们对这些故事中的形象比较熟悉,可以一边听,一边想象,这个过程能够让学前儿童感到极大的满足。

**3. 有意想象开始发展**

学前儿童的想象虽然以无意性为主,但有意想象开始发展。当学前儿童可以做到先想清楚画什么然后按照预想的去画,说明他们的想象已经开始具有一定的目的性。有意想象不仅要有预定目的和比较稳定的主题,而且要能主动地监督整个想象过程进展的情况。例如,学前儿童在看图说话的过程中基本是围绕图画的主题来讲述,虽然有时偏离主题,但能够自动回到主题上来。

**4. 以再造想象为主,创造想象开始萌芽**

学前儿童的想象以再造想象为主,想象过程依赖于成人的语言描述和具体的事物,例如,角色扮演的游戏中儿童需要老师的语言提示或借助玩具来展开想象。在再造想象的基础上,学前儿童的创造想象也开始萌芽并发展。例如,学前儿童在看图说话中能讲出与图画主题有关,但却不在图画里的情节,这就是创造性想象的表现。

**5. 想象具有夸张性**

学前儿童想象夸张性主要表现在两个方面:

第一:夸大事物的某个部分或某种特征。学前儿童在想象过程中常常喜欢夸大事物的某一部分或某种特征,这与学前儿童没有抓住事物的本质和主要特征有关。例如,在绘画中,他们可能会把长颈鹿的脖子画得非常长,甚至画到天空中。

第二:想象与现实相混淆。例如,在做游戏时,有的孩子会把游戏中的针筒当成打预防针的针,当看到针筒时会露出害怕的表情。有时学前儿童讲的事情并没有真实发生,这不是他们有意撒谎,而是混淆想象与现实。学前儿童的认知和情绪都会导致把想象的内容当作真实发生。例如,当学前儿童特别渴望拥有一把玩具手枪时,就告诉其他同学说爸爸给他买了一把玩具手枪,实际上爸爸并没有给他买过。对于此类情况,中、大班儿童有所减少,表现在他们开始不喜欢听童话故事,喜欢听真实发生的事。这说明他们能够区分想象与现实。

### 三、学前儿童想象力的培养

学前儿童期是儿童想象非常活跃的时期。在这一时期,应该重视学前儿童想象的发展,以此促进他们的智力发展。概括起来讲,发展学前儿童的想象应从以下几个方面入手:

**1. 丰富学前儿童的感性经验**

丰富学前儿童的感性经验,使他们多获得丰富的想象加工材料。想象出来的形象大多来自对客观现实的感知,因此可以多带儿童接触大自然,获得感官经验。课堂上多用实物教具,也可以走出教室,到自然情境中让学前儿童多看多听多摸摸,丰富对事物的感知经验。

**2. 启发并鼓励儿童大胆想象**

通过向孩子提出开放式的问题激发孩子的想象力,例如,"如果你可以去外太空旅游,你最想去哪个星球?为什么?"当孩子在面对问题时,鼓励他们从不同角度思考,尝试提出多种思路,鼓励他们大胆地想象。最后无论孩子的想象结果多么不可思议,都要给予正面的反馈和鼓励,避免使用否定或批评的语言。

**3. 提供丰富的刺激材料**

为学前儿童提供绘画、手工等艺术材料,让孩子通过创作来表达自己的想象。以及提供能够激发儿童想象力的玩具,如积木、玩偶、拼图、角色扮演的道具,让孩子在玩耍中自由发挥想象。通过听故事续编故事,激发孩子的想象力。

**4. 重视语言活动教育**

学前儿童的想象常常依赖于语言文字的描述说明,语言活动是培养学前儿童想象力的一个重要途径。通过语言引导,使儿童的想象围绕一定的主题进行,促进有意想象的发展。例如,在续编故事中,教师把故事的前半部分讲给学前儿童听,让学前儿童去续编故事的结尾,学前儿童展开想象的翅膀畅所欲言,以此发展学前儿童有意想象和创造性想象。

## 第六节 言语的发展

### 一、言语概述

言语是一种社会现象,它是在人类社会形成和发展的过程中逐渐产生的。人类社会历史、文化知识通过言语得以传承,所以它又是人类文化传承的载体。日常生活中人们常常将言语和语言混淆,言语与语言是两个不同的概念,语言是由词汇按照一定的语法所构成的符号系统,是人类所特有的重要的交际工具。语言则是言语的工具,二者在生活中是相伴相生的。

**(一)言语的概念**

言语是个体借助语言传递信息的过程,也就是理解语言和用语言表达思想的过程。

**(二)言语的种类**

心理学中的言语分为两类:外部言语和内部言语。

**1. 外部言语**

外部言语是与他人交流时所使用的一种工具,这种言语一般是前后连贯的、完整的,比较合乎语法规则。外部言语包括口头言语和书面言语。

(1)口头言语

口头言语就是我们通过嘴巴说出来的语言,它的物质承担者是语音。口头言语容易受到语言能力和表达能力的限制。它包括对话言语和独白言语两种形式。

对话言语是在一对一或一对多进行交谈时的一种言语活动,比如聊天、讨论等。对话言语的突出特点是"情境性",即对话者之间除了通过语言传递信息,还可以通过他人表情、动作等领会对方所要表达的意思。这种言语还有一个特点是,彼此之间的交流是双向或多向的,有较强的互动性。

独白言语是一个人在比较长的时间内独自进行的言语活动,比如演讲、讲课等。在这种言语形式中,一个人是主要的发言者,其他人则作为听众来接收和理解信息。独白言语不具有互动性,发言者甚至脱离说话的情境,只需用连贯、准确的言语表达自己的意思即可。所以,独白言语比对话言语更复杂,出现的时间也更晚。

(2) 书面言语

书面言语是借助于文字来表达思想或者通过阅读来理解他人思想的语言形式,具有展开性、计划性、随意性的特点。展开性表现在作者对可疑系统阐述观点,对某一问题进行深入剖析;计划性表现在作者预先构思好提纲,通过较长时间的酝酿不断修改和完善;随意性表现在作者可以通过反复修改准确生动表达自己的意图,供读者自由阅读。书面言语广泛应用于各种场合,如学术论文、文学作品、新闻报道等。

**2. 内部言语**

内部言语既不出声,也不用文字形式呈现,其是在内心中进行的一种言语活动。内部言语是指向自己,当我们在思考、默读、听课、看视频等过程中出现的一种内在的言语活动,隐蔽性是它的特征之一。内部言语是一种特殊的言语活动,它与思维有着更为直接的联系,具有调节自己的心理活动和行为的作用,不具备交际功能。内部言语具有简略性,一般比外部言语更压缩和概括。思考问题时,头脑中闪现的一个词或一个词组往往就可以代替一句话,甚至代替一系列意思。

内部言语和外部言语之间存在着密切的关系。一方面,内部言语是在外部言语的基础上产生的。没有外部言语的积累和训练,人们就难以形成内部言语的能力。另一方面,当人们计划自己的外部言语时,内部言语常常发挥着重要作用。它能够帮助人们构思和组织语言,使外部言语更加准确、流畅和有条理。

## 二、学前儿童言语发展的特点与规律

儿童言语的准备是0~1岁,言语活动是一个逐渐形成的过程,儿童从出生时发出第一声哭喊到说出第一个词,这中间大约需要一年的准备时间。

**(一)婴儿期是儿童言语的准备期**

婴儿言语的准备,大致经历三个阶段。

**1. 简单发音阶段(1~3月)**

当成人引逗婴儿时,会发出 a、e 等单个音。这阶段的发音是一种本能行为,天生聋哑的儿童也能发出这些声音。

**2. 连续音节阶段(4~8月)**

这一阶段,婴儿会连续重复同一音节,如 ma—ma—ma,但这些音还不具有符号意义,但显示婴儿发音能力的显著提升。

**3. 模仿发音—学话萌芽阶段(9~12月)**

这一阶段,儿童开始能模仿成人的音调和语气,这标志着学话进入萌芽阶段。婴儿逐渐地把某些语音和具体事物主动建立联系,开始理解词义。9~10个月以后,婴儿开始能够领会成人的话并按成人的话做一些动作。例如,成人说"欢迎",他会拍拍双手以示欢迎。同时,婴儿也开始能发出一些词音表示一定的意思。但他们能发出的词音只有很少几个。

### (二) 儿童言语的形成(1~3岁)

儿童言语发展的基本规律是:先会听懂,后会说。1~3岁是儿童言语形成的重要时期,可分为三个阶段:

**1. 单词句阶段(1~1.5岁)**

1~1.5岁儿童理解言语的能力发展较快,在此基础上,开始主动说出一些词。他们不仅用一个词代表多种物体,而且用一个词代表一个句子,如:"抱"表示他想要妈妈抱。因此这阶段称为单词句阶段。

(1) 理解词的特点

① 由近及远:儿童最先理解的是他经常接触的事物或者人的名称,如"玩具""爸爸";其次是接触较少的物体的名称,如"学校""雪山"。

② 固定化:这阶段儿童对词的理解比较狭窄,呈现固化的特点。例如,"爸爸"就是指自己的爸爸。对物体的名称理解是同该物体以及物体所处的具体情景相联系的。例如,提到"小狗",他所理解的小狗就是蹲在家门口的那只狗。

③ 词义笼统:这阶段孩子对词的理解非常不确切,一个词常常代表多种事物。例如,他们会把毛茸茸的动物都称为"猫猫"。这说明他对词义的理解是笼统的、不精确的。

(2) 说出词的特点

① 单音重叠:他们喜欢说重叠的字音,如"帽帽、衣衣"等。还喜欢用象声词代表物体的名称,如把小狗叫做"汪汪"。

② 一词多义:说出的词往往代表多种意义。例如,见到猫,叫"猫猫",见到带毛的东西,如毛手套,也叫"猫猫"。

③ 以词代句:这阶段的孩子用一个词代表一个句子。例如,"拿"这个词,有时代表他要拿奶瓶,有时代表他要拿玩具,还有时代表他要拿别人手里的东西。

**2. 出现简单句的阶段(1岁半~2岁)**

这一阶段儿童言语的发展主要表现在开始说出简单句,但是这时说出的句子还很不完整,具体表现有:

① 句子简单短小,这一阶段孩子说出的句子都很简单、短小,只有3~5个字;

② 句子不完整,孩子虽然已能说出不少句子,但所说的句子往往缺字漏字。比如"妈妈,穿鞋"(妈妈,给我穿鞋);

③ 词序颠倒,1岁半至2岁孩子所说的句子,时常有颠倒词序的情况。例如,"不对起"(对不起)。

**3. 出现复合句的阶段(2~3岁)**

这一阶段孩子终止婴儿语的时期,言语发展主要表现在词汇的大量增加,出现许多比较完整的和复杂的句子。具体表现有:

(1) 词汇量迅猛增加

2~3岁孩子的词汇增长速度非常快,几乎每天都在增长。他们学习新词的积极性非常高,经常指着某些物体问:"这是什么?""那是什么?"到3岁时,孩子已能掌握1000个左右的词。

(2) 会说完整的简单句和少量的复合句

在良好的教育条件下,2~3岁的孩子渐渐能够用简单句表达自己的意思,并开始会说一些较长且结构完整的复合句。复合句是指两个或两个以上的单句通过连接词组成的句子。如"我喜欢画画,小明喜欢跳舞"。

### (三)学前儿童言语的发展

学前儿童言语的发展主要表现在语音、词汇、语法、言语表达能力及言语功能的发展等方面。

**1. 语音的发展**

学前儿童语音的发展主要表现在两方面:

(1) 逐渐掌握本族语言的全部语音

3~4岁儿童能基本掌握本民族语言的全部语音。4岁左右是培养儿童正确发音的关键期,在这时期,儿童几乎可以学会世界上各民族语言的任何发音。3~4岁以后,儿童发音开始稳定,开始局限于本族或本地语音,年龄越大越如此。这时,再开始学习其他方言或外语的某些发音就可能感到困难。

(2) 对语音的意识开始形成

语音的意识开始形成表现为儿童开始能自觉地辨别自己的发音是否正确,自觉地模仿别人的正确发音,主动纠正错误的发音。语音意识的发生和发展,使儿童能够自觉、主动地调节自己语言的学习活动,这对掌握一门语言是非常必要的。

**2. 词汇的发展**

词汇的发展是言语发展的重要标志之一。学前儿童词汇的发展主要表现在词量的增加、词类范围的扩大以及对词义理解的加深三个方面。

(1) 词量迅速增加

学前期是人一生中词汇增长最快的阶段,几乎每年都会增长一倍。3岁学前儿童的词汇约达1000~1100个,4~5岁是儿童词汇量增长的活跃期,呈现爆发式增长,词汇约达3000个,当然,受生物和环境因素的影响,儿童词汇数量个别差异也比较大。

(2) 词类范围日益扩大

学前儿童词类的扩大表现在从掌握实词,逐渐发展到掌握虚词。他们最先掌握的是实词中的名词。随着年龄的增长,他们也能逐渐掌握一些介词、连词之类的虚词,但这些虚词在词汇中所占的比例较小。在掌握的词类中,最初名词占主要地位,之后所占的比例逐渐减少,4岁以后,动词的比例开始超过名词。

(3) 词义逐渐加深和准确

学前儿童词义理解的加深和准确表现为,先理解一些具体的词汇,发展到理解比较抽象概括的词。例如,儿童起初只会说"筷子",后来能说出"餐具"。不过3岁前儿童仍难理解词的隐喻和转义,典型表现他们听不懂反语。例如,孩子不愿意分享玩具,家长说:"你真是个大方的人,从不和别人分享。"孩子可能无法理解这种带有讽刺意味的句子,而认为家长在称赞他

**3. 基本语法结构的掌握**

儿童掌握基本语法结构的过程有以下几个特点：

(1) 句型从简单到复杂

儿童句型发展从会说单词句、双词句、简单句发展到复合句。

单词句即由一个词代表一个句子，如"吃"。双词句是由两个词组成的句子，如"宝宝吃"。这些句子结构不完整，所以称之为"电报式语言"。简单句一般不超过5个字，句子结构一般是主谓结构句，如"宝宝吃饭"和谓宾结构句，如"坐车车"，有时也出现主谓宾结构句，如"宝宝要吃饭"。随着儿童年龄的增长，复合句在整个句子总量中的比例逐渐增大，并开始出现连接词，如"宝宝饿，所以要吃饭"。但整个学前儿童期还是以简单句为主。

(2) 句子结构和词性从混沌一体到逐渐分化

儿童早期只会说一些主谓语不分的单词句，单词句逐渐分化为含有主谓结构和动宾结构的双词句。再往后掌握一些句子结构完整带有连接词的复合句，句子的结构越来越复杂，层次也越来越分明了。

儿童早期所掌握的词不分词性。如"妙——呜"，既可当名词（小猫），又可当动词（咬人）。随着年龄的增长，才在使用中逐渐分化出修饰词和中心词，形容词和名词等词的性质。

(3) 句子结构从松散到逐步严谨

儿童最初的句子结构较为松散，常常漏掉或缺少一些句子成分。比如有的3岁多的孩子把"你用筷子吃饭，我用小勺吃"，说成"你吃筷子，我吃勺子"；把"老师，我要出去"，说成"老师出"。儿童最早出现的无连接词的复合句，句子结构也不严谨。

**4. 言语表达能力的发展**

随着词汇的丰富和逐渐掌握语法结构，学前儿童的言语表达能力也逐步发展起来，具体表现有：

(1) 从对话言语逐渐过渡到独白言语

3岁以前，儿童的言语形式基本上都是对话言语，他们的言语主要发生在回答他人问题，进行对话互动上。3岁之后，儿童独白言语刚刚开始形成，但发展水平还很低。表现在孩子虽然已能向别人讲述自己的观点，但由于受词汇量和语法的影响，表达过程中容易出现卡顿，如"嗯……嗯"，"后来……后来"等，还有少数学前儿童甚至显得口吃，口吃现象出现除了词汇较贫乏外，关键原因是由心理紧张所致的。

(2) 从情境性言语过渡到连贯性言语

3岁前的儿童言语基本上都是情境性言语。他们在向别人讲述一些事情时，常常没头没尾，需要我们结合经验和想象去理解。例如，一个3岁的孩子向老师描述自己家的小猫时说"小花猫，太厉害了，跑得很快，抓到小鸟"。6~7岁的儿童才能比较连贯地进行叙述一件事，但其发展水平也不很高。整个学前期都处在从情境性言语向连贯性言语过渡的时期。

(3) 口语表达形式与内容逐渐一致

口语表达形式有对话、讲故事、朗诵等。学前儿童口语表达形式和讲述内容有时有不一致的现象。例如，儿童讲故事时常常跑题，不知所云，即使不跑题用词也常常不恰当。随着口语表达能力的提升，慢慢的能抓住重点准确清晰地表达出故事的梗概，既不跑题也能绘声绘色地把故事完整描述出来。

#### 5. 内部言语的产生和言语功能的发展

（1）内部言语的产生

3岁以前的儿童没有内部言语，内部言语是言语的高级形式，它是在外部言语充分发展的基础上产生的。在外部言语向内部言语转化过程中存在出声的自言自语，它是内部言语发展的初级表现形式，这种言语既有外部言语的特点（说出声），又有内部言语的特点（对自己说话）。

自言自语是思维的有声表现，是幼儿对问题的思考和理解的过程，同时也是他们认知发展的重要表现。它一般有两种表现形式：一种是游戏言语，另一种是问题言语。

游戏言语是指儿童在游戏和活动中，为了配合游戏或活动的进行而自发产生的一种特殊形式的言语。即一边做动作，一边说话，用语言补充和丰富自己的行动。例如，儿童在搭积木时，会自言自语地说："这块红色积木应该放在这里，绿色放在这里。"通过游戏言语能够促进儿童想象力和创造力的发展。

问题言语是在解决困难或问题时产生的自言自语，常常用来表示对问题的困惑、怀疑或惊奇等等，例如，在拼图过程中，他们一边拿着拼板，一边说："这个放哪儿？可以放这里……。"问题言语一般比较简短、零碎，是儿童心理活动的直接反映。

（2）言语功能的发展

言语主要有交际、概括和调节功能。儿童2岁以后开始用语言去和别人交际，言语的交际功能初步形成。随着儿童言语理解能力和言语表达能力的发展，言语的交际功能越来越发达。随着学前儿童知识经验的丰富，思维能力的发展，其言语的概括功能也逐渐得到增强。言语的调节是通过自言自语来实现的，当儿童出现自言自语时，言语的调节功能也随之萌发，到学前儿童中期后，儿童的言语调节功能由内部言语来实现。

### 三、学前儿童言语能力的培养

#### （一）创设良好的语言环境

2～3岁是儿童学说话的关键时期。如果成人经常主动地与孩子交谈，那么儿童的言语发展将进入最迅速的时期。成人在这一时期应多关注儿童言语的发展，创设良好的语言环境，有意识地在儿童感知新事物时说出关于这个事物的词，丰富他们的词汇量，促进儿童的言语发展。例如，在教他们一些动作时，可以一边说一边示范："坐下、捡起、扔下"，这时让他们一边说一边模仿去做出相应的动作。成人多以眼前的事物为话题，与儿童展开交谈，从而帮助他们更好地理解词汇。

#### （二）促进消极词汇向积极词汇转化

消极词汇是指不理解或者已理解却不能正确使用的词。积极词汇是指既能正确理解又能正确使用的词。由于学前儿童积累的词汇太少，所以常常发生乱用词的现象。在教育上我们应注重发展儿童的积极词汇，帮助他们正确理解词义和正确运用词汇，促进消极词汇向积极词汇转化。

### (三) 促进学前儿童情境性言语的发展

在实际生活中，家长和教师可以通过以下方式促进学前儿童情境性言语的发展，提供丰富的语言环境，为学前儿童提供丰富的语言环境，包括与学前儿童进行频繁的交流和互动，以及提供多样化的阅读材料等，这些都有助于刺激学前儿童的语言发展。鼓励学前儿童表达，鼓励学前儿童多说话、多表达自己的想法和感受，即使他们的表达不完整或不连贯，也要给予他们积极的反馈和支持。观察和理解学前儿童，在学前儿童表达时，家长和教师要认真观察他们的手势、表情和言语，努力理解他们的意思，并给予适当的回应和引导。

## 第七节 智力与创造力的发展

感觉、知觉、记忆、思维、想象等认知过程为智力和创造力发展提供了基础，智力又为创造力提供了必要的知识和技能支持，创造力是智力和认知能力的综合表现，它们都是能力培养的重要方面。本章主要阐述智力和创造力发展的特点和规律，介绍常用的智力测验的方法，重点阐述如何开发儿童的智力和培养创造力。

### 一、智力发展

#### (一) 智力的概念

智力通常指的是个体的认知能力和学习能力的度量，涵盖了逻辑推理、记忆力、问题解决能力等多个方面。智力是个体在面对问题时，运用已有知识和经验进行分析、判断、推理的能力。

#### (二) 智力测验

智力测验是按照量表测定人的智力。比纳—西蒙智力测验量表标志着科学智力定量评估方法的诞生。

**1. 比纳—西蒙智力测验量表**

法国心理学家比纳和他的助手西蒙于1905年首次编制的世界上第一个智力测验量表：比纳—西蒙智力测验量表，其最初目的是为了鉴别低能儿。它是根据儿童能通过题目的多少来评定他们智力水平的高低，测验的结果是用智力年龄或心理年龄来表示的，即儿童最高能通过几岁组的项目就表示他的智力年龄是几岁，心理年龄明显低于实际年龄将被视为智力落后。比纳—西蒙量表，首次采用心理年龄作为智力的评价标准，使测验的解释变得通俗易懂。

**2. 智商**

1916年，美国斯坦福大学教授推孟将比纳—西蒙智力量表修订为斯坦福—比纳智力量表。推孟为了将一个儿童的智力水平与其他同龄儿童进行比较，考虑到心理年龄与实际年龄的关系，他在斯坦福—比纳智力量表中采用了智商（IQ），即智力商数，来表示智力水平的高低。

### 3. 比率智商

推孟通过比率智商来表示智商（IQ），比率智商是智力年龄与实足年龄的比例，用公式表示：比率智商（IQ）＝智力年龄（MA）/实足年龄（CA）×100。也就是说，如果某被试的智力年龄和他的实际年龄相等，那他的智商就是100。如果他的智力年龄高于实际年龄，则智商在100以上。通常以100分为智力正常的标准，智商在90～110之间均属正常，130～140分以上称为超常，70分以下属于智力低下。由于一个人的智力年龄和实际年龄的不同步增长，通过比率智商计算，会出现年龄越大智商越低的现象。

### 4. 离差智商

美国心理学家韦克斯勒革为了克服比率智商的不足，把比率智商改成离差智商。离差智商假定人的智力水平符合正态分布，即大多数人的智力处于中等水平，其平均值 IQ＝100；人的智商从最低到最高，其变化范围很大，智商分布的标准差为15，以离差大小表明智力高低，离差大且为正数者智商高，离差小且为负数者智商低。通过将测验分数在同龄人的测验分数分布中的相对位置来表示智商水平。公式为 IQ＝100＋15Z，Z 代表标准分数，公式为：Z＝(X－M)/S，其中 X 为个体测验得分（原始分数），M 为相应年龄群体的平均分，S 为群体得分的标准差。即标准分数等于被测人实得分数减去同龄人平均分数，再除以该年龄组的标准差。例如，某受测年龄组的平均得分为80分，标准差为5分，而某人得了85分，则他的得分比他所在的年龄组的平均得分高出一个标准差，Z＝(85－80)÷5＝1，他的智商 IQ＝100＋15×1＝115。如果某人的得分比团体平均得分低一个标准差，Z＝－1，那么他的智商 IQ＝100＋15×(－1)＝85，说明他的智商低于一般人的水平。

### （三）智力发展的特点和规律

智力的高度发展被称为天才，智力发展低于一般人的水平被称为智力落后。智力落后的儿童表现为记忆力差，再现时歪曲和错误较多；语言发展迟缓，词汇量少，缺乏连贯性。虽然造成智力落后的原因有很多，但大多数智力落后者本身并没有生理疾病或脑损伤，而是多种心理能力的低下。

美国心理学家卡特尔将智力分为流体智力和晶体智力。流体智力是以生理为基础的认知能力，包括知觉、记忆、推理能力等，它受先天因素的影响较大。一般在20岁左右达到顶峰，40岁以前开始下降。它是一种发现复杂关系和解决问题的能力，能帮助人们处理新的复杂的问题。晶体智力是在实践中以习得的经验为基础的认知能力，如判断力、语言文字能力等，它的形成受到后天环境、教育、文化等因素的影响。晶体智力不会随着年龄的增大而减退，在年老的时候还能继续保持较高的水平。晶体智力达到最高点的时间比流体智力要晚。

在人的一生中，智力发展的总体趋势如下：

从三四岁到十二三岁，智力的发展与年龄的增长几乎等速。之后随着年龄的增长，智力的发展日趋平缓，在18～25岁达到顶峰，成年期是智力发展最稳定的时期。智力发展的趋势存在个体差异，有的人智力发展快，达到顶峰的时间晚；有的人智力发展慢，达到顶峰的时间早。流体智力在中年之后有下降的趋势，晶体智力在人的一生中是逐渐增长的。

#### （四）学前儿童智力开发

**1. 开发应循序渐进**

智力的开发应按照智力本身的特点来进行，不可过早地对儿童进行高负荷的智力开发，尤其是目前社会上普遍重视早期教育，许多父母亲望子成龙心切，用逼迫强制的手段来发展儿童的智力，过于强调练习的难度和速度，导致智力的衰竭。

**2. 注重知识经验积累**

学前儿童处于掌握知识和智力发展的最初阶段，从智力发展的角度看，这又是儿童思维开始发展的年龄，而思维是对事物的间接反映，是以知识经验为中介的。有了一定的知识经验，才可能对有关事物进行思维和想象。因此，对学前儿童来说，知识积累和智力教育都不可偏废。同一智力水平，掌握知识的多少可以有很大的差别。知识积累到一定的量，又可以促进智力发展的质变。

**3. 注重非智力因素影响**

非智力因素是指除了智力与能力之外的、同智力活动效益发生交互作用的一切训练因素的总和。它包括性格、兴趣、需要、动机、意志等。

非智力因素会影响学前儿童的智力发展，我们既要重视智力的开发，也要重视动机、态度、兴趣、意志、人格等非智力因素的作用。

总之，对学前儿童智力的开发可以从两方面进行：一是从智力训练入手，二是从非智力因素入手。从智力本身入手进行智力开发，是智力训练研究的主要形式，一般包括三个方面：对思维能力进行训练；对学习策略进行训练；对元认知进行训练。从非智力因素入手强调重视对自我的感知和调控、与他人的交往和关系，以及求新求异、创造能力等非智力因素的训练。

### 二、创造力发展

#### （一）创造力的概念

创造力是指能够独立思考、提出新的想法和解决问题的能力。它包括了想象力、创新思维、创新能力等多个方面，是成功完成某种创造性活动所必须的心理品质。创造力是在智力基础上进行扩展和应用的结果，它要求个体在已有知识的基础上，通过独立思考、创新思维等方式，提出新颖、有价值的想法或解决方案。智力的发展为创造力的进一步提升提供了更多的可能性和空间，创造力的发展反过来促进智力的提升。智力和创造力之间并非简单的线性关系。高智力的人并不一定都具有高创造力，同样，低智力的人也并非完全缺乏创造力。这种非线性关系表明，创造力的发挥不仅取决于智力水平的高低，还受到其他多种因素的影响，如个性、动机、环境等。

#### （二）创造力的构成

创造力由集中思维（聚合思维）和发散思维构成。例如，科学家在提出假设时，开始常运用发散思维提出各种各样的观点，然后用集中思维归纳成假设。

**1. 发散思维**

发散性思维具有三个重要特征:流畅性、变通性和独创性。

(1) 流畅性

流畅性指在限定的时间内产生观念数量的多少,所以也称思维的丰富性。在一定时间内产生的观念越多,意味着思想的流畅性越大。例如,在一定时间内回答面粉可以做什么,答案是面粉可以做面包、面条、饺子,答案的数量多,但都是同一类型的,这就是流畅性比较好。

(2) 变通性

变通性也称思维的灵活性,是指思维朝不同方向发散的能力。思维活动能否触类旁通,举一反三与变通性有关。例如,"面粉可以做什么",我们想到的是"面粉可以做包子、面条、饺子",这些答案把面粉的用途局限在"食材"的范围之内,因此变通性很小。有的人想到面粉可"当黏胶,当玩具,当炸药等"。这些回答拓宽了面粉的使用范围,显得变通性比较大。

(3) 独特性

独特性是指个体在面对问题时能够提出新颖独特的见解和解决方案的思维能力。例如,对石头的用途,在"曹冲称象"中,曹冲把石头用来作为称象的工具,就显得十分独特了。

### (四) 学前儿童的创造力特点及培养

**1. 学前儿童创造力发展的特点**

学前儿童的创造力特点主要体现在以下几个方面:

(1) 模仿性

学前儿童的创造力往往从模仿开始。他们通过模仿成人的行为、语言以及周围环境中的事物,逐渐构建自己的认知体系和创造力基础。这种模仿不仅限于表面形式的复制,更在于对模仿对象内在逻辑和结构的理解和运用。

(2) 自发性

学前儿童的创造活动大多是自发进行的,没有特定的目标。他们常常根据自己的兴趣和好奇心,自由地进行各种尝试和探索。这种自发性使得学前儿童的创造力充满了无限的可能性和惊喜。

(3) 灵活性

学前儿童的创造力表现出高度的灵活性。他们能够在不同的情境下,运用不同的材料和工具,创造出各种新颖的作品和想法。这种灵活性不仅体现在创作过程中,也体现在对问题的解决上,他们能够从多个角度思考问题,找到多种可能的解决方案。

(4) 发展性

学前儿童的创造力是随着年龄的增长而不断发展的。从最初的简单模仿,到后来的自主创造,再到更高层次的创新,学前儿童的创造力经历了一个从量变到质变的过程。在这个过程中,他们的认知能力、思维能力、想象能力和实践能力都得到了显著的提升。

(5) 差异性

学前儿童的创造力在个体之间存在显著的差异。不同性别、不同性格、不同生活环境的儿童，其创造力的发展水平和表现形式都有所不同。这种差异性使得学前儿童的创造力更加丰富多彩，也为我们提供了更多的研究和教育机会。

（6）无价性

学前儿童的创造力往往无法直接转化为经济价值或物质产品，但其价值在于对儿童自身的发展具有深远的影响。通过创造力的培养和发展，学前儿童可以不断提升自己的思维能力、想象能力和实践能力，为未来的学习和生活打下坚实的基础。

**2. 学前儿童创造力的培养**

（1）营造积极的创造环境

创造力是人类区别于动物的最根本标志之一，也是智力开发的最高目标。创造力的大小，除了受遗传因素影响外，还受后天环境的影响，通过营造一个轻松的心理环境和丰富的物质环境，均能够促进儿童创造力的发展。通过和谐的人际关系、民主的管理方式、优良的班风校风营造民主、和谐、宽松的心理环境，可以激发儿童的创造性思维。例如，家长和老师尊重孩子的个性和独特想法，鼓励孩子大胆表达内心的感受，允许儿童自由表现，不包办不代办，鼓励孩子多动手实践。

（2）开展创造性游戏和活动

创造性游戏和活动有绘画、手工、积木、拼图、续编故事、科学实验等，家长和老师为儿童提供丰富的启发性玩具和工具，如积木、画笔、彩纸、橡皮泥等，让孩子自由地发挥想象力，创造出各种形状和结构的作品；还可以通过与孩子们一起阅读绘本或故事书，并鼓励他们根据故事内容进行想象和创作。例如，可以让他们画出故事场景或角色形象，或者让他们尝试改编故事情节，以此促进儿童发散性思维的发展。这些活动可以让孩子们亲身体验到创造的乐趣和成就感，从而激发他们的创造力和实践能力。

（3）倡导多元化的学习方式

通过绘画角、构建区、角色扮演区等多样化的活动区域，利用区域活动中丰富的材料和形式，让孩子自由选择、自由探索，从而培养孩子的创造力。例如，在角色扮演区，提供丰富的道具和服饰，让孩子们进行角色扮演游戏，游戏中他们根据自己的想法和创意来丰富游戏内容。

（4）培养好奇心和探索精神

带孩子参观博物馆、图书馆等地方，让他们接触到更广泛的知识和领域，进一步拓宽儿童的视野和兴趣。提供丰富的书籍、玩具等学习资源，满足他们的好奇心和探索欲望。鼓励孩子提出问题并引导他们寻找答案。教会孩子从多个角度去看待问题，培养他们的批判性思维和创造性解决问题的能力。

综上所述，培养学前儿童的创造力需要家庭、学校和社会多方面的共同努力。通过营造积极的创造环境、开展创造性游戏和活动、倡导多元化的学习方式以及培养好奇心和探索精神等方法，可以有效地促进学前儿童创造力的发展。

## 思考与练习

**一、单项选择题**

1. （　　）有较强的互动性。
   A. 口头言语　　　　B. 对话言语　　　　C. 独白言语　　　　D. 书面言语
2. 发散思维的（　　）指不落俗套和不寻常规的那种思维能力。
   A. 多样性　　　　　B. 变通性　　　　　C. 流畅性　　　　　D. 独特性
3. 儿童能够一边唱歌一边根据老师的节奏拍拍手，这种现象属于（　　）。
   A. 注意范围　　　　B. 注意稳定性　　　C. 注意转移　　　　D. 注意分配

**二、判断题**

1. 注意的稳定性是动态的稳定。（　　）
2. 幼儿有意记忆效果优于无意记忆。（　　）
3. 卡特尔认为晶体智力受遗传因素影响较大，流体智力则从社会文化中习得。（　　）

**三、辨析题**

1. 幼儿对童话故事百听不厌的原因与想象发展有关。
2. 听力上有缺陷的儿童完全不能理解别人说的话。

**四、案例分析题**

在日常生活中，我们常常会发现教幼儿背诵古诗时，他们的记忆效果不是很好，但他们在看电视里的广告词时却能做到熟记于心。

问题一：结合案例说说幼儿背古诗和广告词分别用到哪种记忆。

问题二：请分析出现该现象的原因。

# 第九章　个性和社会性的发展

### 学习任务

① 了解情绪情感的概念、类型及特点,理解学前儿童情绪情感发展的特点,掌握情绪情感的培养方法。

② 了解意志的概念、特征及品质,理解学前儿童意志行为发展的特点,掌握意志品质的培养方法。

③ 了解气质、性格、自我意识的概念,理解气质及婴幼儿气质的类型、学前儿童气质发展及自我意识发展的特点,掌握学前儿童性格的培养方法。

④ 了解亲子交往和依恋的概念,理解依恋的类型、亲子交往的影响因素及同伴交往的发展,掌握学前儿童社会交往技能的培养方法。

⑤ 了解品德的概念及结构,理解道德认知和行为习惯的发展,掌握行为习惯的培养方法。

### 知识导图

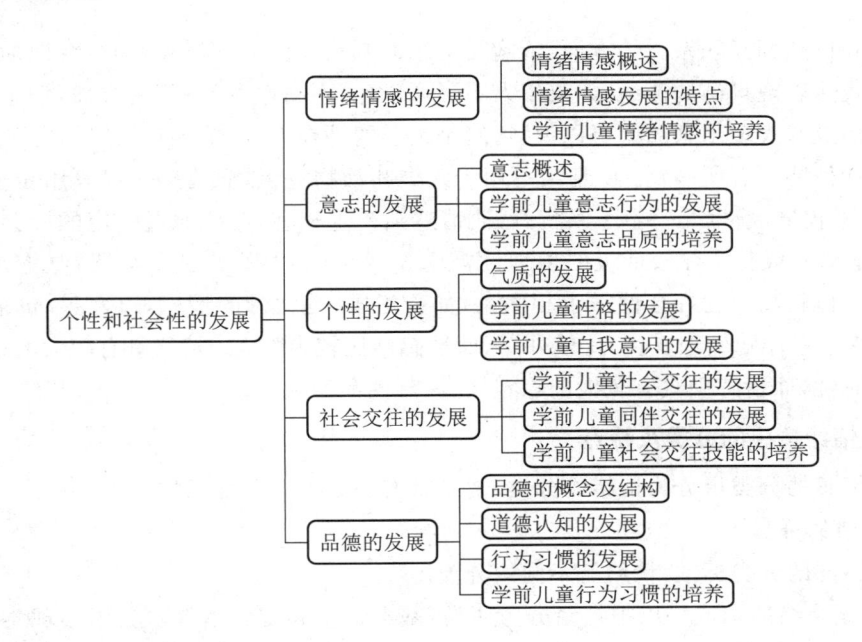

```
                          ┌─ 情绪情感概述
              情绪情感的发展 ─┼─ 情绪情感发展的特点
                          └─ 学前儿童情绪情感的培养

                          ┌─ 意志概述
              意志的发展 ───┼─ 学前儿童意志行为的发展
                          └─ 学前儿童意志品质的培养

                          ┌─ 气质的发展
个性和社会性的发展 ─ 个性的发展 ─┼─ 学前儿童性格的发展
                          └─ 学前儿童自我意识的发展

                          ┌─ 学前儿童社会交往的发展
              社会交往的发展 ─┼─ 学前儿童同伴交往的发展
                          └─ 学前儿童社会交往技能的培养

                          ┌─ 品德的概念及结构
                          ├─ 道德认知的发展
              品德的发展 ───┼─ 行为习惯的发展
                          └─ 学前儿童行为习惯的培养
```

个性和社会性在人的心理发展中占有举足轻重的地位。学前阶段是儿童个性和社会性发展的关键期,这一时期的发展状况不仅影响儿童当前的心理状态,还对其未来的学习、生活及社会交往产生长远的影响。本章通过阐述学前儿童个性和社会性发展的各个方面的概念、内容、影响因素、发展的规律及特点等,探讨科学的教育培养策略,促进学前儿童全面健康成长。

## 第一节 情绪情感的发展

### 一、情绪情感概述

情绪情感是个体知、情、意三大心理过程的重要组成部分,在人类的日常生活中扮演着重要的角色。

**(一) 情绪情感的概念**

"情绪"中的"情"是情感、感情的意思,绪是"千头万绪"的丝端,情绪就是情感、感情非常复杂,变化多端,犹如思绪。心理学研究者认为,情绪是人们对各种认知对象的一种内心感受或态度,是对自己所处的环境、工作、学习、生活以及他人的行为的一种情感体验。情绪概念与情感相对应。情感是情绪过程的主观体验,是情绪的感受部分。

也有人认为,情绪是人们对客观事物是否符合自己的需要、愿望和观点而产生的内心体验,是人们对现实世界的一种特殊反映形式。客观事物与个人的需要、愿望、观点相符合时,则产生诸如愉快、喜悦等正向肯定的情绪,不符合时,则产生诸如愤恨、不满等负向否定的情绪。

情绪和情感相互联系。一方面,情绪受情感的制约和调节,在很多场合会因为情感的因素而克制表达表现自己的情绪,如成年人不喜形于色,不动声色等;另一方面,情感是在情绪的基础上形成并表现出来的。可以说,情绪是情感的外在表现,情感是情绪的内在本质。

情绪和情感又有所区别:① 情绪可用于人类和动物身上,而情感一般只用于人类身上;② 情绪产生较早,新生儿一生下来就有,而情感则产生较晚,需要通过一定的社会实践逐渐形成;③ 情绪一般与个体较低级的生理性需求相联系,如婴幼儿饿了会哭、吃饱了会笑,而情感则与个体较高级的社会性需求相联系,如爱祖国、爱父母的情感,道德感、价值感、美感等;④ 情绪一般伴随生理变化,比较外露,而情感则比较内隐;⑤ 情绪具有较大的情境性、激动性和暂时性,而情感则具有较大的稳定性、深刻性和持久性。

**(二) 情绪情感的分类及特点**

情绪情感的分类可分为情绪的分类、情绪状态的分类以及情感的分类。

**1. 情绪的分类**

根据不同的分类标准,情绪有不同的分类。

① 根据情绪的构成可以把情绪分为两类:基本情绪和复合情绪。美国心理学家伊扎德

运用因素分析法得出人类有惊奇、痛苦、厌恶、愉快、兴趣、愤怒、恐惧、悲伤、害羞、轻蔑、内疚等 11 种基本情绪,以及由此产生"基本情绪的混合""基本情绪与内驱力的结合""基本情绪与认知的结合"三大类上百种难以命名的情绪。

② 根据情绪的演化过程或刺激类型,可以把情绪分为六类:原始基本情绪(快乐、愤怒、悲哀、恐惧);感觉刺激引发的情绪(疼痛、厌恶);与自我评价有关的情绪(骄傲、内疚);与别人相关的情绪(爱恨情仇);与欣赏有关的情绪(敬畏、幽默);最为持久的情绪状态(心境)。

**2. 情绪状态的分类**

根据情绪发生的强度、持续时间的长短,情绪可分为三种状态:心境、激情和应激。

① 心境是一种微弱、平静、持久的情绪状态,也称为心情,具有弥散性和长期性的特点。心境不指向某一特定对象,而是使人们的整个生活都染上某种情绪色彩。如,"感时花溅泪,恨别鸟惊心""衣带渐宽终不悔,为伊消得人憔悴。""采菊东篱下,悠然见南山。"等便体现了心境的弥散性。心境一旦产生,会在相当长的时间内主导人的情绪。如一个人经历家人去世的悲伤后,这种悲伤的心境会持续影响他很长时间。

② 激情往往是由某一特定事件或情境引发的,爆发强烈、持续时间短暂的情绪状态,多带有特定的指向性,伴随着明显的生理变化和外部行为。如足球运动员在进球后会绕着操场疯狂跑动,这就是激情的体现。

③ 应激是出乎意料的紧急情况所引起的急速而高度紧张的情绪状态,具有突发性和紧张性的特点。在应激状态下,人们的情绪高度紧张,往往伴随着心跳加速、呼吸急促等生理反应。如新老师上讲台时可能因紧张而表现出慌乱的行为,这就是应激的体现。

**3. 情感的分类**

情感一般分为三类:道德感、理智感和美感。

① 道德感是用一定的道德标准去评价自己或他人的思想和言行时产生的情感体验,具有社会性和规范性的特点,受社会道德观念和文化背景的影响。例如,"最美教师"和"最美司机"等称号的授予,就是基于道德标准对个体行为的评价。

② 理智感是在智力活动中,认识、探求或维护真理的需要是否得到满足而产生的情感体验。理智感与认知活动紧密相关,它体现了人们对知识和真理的追求。科学家在进行科学研究时产生的情感体验就属于理智感。

③ 美感是用一定的审美标准来评价事物时所产生的情感体验,具有主观性和普遍性的特点,受个体审美观念和审美经验的影响。人们在欣赏艺术作品、自然风光等美好事物时产生的情感体验就属于美感。

## 二、情绪情感发展的特点

情绪情感是儿童心理发展的重要内容,是儿童人际交往的重要手段,激发、组织和推动儿童心理的活动和行为,影响儿童个性的形成。

**(一)情绪情感的发生与初步发展**

一般认为,人一出生就有基本的情绪反应,如新生儿的啼哭或安静状态。有人认为,这种情绪是笼统未分化的。加拿大心理学家布里奇斯认为,初生的婴儿只有类似皱眉和哭的一般性激动。也有人认为,初生婴儿已表现出初步分化的情绪。美国心理学家华生通过对500多名初生婴儿的观察得出婴儿最初的情绪有怕、怒、爱三种。最新的研究表明,儿童最初的情绪反应已分化为明显的若干种。情绪心理学家伊扎得认为,儿童一出生就已具有吃惊、痛苦、厌恶、兴趣和初步的微笑这五种情绪反应。

儿童最初的情绪反应具有两大特点,一是与生理需要满足与否直接相关,如饥渴会引起婴幼儿产生不愉快的情绪,当吃饱喝足时,相应的情绪反应就会停止,或被其他情绪反应替代。二是这种情绪是与生俱来的遗传本能,是人在对环境的适应过程中进化的产物,所以很多人又把这种情绪称之为"原始的情绪反应"或"本能的情绪反应"。

学前儿童的情绪表现可以概括为哭、笑、恐惧和依恋四种。

**1. 哭**

哭是不愉快的情绪表现,婴儿一出生就会哭。哭既是生理性又是心理性的现象,新生儿的哭主要是生理性的,与饥渴、寒冷、疼痛、困倦等感受密切相关。随着年龄的增长,婴幼儿哭的次数也在逐渐减少,主要是因为:

① 婴幼儿逐渐适应外在环境和成人,成人在长时间的照顾中也更懂婴幼儿,能及时作出准确的回应;

② 婴幼儿的言语和动作逐渐得到发展,婴幼儿能用言语和动作代替"哭"来表达个人的需要和情绪。

**2. 笑**

笑是愉快的情绪表现,学前儿童的笑比哭稍晚出现。学前儿童的笑可分为自发性的笑和诱发性的笑两种。自发性的笑也称为早期笑或内源性的笑,主要出现在婴儿困倦和睡梦中。新生儿出生后一个星期左右,在他吃饱或听到柔和声音的清醒状态下,有时候也会嫣然一笑。这种笑是一种低强度的只是卷口角的肌肉活动,与婴幼儿中枢神经系统大脑皮层下的自发发放以及脑干或边缘系统的兴奋状态有关,一般在3个月后逐渐减少。诱发性的笑是由外在刺激引发的,分为反射性诱发笑和社会性诱发笑两种。在婴儿睡着状态下温柔触碰他的脸颊或抚摸肚子,均有可能引发反射性微笑。新生儿出生第3周左右,开始出现清醒状态下的反射性微笑。第5周开始,婴儿对人脸微笑,说明婴儿开始与社会性群体发生交流,产生"社会性诱发笑"。婴儿三四个月前对所有人的社会性诱发笑都是一样的,是无差别的社会性微笑。4个月左右,婴儿只对亲近的人笑,出现了有差别的社会性微笑。四个月前,婴儿的微笑是不出声的,4个月后,婴儿开始出现"咯咯"的笑声。

**3. 恐惧**

婴幼儿的恐惧按照发展阶段可分为四种类型:本能的恐惧、与知觉和经验相联系的恐惧、怕生以及预测性恐惧。

① 婴儿一出生就有恐惧的情绪反应,我们将其称为本能的恐惧,它是由机体觉、听觉、肤觉而非视觉刺激引发的。如突然尖锐刺耳的高声会导致婴儿恐惧。

② 与知觉和经验相联系的恐惧开始出现在婴儿4个月左右,如因深度知觉产生的"高处恐惧"等,视觉开始对恐惧起主要作用。

③ 怕生是婴儿对陌生事物的恐惧反应，一般出现在婴儿 6 个月左右，伴随着依恋的形成。
④ 预测性恐惧出现在幼儿两岁左右，如怕黑、怕坏人等，与幼儿想象的发展有关。

**4. 依恋**

依恋是儿童对其主要抚养者特别亲近不愿离去的一种情感。（详见第四节社会交往的发展）

### (二) 幼儿情绪情感发展的特点

幼儿情绪情感发展的特点表现在社会化、丰富和深刻化、自我调节化三个方面。

**1. 情绪情感的社会化**

随着幼儿年龄的增长，幼儿的情绪情感逐渐从与生理性需要相联系向与社会性需要相联系靠近。幼儿情绪情感社会化的趋势主要表现为：

① 情感中社会性交往的成分不断增加；
② 引起情绪反应的社会性动因不断增加；
③ 表情的日益社会化。

**2. 情感的丰富和深刻化**

丰富化一指情绪过程越来越分化，出现较多高级社会性情感，包括道德感、美感、理智感等；二指情感指向的事物不断增加，如在家里对父母兄弟、在幼儿园对老师同学亲爱的情感等。深刻化指情感从指向事物表面到指向事物的内在，与儿童的认知发展水平有关，可以依此分为六种发展水平：

① 与感知觉相联系的情绪情感；
② 与记忆相联系的情绪情感；
③ 与想象相联系的情绪情感；
④ 与思维相联系的情绪情感；
⑤ 与自我意识相联系的情绪情感；
⑥ 与复合的主观认知因素相联系的情绪情感。

**3. 情绪情感的自我调节化**

随着年龄的增长，幼儿对情绪的自我调节能力越来越强，主要表现在三个方面：① 情绪的冲动性逐渐减少，伴随着幼儿大脑的发育和语言功能的发展，幼儿从最初在成人的要求下被动服从控制到儿童晚期能够有意识地控制自己的情绪，情绪的冲动性逐渐降低；② 情绪的稳定性逐渐提高，在教育的影响下，幼儿情绪的不稳定性、情境性降低，稳定性提高；③ 情绪情感从外露到内隐，到儿童晚期，调节情绪情感表现的能力有一定的发展，情绪情感开始表现出内隐性。

## 三、学前儿童情绪情感的培养

《3—6 岁儿童学习与发展指南》提出，培养幼儿"情绪安定愉快"以及"具有初步的归属感"是学前儿童重要的教育目标。

### (一) 安定愉快情绪的培养

安定愉快的情绪是幼儿保持身心健康以及产生适应行为的重要条件。当幼儿情绪处于安定与愉快的状态时,机体会分泌出有利于幼儿身体的正常发育与健康发展的物质。安定愉快的情绪有助于幼儿积极地探索环境、与他人交往、建立良好关系。

幼儿较容易因为亲子分离、环境变化、心理冲突等原因而出现较大的情绪波动,并较难自控。如刚入园的幼儿,通常会因为与亲人的分离以及对环境的陌生感而产生紧张、焦虑、害怕等不良情绪。成人要了解和理解他们的内心感受,帮助他们缓解分离焦虑,减少对新环境的陌生恐惧感,使他们的情绪逐渐安定愉快。

幼儿安定愉快的情绪培养可以从环境创设、活动开展以及情商培养三个方面着手。

**1. 环境创设**

(1) 营造温馨和谐的家庭环境

家庭是幼儿成长的第一个环境,温馨和谐的家庭氛围能让幼儿感受到爱与安全感。家长应尽量避免在孩子面前争吵或表现出消极情绪,多给予孩子正面的鼓励和关爱,用积极的语言和态度与孩子交流,多花时间陪伴孩子,参与孩子的成长过程,通过亲子游戏、共同阅读、户外活动等方式增进亲子间的情感交流。家庭成员之间应相互尊重、理解和支持,共同营造一个和谐的家庭环境。

(2) 创建积极健康的幼儿园环境

幼儿园是幼儿离开家庭接触后的第一个社交环境。幼儿园的环境要温馨、安全、接纳,使幼儿感到爱和尊重。教室的布置要色彩鲜艳、充满童趣,有利于激发幼儿积极的情绪。教师要关注每个幼儿的情绪变化,及时给予关心和支持,通过个别谈话、情感交流等方式加深师幼之间的理解和信任,建立良好的师幼关系。

**2. 活动开展**

根据幼儿的兴趣和年龄特点,安排适合他们的游戏和活动,如绘画、手工、音乐、户外游戏等。这些活动可以激发幼儿的好奇心和探索欲,让他们在参与中体验到快乐和成就感,保持安定愉快的情绪。

**3. 情商培养**

情商(EQ)是情绪情感智商的简称,相对于智商(IQ)提出来的,所以情商也被称为非智力商数。19世纪90年代初,彼得·沙洛维(Peter Salovey)和约翰·梅耶(John Mayer)最早提出情商的概念,认为情商是由三种能力构成的:准确评价和表达情绪的能力;有效调节情绪的能力;将情绪体验运用于驱动计划和追求成功等动机和意志过程的能力。我国学者认为,情商由五个因素组成:自我意识、自我激励、情绪控制、人际沟通、挫折承受能力。

学前儿童情商的培养一般在三个方面上进行提高:情绪理解能力、情绪表达能力和情绪调节能力。

(1) 提高情绪理解能力

情绪理解能力指能够解释面临的情绪线索和情境信息,即识别自己和他人情绪的能力。处于情绪困扰的学前儿童难以准确认知他人的情绪。提高学前儿童的情绪理解能力,一方面要引导幼儿学会识别表情信息,如通过引导幼儿观察人物的表情,从而提高他们对情绪信息的观察和比较能力;另一方面要引导幼儿学会解析情绪信息,如经常与幼儿谈论他们的情感,从而提高他们对情绪信息的综合判断能力。

(2) 提高情绪表达能力

情绪表达能力指通过脸、身体和声音对感觉到的某种情绪做出反应进行表现表达的能力。处于情绪困扰的学前儿童经常在情绪情感的表达上往往不太适宜，如他们会在不高兴时大哭，期望成人能够正确理解并支持他们的情绪反应。成人可以通过自我暴露、角色扮演、榜样示范等手段，引导学前儿童学会正确表达情绪。

(3) 提高情绪调节能力

情绪调节能力指为了达到某种目的，通过一定的策略和机制来监控、评估和调节情绪反应，改变情绪反应的强度和持久度的能力。处于情绪困扰中的学前儿童不懂得如何处理不良情绪，成人要帮助他们掌握有效的情绪调节策略。当幼儿情绪激动时，可以通过一些有趣的活动，如玩玩具、听音乐、看图书等，转移他们的注意力，让幼儿暂时忘记不愉快的事情。

### （二）初步归属感的培养

归属感是指个体认同所在的群体（团体）并感觉自己也被群体认可和接纳而产生的一种隶属于这个群体、与这个群体休戚相关的感觉。美国著名心理学家马斯洛认为"归属与爱的需要"是人类继生理需要、安全需要之后第三重要的需要。

研究发现，归属感强的人具有较强的主人翁意识和责任感，能自觉接受和遵守群体规则，为自己是群体的一员而感到自豪，愿意与群体共荣辱。没有归属感的人会觉得没有依靠，没有安全感。

**1. 学前儿童归属感的来源和表现**

家庭是学前儿童最早接触的社会群体，父母对学前儿童无微不至的照顾使他们对家庭产生一种归属感。进入幼儿园后，幼儿园像家庭一样温暖，也会让幼儿产生归属感。学前儿童对社会（家乡、祖国等）的最初看法和感受主要来自于父母和其他亲近的成人，如果他们能够用积极的态度看待社会，为自己是其中的一员感到满意，那么幼儿就会形成同样的态度并由此产生对家乡和祖国的归属感。

学前儿童归属感的体验表现在：

① 对家庭的强烈依恋。2~4岁幼儿对家庭具有强烈的归属感，他们对家人无比依恋和信任。

② 对幼儿园的逐渐认同。随着年龄的增长，4~6岁幼儿开始逐渐适应幼儿园生活，他们对幼儿园的认同感和归属感逐渐增强。

③ 对集体的荣誉感。随着幼儿自我意识的不断提高，他们开始关注自己在集体中的位置和贡献。

**2. 学前儿童归属感发展的特点和影响因素**

(1) 学前儿童归属感发展的特点

学前儿童归属感的发展呈现出层级性的特点，具体表现为：

① 由近到远。从家庭开始，逐渐扩展到社区、幼儿园，再到世界各地，体现了儿童社交圈的不断扩大和认知能力的提升。

② 由小到大。从家庭这一社会最小单元开始，逐渐扩大到幼儿园等更大的社会集体，

儿童对集体的认同感和归属感逐渐增强。

③ 由个体到群体。最初幼儿只关注自己的需求和感受,随着年龄的增长和社交经验的积累,他们开始关注群体中的其他成员,并愿意为群体付出。

④ 由熟悉到陌生。儿童对熟悉的环境和人更容易产生归属感,随着认知能力的提升和社交经验的丰富,他们也能逐渐适应和融入陌生的环境,并在其中找到归属感。

(2) 学前儿童归属感发展的影响因素

影响学前儿童归属感发展的因素有:

① 温馨和谐的家庭氛围、积极的亲子互动等均有助于儿童归属感的培养。

② 幼儿园良好的教育环境、高素质的教师和融洽的同伴关系有助于增强儿童的归属感。

③ 不同文化背景下的儿童对家庭、社区和国家的归属感有不同的理解和表达方式。

**3. 学前儿童归属感培养的内容和策略**

学前儿童归属感的培养主要表现在三个方面:帮助幼儿建立对所属群体的积极情感;帮助幼儿建立起对所属群体的责任感与集体荣誉感;帮助幼儿萌发爱祖国爱家乡的情感。

学前儿童归属感的培养需要家庭、幼儿园和社区等多方面的共同努力,通过增强亲子互动、构建和谐的班级氛围、开展集体活动、参与社区活动等多种方式,可以有效地培养学前儿童的归属感。

(1) 家庭层面

家庭是儿童最早接触的社会环境,家庭可以通过增强亲子互动,树立正面榜样,共同参与家庭活动来培养学前儿童的归属感。

① 通过开展亲子游戏、阅读、讲故事等活动,可以增进亲子之间的情感交流,让幼儿感受到家庭的温暖和支持,鼓励幼儿表达自己的想法和感受,增强他们的自信心和自我认同感。

② 家长以身作则,展现出积极、乐观的生活态度,为幼儿树立良好的榜样,营造和谐的家庭氛围。

③ 组织家庭聚餐、郊游、节日庆祝等活动,让幼儿参与其中,感受家庭的团结和协作,鼓励幼儿参与家庭决策,如选择晚餐菜单、布置房间等,以培养他们的责任感和归属感。

(2) 幼儿园层面

幼儿园可以通过构建和谐的班级氛围、开展集体活动、情感教育与引导培养学前儿童的归属感。

① 教师要关注每个幼儿的情绪变化,并及时给予关爱和支持,通过互动游戏、合作学习等方式,增强幼儿之间的友谊和信任,营造和谐的班级氛围。

② 定期组织文艺汇演、志愿服务等集体活动,让幼儿在参与中感受到集体的力量和温暖,鼓励幼儿相互帮助、共同完成任务。

③ 通过故事讲述、角色扮演等方式,引导幼儿理解并感受归属感的重要性,关注幼儿的情感需求,及时给予肯定和鼓励,增强他们的自信心和归属感。

(3) 社区层面

① 组织幼儿参加社区公益活动、文化节庆等,让幼儿感受到社区的关怀和支持,通过与社区成员的互动,增进幼儿对社会的了解和认同。

② 鼓励幼儿参与不同文化的活动,如民族节日庆祝、国际文化节等,让他们了解和尊重不同的文化背景,增强对多元文化的认同感和归属感。

## 第二节 意志的发展

意志作为人类特有的高级心理机能,是推动个体克服困难、实现预定目标的重要动力,对个体当前的行为表现、未来的学习生活乃至整个人生轨迹都将产生深远的影响。

### 一、意志概述

**(一) 意志的概念**

意志是指个体有意识地支配、调节行为,通过克服困难以实现预定目的的心理过程。这一过程伴随着明确的目的性和有意识的调节性,与克服困难相联系,涉及个体的认知、情感和行为等多个方面。

**1. 意志与认识**

意志影响认识,没有意志的努力,就不可能有深入和持久的认识活动。认识是意志产生的前提,离开了认识,意志也不可能产生。意志和认识相互依存、互相促进。

**2. 意志与情感**

意志控制情感,使情感服从于理智。情感影响意志,既可以成为意志行动的动力,也可以成为意志行动的阻力。当某种情感对个体的活动起支持作用时,它就会成为意志行动的动力,当某种情感对个体的活动起阻碍作用时,它就会成为意志行动的阻力。

**3. 意志与行为**

意志是行为的内在动力和指导力量,支配和调节行为,使其朝着预定的目标前进。行为是对意志的反映和强化,通过观察一个人的行为可以判断此人意志的强弱;成功的行为结果能够增强个体的自信心和意志力,使其更加坚定地追求目标,失败的行为结果会削弱个体的意志,甚至导致其放弃努力。

**(二) 意志的品质**

意志的品质是个体在追求目标过程中展现出的重要的心理特质和行为倾向。自觉性、果断性、自制性和坚韧性(坚持性)共同构成了意志品质的核心要素,对个体的行为选择和结果产生深远影响。

**1. 自觉性**

自觉性指个体对行动目的和行动效果的社会意义有明确充分的认识,从而主动以目的调节和支配自己的行动。自觉性贯穿意志行动的始终,是意志的首要品质。自觉性强的人能够广泛地听取他人的意见并进行取舍,独立自主地确立合乎实际的目标,自觉克服困难执行决定,对行动过程及结果进行反思和评价。与自觉性相反的品质是易受暗示性、独断性,这种品质的人一般缺乏主见,容易受他人情绪和语言的影响,同时又盲目自信,固执己见。

**2. 果断性**

果断性指个体善于明辨是非,迅速而合理地采取决定并执行决定。果断性以深思熟虑和大胆勇敢为前提,果断性强的人在需要立即行动时,能迅速作出决断,使意志行动顺利进行。当情况发生变化时,他们能够随机应变,毫不犹豫地作出新的决定。与果断性相反的品质是优柔寡断、草率决定。他们遇事犹豫不决,患得患失,顾虑重重,不负责任地作出决断,凭一时冲动行事,不考虑后果。

**3. 自制性**

自制性是指个体善于控制和支配自己的行动。自制性强的人能够抵制无关诱因的干扰,控制自己的情绪和行为,保持高度的自我约束力,不受外界干扰。与自制性相反的品质是任性、怯懦。这种人的自我约束力较差,不能有效控制自己的情绪和行为,在面对困难和挑战时容易退缩或显得惊慌失措。

**4. 坚韧性(坚持性)**

坚韧性指在意志行动中能否坚持决定,百折不挠地克服困难和障碍,完成既定目的。这是最能体现人的意志的一种品质。坚韧性强的人能根据目的要求,在长时间内毫不松懈地保持身心的紧张状态,直至达到目的。与坚韧性相反的品质是顽固执拗、见异思迁。这种人对自己的行动不作理性评价,执迷不悟或明知不可为而为之,行为缺乏坚定性,容易发生动摇,随意更改目标和行动方向。

## 二、学前儿童意志行为的发展

意志通过行为表现出来,受意志支配的行为称为意志行为。一般将意志行为分成准备和执行两个阶段。准备阶段包括在思想上权衡行为的动机、确定行为的目标、选择行为的方法并作出行为的决定。执行阶段是执行准备阶段的决定。

学前儿童意志行为的发展是从无意性向有意性、从受外界影响大向自主性增强、从简单到复杂的过程,可分为萌芽期、初步发展期和深入发展三个阶段。在这个阶段过程中,意志的目的性、坚持性和自制力等品质逐渐得到培养和提高。

### (一) 萌芽阶段(出生至1岁左右)

在这个阶段,儿童的意志行为主要表现为不随意行动,即动作缺乏明确的目的性和计划性。然而,随着婴儿的成长,他们开始逐渐展现出一些意志行为的初步迹象。

① 在婴儿4至5个月左右,他们开始出现随意行动,这是意志行为的初步萌芽。他们能够有意识地控制自己的某些动作,如伸手抓取眼前的物体,这表明他们的动作开始具有一定的目的性和意向性。

② 在婴儿8个月后,他们的动作有意性开始发生很大的变化。如出现"努力取物"等行为,可视为意志行动的进一步萌芽。他们开始尝试通过调整自己的动作来达到某个目的,尽

管这种目的还相对简单和直接。

### (二) 初步发展阶段(1岁至3岁)

在这个阶段,儿童的意志行为逐渐得到发展,他们开始能够提出简单的行动目的,并尝试按照一定的计划去行动。

**1. 目的性的发展**

儿童的行动目的逐渐明确,虽然还较为模糊和笼统,但已经能够与自己的需要、愿望和兴趣相联系。他们开始能够根据自己的意愿去选择玩具、食物等物品,并尝试通过简单的动作来实现自己的目的。

**2. 自制力的初步展现**

随着认知和情感的发展,儿童开始能够克制一些简单的冲动和欲望。例如,他们可能会暂时放弃自己喜爱的玩具以换取父母的关注或表扬。这种自制力的初步展现是意志行为发展的重要标志。

**3. 坚持性的发展**

儿童在面对困难时开始表现出一定的坚持性。虽然他们的坚持时间较短,且易受外界因素的影响,但已经能够初步体验到通过努力达到目的的快感。这种体验有助于他们逐渐形成更加稳定的意志品质。

### (三) 深入发展阶段(3岁至6岁)

在这个阶段,儿童的意志行为水平不断提高,他们开始能够更好地控制自己的行为,并展现出更加复杂的意志品质。

**1. 目的性的深化**

儿童的行动目的变得更加明确和具体。他们开始能够按照老师、父母或社会的要求去行动,行为目的具有更重要的社会意义。例如,他们可能会为了获得老师的表扬而认真完成作业,或者为了赢得游戏而遵守游戏规则。

**2. 自制力的提升**

儿童的自制力进一步提高。他们开始能够更好地控制自己的情绪和行为,以适应不同的社会环境和情境。例如,他们可能会在公共场合保持安静以不打扰他人,或者在需要等待时耐心排队而不急躁。

**3. 坚持性的增强**

儿童的坚持性得到显著增强。他们能够在面对困难和挑战时保持更长时间的专注和努力,并尝试通过多种方法来克服困难。这种坚持性的增强有助于他们更好地完成任务和实现目标。

## 三、学前儿童意志品质的培养

良好的意志品质使儿童能够积极面对困难,应对挑战,完成任务。学前儿童意志品质的培养需要家长、教师和社会的共同努力。通过树立榜样、目标导向、独立活动、自我控制、表扬鼓励以及家园合作等多种策略和方法的综合运用,可以有效地促进学前儿童意志品质的发展。

### （一）树立榜样

家长是孩子的第一任老师，家长的行为和态度对孩子有着深远的影响。家长要以身作则，展现出坚持不懈、勇于面对困难等良好意志品质，为孩子树立榜样。教师也是孩子成长过程中的重要人物。教师通过自己的言行举止，向孩子展示正确的价值观和行为准则，引导孩子形成坚强的意志品质。

### （二）目标导向

成人要与孩子一起设定短期和长期的目标，这些目标应该是具体、可衡量且可实现的。目标的设定要基于孩子的兴趣和能力，以激发孩子的积极性和动力。在实现目标的过程中，成人要鼓励孩子坚持不懈，即使遇到困难也不轻易放弃。成人要给孩子适当的指导和支持，帮助他们克服困难，完成任务。

### （三）独立活动

鼓励独立，尽可能让孩子独立完成一些力所能及的事情，如穿衣、吃饭、收拾玩具等。这些活动可以锻炼孩子的自理能力，培养他们的独立性和自信心。在孩子的日常活动中也可以设置一些适当难度的挑战，如拼图游戏、积木搭建等，让孩子在完成任务的过程中学会面对困难、解决问题，从而培养他们优良的意志品质。

### （四）自我控制

通过制定和执行规则，如按时作息、不随便拿别人的东西等，帮助孩子树立规则意识，学会自我控制。在日常生活中，可以适当地让孩子体验延迟满足的感觉，可以通过一些小游戏或日常活动来训练孩子这一能力，如等待一段时间再得到想要的玩具或零食。这样可以帮助孩子学会控制即时冲动，理解长远利益的重要性。

### （五）表扬鼓励

当孩子表现出良好的意志品质时，如坚持不懈地完成某项任务、勇敢地面对困难等，家长和教师应及时给予表扬和鼓励，以增强孩子的自信心和动力。在表扬和鼓励的过程中，要注意适度原则，避免过度表扬导致孩子产生骄傲自满的情绪。

### （六）家园合作

家长和教师应保持密切的沟通和合作，共同关注孩子的发展情况，彼此之间分享教育经验和策略。可以组织一些共同参与的活动，如亲子运动会、手工制作等，以增进亲子关系和师生关系，同时让孩子在集体活动中学会合作和分享，培养他们的意志品质。

### （七）具体训练方法

① 体能锻炼：通过户外活动、体能练习等方式，锻炼孩子的身体耐力和吃苦精神。例如，每天坚持户外活动 2 小时，循序渐进地进行体能练习。

② 抗干扰训练：在孩子的日常活动中设置一些干扰因素，如在学习或游戏过程中突然出现新玩具等，训练孩子的抗干扰能力和专注力。

③ 值日生工作：为孩子分配一些力所能及的劳动任务，如值日生工作，让孩子在完成任务的过程中培养责任感和荣誉感，并学会自我约束。

## 第三节 个性的发展

个性指个人的精神面貌或心理面貌。广义上,个性与人格是同义词,均指个人的一些意识倾向和各种稳定而独特的心理特征的总和。狭义的个性通常指个人心理面貌中与共性相对的个别性,即个人独具的心理特征。个性的心理成分主要包括个性倾向性、个性心理特征和自我意识三个方面。本节重点介绍个性心理特征中的气质和性格以及自我意识的发展。

### 一、气质的发展

气质的发展受遗传、环境、教育、社会经历以及个体自身的努力等多种因素的影响,并呈现出一定的阶段性和特点。了解气质的发展有助于我们更好地认识自己、理解他人。

#### (一) 气质的概念

气质是个体在心理活动的强度、速度、灵活性与指向性等方面所表现出来的稳定的动力特征。具体来说气质包括以下几个方面:

① 情绪稳定性。指个体在面对刺激时情绪反应的强度和持久性。有些人情绪较为稳定,不易受外界影响而波动,有些人则情绪波动较大,容易激动或沮丧。

② 活动水平。指个体在日常生活中身体活动的程度和频率。活动水平高的人总是充满活力,喜欢动来动去,活动水平低的人则相对安静,不喜欢过多的身体活动。

③ 适应性。指个体对新环境、新情况或新任务的适应速度和方式。适应性强的人能够迅速调整自己的心态和行为,以适应新的环境或任务。适应性弱的人则需要更长的时间来适应变化。

④ 注意力。指个体在从事某项活动时注意力的集中程度和持久性。注意力集中的人能够长时间专注于某项任务,不易分心,注意力分散的人则难以长时间保持专注。

⑤ 反应速度。指个体对刺激做出反应的速度和效率。反应速度快的人能够迅速应对突发情况或挑战,反应速度慢的人则需要更多的时间来思考和决策。

相对其他个性心理特征,气质较为稳定,但也不是固定不变的,它会在个体成长和发展的过程中受到多的种因素的影响而发生变化。

#### (二) 气质的类型

传统的气质类型分为胆汁质、多血质、黏液质、抑郁质四种。它是根据个体在心理活动的强度、速度、稳定性和灵活性等方面的特征进行划分的。

**1. 胆汁质(兴奋型)**

胆汁质的人性情直率、感情充沛、精力旺盛,但脾气暴躁,情绪容易冲动。他们能够以极大的热情投身于工作和事业,勇于克服各种困难,但当遇到重大挫折时会容易情绪低落。此类型的神经特点是:感受性低,耐受性、敏捷性、可塑性较强;不随意的反应高,反应速度快但不灵活;情绪兴奋性高,抑制能力差,外倾性明显。胆汁质的代表人物如张飞、李逵等。

### 2. 多血质(活泼型)

多血质的人热情活泼、机智灵敏、动作迅捷,心理活动和外部动作都具有很高的灵活性。他们善于交际并容易适应环境,能较快把握新生事物,情绪情感容易产生也容易变化和消失,情绪外露体验不深刻。多血质的人的神经特点是:感受性低,耐受性高,不随意反应性强,具有可塑性,情绪兴奋性高,反应速度快而灵活。多血质的代表人物如王熙凤、孙悟空等。

### 3. 黏液质(安静型)

黏液质的人安静稳重、做事踏实、考虑问题全面、自制力强、喜欢埋头苦干、严肃认真。情绪不易外露,注意力稳定而不容易转移,外部动作少而缓慢。他们交际适度,比较务实,能严格遵守既定的生活秩序和工作制度,但往往不够灵活,因循守旧,缺乏热情。黏液质的人的神经特点是:感受性低,耐受性高,不随意反应低,外部表现少,情绪具有稳定性,反应速度慢但灵活。黏液质的代表人物如鲁迅、薛宝钗等。

### 4. 抑郁质(抑制型)

抑郁质的人多愁善感,容易神经过敏。他们观察问题比较深刻细腻,善于觉察到别人不易察觉的细小事物。为人小心谨慎,思考透彻,在困难面前容易优柔寡断。性格孤僻,办事缺乏果断性,容易动感情,情感易受挫,悲观情绪比较重。抑郁质的人的神经类型属于弱型,体验情绪的方式较少,稳定的情感产生也很慢,但对情感的体验深刻、有力持久,具有高度的情绪易感性。抑郁质的代表人物如林黛玉等。

虽然气质类型被划分为这四种,但大多数人的气质实际上是介于各类型之间的中间类型,即混合型,如胆汁—多血质、多血—黏液质等。气质类型没有好坏之分,每种气质类型都有其优点和缺点,我们在社会实践中要注意扬长避短,高效发挥气质的效能。

## (三)婴幼儿气质的类型

不同的学者和研究者对婴幼儿的气质类型提出了不同的分类方法。其中较为广泛接受的一种分类方法是将婴幼儿气质分为困难型、容易型和迟缓型。

### 1. 困难型

困难型的婴幼儿人数不多,仅占群体中的10%~15%。他们活跃度高,常常表现出易怒、情绪不稳定的特点。对新环境和新经验适应较慢,容易对常规事物反应过度。在饮食、睡眠等生理活动方面缺乏规律性,难以预测其行为反应。常常高声哭闹,不易安抚,且难以获得正面的情绪反馈。

对困难型的婴幼儿,父母应摆正心态,避免自责或责怪孩子,以积极的态度面对育儿过程中的难题。要提供耐心、循序渐进的指导,帮助婴儿建立安全感,培养良好的情绪调节能力。在教育过程中应避免斥责或惩罚孩子,以免加重孩子的情绪问题。

### 2. 容易型

容易型的婴幼儿人数较多,约占群体中的40%。他们温和、愉快,容易接受新事物和适应新环境,生活有规律,可以预测其行为反应。对成人的交往反应积极,容易与父母建立和谐、稳定的亲子关系。

虽然容易型婴幼儿对各种教养方式都比较适应,但父母仍应给予其足够的关爱和重视,促进婴幼儿的全面发展,培养良好的生活习惯和自理能力。在日常生活中,父母要注意观察婴幼儿的行为变化,以便于及时发现并解决问题。

### 3. 迟缓型

迟缓型婴幼儿约占群体中的15%。他们活动水平低,行为反应弱,情绪常常表现为消极或不安。对新环境和新经验适应较慢,常常表现为安静、退缩或逃避新事物。在没有压力的情况下,他们也能逐渐对新刺激产生兴趣,并在新环境中慢慢活跃起来。

对迟缓型的婴幼儿,父母要创造机会让婴幼儿多尝试、多接触新事物和新环境,以不断激发他们的兴趣和好奇心,给予积极的暗示和鼓励,帮助婴幼儿建立自信心和提升表达能力,保持足够的耐心和敏感,不应施加过多的压力或强迫婴幼儿迅速适应新环境。

## (四)学前儿童气质发展的特点

学前儿童气质发展的特点可以归纳为以下几点:

### 1. 相对稳定性

学前儿童的气质在大多数情况下具有相对稳定性。在儿童成长早期,气质特征能持续保持一段时间而不会轻易发生根本性变化。这种稳定性使教育者和家长能够相对准确地观察和识别儿童的气质类型,为他们提供更加适宜的教育环境和更有针对性的引导方式。

### 2. 可变性

气质虽然具有相对稳定性,但它并不是一成不变的。学前儿童的气质类型会受到后天生活环境和教育等多种因素的影响而发生变化。这些变化可能表现为气质类型的微调,也可能是在原有气质类型的基础上形成新的行为模式或特征。例如,一个原本内向的孩子在积极的社交环境中可能会变得开朗和外向。

### 3. 个体差异性

学前儿童的气质发展表现出显著的个体差异性。每个儿童都是独一无二的,他们的气质特征各不相同。不同的儿童在面对相同的情境时很可能表现出不同的行为方式和情绪反应。例如,有的儿童活泼好动,善于与人交往,有的儿童却内向安静,喜欢独处。成人应当尊重儿童的个体差异,根据他们的气质特征进行个性化的教育。

### 4. 影响父母的教养方式

学前儿童的气质类型会影响父母的教养方式。不同气质类型的儿童需要不同的教养方式和教育策略。例如,对活泼好动的儿童,父母需要采用灵活和有趣的教育方式,对内向敏感的儿童,则需要耐心和细致的关怀和引导。父母要了解儿童的气质特点,不断调整自己的教养方式,更好地促进儿童的全面发展。

### 5. 受遗传和环境共同影响

学前儿童的气质发展是遗传与环境共同作用的结果。遗传为气质发展提供了基础框架,环境在这个框架内进行填充和修饰。家庭环境、学校环境、社会环境等都会对学前儿童的气质产生影响。例如,温馨和谐的家庭环境有助于培养孩子稳定、积极的气质特点,而冲突暴力的家庭环境则会促使孩子形成暴躁、易怒的气质特点。

## 二、学前儿童性格的发展

性格是在一个人的生理素质的基础上,在社会实践活动中逐渐形成、发展和变化的。它受遗传、环境、教育等多种因素的影响。学前儿童性格在发展过程中表现出了活泼好动、好奇好问、易冲动、自制力差,易受暗示、模仿性强等特点。

### (一) 性格的概念

性格是指一个人在对待现实的态度和行为方式中所表现出来的个性心理特征,以及与这种态度相适应的、习惯化了的行为方式。性格具有相对的稳定性和可塑性,一经形成,便会在不同的时间、不同的地点表现出来。性格主要包含以下几个方面:

① 态度特征:指一个人对现实世界的稳定态度,包括对社会、集体、工作、劳动、他人和自己的态度。这些态度特征如诚实、虚伪、谦逊、骄傲等,是个体性格的重要组成部分。

② 意志特征:指一个人对自己的行为目的、动机和行动所表现出来的稳定特征。如勇敢、怯懦、果断、优柔寡断等,这些特征反映了个体在面临困难和挑战时的自我调节能力。

③ 情绪特征:指一个人在情绪反应上的稳定性、强度、持久性和主导心境等方面的特征。如热情、冷漠、开朗、抑郁等,这些特征影响了个体的情绪体验和表达方式。

④ 理智特征:指一个人在认知活动中的性格特征,包括感知、记忆、思维和想象等方面的特征。如思维敏捷、深刻、逻辑性强或思维迟缓、浅薄、没有逻辑性等,这些特征反映了个体在认知过程中的风格和效率。

性格与气质都是人格的重要组成部分,它们之间的既存在联系,又有着显著的区别。性格更多地体现了人格的社会属性,是在后天的社会实践活动中逐渐形成的,具有一定的可塑性,涉及个体对现实世界的态度、行为方式、情绪反应和认知活动等多个方面,是个体行为的重要驱动力。气质则更多地体现了人格的生物属性,具有先天性、稳定性和不易改变性,是个体在神经活动过程中表现出来的比较稳定的动力特征,如情绪体验的强弱、快慢、隐显以及动作的灵敏或迟钝等。

### (二) 性格的培养

学前儿童性格的培养涉及儿童成长环境的多个方面,需要家长、教师及社会其他成员的共同努力。

① 提供稳定环境。学前儿童需要一个稳定和预测性强的生活环境来建立安全感,其中以家庭环境最为重要。稳定和谐、充满爱的家庭环境有助于孩子形成积极、乐观的性格。

② 满足情感需求。教师、父母及家庭成员要积极响应孩子的情感需求,给予足够的关爱,满足孩子情感需求,有利于孩子良好情绪性格的养成。

③ 树立良好榜样。家长和教师的态度、行为、处事方式对孩子的性格发展有着直接的影响。家长和教师要以身作则,展现出积极、乐观、勇敢、诚信等良好品质,通过自身的言行举止影响儿童性格的发展。

④ 鼓励尝试探索。鼓励孩子探索周围的世界,满足他们的好奇心和求知欲,培养他们的探索精神和创造力。对孩子的小成就给予及时正面的反馈和奖励,强化孩子的自信心和成就感。

⑤ 积极互动游戏。通过互动游戏和集体活动,让孩子学会等待、轮流、分享和协作,提

高社交能力和团队精神,增进理解他人的感受,培养同情心和同理心。

⑥ 关注情绪管理。教孩子识别和表达自己的情绪,理解和尊重别人的感受,学会用适当的方式调节自己的情绪。

⑦ 设置界限规则。给孩子明确的界限和规则,让他们知道什么是可以做的,什么是不可以做的。

⑧ 分配任务培养责任感。分配给孩子一些简单的家务任务,如整理玩具、摆放餐具等,培养他们的责任感。

⑨ 提供资源与探索机会。提供适龄的书籍、教育玩具和资源,激发孩子的好奇心和探索欲望。

⑩ 多元文化教育。给孩子提供了解不同的文化和背景的机会,培养他们对多样性的尊重和理解。

### 三、学前儿童自我意识的发展

自我意识在个体成长和社会发展中发挥着重要的作用,是人格形成与发展、个体行为调控的关键因素。

#### (一)自我意识的概念

自我意识也称自我,是指个体对自己的各种身心状态以及自己与客观世界的关系的意识。包括对自己的生理状态(如身高、体重、外貌等)、心理状态(如兴趣、能力、气质、性格等)以及自己与周围世界关系的理解。自我意识是人类特有的一种反映形式,是人的心理区别于动物心理的一大特征。

自我意识包含自我认识、自我体验(自我评价)和自我调控(自我调节)三个核心内容,这些内容相互关联、相互制约,共同构成了完整的自我意识体系。自我认识是自我意识的基础,指个体对自己的各种身心状况的认识,包括生理自我、心理自我和社会自我。自我体验是自我意识的情感成分,反映了个体对自己所持的态度,其中自尊是自我体验中最主要的方面。自我调控是自我意识的意志成分,指个体对自己心理活动和行为的调节与控制,其中自我控制和自我教育是自我调控中最主要的方面。

自我意识具有意识性、社会性、能动性和同一性四个显著特点。意识性使个体能够清晰地认识到自己的存在以及自己与周围世界的关系。自我意识的形成和发展离不开社会环境,自我意识不仅是对个体生理特性的意识,更是对个体社会特性的意识,如社会角色、社会地位等。自我意识的能动性使个体能够根据自己的需要和目标,调节和控制自己的心理和行为。自我意识的同一性使个体在不同时间和情境下表现出一致的心理面貌。

#### (二)学前儿童自我意识发展的特点

学前儿童自我意识发展的特点主要体现在以下几个方面:

**1. 自我意识随年龄增长而提高**

学前儿童的自我意识水平随着年龄的增长而逐渐提高,各年龄间存在明显的差异。其中,5岁是自我意识明显提高的转折点,这一阶段的儿童在自我意识各方面都有了显著的发展。

**2. 自我意识各因素发展速度与程度不同**

（1）自我认识

学前儿童自我认识能力的发展具体表现为：

① 从身体认识到心理认识。学前儿童从最初对自己的认识主要集中在身体特征上到逐渐开始认识到自己的心理特征。

② 从简单到复杂。对自己的描述从最初仅限于简单的身体特征和活动到能够描述较为复杂的内部心理活动和情感体验。

③ 受环境和社会经验影响。家庭、幼儿园等社会环境对学前儿童的自我认识产生着重要的影响。

（2）自我评价

学前儿童的自我评价能力逐渐增强，能够对自己的行为和能力做出初步的评价。这一能力的发展速度相对平稳，但整体上呈现上升趋势。具体表现为：

① 从依从性评价到独立性评价。从复述成人的评价到逐渐形成自己的评价标准进行独立评价。

② 从外部行为评价到内心品质评价。从关注自己外部行为的表现到关注自己内心品质的评价。

③ 从主观情绪性评价到初步客观评价。从受情绪状态影响的评价到从具体事实出发进行初步客观的评价。

④ 从笼统简单的评价到细致具体的评价。

⑤ 从局部的自我评价到比较全面的自我评价。

（3）自我控制

学前儿童自我控制能力的发展在5岁左右呈现明显的转折点。他们能够根据规则和要求调整自己的行为，表现出更强的自我约束能力。具体表现为：

① 从依赖到自主。从依赖成人的指导和帮助到能够自主调节自己的行为。

② 从简单到复杂。从最初只能遵守简单的规则和要求到开始能够处理更复杂的社交情境和任务要求。

③ 情绪调节能力冲动性减少，稳定性提高，情绪表现从外露变得内隐。

**3. 自我意识发展的阶段性特征**

① 自我感觉的发展（1岁前）：儿童在1岁前从不能把自己作为一个主体同周围的客体区分开，到逐渐知道手脚是自己身体的一部分，产生自我意识的最初级形式，处于自我感觉阶段。

② 自我认识的发展（1~2岁）：孩子从会叫妈妈起，就已经把自己作为一个独立的个体来看待了。15个月以后的婴儿开始知道自己的形象，这是自我认识发展的重要标志。

③ 自我意识的萌芽（2~3岁）：自我意识的真正出现与儿童言语的发展密切相关。掌握代名词"我"是自我意识萌芽的最重要标志。当儿童能够准确使用"我"来表达愿望时，标志着他们的自我意识已经产生。

④ 自我意识各方面的发展（3岁后）：在知道自己是独立个体的基础上，儿童逐渐开始了简单的自我评价。进入幼儿期后，孩子的自我评价逐渐发展起来，同时自我体验和自我控制也开始发展。

## 第四节 社会交往的发展

社会交往贯穿于人们的日常生活,影响着人们的思想、情感和行为。通过社会交往,人们不仅能够获取信息和资源,满足自身的生存和发展需求,还能建立和维护人际关系,获得归属感和认同感。

### 一、学前儿童社会交往的发展

社会交往,简称"社交",指在一定的心理活动下,个体或群体之间相互往来,进行精神上的交流。学前儿童社会交往广义上是指学前儿童在与成人(主要是父母和教师)接触交流或与同伴游戏学习等过程中,运用语言或非语言符号系统,进行沟通交流的活动。狭义上主要指同伴交往,即学前儿童与自己年龄相同或相近的同伴的交往。

#### (一)亲子交往的概念

亲子交往是指父母(包括父亲和母亲)与子女之间进行的各种形式的交往活动。这种交往包括言语交流、肢体接触、情感传递、共同活动等多个方面。亲子交往是儿童最早接触到的一种人际交往形式,对儿童的社会性发展、情感发展以及认知发展等具有深远的影响。

亲子交往具有情感性、互动性和发展性。亲子交往带有强烈的情感色彩,父母与子女之间通过情感的交流和传递,建立起深厚的亲子关系。亲子交往是一个双向的过程,需要父母与子女之间的积极互动和相互回应。随着儿童年龄的增长和认知水平的提高,亲子交往的内容和形式也会发生变化,具有发展性。

亲子交往影响儿童社会性发展、情感发展和认知发展。

① 亲子交往是儿童学习社会规则、建立人际关系的重要途径。通过与父母的交往,儿童可以学会如何与他人相处、如何表达自己的情感和需求等。

② 亲子关系的质量直接影响儿童的情感安全感和归属感。良好的亲子关系能够为儿童提供情感支持,促进其情感健康发展。

③ 亲子交往中的语言交流、共同活动等都有助于儿童认知能力的发展。通过与父母的互动,儿童可以学习到新的知识和技能,不断拓宽自己的认知领域。

#### (二)学前儿童的依恋

良好的依恋关系有助于儿童建立安全感、信任感和自我认同感,促进儿童全面健康的发展。

**1. 依恋的概念**

依恋理论最早是由英国心理学家约翰·鲍尔比(John Bowlby)提出的,他认为依恋是人类在婴儿期形成的一种情感纽带,是有生物根源性的本能反应,对于个体的心理发展和社会性发展具有重要作用。依恋特指儿童对其主要抚养者保持的长期、持续的亲近感,是存在于儿童与主要抚养者之间的一种强烈而持久的情感联结。学前儿童的依恋有三个显著特点:一是儿童愿意与依恋对象在一起,并且在心理上能够得到极大的满足;二是依恋对象比其他任何人都更能使处于痛苦不安状态下的儿童得到抚慰;三是依恋对象使儿童更有安全感。

学前儿童依恋的发展大致经历四个阶段:

① 对人无差别的反应阶段(0~3个月):婴儿对所有人都一样,喜欢所有人。

② 对人有差别的反应阶段(3~6个月):婴儿更喜欢母亲和其他熟悉的照料者,对他们表现出更多的微笑。

③ 特殊的情感联结阶段(6个月~2岁):婴儿对母亲的依恋明显,对主要抚养者的依恋加强,依恋范围逐渐扩大。

④ 目标调整的伙伴关系阶段(2岁~3岁以后):儿童能够更深入地认识并理解母亲(或其他主要抚养者)的情感、需要和愿望,意识到母亲对自己的爱和不会抛弃自己的事实,开始考虑母亲的需要和兴趣,并据此调整自己的情绪和行为反应;儿童也开始了与同伴之间的交往,在与同伴的交往中表现出自己与同伴在社交方式和社会接受性方面的差异。

学前儿童的依恋关系受抚养者的敏感性、家庭环境和社会文化等多种因素的影响。抚养者能否及时、准确地感知并响应儿童的需求和情感反应,对依恋关系的形成和发展至关重要。和谐、稳定的家庭环境有助于儿童形成积极的依恋关系,冲突、不稳定的家庭环境则容易导致儿童形成不安全的依恋关系。不同文化背景下的抚养方式和观念差异均会影响儿童依恋关系的形成和发展。

**2. 依恋的类型**

根据不同的研究视角和分类标准,可将依恋分为多种类型。鲍尔比的同事和学生安斯沃思研究认为,学前儿童的依恋主要存在三种类型:安全型、回避型和反抗型。

① 安全型。此类儿童约占65%~70%。在陌生情境中,儿童把母亲作为"安全基地",去探究周围环境。母亲在场时,能够主动安心去探究,母亲离开时产生分离焦虑,探究活动明显减少。忧伤时主动寻求安慰,易于被陌生人安慰,但母亲安慰更有效。母亲返回时,能够迅速恢复平静,以积极的情感表达依恋,与母亲建立亲密联系。安全型依恋的儿童具有较高的自尊、自信和安全感,容易与人接触,能够积极应对各种挑战,会合理表达自己的情感和需求。

② 回避型。此类儿童约占20%。在陌生的情境中,母亲是否在场对他们的探究行为没有影响。母亲离开时,不表现出明显的分离焦虑,母亲返回时,也不主动寻求接触,甚至可能回避母亲的亲密行为。他们对母亲的离开和返回反应淡漠,缺乏明显的情感表达。回避型依恋的儿童对自己评价很高,独立性较强,但难以与人建立深厚的情感联系。

③ 反抗型。此类儿童约占10%~15%。在陌生情境中,他们难以主动地去探究周围环境,探究活动很少。母亲离开时表现出极度的反抗和忧伤,但重逢时又难以被安慰。他们的行为表现出一种愤怒的矛盾心理,对母亲缺乏信心。反抗型依恋的婴儿自尊心不牢固,不安全感强烈,具有情绪化倾向,担心被拒绝,对周围环境充满敌意。

**(三)亲子交往的影响因素**

亲子交往受父母方面、儿童自身和文化环境等多种因素的影响。

**1. 父母方面**

① 父母的性格、爱好以及教育观念将直接影响婴幼儿的教养行为。乐观开朗的父母倾

向于鼓励孩子尝试新事物,而严谨认真的父母更注重孩子的规则意识和细节处理。

② 父母对儿童发展的期望将影响亲子交往的方式和内容。高期望的父母较为关注孩子的学习成绩和未来发展,低期望的父母更加注重孩子的身心健康和幸福感。

③ 父母的受教育水平决定了他们的知识储备和教育能力,从而影响亲子交往的质量和效果。社会经济地位影响亲子交往的资源和环境。经济条件较好的家庭能为孩子提供更多的学习机会和社交资源,经济条件较差的家庭面临更多的生活压力和限制。

④ 父母和谐的婚姻关系有助于营造良好的家庭氛围,促进亲子之间的积极互动和沟通,经常争吵或关系紧张的父母会给孩子带来一定的负面影响,长此以往,会降低亲子交往的质量。

⑤ 父母的教养方式直接影响亲子交往的质量和效果。父母的教养方式一般有权威型、专断型、放纵型和忽视型四种。

权威型的父母,给孩子提出合理的要求和期望,进行适当的行为限制,表现出对孩子的爱,认真听取孩子的想法,在孩子犯错时也给予支持。权威型教养方式下长大的孩子具有很强的自信和较好的自我控制能力,表现出乐观、积极的态度,喜欢与人交往,具有一定的社会责任感,心理较为健康,追求学业成功。

专断型的父母对孩子高度控制,要求严格,限制儿童自由发展,设定高标准,强制孩子服从,无视或压制孩子的需求和感受。在这种教养方式下长大的孩子容易表现出焦虑、退缩和不快乐,形成自卑、冷漠等消极情绪,自我调节能力和适应性都比较差,缺乏社交技巧,难以与他人建立良好的人际关系。

放纵型的父母对孩子表现出过多的爱与期待,很少对孩子提出要求和进行行为控制。在这种教养方式下长大的孩子表现得不成熟,自我控制能力差,容易沉迷于游戏、社交媒体等虚拟世界,缺乏独立思考和解决问题的能力,孤独无助缺乏自信,过度以自我为中心,无法适应集体生活,学习成绩较差。

忽视型的父母对孩子不关心,只提供基本的物质需求,没有精神上的支持。在这种教养方式下长大的孩子自卑无助、孤独抑郁,学习缺乏动力和信心,对社交不信任,常感到困惑。

**2. 儿童自身**

① 儿童自身年龄、性别、性格、兴趣等发展特点和发育水平都会影响亲子交往的方式和内容。例如,婴儿期的孩子更需要父母的照顾和关爱,而青春期的孩子则更加注重自我独立和隐私保护。

② 儿童的心理需求和情感表达将影响亲子间的正常交往。当儿童感到被理解、被尊重时,他们更愿意与父母分享自己的想法和感受;反之则容易产生隔阂和矛盾。

**3. 文化环境**

① 家庭结构(如核心家庭、单亲家庭、重组家庭等)和居住条件(如住房面积、居住环境等)将影响到亲子交往的频率和质量。例如,空间狭小的家庭限制亲子活动的范围和互动方式。

② 社区的风气、舆论以及邻里之间的关系将影响亲子之间的交往。良好的社区环境和邻里关系有助于促进亲子之间的积极互动和共同参与社区活动。

③ 不同的文化背景和传统习俗会影响亲子交往的价值观和行为规范。例如,在一些传统文化中,尊老爱幼被视为美德,这会直接影响到父母与子女之间的相处方式和角色定位。

## 二、学前儿童同伴交往的发展

同伴交往是儿童学习社会技能的关键途径,有助于儿童形成清晰的自我认知和身份认同,是儿童适应社会环境的重要过程。同伴之间的友谊和亲密关系为儿童提供了情感和心理上的支持,同伴交往中的互动和讨论可以激发儿童的思维,拓宽他们的视野,同伴之间的相互影响对于儿童道德观念和价值观的形成具有重要作用。

### (一)同伴交往发展的阶段

学前儿童同伴交往的发展可分为婴儿期(0~2岁)和学前期(2~6岁)两个阶段。

**1. 婴儿期(0~2岁)**

① 客体中心阶段。婴儿最初对同伴的交往主要是基于共同感兴趣的物体,如他们会同时注视或抓取同一个玩具,但这种交往并不具有真正的社会性质。

② 简单相互作用阶段。随着婴儿的成长,他们开始能够相互触摸、观望,并发出简单的声音和微笑。这种交往虽然短暂且单向,但标志着婴儿开始具有初步的社会交往能力。

③ 互补的相互作用阶段。在这个阶段,婴儿之间的交往变得复杂。他们开始能够模仿对方的行为,如互相模仿对方的动作或发出相似的声音。这种模仿行为有助于婴儿理解和适应社会环境。

**2. 幼儿期(2~6岁)**

① 交往频率增加。幼儿期是儿童与同伴相互作用频率显著增加的阶段。他们开始互相交流思想,分享有关活动的知识,参加集体性的假装游戏。

② 语言技能发展。随着语言技能的发展,儿童能够清晰地表达自己的意愿和需求,促进同伴之间的有效沟通,使交往更加深入和复杂。

③ 游戏和规则。儿童开始能够商议游戏规则决定游戏的建构。这有助于培养他们的合作精神和规则意识。

### (二)同伴交往的类型特点

庞丽娟利用"同伴提名法"对4~6岁的儿童同伴交往类型进行研究,发现儿童的同伴交往类型主要有受欢迎型、被拒绝型、被忽视型和一般型(或普通型)四种。

**1. 受欢迎型**

这类儿童一般长相较好,性格外向,活泼开朗,情绪愉快,卫生干净,喜欢且善于与人交往。他们在与同伴交往中积极主动,表现友好,愿意合作和分享等积极的交往行为。对自己能正确评价,在同伴中享有较高的社交地位,具有较强的影响力,受到大多数同伴的接纳和喜爱。据美国心理学家莫雷诺的研究,此类儿童约占13.33%。

**2. 被拒绝型**

这类儿童大多体格较壮,性格外向,喜欢但并不善于与人交往,脾气急躁、容易冲动。他们在与同伴交往中表现活跃、主动,但常常采取不友好的交往方式,如强行加入团体活动,不遵守游戏规则、抢夺东西、大声叫喊、喜欢推搡等。过高估计自己的社交地位,对自身缺乏正确的评价,在同伴关系中地位较低。此类儿童约占群体的14.31%。

**3. 被忽视型**

这类儿童多数体质较弱,力气小,性格内向,胆小,害羞,不活泼、腼腆、不爱说话。他们不愿与人交往,喜欢独来独往,缺乏亲密的朋友。在与同伴交往中表现出被动、孤僻、逃避、退缩等举动,常常徘徊在同伴群体的边缘。他们对同伴既很少有友好、合作行为,也很少有不友好、侵犯性行为,在同伴群体中被忽视、不受注意。此类儿童约占群体的 19.41%。

**4. 一般型(或普通型)**

这类儿童在同伴交往中行为表现一般,没有明显的特征。他们既不是特别主动友好,也不具有较强攻击性和敌对性。在同伴关系中地位一般,既不为同伴所特别的喜爱和接纳,也不为同伴所忽视和拒绝。

**(三) 同伴交往的影响因素**

同伴交往的影响因素是多方面的,包括个体因素、环境因素、社会互动以及其他因素。

**1. 个体因素**

(1) 儿童自身特征

① 儿童的性别、年龄和长相等生理特征影响其在同伴群体中的受欢迎程度。例如,外貌吸引力较高的儿童更容易受同伴欢迎

② 儿童的气质和性格特征影响其与同伴的交往。例如,外向、友好的儿童更容易建立积极的同伴关系。

③ 儿童的认知能力和社交技能影响同伴交往。认知能力强的儿童能更好地理解同伴的需求和情绪,从而建立更和谐的同伴关系。

(2) 行为特征

① 受欢迎的儿童通常表现出友好、合作、分享等积极行为,有助于良好同伴关系的建立。

② 被拒绝的儿童往往表现出攻击性、不合作等消极行为,阻碍与同伴的交往。

**2. 环境因素**

(1) 家庭环境

① 父母的教养方式直接影响儿童的社会行为和同伴交往能力。例如,过度保护或忽视都可能导致儿童在同伴交往中出现问题。

② 亲子关系也会直接影响儿童与同伴的交往。安全型依恋关系的儿童更容易建立积极的同伴关系。

(2) 学校环境

① 教师在儿童心目中的地位会间接影响同伴对儿童的评价。教师的鼓励和支持有助于儿童建立积极的同伴关系。

② 班级的整体氛围和同伴间的相互支持也会影响儿童的同伴交往。一个和谐、友爱的班级氛围有助于促进儿童的同伴交往。

③ 活动材料与活动性质影响同伴交往。玩具的种类、数量和特征会影响儿童的交往行为。足够的玩具和适宜的活动空间可以减少儿童之间的冲突和攻击性行为。不同的游戏情境和活动性质会影响儿童的交往行为。例如,在自由游戏中,儿童可以自由选择玩伴和活动方式;而在集体活动中,儿童需要遵守规则并与他人合作。

**3. 社会互动**

（1）社会技能

儿童需要掌握一定的社会技能，如沟通、协商、合作等，才能在同伴交往中取得成功。这些技能可以通过家庭和学校的教育和训练来培养。

（2）同伴反馈

同伴的反馈和态度会影响儿童的自我认知和交往行为。积极的反馈会增强儿童的自信心和社交能力；消极的反馈则容易导致儿童产生自卑和退缩心理。

**4. 其他因素**

（1）文化价值观

不同的文化背景下，儿童对同伴交往的看法和行为有所不同。文化价值观直接影响着儿童对同伴关系的认知和交往方式。

（2）媒体影响

电视、互联网等现代媒体影响儿童的同伴交往。例如，观看暴力节目会增加儿童的攻击性行为而影响与同伴之间的关系。

### 三、学前儿童社会交往技能的培养

社会交往技能是指个体在社会环境中，为了与他人建立、维持和发展积极有效的关系而需掌握的一系列技巧和能力。它包含了语言沟通、非语言沟通、情绪管理、冲突解决、合作与分享等多个方面。学前儿童社会交往技能的培养，有利于促进学前儿童情绪情感的发展，提升沟通能力，培养合作意识，增强自信心。学前儿童社会交往技能的培养策略和方法如下。

**（一）策略**

① 环境创设。创造积极友好包容的社交环境，让儿童在轻松愉快的氛围中学习和交流。提供多样化的社交场景和机会，如幼儿园内的角色游戏区、合作活动区等，让儿童在不同情境中锻炼社交技能。

② 榜样示范。家长和教师要成为儿童社交技能的榜样，通过自身的言行展示积极的社交行为，如礼貌待人、尊重他人、合作分享等。鼓励儿童观察和模仿成人的社交行为，并适时给予指导和反馈。

③ 情感教育。关注儿童的情感体验，帮助他们识别和理解自己的情感，学会用适当的方式表达内心的感受。教会儿童理解他人的情感，培养他们的同理心和情感共鸣能力，促进良好人际关系的建立。

④ 规则教育。教育儿童遵守基本的社交规则和行为规范，如轮流玩耍、不抢夺玩具、尊重他人的意见等。通过具体的情境和实例，让儿童理解规则的重要性，并学会自觉遵守规则。

**（二）方法**

① 角色扮演游戏。利用角色扮演游戏，让儿童在模拟的社交情境中扮演不同的角色，体验和学习各种社交技能。例如，可以扮演医生、警察、售货员等角色，学习如何与他人互动和沟通。

② 合作项目活动。组织各种需要合作完成的项目和活动,如小组合作拼图、共同完成手工作品等。通过合作,让儿童学会协商、分工、合作和分享,以培养儿童的团队合作精神和社交能力。

③ 情绪管理教育。教导儿童如何识别和管理自己的情绪,如通过深呼吸、数数等方法平复情绪。鼓励儿童在情绪稳定时与他人交流,避免在情绪激动时做出不当行为。

④ 情境引导。在实际生活中创造各种社交情境,引导儿童学习和运用社交技能。例如,在超市购物时教儿童如何与售货员交流,在公园里教儿童如何与同伴分享玩具等。

⑤ 鼓励表达。鼓励儿童积极表达自己的意见和感受,尊重他们的想法和选择。教会儿童如何倾听他人的意见和反馈,培养他们的沟通和协商能力。

⑥ 提供反馈。在儿童进行社交活动时,给予他们及时、正确的反馈和指导。对他们的积极表现给予肯定和表扬,对不足之处给予建设性的建议和指导。

⑦ 家园共育。家长和教师应保持密切的沟通与合作,共同关注儿童社交技能的发展。通过家园共育的方式,形成教育合力,为儿童提供更加全面和系统的社交技能培养。

## 第五节　品德的发展

品德对个人发展和社会进步具有十分重要的意义。品德发展有助于个人形成正确的价值观,养成良好的行为习惯,增强社会责任感,促进心理健康,为未来发展奠定坚实的基础。品德发展能够促进社会经济发展,增强社会凝聚力,推动社会文明进步,构建和谐的社会关系。

### 一、品德的概念及结构

品德,即道德品质,指个体依据一定的社会道德行为规范行动时所表现出来的比较稳定的心理特征和倾向。品德反映了个体的道德面貌,是个性中具有道德评价意义的核心部分。品德的形成和发展受多种因素的影响,包括社会环境、家庭教育、学校教育以及个体自身的努力和实践等。品德的心理结构极为复杂,但一般来说,品德主要由道德认识、道德情感、道德意志、道德行为四种心理成分构成。

#### (一) 道德认识

道德认识又称道德观念,是对道德准则及其执行意义的认识。它主要是指人们对一定社会道德关系及其理论、规范的理解和掌握,对是非、善恶、美丑的认识和评价,以及在此基础上形成的道德观念、信念和评价能力。道德认识是个体品德的核心部分,它使人们能够自觉地意识到道德要求,明辨是非善恶,为道德行为提供指导和方向。

#### (二) 道德情感

道德情感是伴随道德认识产生的内心体验。一般来说,在现实生活中的各种事件或是他人、个人的行为,凡是符合自己的认识或自己所维护的道德观念时,就会产生积极的情绪体验,否则就会产生消极的情绪体验。道德情感是品德形成和发展的动力之一,它能够激发人们的道德行为,调节人们的道德行为方向,使人们的道德行为更加坚定和持久。

### (三) 道德意志

道德意志是个人自觉地调节行动去克服困难,以实现一定道德目的的活动。它通常表现为一个人的信心、决心和恒心,是一种自我控制、自我约束的能力。道德意志在品德形成和发展中发挥着关键的作用,它使人们能够克服各种内外困难和阻力,坚持道德行为,实现道德目标。

### (四) 道德行为

道德行为是在道德认识和道德情感的推动下,表现出来的对他人或社会具有一定道德意义的实际行为。它是衡量品德的重要标志。道德行为是品德的最终体现,通过道德行为可以检验一个人的品德水平。同时,道德行为也是品德形成和发展的实践基础,通过反复的道德行为实践,可以进一步巩固和深化道德认识和道德情感。

品德结构具有整体性、层次性、动态性的特征。品德结构的四个心理成分相互联系、相互制约,共同构成了一个完整的品德结构。品德结构各层次之间相互影响、相互作用。道德认识和道德情感构成了道德动机,处于核心地位;道德意志是实现道德动机的重要保证;道德行为则是品德的最终体现。品德结构不是一成不变的,而是随着个体年龄的增长、社会经验的丰富和道德教育的深入而不断发展变化的。

## 二、道德认知的发展

道德认知发展说是从发生学的角度研究人类道德发生发展的理论。代表人物有瑞士心理学家皮亚杰和美国心理学家科尔伯格等。

### (一) 皮亚杰的道德认知发展理论

皮亚杰认为,儿童道德认知发展有三个阶段。

**1. 前道德阶段(无律阶段)**

大约出现在四五岁以前。此阶段儿童的思维是以自我中心的,其行为直接受行为结果的支配,尚未形成道德观念。由于还没有道德意识,儿童不会把自己和外面的世界分开,他们的行为主要受生理和情感因素的影响,缺乏对行为后果的预见性和对他人感受的关注。规则或成人的要求对他们还没有太大的约束力,他们只按照自己的意愿去执行游戏规则。

**2. 他律道德阶段**

大约出现在四五岁至八九岁之间。此阶段儿童对道德的看法是遵守规范,只重视行为后果(如打破杯子就是坏事),而不考虑行为意向,偏爱抵罪性惩罚。他们开始理解道德规则的存在和重要性,但行为仍然受到外部因素的影响。例如,儿童可能会因为知道偷东西是不对的而告诉父母,但不考虑弟弟为什么要偷糖果。

**3. 自律道德阶段**

出现在八九岁以后,学前儿童较少达到此阶段。此阶段儿童开始认识到道德规范的相对性,同样的行为,是对是错,除看行为结果外,也会考虑当事人的动机,运用补偿性惩罚。

他们不再盲目服从权威,而是开始理解道德规则的内在意义,他们的行为不再仅仅受到外部因素的影响,而是基于自己的价值观和道德标准,形成自己的道德判断。

### (二) 科尔伯格的道德认知发展阶段论

科尔伯格采用道德两难故事,让儿童在两难推理中做出选择并说明理由,把学前儿童道德发展划分为三个水平六个阶段。

**1. 前习俗水平**

着眼于行为的具体后果和自身的利害关系来判断是非,儿童无内在的道德标准。

阶段1:惩罚和服从取向阶段。以逃避惩罚和服从权威权力为道德判断依据。此阶段儿童还未形成真正的是非观念。

阶段2:相对功利取向阶段。以是否符合自己的需要和互利为道德判断依据。此阶段儿童服从于获得奖赏、为自己服务的目的,类似交易而非真正的公平、慷慨或同情,如"你让我玩篮球,我就把滑板借给你"。

**2. 习俗水平**

以满足社会期望、受到赞扬、遵守社会现行的准则习俗判断是非。

阶段3:寻求认可取向阶段。以是否被人喜爱、取悦于人为道德判断依据。此阶段儿童以他人的表扬或做"好孩子"为目的。

阶段4:遵守法规取向阶段。以遵守社会习俗和规则为道德判断依据。此阶段儿童认为只要接受了社会规则就可以免受指责。

**3. 后习俗水平**

自我接受的道德原则,主要履行自己选择的道德标准。

阶段5:社会契约取向阶段。此阶段儿童认为道德和法律是由群体共同制定的,是可变的。道德的基础是为了维护社会秩序的一致意见,为了群体中更多成员的利益,它是可以修正完善的。

阶段6:个体内在良心的道德。此阶段儿童为了避免自责而不是他人的批评,既遵从社会标准,也遵从内化的理想。这种道德以尊重他人为基础,具有高度的个体化的道德信念,有时是与大多数人所接受的社会秩序相冲突的。

科尔伯格对儿童道德认知的发展阶段的具体划分与皮亚杰有所不同,但总体强调道德发展的阶段性,认为道德发展是一个从低到高、逐步复杂化的过程。每个阶段都代表了个体道德认知水平的提升和道德判断能力的增强。

学前儿童道德认知的发展不仅有顺序和阶段性,还表现出了冲突与平衡性、认知依赖性、社会性等特点。道德认知的发展是一个有序的、逐步深入的过程,每个阶段都是建立在前一阶段的基础之上的。道德认知的发展过程中常常伴随着认知冲突和平衡的过程。个体在面对道德问题时,需要通过思考、讨论和实践来寻求认知上的平衡和一致。道德认知的发展与个体的认知发展水平密切相关。认知能力的提升为道德认知的发展提供了基础。道德认知的发展是在社会环境中进行的,受到家庭、学校、社会等多方面因素的影响。

通过提供正面榜样、讲解道德故事、鼓励道德讨论和设置道德情境等方法,可以有效地促进学前儿童道德认知的发展。

### 三、行为习惯的发展

行为习惯对个体的成长和发展具有重要意义。良好的行为习惯不仅有助于提高个体的自我管理能力、增强自信心和责任感,还有助于促进身心健康、提高学业和职业成就,增强社会适应能力。相反,不良的行为习惯会对个体产生负面的影响。

**(一) 定义及特点**

行为习惯指个体在长期的生活、学习和社交实践中,通过不断的重复和强化,逐渐形成的相对固定且自动化的行为模式或倾向。这些行为模式在相似的情境下会自然而然地表现出来,成为个体行为的重要组成部分。行为习惯与人后天条件反射系统的建立存在着密切的关系。

行为习惯具有自动化、稳定性、可变性、持久性、多样性和双重性的特点。

① 自动化:行为习惯一旦形成,就会在特定情境下自动触发,无需过多思考;

② 稳定性:行为习惯一旦形成,就不易改变,具有一定的稳定性;

③ 可变性:行为习惯虽具有一定的稳定性,但并非一成不变,随着个体经验的积累、环境的变化以及教育的引导,个体的行为习惯也会发生相应的变化和调整;

④ 持久性:行为习惯一旦建立,就会对个体的行为产生长期的影响,它会持续指导个体的行为选择,在个体的一生中发挥重要的作用;

⑤ 多样性:行为习惯不仅限于动作或行为,还包括思维、情感等多方面的内容;

⑥ 双重性:行为习惯具有积极和消极的双重作用,良好的行为习惯有助于个人成长,不良的行为习惯则会阻碍发展。

**(二) 发展阶段及过程**

人在整个生命过程中的行为发展可分为以下几个阶段。

**1. 被动发展阶段(0～3岁)**

主要依靠遗传和本能的力量,通过无意识的模仿来发展行为。如吸吮、抓握、啼哭等,都是这个阶段常见的行为表现。行为发展主要是被训练的,是行为社会化的最基本的准备期。

**2. 主动发展阶段(3～12岁)**

行为发展带有明显的主动性,如主动模仿、爱探究、好攻击、喜欢自我表现等。对本能冲动行为的克制能力迅速提高,开始学会控制自己的行为。这一阶段是培养良好行为习惯的关键时期。

**3. 自主发展阶段(12岁～成年)**

开始对自己、对别人、对环境、对社会有综合的认识,并据此调整自己的行为。行为习惯逐渐内化为个人的价值观和行为准则。

**4. 完善巩固阶段(成年以后)**

行为定式已经形成,行为发展主要体现在对行为的适时调整、完善、巩固和提高上。人们会根据不断变化的环境对自己的行为进行适时的调整,以实现与周围环境的最佳适应。

行为习惯的养成大致经历以下几个过程:

① 模仿与观察。在早期阶段,个体主要通过模仿和观察来学习行为。他们会观察周围人的行为方式,并尝试模仿这些行为。这种模仿行为是无意识的,但随着时间的推移,这些行为会逐渐被个体内化并形成自己的行为习惯。

② 认知与理解。随着年龄的增长和认知水平的提高,个体开始理解行为背后的原因和意义。他们会思考为什么某些行为是正确的或错误的,并逐渐形成自己的价值观和判断标准。这种认知和理解过程有助于个体更加自觉地遵守社会规范和道德标准,并逐渐形成稳定的行为习惯。

③ 实践与强化。行为习惯的形成离不开实践和强化。个体需要通过反复的实践来巩固和强化自己的行为习惯。例如,通过定期锻炼来形成健康的运动习惯;通过遵守交通规则来养成安全出行的习惯等。同时,外部环境的反馈和奖励也会强化个体的行为习惯。当个体表现出良好的行为时,会得到他人的赞扬和奖励;当他们表现出不良的行为时,会受到批评和惩罚。这种反馈机制有助于个体更加明确地认识到哪些行为是受欢迎的哪些是不受欢迎的,从而进一步巩固和强化自己的行为习惯。

④ 内化与稳定。当行为习惯被个体内化为自己的价值观和行为准则时,它们就会变得更加稳定和持久。此时,个体不再需要外部的监督或奖励来维持这些行为,而是能够自觉地遵守和执行。这种内化和稳定的过程是行为习惯发展的最终阶段也是个体成长和发展的重要标志之一。

(三) 影响因素

行为习惯的发展是一个复杂而长期的过程,它受遗传、环境、教育及个人等多种因素的共同影响。

**1. 遗传因素**

遗传在行为习惯的形成中起到一定作用,如某些个体天生就具有较强的自控力或容易形成某种特定的行为习惯。某些行为习惯受遗传因素的影响,如个性特征、气质类型等,这些因素在一定程度上塑造了个体对环境的反应方式和行为倾向。然而,遗传因素并不是决定性的,它只是提供了一个基础或倾向。

**2. 环境因素**

环境对行为习惯的发展具有重要影响。家庭环境、学校环境、社交环境、社会环境等或直接或间接影响个体的行为习惯。例如,家庭中的教育方式和家庭氛围会影响孩子的行为规范和价值观;学校的教育理念和校园文化会引导学生形成积极向上的行为习惯;社交环境中的同伴关系和社交互动也会影响个体的行为选择和习惯养成;社会风气、法律法规、道德规范等都会对人的行为习惯产生制约和引导作用,此外,社会环境的变化也会影响个体行为习惯的调整和改变。

**3. 教育因素**

教育在行为习惯的形成和发展中起着至关重要的作用。通过教育,个体可以学习到正确的行为规范和价值观,了解社会期望和道德标准,从而逐渐形成符合社会要求的行为习惯。家庭教育、学校教育和社会教育相互补充,共同促进个体行为习惯的发展。

**4. 个人因素**

个体的性格特点、兴趣爱好、认知水平等也会影响行为习惯的形成和发展。例如,性格外向的个体倾向于参与社交活动并形成与人交往的行为习惯;性格内向的个体则更注重个人思考和独处,形成独立思考和自主学习的行为习惯。

### 四、学前儿童行为习惯的培养

行为习惯的培养,是教育的重要组成部分,也是个人成长的关键环节。学前阶段是儿童行为习惯形成的关键时期。这一阶段的孩子如同一张白纸,对外界充满好奇与探索欲,他们的行为习惯尚未定型,具有很强的可塑性。家长和教师要抓住这一黄金时期,通过科学的方法和策略,引导孩子养成良好的行为习惯。

#### (一)明确目标与规则

家长和教师要与幼儿一起制定明确的目标规则,让幼儿明白什么是可以接受的行为,什么是不可接受的行为。规则要简明扼要,用幼儿容易理解的语言表达,与孩子的生活实际紧密相连,具有可操作性。例如,每天定时吃饭、按时睡觉等,并在日常活动中反复强调。还可以通过行为标准图表、规则牌等可视化工具,帮助幼儿更直观地理解行为规范。

#### (二)榜样示范与引导

家长、教师要成为孩子的良好榜样,通过自己的行为示范来影响孩子。无论是遵守交通规则、礼貌待人,还是保持环境整洁,都要注意自己的言行举止,以身作则,展现出积极、健康、向上的行为方式,为孩子树立正确的行为标准,让儿童在潜移默化中受到正向的影响。积极关注孩子的个体差异,根据孩子的性格特点和发展需求,灵活调整引导策略,为孩子提供个性化的支持和引导。例如,对于性格内向的幼儿,可以通过一对一的交流和鼓励来帮助他们建立自信;对于活泼好动的幼儿,则可以通过游戏和活动来引导他们形成良好的行为习惯。

#### (三)正面激励与反馈

及时发现和赞扬幼儿的良好行为,通过称赞、鼓励或小奖励等方式,强化他们的积极表现。奖励应与儿童的年龄和兴趣相匹配,确保具有吸引力,如把小贴纸、小玩具等作为儿童良好行为习惯的奖励。这种正面激励能让幼儿感受到自己的努力和良好行为被认可和重视。给予幼儿积极的反馈,让他们知道哪些行为是正确的,哪些行为需要改进。这种反馈应该是具体的、建设性的,能够帮助幼儿明确改进的方向。

#### (四)环境创设与实践

优化育人环境,创设有益于养成良好行为习惯的环境,包括室内环境和室外环境。通过精心设计墙饰、科学规划活动区域等方式,营造积极向上的学习氛围。为幼儿提供适合其年龄和发展水平的玩具、图书等材料,以满足他们探索和学习的需求。注重通过实践活动来培养幼儿的行为习惯。例如,组织科学洗手帮帮带的游戏、绘本阅读活动、小组合作活动等,让幼儿在参与中学习和体验良好的行为习惯。将行为习惯的培养融入幼儿的日常活动中,如进餐、午睡、游戏等环节,通过反复练习和巩固,帮助幼儿形成稳定的行为习惯。

行为习惯的培养,需要家长和教师的紧密合作,共同关注,定期交流,分享进展和需要改进的方面,共同制定家园合作的策略。家庭和学校在教育理念和行为规范上要保持高度一致,形成教育合力,共同促进幼儿良好行为习惯的养成。

## 思考与练习

**一、选择题**

1. 儿童最早接触到的社会交往形式是（　　）。
   A. 亲子交往　　　　B. 同伴交往　　　　C. 邻里交往　　　　D. 师生交往
2. 以下不是传统气质类型划分的依据的是（　　）。
   A. 强度　　　　　　B. 速度　　　　　　C. 指向性　　　　　D. 灵活性
3. "大鹏一日同风起，扶摇直上九万里。"诗人李白以大鹏鸟自喻，表达了自己对未来充满信心和激情的壮志，体现了诗人的（　　）情绪状态。
   A. 心境　　　　　　B. 激情　　　　　　C. 应激　　　　　　D. 以上三个都不是

**二、判断题**

1. 失败的行为结果会增强个体的意志。（　　）
2. 和谐稳定的家庭环境有助于儿童形成积极的依恋关系。（　　）
3. 自发性的笑也称为早期笑或内源性的笑，主要出现在婴儿清醒时。（　　）

**三、辨析题**

1. 性格发展完全由遗传因素决定，后天的环境和教育对其影响微乎其微。
2. 儿童最初的情绪反应与生理需要满足与否直接相关，所以只要满足他们的生理需要就行。

**四、案例分析题**

东东是一名5岁的幼儿园大班男孩，他能够清晰地描述自己的外貌特征，说自己是短头发大眼睛的男孩。他还能够评价自己的能力和表现，说自己画画很好。他也能够识别并表达自己的情绪，说"我现在很开心，因为妈妈给我买了我喜欢的玩具"。他也会安慰哭泣的同伴。东东会因为得到老师的表扬而高兴，也会因为自己的失误而感到沮丧。东东说，他今天要画一幅漂亮的画。

问题一：东东自我意识的发展有哪些具体的表现？
问题二：影响东东自我意识发展的因素有哪些？

# 第十章 心理健康与教育

## 学习任务

① 了解心理健康的概念、标准和影响因素。
② 了解学前儿童心理健康的标准。
③ 了解学前儿童常见的心理卫生问题,如攻击性行为、多动症、说谎、恐惧、口吃等。
④ 了解学前儿童心理健康教育的内容,掌握学前儿童心理健康教育的方法。

## 知识导图

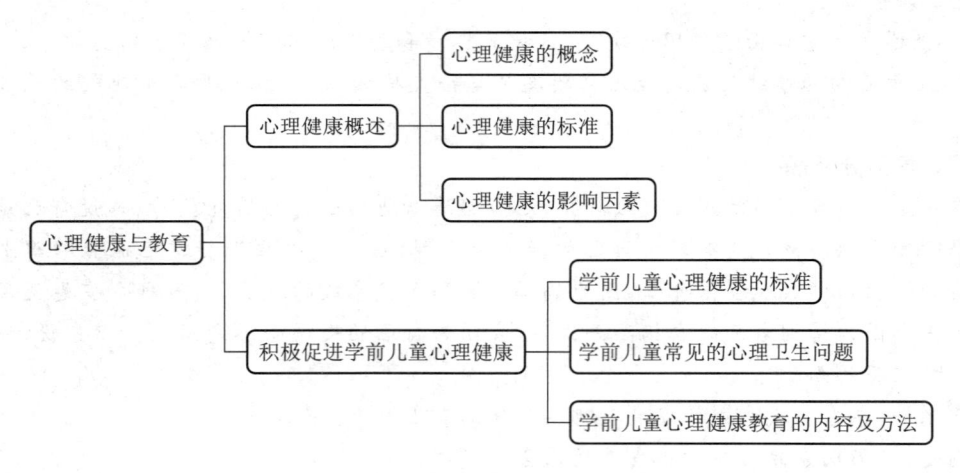

```
                                    ┌── 心理健康的概念
                    ┌── 心理健康概述 ──┼── 心理健康的标准
                    │                 └── 心理健康的影响因素
心理健康与教育 ──────┤
                    │                         ┌── 学前儿童心理健康的标准
                    └── 积极促进学前儿童心理健康 ──┼── 学前儿童常见的心理卫生问题
                                              └── 学前儿童心理健康教育的内容及方法
```

随着社会的快速发展和变革,个体面临的压力与挑战日益增多,心理健康问题逐渐成为社会各界关注的焦点,心理健康教育作为教育体系的重要组成部分显得尤为重要。本章将从心理健康的概念、标准、影响因素以及学前儿童心理健康的标准、常见的心理卫生问题出发,探讨学前儿童心理健康教育的内容和方法。

## 第一节　心理健康概述

心理健康是个人整体健康中不可或缺的一部分。深入了解心理健康,培养积极向上的心态和心理品质对于促进个人发展、维护社会稳定具有重要意义。

### 一、心理健康的概念

心理健康因其丰富的内涵与外延暂时还未有一个统一的概念。1946年第三届国际心理卫生大会提出:所谓心理健康,是指在身体、智能以及情感上与他人的心理健康不相矛盾的范围内,将个人心境发展成最佳的状态。一般认为,心理健康是指个体在心理、情感与行为上达到的一种和谐、平衡和积极的状态。它不仅仅是没有心理疾病或心理障碍,更是一种内在的和谐与平衡,使个体能够有效地应对生活中的压力、挑战和变化,实现个人潜能,享受生活的乐趣和意义。

心理健康的个体通常情绪稳定积极,倾向于以积极乐观的态度面对生活中的挑战和困难;具有良好的自我认知,能够在接纳自己的基础上不断发展和完善自己;具备有效的应对机制,能够采取积极的策略应对压力、挫折和冲突;拥有良好的人际关系,能够在社交中获得满足感和归属感;有良好的社会适应能力,能够顺应社会的发展和变化;积极的成长与发展,能够不断追求自我,提升发挥潜能,实现个人价值。

### 二、心理健康的标准

心理健康的标准是一个发展的文化概念,不同的时代不同的社会,有不同的提法和要求。在中国特色社会主义现阶段,一般认为,心理健康有如下标准。

(一) 智力正常

智力是人的观察力、注意力、想象力、思维力和实践活动能力等的综合。智力正常是个人正常生活最基本的心理条件,也是心理健康的首要标准。智力正常要求个体的智力发育水平保持在同龄人正常误差范围内。

(二) 情绪健康

情绪健康的个体能够经常性地保持愉快、开朗、自信的情绪状态,善于从生活中寻求乐趣,对生活充满希望。他们同时具备调节和控制情绪的能力,在遇到困难挫折时,能够及时调整个人的情绪,保持与周围环境的动态平衡。

### (三) 意志健全

意志是个体克服困难实现预定目的的心理过程。意志健全的个体能够明确自己的目标，并为之付出努力；在面临选择时，能够果断决策；在遇到困难时，能够坚持不懈地克服。

### (四) 人格完整

人格是指个体比较稳定的心理特征的总和，包括性格、气质、能力等多个方面。心理健康的人拥有完整的人格，其思想、信念、情感、行为等各个方面能够保持一种统一性和连贯性。

### (五) 人际关系和谐

人际关系和谐是指个体在社会交往中能够与他人建立和维护良好的关系。人际关系和谐的个体，乐于与人交往，能够客观评价他人，与人友好相处，乐于帮助他人。

### (六) 符合年龄特征

一个人的心理行为如果严重偏离自己的年龄特征，往往标志着心理不健康。心理健康者应具有与同年龄多数人相符合的心理行为特征。例如，心理健康的青少年应展现出与年龄相符的好奇心、探索欲。

### (七) 良好的社会适应能力

良好的社会适应能力指个体能够顺应社会的发展和变革，与周围环境保持良好的契合关系。具有良好社会适应能力的个体拥有积极的处世态度，勇于改造现实环境，能够顺应社会的发展趋势。

## 三、心理健康的影响因素

影响心理健康的因素是多方面的，包括生物因素、心理因素、社会因素、生活方式以及其他因素。它们之间相互作用，共同影响着个体的心理状态。

### (一) 生物因素

**1. 遗传因素**

遗传因素在心理健康问题中发挥着一定的作用。许多精神疾病，如抑郁症、焦虑症、精神分裂症等，都表现出家族聚集性。国内外多项研究表明，遗传因素在精神疾病的发病中占有重要地位。某些个体具有遗传上的易感性，更容易受环境因素的影响而出现心理健康问题。这种易感性表现为神经类型、身体特征或特定的生理反应模式。

**2. 生理因素**

生理因素也是影响心理健康的重要因素之一。脑部结构或功能异常、内分泌失调、神经递质的不平衡等都可能导致心理健康问题。如脑损伤、脑肿瘤、脑萎缩可导致认知功能障碍、情绪调节障碍；甲状腺功能亢进可导致情绪不稳、敏感易怒，甲状腺动能不足可引起情绪低落、反应迟钝；神经递质不平衡导致的血清素、多巴胺、去甲肾上腺素水平的异常，均可引发一系列心理健康问题。

**3. 疾病与药物**

慢性疾病、身体疼痛、睡眠障碍等，均会对心理健康产生负面影响。慢性疾病如糖尿病、高血压、心脏病等,不仅影响患者的身体健康,还会因生活质量下降,增加他们的心理压力和焦虑感。长期的疼痛不适和睡眠障碍会导致患者情绪低落、抑郁或焦虑。药物在缓解患者症状减轻病痛上有一定的作用,但也会产生如嗜睡、口干、便秘、性功能障碍等的副作用,影响患者心理健康。

### (二) 心理因素

**1. 认知因素**

个体的认知模式、思维方式、解释风格等都会影响心理健康。消极的认知模式,如对负面信息的过度敏感和灾难性思维会增加抑郁和焦虑的风险。积极的认知模式,如乐观的解释风格和问题解决能力有助于提升个体的心理健康水平。

**2. 情绪调节**

情绪调节能力对心理健康至关重要,能够更好地处理负面情绪,提升自我满足感和幸福感。有效的情绪调节策略可以帮助个体在面对压力和挑战时保持情绪稳定,避免过度焦虑或抑郁。相反,如果个体缺乏适当的情绪调节能力,就可能出现心理问题。

**3. 人格特质**

某些人格特质会增加心理健康问题的风险。例如,神经质、内向性、完美主义等特质的人更容易出现焦虑、抑郁等心理问题。而开放性、外向性等特质则与较高的心理韧性和幸福感相关。

### (三) 社会因素

**1. 家庭环境**

家庭是个体成长的重要环境,对于性格的形成和发展起着至关重要的作用。家庭关系、家庭氛围、教育方式等都会影响个体的心理健康。例如,家庭暴力、父母关系不和睦等都可能导致儿童出现心理健康问题。

**2. 人际环境**

良好的人际关系是心理健康的重要保障,积极的人际关系和社会支持网络有助于缓解个体的压力,提升心理健康水平。相反,如果个体在社交中遇到困难,被排挤孤立,则很可能出现心理问题。

**3. 工作环境**

工作环境的支持度、公平性和压力管理措施会直接影响心理健康。例如,过高的工作要求和长时间的工作会导致个体身心疲惫和产生焦虑情绪。

### (四) 生活方式

**1. 饮食习惯**

均衡的饮食有助于维持身心健康,反之不均衡的饮食、营养不良或过度摄入某些物质(如咖啡因、糖分)则会损害心理健康。

**2. 运动与睡眠**

适量的运动和良好的睡眠习惯对个体的心理健康至关重要。运动可以促进身体健康,缓解压力;良好的睡眠则有助于恢复精力,维持情绪稳定。缺乏运动或睡眠不足都很容易导致心理问题。

**3. 休闲与娱乐**

适当的休闲和娱乐活动可以帮助个体放松身心,缓解压力,提升心理健康水平。例如,阅读、旅行、听音乐等都是有效的休闲方式。

### (五) 其他因素

**1. 性别与年龄**

不同性别和年龄段的个体在心理健康方面存在着不同程度的差异。例如,女性在特殊时期(如月经期、妊娠期、哺乳期),因体内激素的影响,更容易出现心理问题。

**2. 文化因素**

不同的文化背景、宗教信仰、价值观等都会影响个体的心理状态和行为方式。不同的文化程度对心理健康的理解和处理方式也存在一定的差异。

## 第二节 积极促进学前儿童心理健康

学前儿童正处于身心快速发展的关键时期,积极促进学前儿童的心理健康,是每一位家长、教师以及社会成员不可推卸的责任。

### 一、学前儿童心理健康的标准

心理健康是学前儿童全面发展的基石,早期识别和干预儿童的心理问题,可以有效预防心理疾病的发生,促进社会适应。结合《3-6岁儿童学习与发展指南》及相关研究,学前儿童心理健康的标准可以归纳为以下几个方面:

#### (一) 智力发展正常

智力发展正常是学前儿童心理健康的首要条件和重要标准。智力正常的学前儿童具有丰富的想象力、强烈的好奇心、旺盛的求知欲以及良好的学习能力和适应能力。智力发展正常与否可参考使用智力测验进行判定。适合学前儿童使用的智力测验有《韦氏学前和小学儿童智力量表》(WPPSI)。WPPSI把学前儿童的平均智商(IQ)定为100,高于140的是天才,低于70的为智力低下。智力测验不是衡量学前儿童心理健康的唯一标准,智力测试的结果会受测试环境、测试内容以及儿童当时的身心状态等多种因素的影响。对智力测验得分较低的儿童要防止贴标签,对智力低下的儿童要及时进行教育训练,使他们逐渐适应学习和生活。

#### (二) 情绪稳定愉快

心理健康的学前儿童在情绪上展现出稳定愉快的特点,能够保持一种相对平和愉悦的心境,不会轻易被外界环境或小事影响,能以适当的方式和强度表达情绪而不过于压抑或爆发,在面对挫折或不如意时,能较快调整情绪,不会长时间沉溺于消极情绪中,能够看到事物的积极面,即使在遇到困难时也能保持乐观的态度。

#### (三) 人际关系和谐

和谐的人际关系是心理健康的重要条件和有效的实现途径之一。心理健康的学前儿童能够积极主动地与他人互动,表现出友好合作的态度,尊重他人的意见。能够清晰准确表达自己的想法和感受,倾听他人的意见和反馈。在沟通中有耐心有礼貌,在发生冲突时,能够尝试协商解决而非暴力或逃避。能够与人建立亲密的感情联系,给予他人情感上的支持和安慰,也能够从他人那里获得情感上的支持和关怀。

#### (四)行为统一协调

行为统一协调指的是学前儿童的心理状态与行为表现相一致,行为反应与刺激的程度和性质相匹配,思维、情感和行为在逻辑上保持连贯一致,表现出有条不紊、按部就班的特点。这种统一协调不仅体现在学前儿童日常的行为举止中,还反映在他们应对各种情境和挑战、处理问题时的态度和方式上。如,在受到表扬时会感到高兴,在受到批评时会感到难过,并会相应地调整自己的行为。

#### (五)性格乐观开朗

乐观开朗的性格指的是学前儿童在面对生活、学习和人际关系时,能够以积极向上的乐观态度看待问题和挑战。心理健康的学前儿童对自己的能力和价值有着积极的认知和评价,相信自己能够做好每一件事情。在遇到困难和挑战时,不会轻易放弃或感到沮丧而是以积极的态度去寻找解决问题的方法,相信自己能够克服困难并取得成功。

#### (六)自我意识良好

自我意识是指个体对自己的存在、心理特征、行为表现等方面的认识和理解。自我意识良好的学前儿童能够清晰地认识到自己的身份、特点、能力和价值,对自我有较为准确、客观的认识和评价。他们既不过分自负,也不过分自卑,能够根据自己的实际情况制定合适的目标和计划,并努力实现。

以上是关于学前儿童心理健康比较粗线条的标准。学前儿童心理健康发展存在个体差异性和动态性,不同年龄段的儿童心理健康标准也会有所不同。在评估学前儿童的心理健康状况时,要充分考虑年龄、性别、文化背景等各方面的因素,结合多种评估方法进行全面客观的分析。

### 二、学前儿童常见的心理卫生问题

学前儿童由于生理发育不成熟、认知能力的限制以及环境因素的影响而更容易出现一系列的心理卫生问题,具体表现为行为上的偏差、情绪上的波动、社交上的困难等。以下重点介绍攻击性行为、多动症、说谎、恐惧和口吃。

#### (一)攻击性行为

**1. 表现**

攻击性行为,又称侵犯性行为,是指以伤害他人为目的的行为。攻击性行为是品行障碍的一种。学前儿童的攻击性行为表现在对他人的身体攻击、言语攻击和权利的侵犯等方面。如打人、踢人、咬人、抓人、推搡等,或使用手边的物品攻击他人;使用不礼貌、侮辱性的语言攻击他人,如叫他人绰号、辱骂等;未经允许就抢夺他人的玩具、食物,故意损坏他人的玩具等物品以表达内心的不满或愤怒。

攻击性行为往往伴随着愤怒、敌意等负面情绪,在出现攻击性行为时,学前儿童可能会表现出面红耳赤、咬牙切齿、大声吼叫等愤怒的表情和动作。

**2. 原因**

学前儿童产生攻击性行为的原因有生物因素、心理因素、环境因素等。

(1) 生物因素

① 遗传的倾向。研究表明,攻击性行为与遗传有一定关系。如果父母或其他直系亲属有攻击性倾向或行为,儿童很可能会遗传到这种倾向而表现出攻击性行为。

② 生理发育。学前儿童大脑负责情绪调节控制的区域发育不完全,会导致儿童在情绪激动时难以控制而发生攻击性行为。

③ 激素水平。学前儿童生理上某些激素水平的变化会影响儿童的情绪和行为,导致攻击性行为的增加。

(2) 心理因素

① 认知水平。学前儿童的认知发展水平有限,难以理解他人的感受和需求,无法判断自己的行为对他人的影响而表现出攻击性行为。

② 社交技能不足。学前儿童因为社交技能不足,无法适当表达自己的情感需求而采取攻击性行为。

③ 情绪调控能力弱。学前儿童情绪调控能力相对较弱,在遇到挫折不满愤怒等负面情绪时,很可能会采用攻击性行为进行宣泄。

(3) 环境因素

① 家庭环境是儿童社会化的最初场所,父母的教育方式、家庭氛围、亲子关系等都可能影响儿童的攻击性行为。如果家庭氛围紧张、冲突不断,儿童会在情绪上受到影响而表现出攻击性行为。

② 同伴关系是影响儿童攻击性行为的重要因素。如果儿童在同伴交往中受到排斥、嘲笑或欺负,他们可能会感到愤怒、沮丧或无助,从而采取攻击性行为来应对。

③ 儿童接触到的媒体内容(如动画片、游戏、电视剧等)如果包含暴力元素,也会激发儿童的攻击性冲动,导致攻击性行为的发生。

研究表明,家庭教养方式和家庭氛围是学前儿童攻击性行为的主要影响因素。家庭教养中,如果父母倾向于体罚或压制,就给孩子的攻击性行为提供了负面影响。在没有良好沟通交流的家庭氛围中,孩子更容易以反抗的攻击性的方式获得家人的关注。

**3. 矫正**

针对学前儿童的攻击性行为,家长和教师要分析原因、正面引导、树立榜样、提供支持,对攻击性行为严重的孩子要进行专业干预,帮助他们健康成长。以下是具体的矫正建议:

(1) 创建非攻击性行为的生活环境

家长要建立积极的亲子关系,从小培养安全的依恋模式,经常通过亲密的接触、温暖的拥抱和鼓励的话语表达对儿童的关爱和支持。采用积极、正面的管教方式,如奖励良好行为,设定明确的规则,尽量不以强制控制的方式进行。教师要创建友好团结的班级,通过集体活动、小组游戏等方式培养儿童的社交技能和团队协作能力。家长和教师都要注意避免儿童过多参与攻击性的游戏,包括电子游戏,避免进入易发生冲突的游戏场所。

**(2) 找出并去除可能强化攻击性行为的因素**

审视孩子所处的环境,找出可能强化其攻击性行为的因素,如某些玩具、游戏或语言刺激,移除或替换这些强化源,以减少对孩子攻击性行为的刺激和奖励。确保家庭成员之间的关系和谐,避免在孩子面前发生争吵或暴力行为。家长应保持一致的教育态度,避免在管教孩子时出现分歧,以免孩子利用这种分歧来逃避责任或强化不良行为。避免使用惩罚或体罚作为管教手段以加剧孩子的攻击性行为。

**(3) 教给孩子识别和正确表达愤怒的方式和技巧**

制作一个愤怒温度计,可以帮助孩子直观地感受愤怒的程度。引导孩子在不同愤怒程度时,注意自己身体的变化和感受,从而学会识别和区分不同的愤怒状态。鼓励孩子用语言表达自己的愤怒,而不是通过攻击性行为来发泄。家长和教师要善于倾听孩子的表达,给予他们足够的关注和理解,让他们感受到被尊重和被重视。此外还可以教给他们书写、运动、艺术创作等方式宣泄个人的情绪。

### (二) 多动症

**1. 表现**

多动症全称为注意缺陷多动障碍(ADHD),是儿童期常见的一类心理障碍。其主要表现为与年龄和发育水平不相称的注意力不集中、注意时间短暂、活动过度和冲动,常伴有学习困难、品行障碍和适应不良乖症状。

多动症的儿童注意力不集中,容易分心,对任何事物都难以保持长时间的注意力。上课不专心听讲,易受环境干扰而分心。做作业时不能全神贯注,常常做做玩玩,粗心草率。活动过度,无法控制自己的行为,总是处于活动状态,坐立不安,小动作多。不守纪律,不合群,常常与同伴发生冲突。情绪易于波动,容易冲动,做事不考虑后果,常常做出危险或破坏性的行为。自我控制能力差,即使知道会导致不良后果也难以抑制自己的行为。虽然智力大多正常,但由于注意力不集中和多动,常常导致学习困难,学习成绩较差,无法跟上同龄人的学习进度。可能伴有说谎、偷窃、攻击他人等品行障碍,常常出现适应不良的行为。

**2. 原因**

学前儿童多动症的发病原因尚不完全明确,但一般认为是多种因素共同作用的结果。主要包括遗传因素、神经生物学因素、社会心理因素、环境因素等。

**(1) 遗传因素**

研究发现,多动症有家族聚集现象,说明遗传因素在发病中起重要作用。

**(2) 神经生物学因素**

儿童大脑发育异常,如额叶发育异常、尾状核体积减小等,神经递质失衡,如多巴胺、去甲肾上腺素等异常,均与多动症发病有关。

**(3) 社会心理因素**

家庭环境不良,教育方式不当,如父母离异、家庭关系不和睦、过度溺爱或过度严厉等,均会增加儿童患多动症的风险。

**(4) 环境因素**

学前儿童长期生活在含铅量超标的环境中,母亲在孕期吸烟、饮酒等不良生活习惯,均会增加儿童患多动症的几率。

**3. 矫正**

学前儿童多动症的矫正方法主要包括药物治疗、心理治疗和行为治疗等。具体治疗方案应根据患儿的年龄、病情和家庭情况等因素综合考虑。

（1）药物治疗

常用药物包括中枢兴奋剂（如哌甲酯）和非中枢兴奋剂（如托莫西汀）。药物治疗应在医生指导下进行，注意药物剂量和用药时间等事项。

（2）心理治疗

心理治疗可以帮助患儿和家长了解病情，建立正确的治疗观念。通过认知行为疗法等心理治疗方法，帮助患儿改善注意力不集中、冲动等问题。

（3）行为治疗

行为治疗主要通过训练患儿的行为习惯来改善症状。如时间管理训练、行为奖励和惩罚等方法，可以帮助患儿建立正确的行为模式。

成人对多动症儿童要进行耐心的指导和帮助，多鼓励表扬，以不断增强他们的自尊心和自信心。

### （三）说谎

**1. 表现**

说谎指故意说出与事实不符的言辞或行为，以误导他人或达到某种目的。说谎类属于品行障碍。学前儿童说谎表现为多种类型，如：

（1）直接撒谎

幼儿直接说出与事实不符的陈述，如说自己没有做过的事情或享受过的好处。

（2）回避问题

幼儿避免回答或提供有关某个特定主题的问题，以掩盖真相。

（3）缩小或夸大事实

幼儿故意改变事实的重要性或程度，以获得他们所期望的反应或结果。

（4）编造故事

幼儿创作一个虚构的故事，以掩盖或改变真相。

（5）非语言欺骗

幼儿可能使用非语言的方式来欺骗他人，如做出虚假的表情、姿势或动作，以掩盖真相。

学前儿童在说谎时，往往也会表现出一些非语言行为上的异常。例如，他们可能会避免眼神接触、低头、脸红、紧张地摆弄手指或衣物等。这些行为是他们内心感到不安或紧张的表现。

**2. 原因**

学前儿童说谎的原因可以归结为五个：

（1）认知水平有限

学前儿童正处于认知发展的初期阶段，他们的思维、记忆、想象、判断等尚不成熟，对于真实与虚假的界限往往模糊不清，有时会"说谎"而不自知，把想象当现实，尤其是在强烈的情感或愿望驱动下,常常把希望得到的东西当成已经得到的,把希望发生的事情当成已经发生的。

(2)获得关注奖励

随着儿童逐渐进入社会,他们开始意识到他人的评价和反馈对自己的重要性。为了获得积极的反馈,如关注、奖励和表扬,他们可能会尝试通过说谎来塑造一个更符合他人期望的形象,如通过说谎来迎合学校的评价体系。学校如果认为做家务的孩子是"好孩子",会奖励一朵小红花,孩子可能就会撒谎自己在家有洗碗、扫地做家务。

(3)逃避惩罚责备

儿童在面对可能的不愉快后果时,会本能地采取自我保护措施,说谎即成为他们逃避责备和惩罚的一种手段,以减轻内心的恐惧和不安。如父母对孩子提出过高的要求和批评时,孩子就会出于逃避责任的心理而选择说谎。孩子在不小心弄坏东西或犯错误时,因害怕训斥、打骂也会说谎。

(4)娱乐戏弄他人

学前儿童正处于好奇心旺盛、喜欢探索新事物的阶段。他们可能会通过说谎来观察他人的反应,并以此作为一种娱乐方式,来满足自己的好奇心。由于社交技能在发展过程中尚不成熟,他们可能还没有学会用恰当的方式与他人交往,说谎戏弄他人也可能是他们尝试建立关系或引起他人注意的一种方式。

(5)模仿他人行为

儿童具有很强的模仿能力,他们会模仿家庭成员、同伴或媒体中的人物的说谎行为。

**3. 矫正**

对学前儿童由于认知水平的限制,混淆想象和现实而"睁眼说瞎话"的说谎行为,成人不应该指责,只需让他们知道该如何说就行。对其他原因的说谎行为,成人要理解他们说谎的原因,加强沟通,正面激励,设置界限,树立榜样,培养同理心,教育诚实的价值等。

(1)理解原因

家长和教育者需要深入了解儿童说谎的具体原因是害怕受到惩罚、想要逃避责任、模仿他人行为、还是为了引起注意等。理解具体原因有助于采取更有针对性的矫正措施。

(2)加强沟通

与儿童建立良好的沟通机制,了解他们的想法和感受,并引导他们认识到这种行为的错误性。

(3)设置界限

明确告诉儿童哪些行为是不被接受的,包括说谎。当儿童违反这些界限时,要给予适当的惩罚,以帮助他们认识到自己的错误并改正。

(4)正面激励

对于儿童表现出的诚实行为,要及时给予肯定和奖励。通过正面激励来增强儿童的诚实意识,让他们更愿意选择诚实的行为。

(5)树立榜样

家长和教育者应以身作则,展示诚实、正直的行为。通过自身的言行来影响儿童,让他们明白诚实是受人尊敬的品质。

(6) 培养同理心

通过故事、游戏等方式培养儿童的同理心,让他们学会站在他人的角度思考问题。这样,儿童就更能理解他人的感受,减少说谎行为。

(7) 教育诚实的价值

通过故事讲述、角色扮演等方式,教育儿童理解诚实的价值。让他们明白诚实不仅可以赢得他人的信任和尊重,还可以帮助自己建立良好的人际关系。而说谎可能会带来失去信任、破坏友谊等不良后果。

## (四)恐惧

恐惧是人一出生就有的一种情绪,甚至可以说是本能的反应。幼儿期恐惧是指幼儿在发育过程中对某些事物或情境产生的过分恐惧和焦虑的情绪,达到异常程度。

### 1. 表现

学前儿童的恐惧表现在对特定的人、事、物产生的极端害怕和回避的反应。他们恐惧的对象一般有陌生的情境和人、生疏的动物、阴影、黑暗、闪光、噪声、孤独、梦境等。学前儿童恐惧发作时,在情绪上表现出焦虑、烦躁、不安、哭闹和退缩;生理上可能出现发热、抽搐等症状(与恐惧引起的应激反应有关);行为上可能会回避或拒绝接触某些事物或情境。

### 2. 原因

学前儿童产生恐惧的原因复杂多样,主要包括以下几个:

(1) 发育因素

幼儿的大脑和神经系统发育尚未完全成熟,对于外界刺激的调节和控制能力有限,容易受到惊吓或产生恐惧感。

(2) 环境因素

家庭氛围紧张、缺乏关爱、环境陌生或存在不良刺激等,都可能使幼儿产生恐惧感。

(3) 认知局限

由于幼儿的认知和经验有限,他们对未知的事物和环境感到害怕。

(4) 特殊经历

突发或意外事件的惊吓,如自然灾害或发生重大生活事件,可造成幼儿心理应激,引起过度而持久的恐惧反应。

(5) 遗传因素

恐惧症有高度的家族聚集性,遗传因素在幼儿期恐惧的发生中起一定作用。

### 3. 矫正

恐惧是情绪障碍的一种,有些会随着儿童年龄的增长而自然缓解。以下是关于矫正的建议:

(1) 营造安全环境

家长和教师应为幼儿营造一个温馨、和谐、稳定的家庭和学校环境,减少不良刺激和恐惧源。

(2) 增加知识经验

通过各种方式增加幼儿的知识和经验,如阅读绘本、参观博物馆、听故事等,帮助他们更好地理解和适应环境。

(3) 提供情感支持

给予幼儿足够的关爱和陪伴,让他们感受到安全和被支持。当幼儿表达恐惧时,耐心倾听并给予积极的回应和安慰,用简单易懂的语言解释其原理和安全性,以消除他们的恐惧心理。

(4) 积极正面引导

通过榜样示范、正面激励等方式,引导幼儿树立勇敢、自信的品质,帮助他们克服恐惧心理。如老师和家长表现出勇敢和无所畏惧的态度,将以潜移默化的方式影响幼儿。

(5) 巧用应对方法

当幼儿看到、听到所怕的事物或处于害怕的情境时,可以用玩具或语言来分散他们的注意力,使其注意力从惧怕对象上转移,也可以采用逐步暴露的方法,让幼儿在可控的环境中逐渐接触和适应。

(6) 专业心理干预

如果幼儿的恐惧情绪持续存在且影响日常生活,建议寻求专业心理咨询师的帮助,对幼儿进行系统的心理干预和治疗。

幼儿期恐惧是幼儿发育过程中的一种常见现象,家长和教师应密切关注幼儿的情绪变化和行为表现,及时采取措施进行矫正,帮助幼儿健康成长。

### (五) 口吃

**1. 表现**

学前儿童口吃是一种常见的言语节奏障碍,主要表现为说话时言语节律性和流畅性的障碍,如字音重复、发音延长或停顿,甚至伴随一些肢体动作如跺脚、摇头、挤眼、歪嘴等。多发生于3岁左右的幼儿,且口吃男孩多于女孩。

**2. 原因**

(1) 生理因素

学前阶段是儿童语言发展的快速时期,但他们的发音器官和肌肉协调功能尚未完全成熟。这种生理上的不成熟会导致儿童在发音和构音时出现困难,进而引发口吃现象。

(2) 心理因素

心理因素在口吃中起着重要作用。学前儿童在面对压力、紧张、焦虑或情绪波动时,容易出现语言不流畅的情况。例如,当他们进入新环境、面对陌生人或进行重要表达时,常会因为紧张而口吃。部分学前儿童由于口吃受到他人的嘲笑和指责,从而产生自卑羞怯、紧张焦虑或退缩反应而加重口吃症状。

(3) 模仿行为

儿童具有很强的模仿能力,他们会模仿周围人口吃的说话方式。如果家庭成员、朋友或同学中有口吃者,儿童会不自觉地模仿,从而形成口吃的习惯。

(4) 家庭教育环境

家庭教育环境对儿童的语言发展有着重要的影响。如果家长在教育孩子时过于严厉、急躁或缺乏耐心,会增加孩子的心理压力,导致口吃现象的出现。同时,如果家庭环境中缺乏足够的语言刺激和交流机会，也可能会影响儿童的语言发展。

（5）疾病和药物影响

某些疾病或药物会导致儿童出现口吃现象。例如，脑部疾病、神经系统疾病或某些药物的副作用都可能影响儿童的语言功能。

（6）遗传因素

虽然遗传因素在口吃中的具体作用尚不完全明确，但研究表明口吃具有一定的家族聚集性。如果家族中有口吃史，儿童患口吃的风险也会增加。

**3. 矫正**

学前儿童中90%的口吃是因发育迟缓引起的暂时性口吃，随着年龄的增长和语言功能的发育完善，口吃现象会逐渐减轻或自行消失。对口吃现象持续存在或严重者，家长应及时带孩子就医，寻求专业医生的帮助和建议。以下是对少数口吃学前儿童的矫正建议：

（1）心理与环境因素调整

首先要消除紧张与恐惧心理。学前儿童口吃往往与紧张、恐惧等心理因素有关。家长和教师应努力创造一个轻松、无压力的生活和学习环境，避免在孩子说话时表现出焦虑或不耐烦的情绪。

其次要鼓励孩子树立克服口吃的信心，通过积极的心理暗示和正面的鼓励，帮助孩子建立自信。

最后要避免模仿与嘲笑。周围的人，包括家长、教师和其他小朋友，都不应模仿或嘲笑口吃的孩子。嘲笑会加重孩子的心理负担和口吃现象，更加不利于矫正口吃习惯。

（2）语言训练与技巧

一要放慢语速。鼓励孩子在说话时放慢语速，不要急于表达，有助于减少发音的重复和停顿，使语言更加流畅。

二要进行气息练习。进行气笛、吹泡泡等气息练习，有助于增强孩子的气息控制能力，改善发音的流畅性。还可以进行节拍练习或特意放慢讲话的速度，以更好地运用气息。

三要进行发音与口肌训练。在专业医生的指导下，进行发音矫正训练和口肌训练，有助于改善孩子的发音准确性和口腔肌肉的协调性。

（3）综合干预措施

一是行为矫正。通过行为疗法，如控制语言节律与速度、拍手或用木勺敲击塑料碗以获得节律效应等，训练孩子的说话节律性。

二是心理矫正。积极寻找孩子口吃的原因，如惊吓、焦虑等，并通过暗示治疗或专业心理辅导来缓解孩子的情绪问题。

三是药物治疗。如果孩子的口吃是由焦虑等心理问题引起的，且症状较为严重，可以在专业医生的指导下使用抗焦虑药物进行辅助治疗。药物治疗应谨慎使用，并遵循医生的指导。

（4）家庭配合与注意事项

家长应积极参与孩子的口吃矫正过程，与孩子进行耐心交流，注意自己的说话习惯和语速。在孩子说话时，家长应避免不断打断、纠正或指责孩子的发音错误，以免增加孩子的心理压力，使口吃现象更加严重。鼓励孩子多参与社交活动，多与同龄人交流，增强自信心和语言表达能力。

### 三、学前儿童心理健康教育的内容及方法

学前儿童心理健康教育在促进全面发展、预防心理问题、培养积极品质等方面具有重大意义。学前儿童心理健康教育的目标在于：① 培养积极情绪，帮助儿童学会识别、表达和管理自己的情绪，培养积极、乐观的情绪态度；② 增强自我意识，引导儿童认识自己的个性特点、兴趣爱好和优势潜能，增强自我认知和自我评价能力；③ 发展社交技能，培养儿童的合作、分享、互助等社交技能，提高他们的人际交往能力；④ 提高适应能力，帮助儿童适应幼儿园生活、学习环境和家庭环境的变化，提高他们的适应能力和应对挑战的能力。

#### （一）学前儿童心理健康教育的内容

学前儿童心理健康教育的内容主要包含以下几个方面：

**1. 情感教育**

培养幼儿积极的情感态度，包括爱、快乐、友善等。帮助幼儿学会情感表达和交流，鼓励他们表达自己的情感和需求。引导幼儿认识并理解他人的情感，培养同理心。

**2. 认知教育**

帮助幼儿认识自己的个性特点、优点和缺点，培养自信心和自尊心。引导幼儿了解世界，认识自然和社会，以促进他们的智力和认知能力的发展。

**3. 行为教育**

帮助幼儿明确正确的行为标准和道德准则，如诚实、勇敢、尊重他人等。培养幼儿良好的行为习惯和道德品质，如守时、守纪、有礼貌等。

**4. 性健康教育**

帮助孩子了解基本生理知识，认识自己的性器官，了解保护隐私部位的重要性，培养自我保护意识，降低性侵风险，理解性别差异，培养性别意识，提升性别角色的认知能力，建立正确的性观念和价值观。

**5. 心理调适教育**

教会幼儿在面对压力和困难时的正确调适方法，如深呼吸、寻求帮助等。培养幼儿的应对能力和适应能力，使他们能够积极面对生活中的挑战。

**6. 社交能力培养**

鼓励幼儿参与集体活动，学会与他人合作、分享和互助。培养幼儿的沟通能力和协商能力，使他们能够与他人建立良好的人际关系。

#### （二）学前儿童心理健康教育的方法

学前儿童心理健康教育的实施方法灵活多样，主要包括以下几个方面：

**1. 游戏活动**

通过各种游戏和活动，让幼儿在愉悦的氛围中学习和成长。游戏可以培养幼儿的社交能力、合作精神和解决问题的能力。

**2. 亲子活动**

组织亲子活动，让家长与幼儿共同参与，增进亲子关系。通过亲子互动，家长可以更好

地了解幼儿的心理状态和需求,给予他们更多的关爱和支持。

**3. 课程教育**

将心理健康教育融入日常课程中,如通过故事、儿歌等形式向幼儿传授心理健康知识。开展专门的心理健康教育课程,如情绪管理、人际交往等,帮助幼儿系统地学习相关知识。

**4. 环境创设**

创设温馨、和谐、安全的教育环境,让幼儿感受到关爱和尊重。布置富有教育意义的墙饰和区角,如情绪表达墙、合作游戏区等,激发幼儿的学习兴趣和探索欲望。

**5. 心理辅导**

对于有心理问题的幼儿,进行个别或集体的心理辅导。辅导过程中要注重倾听幼儿的心声,理解他们的感受和需求,给予他们专业的指导和帮助。

**6. 家园合作**

建立家园合作机制,加强家庭与幼儿园之间的沟通和联系。共同关注幼儿的心理健康发展,共同制定教育计划和策略,形成教育合力。

**7. 社会实践**

组织幼儿参与社会实践活动,如参观博物馆、参加公益活动等。通过实践活动,让幼儿接触社会、了解社会,培养他们的社会责任感和公民意识。

学前儿童心理健康教育是一项长期而艰巨的任务,需要家庭、幼儿园和社会各界的共同努力。通过科学的心理健康教育,可以帮助学前儿童建立健康的心理防线,培养自信乐观的心理品质,为未来发展奠定坚实的基础。

## 思考与练习

**一、选择题**

1. 心理健康的首要标准是(　　)。

　　A. 智力正常　　　　B. 情绪健康　　　　C. 意志健全　　　　D. 人格完整

2. 以下不是学前儿童心理健康教育的目标的是(　　)。

　　A. 培养积极情绪　　B. 增强自我意识

　　C. 发展社交技能　　D. 开发智力潜能

3. 学前儿童表现为注意力不集中,容易分心,对任何事物都难以保持长时间的注意力的心理卫生问题是(　　)。

　　A. 说谎　　　　　　B. 口吃　　　　　　C. 恐惧　　　　　　D. 多动症

**二、判断题**

1. 学前儿童叫他人绰号不属于攻击性行为。(　　)

2. 过度摄入咖啡因或糖分不会影响心理健康。(　　)

3. 学前儿童90%的口吃是因发育迟缓引起的暂时性口吃,随着年龄的增长和语言功能的发育完善,口吃现象会逐渐减轻或自行消失。(　　)

三、辨析题
1. 心理健康的标准是固定不变的,可以普遍适用于所有人群。
2. 学前儿童的智力发展完全依赖于遗传因素。

四、案例分析题
小红是一名4岁半的幼儿园中班女孩,近期被老师发现多次说谎。例如,在一次绘画活动中,小红声称自己的画是在家里和妈妈一起完成的,但实际上是她自己独立完成的;另一次,当被问及为什么没有完成作业时,小红说是因为昨晚家里的狗狗把作业本撕坏了,而实际上是她忘记了做作业。这些说谎行为让老师感到困惑,也引起了家长的注意。家长反映,小红在家中也偶尔会说些不实之言,但大多是为了避免惩罚或获得某种好处。

问题一:请分析小红说谎行为的可能原因。
问题二:家长和老师在面对小红的说谎行为时,应采取怎样的态度和策略?

# 附录一 模拟试卷

## 模拟试卷一

**一、单项选择题（共 40 题，每题 2 分，计 80 分。）**

1. 教育是培养人的（　　）活动。
   A. 实践　　　　　　B. 随意　　　　　　C. 理想　　　　　　D. 现实
2. 幼儿园班级的主体是（　　）。
   A. 园长　　　　　　B. 教师　　　　　　C. 保育员　　　　　D. 学前儿童
3. 肥胖发生的主要诱因是（　　）。
   A. 遗传因素　　　　B. 精神因素　　　　C. 内分泌疾病　　　D. 过食和缺乏运动
4. 学前儿童正确的睡姿一般是（　　）。
   A. 右侧睡和平睡　　　　　　　　　　　B. 左侧睡和平睡
   C. 右侧睡和左侧睡　　　　　　　　　　D. 右侧睡和俯卧睡
5. 当代教学由教师的教转向学生的（　　）。
   A. 行　　　　　　　B. 思　　　　　　　C. 悟　　　　　　　D. 学
6. 幼儿烫伤后，教师急救的第一步是（　　）。
   A. 冷却处理　　　　B. 涂红花油　　　　C. 紧急送医　　　　D. 脱湿衣服
7. 下列不属于预防中耳炎的措施的是（　　）。
   A. 正确擤鼻涕　　　　　　　　　　　　B. 及时清洁耳内耵聍
   C. 不躺着喝水　　　　　　　　　　　　D. 保持鼻咽部的清洁
8. "拔苗助长"违反了个体身心发展的（　　）。
   A. 顺序性　　　　　B. 阶段性　　　　　C. 不平衡性　　　　D. 个别差异性
9. 以下不属于幼儿语言教育新趋势的是（　　）。
   A. 重视早期阅读的发展　　　　　　　　B. 重视词汇和句子的练习
   C. 回归文学作品学习的本意　　　　　　D. 重视儿童语言运用能力发展
10. 下列关于教学的说法，正确的一项是（　　）。
    A. 教学的本质是一种实践活动　　　　　B. 教师的教和学生的不可分离
    C. 广义的教学和狭义的教学含义类似　　D. "教学"二字的首次出现是在《学记》

11. 下列关于教学原则的说法,错误的一项是( )。
   A. 教学原则也在不断演变与发展
   B. 教学原则概念首先强调了教学的合目的性
   C. 教学原则的提出遵循教学活动的客观规律
   D. 历史上经过教育实践检验并留存下来的教学原则数量非常多

12. 下列关于学前儿童易患感冒的原因,正确的是( )。
   A. 皮肤的渗透作用强              B. 皮肤相对面积较大
   C. 皮肤调节体温能力差            D. 皮肤薄嫩,偏于碱性

13. 《教学过程最优化:一般教学论方面》的作者是( )。
   A. 布鲁纳     B. 斯金纳     C. 巴班斯基     D. 赫尔巴特

14. "课程及社会改造的过程"概念最有影响力的代表人物是( )。
   A. 杜威       B. 卢梭       C. 弗雷尔       D. 怀特海

15. 根据课程标准编制的、系统反映学科内容的教学用书是( )。
   A. 课程计划   B. 课程标准   C. 教科书       D. 辅导书

16. 1927年11月,陶行知创办的、我国第一所乡村幼儿园是( )。
   A. 武昌蒙养院              B. 南京鼓楼幼稚园
   C. 北京香山慈幼院          D. 南京燕子矶幼稚园

17. 首次从理论上对班级授课制作了论述,奠定了理论基础的教育著作是( )。
   A.《大教学论》             B.《新教育大纲》
   C.《教学与发展》           D.《给教师的一百条建议》

18. 豆豆最近晚上看不清物体、皮肤干燥粗糙、毛发干脆易脱落。他可能缺乏( )。
   A. 维生素A    B. 维生素B    C. 维生素C      D. 维生素D

19. 检查儿童口袋里有无不安全的东西,如小刀、弹弓、别针、小钉子等。这属于检查步骤中的( )。
   A. 一问       B. 二摸       C. 三看         D. 四查

20. 坚定的教学意愿,多元的兴趣爱好,灵活果断的工作风格,友善、亲和的个性特质等,以上是对教师的( )提出要求。
   A. 专业道德   B. 专业知识   C. 专业能力     D. 心理素质

21. 3岁前儿童的思维主要是( )。
   A. 逻辑思维   B. 抽象思维   C. 创新思维     D. 直觉行动思维

22. 想象要处理的信息主要是( )。
   A. 符号类     B. 字词类     C. 操作类       D. 表象类

23. 心理学的研究方法不包括( )。
   A. 文献法     B. 调查法     C. 实验法       D. 观察法

24. 心理学研究的基本任务是( )。
   A. 心理结构                B. 心理过程
   C. 心理现象与心理结构      D. 探索心理现象发生发展和变化的规律

25. 以下属于非智力因素的是(　　)。
    A. 观察　　　　　　B. 记忆　　　　　　C. 意志　　　　　　D. 思维
26. 以下不属于心理学研究对象的是(　　)。
    A. 情怀　　　　　　B. 气质　　　　　　C. 性格　　　　　　D. 能力
27. 心理学家用"视崖实验"考查个体的(　　)。
    A. 大小知觉　　　　B. 运动知觉　　　　C. 深度知觉　　　　D. 时间知觉
28. 早期出现在婴儿困倦和睡梦中的是(　　)。
    A. 大笑　　　　　　B. 嫣然一笑　　　　C. 自发性的笑　　　D. 诱发性的笑
29. 以下不属于学前儿童心理健康教育的目标的是(　　)。
    A. 培养积极情绪　　B. 增强自我意识　　C. 强化技能训练　　D. 提高适应能力
30. 当客观事物符合个人需要时,最可能产生的情绪是(　　)。
    A. 愉悦　　　　　　B. 愤怒　　　　　　C. 不安　　　　　　D. 遗憾
31. 下列关于学前儿童自我评价发展特点描述,不正确的是(　　)。
    A. 从依从性评价到独立性评价　　　　B. 从内心品质评价到外部行为评价
    C. 主观情绪性评价到初步客观评价　　D. 从笼统简单的评价到细致具体的评价
32. 反映个体在面临困难和挑战时的自我调节能力的性格特征是(　　)。
    A. 态度特征　　　　B. 意志特征　　　　C. 情绪特征　　　　D. 理智特征
33. 注意在同一对象或同一活动上所能持续的时间指的是(　　)。
    A. 注意的集中性　　B. 注意的范围　　　C. 注意的分配　　　D. 注意的稳定性
34. 如果一个学前儿童被认为是天才,那他的WPPSI的测试智商可能是(　　)。
    A. 100　　　　　　B. 115　　　　　　C. 130　　　　　　D. 145
35. 幼儿可以做到先想清楚画什么,然后按照预想的去画,这说明他们出现了(　　)。
    A. 无意想象　　　　B. 有意想象　　　　C. 再造想象　　　　D. 幻想
36. 在陌生的情境中,母亲是否在场对他们的探究行为没有影响的儿童依恋类型是(　　)。
    A. 安全型　　　　　B. 回避型　　　　　C. 反抗型　　　　　D. 迎合型
37. 告诉你一个电话号码后,你可以按照它去拨号,但打完电话后很快就忘记这个号码,这种记忆现象是(　　)。
    A. 感觉记忆　　　　B. 瞬时记忆　　　　C. 长时记忆　　　　D. 短时记忆
38. 面对新环境时,幼儿会表现出胆怯、怕生、独自流泪等分离焦虑情绪,这是缺乏哪种情感的标志之一?(　　)。
    A. 美感　　　　　　B. 理智感　　　　　C. 道德感　　　　　D. 归属感
39. "善于交际并容易适应环境,在一个新环境中并不感到拘束,能较快把握新生事物",这种气质类型是(　　)。
    A. 胆汁质　　　　　B. 多血质　　　　　C. 黏液质　　　　　D. 抑郁质
40. 科尔伯格认为,儿童着眼于行为的具体后果和自身的利害关系来判断是非,无内在的道德标准,处于(　　)。
    A. 习俗水平　　　　B. 前习俗水平　　　C. 后习俗水平　　　D. 超习俗水平

二、判断题(请判断以下各题,正确打√,错误打×;每题1分,共30题,计30分。)
1. 教师是教育者,也是学习者。( )
2. 血糖是神经系统能量唯一来源。( )
3. 中小学的《道德与法治》属于校本课程。( )
4. 教学中必须遵循的教学要求,就是教育目的。( )
5. 教学方法的选择只需要根据幼儿的年龄特点。( )
6. 门把手、水龙头要保持清洁,每天消毒一次。( )
7. 教育目的的制定要找准环境的依据和人的依据。( )
8. 保教人员和学前儿童沟通,要尽量多地使用语言的形式。( )
9. 教育使潜在的劳动力转变为现实的劳动力,促进自然发展。( )
10. 学前儿童的肌肉含蛋白质、脂肪、无机盐较少,容易疲劳和受损伤。( )
11. 幼儿若吸入二手烟,不仅会引起中耳炎,情况严重的会造成暂时性耳聋。( )
12. 智育的目标是教育目的在受教育者思想品德方面要达到的总体规格和要求。
( )
13. 教育应当关注幼儿的现实生活,这体现了幼儿园课程实施的目标定向原则。
( )
14. 王小明具备了一些"直觉式"的"前科学"知识与教师专业能力密切相关的一般能力,这说明他处于教师专业发展中的"虚拟关注"阶段。( )
15. 教师职业道德中的为人师表要求教师崇尚科学精神、树立终身学习理念、拓宽知识视野、潜心钻研业务、勇于探索创新、不断提高专业素养和教育教学水平。( )
16. 想象不是对客观现实的反映。( )
17. 注意是一个独立的心理过程。( )
18. 学前儿童对人无差别的反应出现在0～4个月。( )
19. 情绪一般与个体较低级的生理性需求相联系。( )
20. 调查法难以直接揭示心理现象之间的因果关系。( )
21. 借助头脑中地图思考最佳路线属于抽象逻辑思维。( )
22. 暗适应是指从暗到明,视觉感受光刺激的能力下降。( )
23. 感觉记忆是信息储存库,它的容量巨大,可以长期保持记忆信息。( )
24. 没有人脑,即使有充分的环境和教育条件,也不能形成人的心理。( )
24. 描述和测量心理现象和行为的研究,就是要解决"是什么"的问题。( )
26. 意志过程伴随明确的目的性,有意识的调节性,与克服困难相联系。( )
27. 一个人的品德,主要不是看他认识到什么,而是看他是否言行一致。( )
28. 黏液质的人观察问题深刻细腻,善于觉察到别人不易察觉的细小事物。( )
29. 困难型的婴幼儿对新环境和新经验适应较慢,常常表现为安静地退缩或逃避新事物。( )
30. 多动症的孩子大多智力异常,注意力不集中,多动,常常导致学习困难,学习成绩差。( )

### 三、观点辨析题（请对以下观点做出正确或错误的判断，并说明理由；每题5分，共4题，计20分。）

1. 集体教学活动是幼儿园课程实施的唯一途径。
2. 幼儿园的教学活动等同于小学的教学活动，以集体教学为主。
3. 描述和测量可以帮助人们更好地对心理现象和行为加以控制。
4. 学前儿童的归属感教育，只要帮助幼儿建立对所属群体的积极情感就够了。

### 四、案例分析题（每题10分，共2题，计20分。）

1. 下午户外活动，小王老师发现小明默默地哭泣，她马上询问原因，小明哭着说："我难受，喉咙痛"。老师摸摸他的额头有点烫手，她马上嘱咐保育员给孩子测体温。体温计显示是39℃。小王师立即让小明停止活动，把他带到卧室，要求他卧床休息，鼓励小明多喝水。

（1）你认为小王老师的做法对吗？

（2）如果你是幼儿园教师，面对这样的幼儿，将如何护理？

2. 圆圆是一名3岁刚上幼儿园不久的小朋友。每天早晨与家人分离时都会大哭大闹，拒绝进入教室。进入教室后，也经常独自坐在角落，不愿意参与集体活动。在与同伴游戏时，圆圆一旦遇到自己不满意的情况，如玩具被其他小朋友拿走或游戏规则不符合他的意愿，就会立即大哭大闹，甚至动手推搡同伴。此外，圆圆在分享和轮流等待方面也显得尤为困难，经常因为不愿意等待或分享而与其他小朋友发生冲突。

问题一：请分析圆圆情绪的具体表现及其可能的原因。

问题二：请说出对圆圆情绪培养的具体策略和方法。

# 模拟试卷二

一、单项选择题(共40题,每题2分,计80分。)

1. 狭义的教育指(　　)。
   A. 学校教育　　　　　　　　　　　B. 增进人们知识的活动
   C. 增进人们技能的活动　　　　　　D. 影响人们思想道德的活动
2. 小儿肺炎典型症状表现为(　　)。
   A. 发热、咳嗽、呼吸困难　　　　　B. 头晕、疲倦、心悸
   C. 面色樱红、疲倦、嗜睡　　　　　D. 出现皮疹,呈向心性
3. 认知主义教学理论的代表人物是(　　)。
   A. 布鲁纳　　　　B. 斯金纳　　　　C. 阿特金森　　　　D. 赫尔巴特
4. 以下不属于幼儿园主要教学方法的是(　　)。
   A. 游戏法　　　　B. 讲授法　　　　C. 因材施教法　　　D. 实际操作法
5. 对学前儿童晕厥的最佳处理措施是(　　)。
   A. 头略低脚略高平卧　　　　　　　B. 头偏向左侧平卧
   C. 头略高脚略低平卧　　　　　　　D. 头偏向右侧平卧
6. 学前儿童日常体育活动的主要形式是(　　)。
   A. 自由活动　　　　　　　　　　　B. 体育课
   C. 儿童体操　　　　　　　　　　　D. 体育游戏活动
7. 当学前儿童流鼻血时,现场处理当先要(　　)。
   A. 头略仰,张口呼吸　　　　　　　B. 捏住鼻翼,压迫十分钟
   C. 安慰孩子安静坐着　　　　　　　D. 用湿毛巾冷敷额头鼻部
8. 下列关于班级授课制的说法,错误的一项是(　　)。
   A. 班级授课制又称课堂教学　　　　B. 遵循课程表和制度,保障教学质量
   C. 教师可更好地发挥学生的主体作用　D. 以班级为单位,有利于集体教育
9. "授人以鱼不如授人以渔",反映教学的转变是(　　)。
   A. 从重视结果转向重视过程　　　　B. 从重视继承转向重视创新
   C. 从注重教师的教转向注重学生的学　D. 从重视知识传授转向重视能力培养
10. 在组织学前儿童如厕时,以下符合卫生要求的是(　　)。
    A. 户外活动时不允许学前儿童如厕　B. 集体活动时不允许学前儿童如厕
    C. 小班学前儿童要学会自己穿脱裤子　D. 中大班学前儿童应学会自己料理大小便
11. 在教育过程中教育者作用于受教育者的全部信息称为(　　)。
    A. 媒介　　　　　B. 桥梁　　　　C. 中介　　　　　D. 教育影响
12. 陈鹤琴早年留学美国、杜威来华讲学体现了教育的(　　)功能。
    A. 文化传承　　　B. 文化选择　　　C. 文化融合　　　D. 文化创造

13. 《3-6岁儿童学习与发展指南》倡导的幼儿学习方式不包括( )。
    A. 直接感知　　　B. 实际操作　　　C. 亲身体验　　　D. 端坐静听
14. 灵活机智处理各种偶发事件的教育智慧,彰显了教师工作的( )。
    A. 长期性　　　　B. 专业性　　　　C. 稳定性　　　　D. 创造性
15. 下列关于幼儿园所运用的讲授法这种教学方法的说法,错误的一项是( )。
    A. 描述语言应准确、生动、形象、富有情感
    B. 教导幼儿仔细聆听问题,用洪亮声音回答
    C. 根据形式划分为叙事性讲述和情节化讲述
    D. 根据所述内容可划分为现实性讲述和实践性讲述
16. 患儿皮肤可见三种皮疹,分别是红色小点、水疱、结痂,可能是患了( )。
    A. 痱子　　　　　B. 水痘　　　　　C. 手足口病　　　D. 流行性感冒
17. 学前儿童在夜间入睡后悄悄的长个子,是由于_____分泌大量_____。填入划线处的词语,下列选项正确的是( )。
    A. 甲状腺;甲状腺素　　　　　　　B. 脑垂体;甲状腺素
    C. 脑垂体;生长激素　　　　　　　D. 脑垂体;甲状腺素
18. 国家教育主管部门制定的有关课程设置、顺序、学时分配以及课程管理等方面的政策性文件叫做( )。
    A. 课程标准　　　B. 课程计划　　　C. 课程实施　　　D. 课程评价
19. 1928年,陈鹤琴与若干专家共同起草了《幼稚园课程标准》。这是我国历史上第( )个幼儿园教育课程标准。
    A. 一　　　　　　B. 二　　　　　　C. 三　　　　　　D. 四
20. 小王老师发现最近很多小朋友迟到,她组织了一次专门的活动,请从来不迟到的小朋友分享"不迟到的好办法",此后,班里的迟到现象少了。小王老师采用的班级管理方法是( )。
    A. 角色扮演法　　B. 情感沟通法　　C. 规则引导法　　D. 榜样激励法
21. 幼儿最小的归属感来自( )。
    A. 家庭　　　　　B. 家乡　　　　　C. 社区　　　　　D. 幼儿园
22. 以下不属于认知过程的是( )。
    A. 知觉　　　　　B. 记忆　　　　　C. 情绪　　　　　D. 想象
23. 学前儿童对人无差别的反应出现在( )。
    A. 0~1个月　　　B. 0~3个月　　　C. 0~5个月　　　D. 0~6个月
24. 以下具有突出的"情境性"特点的是( )。
    A. 口头言语　　　B. 独白言语　　　C. 对话言语　　　D. 书面言语
25. 艾宾浩斯遗忘曲线揭示遗忘的特点是( )。
    A. 先慢后快　　　B. 先后一致　　　C. 不快不慢　　　D. 先快后慢
26. 学前儿童意志行为发展的萌芽阶段是( )。
    A. 出生至6个月左右　　　　　　　B. 出生至1岁左右
    C. 1岁至3岁　　　　　　　　　　 D. 3岁至6岁

27. 以下现象不能体现"注意的集中性"的是( )。
   A. 视而不见、听而不闻　　　　　　　B. 用志不分、乃凝于神
   C. 两耳不闻窗外事,一心只读圣贤书　　D. 学习英语要眼到、耳到、口到、手到
28. 对各种心理现象和行为形成心理的科学概念属于( )。
   A. 说明　　　　　B. 描述　　　　　C. 测量　　　　　D. 预测
29. 《红楼梦》中的林黛玉表现出的典型的气质类型是( )。
   A. 胆汁质　　　　B. 多血质　　　　C. 黏液质　　　　D. 抑郁质
30. 用常规的方法,固定的模式,去解决问题的思维方式是( )。
   A. 传统思维　　　B. 想象思维　　　C. 分析思维　　　D. 创造性思维
31. 下列关于学前儿童自我调节发展特点描述,不正确的是( )。
   A. 从依赖到自主　　　　　　　　　　B. 从简单到复杂
   C. 情绪表现从外露到内隐　　　　　　D. 情绪冲动性增加稳定性降低
32. 自动发生的、不需要个体的刻意努力和意识参与的记忆是( )。
   A. 情绪记忆　　　B. 有意记忆　　　C. 无意记忆　　　D. 逻辑记忆
33. 莱特兄弟发明飞机,灵感来自于自由自在飞翔的小鸟。这是( )。
   A. 无意想象　　　B. 创造想象　　　C. 再造现象　　　D. 幻想
34. ( )是指个体对道德关系、道德原则和道德规范的认识。
   A. 道德认识　　　B. 道德情感　　　C. 道德意志　　　D. 道德行为
35. 发光的、运动的、鲜艳的物体容易吸引幼儿的注意,说明幼儿的主要注意是( )。
   A. 有意注意　　　B. 无意注意　　　C. 有意后注意　　　D. 无意后注意
36. 性格外向,喜欢但并不善于与人交往,脾气急躁、容易冲动的儿童同伴交往类型是( )。
   A. 一般型　　　　B. 受欢迎型　　　C. 被拒绝型　　　D. 被忽视型
37. 学前儿童表现出打人、踢人、咬人、抓人、推搡等对他人的身体攻击的心理卫生问题是( )。
   A. 说谎　　　　　B. 口吃　　　　　C. 多动症　　　　D. 攻击性行为
38. 1岁左右的孩子常常用"嘀嘀"一词代表汽车,还用"嘀嘀"代表去坐车,说明他对"嘀嘀"一词的理解是( )。
   A. 表面的　　　　B. 笼统的　　　　C. 错误的　　　　D. 非常具体的
39. 婴儿对人脸微笑,说明婴儿开始与社会性群体发生交流,产生"社会性诱发笑",大致发生在新生儿出生的( )。
   A. 第一周　　　　B. 第三周　　　　C. 第五周　　　　D. 一个月
40. 由研究者通过感官和辅助仪器,有目的、有计划地观察和记录人的行为活动,从而分析心理发展的规律与特征的方法称为( )。
   A. 观察法　　　　B. 测验法　　　　C. 实验法　　　　D. 访谈法

二、判断题(请判断以下各题,正确打√,错误打×;每题1分,共30题,计30分。)
1. 政治为教育服务。　　　　　　　　　　　　　　　　　　　　　　　　( )

2. 教师的角色不包括学校教育的管理者。（    ）
3. 催吐是排除胃内毒物的简便而有效的方法。（    ）
4. 教学原则是根据教师的自身教学风格制定的。（    ）
5. 6岁是形成性角色、发展健康性心理的关键期。（    ）
6. 幼儿园教学活动的最大特征表现在其游戏的主导性上。（    ）
7. 课程计划是课程标准的具体化，是对学生学习结果的描述。（    ）
8. 给学生无微不至的关怀，属于教师职业道德规范中的教书育人。（    ）
9. 保持皮肤清洁，衣着宜宽松，及时为幼儿揩去汗液，可以有效预防痱子。（    ）
10. 集体教学的形式是实施课程的唯一途径，不包括游戏活动、生活活动。（    ）
11. 根据教育活动运行的时间，教育被划分为：家庭教育、学校教育、社会教育。（    ）
12. 患缺铁性贫血的学前儿童在饮食上要注意均衡，摄入含铁和维生素C丰富的食物。（    ）
13. 学前儿童能力较弱，教师在创设幼儿园的环境时，主要是教师间相互合作，配合完成。（    ）
14. 教学沙龙、同课异构、微格教学、示范教学、互相观课等方式，属于教师专业发展中的自我教育。（    ）
15. 《幼儿园教育指导纲要（试行）》将幼儿学习的范畴按学习领域把教育内容分为健康、语言、社会、数学、艺术五个领域。（    ）
16. 无意注意也叫随意注意。（    ）
17. 感觉阈限越大表明感受性越低。（    ）
18. "妈妈抱""帽帽掉"属于单词句。（    ）
19. "月晕而风"反映了思维的概括性。（    ）
20. 运用观察法前不需要做准备，可随时观察。（    ）
21. 情感是情绪的外在表现，情绪是情感的内在本质。（    ）
22. 幼儿口吃现象出现除了词汇较贫乏，还有心理紧张。（    ）
23. 被拒绝型儿童不愿与人交往，喜欢独来独往，缺乏亲密的朋友。（    ）
24. 有意记忆的记忆信息也比较零散、不系统，容易受外界因素影响。（    ）
25. 学前儿童初期的自我评价往往受到成人评价的影响，他们倾向于复述成人的评价。（    ）
26. 学前儿童不会说谎，他们之所以说谎是因为认知水平的限制，常常把想象当现实。（    ）
27. 前道德阶段的儿童开始理解道德规则的存在和重要性，但行为仍然受到外部因素的影响。（    ）
28. 专断型教养方式下长大的孩子更容易表现出焦虑等消极情绪，但他们自我调节能力比较好。（    ）
29. 描述一般通过问卷调查、实验研究等方法收集和分析数据，从而揭示心理现象的内在规律和特点。（    ）

30. 心理学以心理现象为主要研究对象，它研究行为目的是为了研究支配行为的心理现象，而不是为了研究行为本身。（　　）

三、观点辨析题（请对以下观点做出正确或错误的判断，并说明理由；每题5分，共4题，计20分。）

1. 教学的本质是一种实践活动。
2. 幼儿园课程具有基础性和义务性。
3. 口头调查具有标准化、易于量化和分析的特点。
4. 随着年龄的增长，幼儿对情绪的自我调节能力越来越强。当幼儿有情绪问题时，大人要让幼儿自行处理不要插手。

四、案例分析题（每题10分，共2题，计20分。）

1. 2021年，我国申遗项目"泉州：宋元中国的世界海洋商贸中心"成功列入《世界遗产名录》。泉州所列的22个遗产点中的洛阳桥、安平桥、顺济桥遗址，都是当地幼儿日常生活中常见的桥。泉州某幼儿园园长认为这些桥为幼儿园课程提供了得天独厚的教育资源，选择以"寻桥记"为主题开展了系列活动，不仅让幼儿通过观察、交流、摆弄等方式积累了对桥的直接经验，更让幼儿更加深入地了解了泉州的本土文化、认同所处地域的文化。园长认为，课程实施前不能把所有的内容都预设好，强调的是随着实施过程不断创造生成，课程的实施过程充满了情境化、人格化。

问题一：请运用教育学的相关理论分析教育与文化的关系。

问题二：该园长的观点体现了课程实施的哪种价值取向？

2. 小红今年4岁，就读幼儿园小班。在一次绘画活动中，小红看到同桌明明的画笔颜色很漂亮，便未经允许直接拿走了明明的画笔并开始使用。当明明发现后，他向小红表达了自己的不满，但小红却认为"我只是想用一下，又没有弄坏它"。随后，老师介入并询问了情况，小红坚称自己没有做错什么，因为她并没有损坏画笔。

问题一：分析小红在道德认知上存在的问题及其表现。

问题二：提出促进小红道德认知发展的教育策略。

# 模拟试卷三

一、单项选择题（共40题，每题2分，计80分。）

1. 教育的本质回答的问题是（　　）。
   A. 教育是什么　　B. 培养什么人　　C. 怎样培养人　　D. 为谁培养人
2. 教学认识的特殊性不在于（　　）。
   A. 教学认识是学生的认识　　　　B. 教学认识是直接性的认识
   C. 教学认识是有领导的认识　　　D. 教学认识是教育性的认识
3. 我国教育目的的理论基础是（　　）。
   A. 媒介
   B. 桥梁
   C. 中介
   D. 马克思主义关于人的全面发展学说
4. 世界上最早的教学组织形式是（　　）。
   A. 道尔顿制　　B. 设计教学法　　C. 班级授课制　　D. 个别教学制
5. "喜欢并适应群体生活"属于（　　）领域的目标。
   A. 健康　　B. 语言　　C. 社会　　D. 科学
6. （　　）是教材编写、教学、评估和考试命题的依据。
   A. 课程计划　　B. 课程标准　　C. 教育目标　　D. 课程评价
7. 既提供热能又可增强抵抗力的营养素是（　　）。
   A. 蛋白质　　B. 脂肪　　C. 糖类　　D. 维生素
8. 下列关于教师职业的说法，错误的一项是（　　）。
   A. 教师职业具有短期性　　　　B. 教师职业具有创造性
   C. 教师职业具有专业性　　　　D. 教师职业具有示范性
9. 下列关于幼儿进餐中的卫生要求，错误的是（　　）。
   A. 允许幼儿用餐期间交流说话　　　B. 要求幼儿安静地进餐
   C. 要求幼儿尽量做到细嚼慢咽　　　D. 保持桌面、地面清洁
10. 下列关于开发右脑，协调左右脑，不正确的是（　　）。
    A. 左脑半球负责文字语言　　　　B. 右脑半球负责欣赏音乐
    C. 左右开弓同时做手指操　　　　D. 不必学会灵活使用剪刀
11. 豆豆的脚扭伤了，首先要处理的是对其患处进行（　　）。
    A. 药敷　　B. 热敷　　C. 冷敷　　D. 揉搓
12. "生物的冲动是教育的主要动力"这个观点属于教育的（　　）。
    A. 神话起源说　　B. 生物起源说　　C. 心理起源说　　D. 劳动起源说
13. 下列关于幼儿园集体教学活动的说法，错误的一项是（　　）。
    A. 集体教学促进幼儿遵守规则和自律
    B. 集体教学利用有限的时空，优化教育资源

C. 集体教学活动强调内容的合乎逻辑、有条不紊
D. 集体教学重视每个幼儿的个性、兴趣和需求

14. 关于维生素 D 缺乏性佝偻病的护理措施,下列说法正确的是( )。
   A. 要注意皮肤和头部清洁　　　　　　　B. 多吃菠菜、茭白等蔬菜
   C. 多晒太阳,减少运动量　　　　　　　D. 大量补充维生素及钙剂

15. 保教人员为体温异常的学前儿童测体温,以下操作正确的是( )。
   A. 测 10 分钟后可以取出读数　　　　　B. 测前体温表刻度不能超过 37 度
   C. 测前捏住水银球端,向下向外轻甩　　D. 测时将体温表水银球端放在腋窝中间

16. 个体的社会化与社会的个体化密不可分,这表明教育是( )的过程。
   A. 实践　　　　B. 促进　　　　C. 双向耦合　　　　D. 具有社会历史性

17. 解决问题的"五步教学"(情境、问题、假设、推论、验证)理论的是( )。
   A. 杜威　　　　B. 克伯屈　　　　C. 柏拉图　　　　D. 赫尔巴特

18. 集中教学活动时间要根据学前儿童年龄特点安排,小班每次的活动时间是( )。
   A. 5～10 分钟　　B. 10～15 分钟　　C. 15～20 分钟　　D. 20～25 分钟

19. 要让幼儿产生真实体验,让他们在情境中观察、感受、操作、体验的教学方法是( )。
   A. 游戏法　　　　B. 讲授法　　　　C. 情境教学法　　　　D. 实际操作法

20. 小王老师进行班级管理时,总是以最少的人力、物力和时间,尽可能地使孩子们获得全面发展。小王老师遵循了( )。
   A. 主体性原则　　B. 开放性原则　　C. 整体性原则　　D. 高效性原则

21. 以下不是书面言语具有的特点的是( )。
   A. 随意性　　　　B. 展开性　　　　C. 反应性　　　　D. 计划性

22. 在演讲、讲课、报告中使用的语言属于( )。
   A. 口头言语　　　B. 对话言语　　　C. 独白言语　　　D. 书面言语

23. 对各种教养方式都比较适应的婴幼儿气质类型是( )。
   A. 困难型　　　　B. 容易型　　　　C. 迟缓型　　　　D. 健康型

24. 下列关于学前儿童自我评价发展特点描述,不正确的是( )。
   A. 从依从性评价到独立性评价
   B. 从外部行为评价到内心品质评价
   C. 从主观情绪性评价到初步客观评价
   D. 从比较全面的自我评价到局部的自我评价

25. 以下不是心理健康的个体通常具备的特征的是( )。
   A. 情绪稳定　　　B. 认知良好　　　C. 人际和谐　　　D. 积极成长

26. 明明小时候被狗咬伤过,害怕狗。明明对狗的害怕属于( )。
   A. 形象记忆　　　B. 语词记忆　　　C. 情绪记忆　　　D. 动作记忆

27. 《西游记》的作者吴承恩对"孙悟空"形象的刻画属于( )。
   A. 无意想象　　　B. 创造想象　　　C. 再造想象　　　D. 幻想

28. 怕生是婴儿对陌生事物的恐惧反应,一般出现在婴儿出生( )。
   A. 一个月左右　　B. 三个月左右
   C. 六个月左右　　D. 八个月左右

29. 使个体在面对道德冲突和困难时能够坚持正确的道德行为的是( )。
   A. 道德认识　　　　　　　　B. 道德情感
   C. 道德意志　　　　　　　　D. 道德规范

30. WPPSI的测试分数低于以下哪一个需要考虑进行及时的教育训练?( )。
   A. 60　　　　B. 70　　　　C. 80　　　　D. 90

31. 到学前儿童晚期,情绪情感开始表现出内隐性,体现了幼儿情绪发展的( )。
   A. 社会化　　B. 丰富化　　C. 深刻化　　D. 自我调节化

32. 在与同伴交往中积极主动,表现友好,愿意合作和分享的同伴交往类型是( )。
   A. 一般型　　B. 受欢迎型　　C. 被拒绝型　　D. 被忽视型

33. 周杰伦演唱会上他一边深情演唱一边与台下的观众互动,体现的是注意的( )品质?
   A. 广度　　　B. 分配　　　C. 稳定　　　D. 转移

34. 小班幼儿学写"3"字,可能把3字的方向任意颠倒,主要原因是( )发展不完善。
   A. 大小知觉　　B. 深度知觉　　C. 方位知觉　　D. 运动知觉

35. 通过问卷调查、实验研究等方法收集和分析数据,揭示心理现象的内在规律和特点的过程是( )。
   A. 说明　　　B. 测量　　　C. 解释　　　D. 描述

36. 具有较高的自尊、自信水平和安全感,容易与人接触,能够积极应对各种挑战的儿童依恋类型是( )。
   A. 安全型　　B. 回避型　　C. 反抗型　　D. 迎合型

37. 有目的地控制或改变某些条件的情况下,观察心理现象的变化,并对其进行记录和分析的研究方法是( )。
   A. 观察法　　B. 测验法　　C. 实验法　　D. 访谈法

38. 气象学家能够从太空拍摄地球的云图,通过分析云图的变化,可以推断出未来的天气趋势,体现了思维的哪种特性?( )。
   A. 间接性　　B. 概括性　　C. 敏捷性　　D. 广阔性

39. 个体在长期的生活、学习和社交实践中,通过不断的重复和强化,逐渐形成的相对固定且自动化的行为模式或倾向叫做( )。
   A. 行为规范　　B. 行为习惯　　C. 行为道德　　D. 行为标准

40. 儿童看见图画中的人物穿着棉袄,戴着手套,推想"这是冬天,天气很冷"。根据所见的现象推想出来的心理活动类型是( )。
   A. 情感　　　B. 感知　　　C. 意志　　　D. 思维

二、判断题(请判断以下各题,正确打√,错误打×;每题1分,共30题,计30分。)

1. STEAM课程是核心课程。　　　　　　　　　　　　　　　　　　　　( )

2. 教师的教和学生的学可以相分离。（　　）
3. 现代教育从重视过程转向重视结果。（　　）
4. 发展经济，教育先行已经成为了共识。（　　）
5. 教师是幼儿活动的管理者，主要工作就是管理幼儿。（　　）
6. 教师专业知识拓展，是专业发展的动力和精神核心。（　　）
7. 如果教学活动能够遵循教学原则，就会更容易取得成功。（　　）
8. 幼年时期胸腺发育不全会导致反复出现呼吸道感染或腹泻。（　　）
9. 幼儿玩串珠时不慎将珠子塞入鼻腔，教师可用镊子夹出珠子。（　　）
10. 马克思是"课程及社会改造的过程"概念最有影响的代表人物。（　　）
11. 生活功能是幼儿园班级的最基本功能，也是与其他教育阶段班级功能的区别。（　　）
12. 3~6岁幼儿一日中，摄入蔬菜量比粮食量少，其中有机蔬菜占总摄入量的1/2为佳。（　　）
13. 东东早上醒来时发现上下眼睑被粘住，有脓性及黏性分泌物，眼有异物感或烧灼感，他可能患有病毒性结膜炎。（　　）
14. 科学教育的价值取向既要注重儿童对未知问题的兴趣，又要注重静态知识的传递，培养幼儿的知识技能、情感态度。（　　）
15. 在大一班，有的幼儿擅长语言表达但绘画能力较弱，有的幼儿却擅长绘画却语言能力弱，这说明个体身心发展的个别差异性。（　　）
16. 无意注意是一种主动的注意。（　　）
17. 意识是与生俱来的，在人出生时就出现了。（　　）
18. 个性差异包括认知、能力、气质、性格。（　　）
19. 小孩子边搭积木边思考，这属于形象思维。（　　）
20. 每一次心理研究过程只能用一种研究方法。（　　）
21. 科尔伯格把学前儿童道德发展分为三个水平六个阶段。（　　）
22. 尖锐的声音会使人起鸡皮疙瘩并产生冷觉这是联觉现象。（　　）
23. 加强学生的朗读、默读的训练，有利于学生思维的发展。（　　）
24. 激情往往是由突发的紧急情况引起的，人们需要迅速做出反应。（　　）
25. 婴儿最初对同伴的交往主要是基于共同感兴趣的物体，如玩具等。（　　）
26. 四个月左右的婴儿只对亲近的人笑，出现了无差别的社会性微笑。（　　）
27. 儿童3~4岁以后，开始学习其他方言或外语的某种发音就可能感到困难。（　　）
28. 气质类型分为胆汁质、多血质、黏液质、抑郁质，但大多数人的气质实际上是介于各类型之间的中间类型。（　　）
29. 放纵型的父母对孩子表现出很多的爱与期待，这种教养方式下长大的孩子容易表现得很成熟且自我控制能力较好。（　　）
30. 学前儿童90%的口吃是因发育迟缓引起的暂时性口吃，随着年龄的增长和语言功能的发育完善，口吃现象会逐渐减轻或自行消失。（　　）

**三、观点辨析题**(请对以下观点做出正确或错误的判断,并说明理由;每题 5 分,共 4 题,计 20 分。)

1. 营养不均衡可产生营养不良,营养不良是指营养缺乏。
2. 人的全面发展是指德育、智育、体育、美育四方面组成的全面发展。
3. "盆里原来有 3 条金鱼,妈妈又买来了 2 条,现在共有几条?"对于小班幼儿用这样提问的效果往往比直接问 3+2=? 的效果好。
4. 学前儿童智力发展完全依赖于遗传因素。

**四、案例分析题**(每题 10 分,共 2 题,计 20 分。)

1. 天气渐渐冷了,幼儿的衣服也穿得越来越多、越来越厚。每天午睡起床就会出现各种各样的状况,有的幼儿一动不动地在等老师来帮穿,有的幼儿衣服颠来倒去怎么也穿不上,有的小朋友衣服裤子穿反了,商标露在外面。张老师带幼儿一起认识衣服。

师:"看一看,我们衣服上有什么?"

幼:"口袋,花纹,袖子,纽扣还有图案。"

师:"除了小朋友说的,我们的衣服还有前身和后身,那我们一起来看看这两件衣服有什么不一样吧?"

馨馨很快地说:"正面有图案,反面没有。"

姗姗说:"正面还有一个标志,还有口袋,反面没有。"

师:"哪里是衣服的上面,哪里是衣服的下面呢?"

然然:"上面是有领子的那里,下面没有领子。"

杰杰:"上面小,下面大。"……

问题一:以上案例符合哪一教学原则?

问题二:贯彻该原则时,要注意什么?

2. 幼儿在计算和认字、写字时,常常出现方位知觉上的错误。例如,小班幼儿学写"3"字,可能把 3 字的方向任意颠倒。大班幼儿学拼音时,常把形状相同而方向不同的字母混淆起来,如分不清"b、d、p、q"等。

问题一:这个案例说明幼儿方位知觉发展具有什么特点?

问题二:根据方位知觉发展特点在教学活动中应注意什么?

# 附录二 参考答案及解析

## 第一部分 教育学

### 第一章 教育基本原理

**一、单项选择题**

1. 选 B。这是生物起源说的观点。教育的生物起源说认为：教育起源于动物的本能，属于生物学的范畴，人类出于种族发展的本能需要进行学习；学习不仅是人的活动，甚至是动物们的活动。

2. 选 D。教育的范畴包含教育者、受教育者、教育影响三种基本要素，不包括教育目的。

3. 选 D。美育培养受教育者的审美观念，提高其感受美、欣赏美、创造美的初步能力。

**二、判断题**

1. √。教育的本质是培养人，教育是培养人的实践活动。

2. √。《纲要》强调，五大领域的划分只是相对的，领域之间的内容要相互渗透，从不同的角度促进幼儿情感、态度、能力、知识、技能等方面的发展。

3. √。马克思主义关于人的全面发展学说是我国教育目的的理论基础，决定了我国的教育目的是培养德智体美劳全面发展的社会主义建设者和接班人。

**三、辨析题**

1. 观点错误。原始社会里教育与社会生产没有分离，在奴隶社会里教育才成为专门的活动。

2. 观点错误。要正确区分身心发展的阶段性与个别差异性。阶段性是指个体的身心发展是一个分阶段的连续过程，前后相邻的阶段有联系又有区别，要注意前后两个阶段的过渡衔接。幼儿期的学习特点与小学期的学习特点不同，是两个不同的且有着先后关系的阶段。做好幼小衔接体现了尊重人身心发展的阶段性规律。

3. 解析：观点正确。艺术是人类感受美、表现美和创造美的重要形式，幼儿通过艺术表达自己对周围世界的认识和情绪态度时有自己的独特方式。幼儿独特的笔触、动作和语言往往蕴含着丰富的想象和情感，成人不能用"完美"的范画束缚儿童的想象、创作，特别不应要求幼儿完全按照范画来画。

#### 四、案例分析

1.（1）影响个体身心发展的因素主要有个体自身因素、环境因素、活动因素。

（2）个体自身因素既有先天因素,如遗传素质和生理成熟,也有后天因素如个体发展水平和个体发展的自觉性。这四个因素对倩倩的发展起着不同的作用。父母博士毕业、在大学工作,给了倩倩较好的遗传基因,为倩倩的发展提供可能,但不能决定她的发展,倩倩的发展水平以及自觉性也会影响她未来的发展。甲以"遗传决定论"认为倩倩的发展一定会很好,夸大了遗传对个体发展的影响;乙否定遗传在倩倩发展中的前提和基础作用,也是不对的;丙正确看到了自觉性对个体发展的影响。

所以,影响倩倩的身心发展的因素复杂多样,它们共同对倩倩的发展起作用。

## 第二章　课程

#### 一、单项选择题

1. 选 A。A 是课程的定义。B 教育目标、C 教科书、D 课程标准是课程的表现形式。

2. 选 A。西班牙的弗雷尔（P. Freire 是"课程及社会改造的过程"概念最有影响的代表人物。杜威是实用主义教育思想的代表人物,提倡活动课程,又名"经验课程"。鲍尔斯和金蒂斯是"课程是文化再生产"的代表人物。

3. 选 A。1932 年,陈鹤琴受民国教育部的委托,制定了该文件。

#### 二、判断

1. ×。要准确区分课程一词与《课程》一书的作者。西方首次在英国教育家斯宾塞的《什么知识最有价值》中提出,博比特的《课程》是教育史上第一本关于课程理论的著作。

2. ×。陈鹤琴以活教育理论为指导,创立了幼儿园"五指活动课程"。鉴于他们在幼儿教育中的突出贡献,张雪门与陈鹤琴在 20 世纪 30 年代并称为"南陈北张"。张雪门创立的是行为课程理论。

3. ×。幼儿园课程实施的途径包括三种:游戏、教学活动和生活活动。

#### 三、辨析题

1. 观点错误。正确区分显性课程、隐性课程。显性课程是明面上可以看到的,有明确目标要求的、公开性的课程,教育的目的指向性非常明确,有着明确的课程标准、评价方式等。隐性课程是非公开性但对学生的各方面有影响的校园因素,通常潜移默化地影响学生的成长,校园文化属于隐性课程。

2. 观点错误。课程计划、课程标准、教科书是课程的表现形式。

3. 观点正确。辛德等人把课程实施分为忠实取向、相互适应取向、创生取向三种取向。

#### 四、案例分析

（1）幼儿园课程实施原则有生活化原则、目标定向原则和综合化原则。

（2）张老师从五大领域设计教学活动,体现了幼儿园实施课程的生活化、综合化原则。首先,糖果是幼儿生活中常见的一种食物,深受幼儿的喜爱。张老师通过谈话活动,让幼儿在生活中和家长一起寻找糖果,引发幼儿对糖果的兴趣,体现了幼儿园课程实施的生活化原则。其次,她从五大领域着手开展糖果乐园的主题活动,将幼儿各个方面的学习有机地联系起来,帮助幼儿获得完整而非破碎的经验,体现了幼儿园课程实施的综合化原则。

### 第三章 教学

**一、单项选择题**

1. 选 A。"教学"二字的首次出现是在《尚书·兑命》,其词义为一种教的同时又学的活动,包含着"教"与"学"无法分离的思想。

2. 选 B。要完成智育任务,教学是智育的主要渠道,但并非智育的唯一途径。智育也须借助课外活动、少先队活动等方式实现。

3. 选 B。"教师应该提供更多机会让幼儿探索物体,让幼儿产生多样的感官体验,包括观看、聆听、触摸、嗅闻、品味、操作",以上描述体现了让幼儿形成直观印象。幼儿园教学中,教师应结合幼儿思维具体形象的特点,充分采用直观教学方法或游戏形式,激发幼儿学习的主动性和积极性,培养他们对学习的兴趣,吸引他们的注意力,营造愉快的学习氛围。

**二、判断题**

1. ×。幼儿园教学活动的目的不同于小学教学,幼儿园教学的活动不同于小学教学活动。

2. ×。游戏的主导性是幼儿园教学活动的最大特征,但游戏不是教育的基本途径。

3. √。教学应符合科学性原则,因此,教师在选择教学组织形式和教学方法时,要考虑科学性,要考虑其是否符合幼儿年龄特点和认知规律。

**三、辨析题**

1. 观点错误。教学是教师和学生共同组成的双边活动,没有教师,或者没有学生,都不能有教学。构成教学这种活动的基本成分是教师的传授、学生的学习和学习内容。

2. 观点错误。幼儿园教学活动的最大特征表现在其游戏的主导性上。

3. 观点错误。教学和教育密切相连,二者既有联系又有差异。教学属于部分,教育属于整体。教育的概念包含教学,教学是学校开展全面发展的教育的基本途径。毋庸置疑,教学工作是学校教育的核心工作。但教育不止于教学,学校的教育方式还包括课外活动、社团活动、社会实践活动等。

**四、案例分析题**

问题一:科学性和思想性相结合的原则。钟教师给幼儿讲故事《三只蝴蝶》,优美的语句和团结友爱教育,属于科学性和思想性相结合。

问题二:1. 保证教学科学性。2. 发掘教学的思想性,注意在教学中对学生进行品德教育。3. 教学组织形式选择和教学方法的运用应符合幼儿年龄特点和认识事物的规律。

### 第四章 教师

**一、单项选择题**

1. 选 B。1966 年 10 月,当时国际劳工组织和联合国教科文组织在巴黎会议上通过了

《关于教师地位的建设》。该文件提出：教师工作应被视为一种专业。

2. 选 A。《专业标准》中明确提出，其基本理念共 4 点，分别是师德为先、幼儿为本、能力为重和终身学习。

3. 选 B。"在儿童的团体内工作"，"在儿童的周围工作"都体现了"合作"这一维度。

二、判断题

1. √。《教师法》将"教师"界定为"履行教育教学职责的专业人员"，保证了教师的专业性。

2. ×。教师的自我教育是教师个体专业化发展的最直接、最普遍的途径。教师专业化还有在职培训、园本培训、同伴互助等。

3. ×。教书育人是教师的天职，爱国守法是教师职业的基本要求。

三、辨析题

1. 观点错误，教师职业是以教书育人为职责的创造性职业，教师除了"授业解惑"外，还需"传道"。

2. 观点错误，教师职业的最大特点在于职业角色的多样性，包括学习者和研究者、知识传授者、学生心灵的培养者、教学方案的设计者、组织者和管理者、学生学习的榜样、学生的伙伴以及学校管理者等角色。

四、案例分析题

田老师的教育行为充分体现了关爱学生的职业道德。面对第一天入园不停哭泣的欣欣，田老师给予了温暖的拥抱和安慰，展现出对幼儿情感上的关怀与爱护。

爱岗敬业方面，田老师在欣欣进餐困难时，耐心地喂她吃早餐，没有丝毫的不耐烦，体现了对工作的高度责任心和敬业精神。

教书育人上，田老师不仅关注欣欣的饮食状况，还耐心教导她正确的进餐方法和习惯，促进了欣欣的成长和发展。

为人师表方面，田老师为家长推荐家庭教育书籍，以自身的专业知识和教育理念影响家长，为家长树立了良好的榜样。

最后，在终身学习方面，田老师不断探索适合欣欣的教育方法，努力帮助她克服困难，提升自己的教育能力，以适应教育教学的需求。

总之，田老师的教育行为完全遵循教师职业道德的要求，是值得称赞和学习的典范。

## 第五章　班级管理

一、单项单选题

1 选 D。高效性原则是指教师进行班级管理时，要求以最少的人力、物力和时间，尽可能地使幼儿获得更多、更全面更好的发展，使班级呈现更健康的面貌。

2. 选 D。榜样激励法是指通过树立榜样并引导幼儿学习榜样以规范幼儿行为，从而达成管理目的的方法。题目中，小王老师请从来不迟到的小朋友分享经验，对于其他爱迟到的幼儿来说起到了榜样作用。

3. 选 A。班级为学前儿童提供了共同生活的组织环境，每个孩子在集体中的生活行为，如喝水、吃饭、如厕、休息等都会受到班级组织管理的影响,体现了班级管理的生活功能。

二、判断题

1. √。班级是学前教育机构进行保教活动的基本单位,是学前教育机构管理的核心工作。

2. ×。广义的幼儿园环境是指幼儿园教育赖以进行的一切条件的总和,它包括幼儿园内部小环境,又包括园外的家庭、社会、自然、文化等大环境。

3. ×。目标应难易适中,具有可操作性,目标过高或过低都无法吸引学前儿童的注意力。

三、辨析题

1. 此观点不正确。生活功能是幼儿园班级的最基本功能,也是与其他教育阶段班级功能的区别。具体包括一日生活引导功能、身体锻炼功能、习惯养成功能、卫生保健功能。

2. 此观点不正确。互动指导法是指通过促进学前儿童与同伴、学前儿童与教师、学前儿童与环境材料的相互作用,引导儿童主动、积极、有效地与人交往,实现教育目标的方法。

3. 家长的观点不正确。虽然幼儿园物质环境对学前儿童发展起着非常重要的作用,但是幼儿园园长、教师的观念和专业知识技能等精神环境对学前儿童的影响更为深远。

四、案例分析

(1)教师的做法不正确,违背了经济性原则、师幼共创性原则、有利于操作原则。

(2)具体分析:

① 违背了经济性原则。经济性原则是指创设幼儿园环境应考虑不同的地区、不同园所的实际情况,做到因地制宜,贯彻经济原则要做到少花钱,多办事。材料中,"幼儿园在创设物质环境时,购买大量高价的成品玩具,追求高档,教师花费大量心血布置五彩缤纷的墙饰"明显违背了这一原则。

② 违背了师幼共创性原则。师幼共创性原则指在环境创设过程中是儿童和教师共同合作、共同参与的过程。环境的创设过程应该是一个积极的教育过程。材料中,"面对这些高档的材料,教师时刻提醒儿童注意爱护,甚至很多时候不让儿童操作这些材料,只是幼儿来参观的时候才拿出来让儿童操作"违背了师幼共创性原则。

③ 违背了有利于操作原则。教师所布置的环境,应根据儿童的不同年龄特征为其提供可操作性的环境。材料中,"这种高档的环境一旦布置好后,整个学期,甚至整个学年基本不会变动,幼儿的幼儿园小、中、大班环境布置非常雷同"就违背这一原则。

## 第六章 学前儿童卫生保健

一、单项单选题

1. 选 A。肝脏是人体最大的消化腺。学前儿童肝脏相对较大。学前儿童糖原贮存较少,受饿容易发生低血糖。学前儿童肝细胞和肝功能不成熟,肝脏的解毒能力较差。

2. 选 D。如厕的卫生要求包括:指导中大班学前儿童,学会自己料理大小便和穿、脱裤子。

3. 选 A。维生素 A 缺乏,可患夜盲症。还可引起干眼病,严重者会造成失眠。皮肤干燥、粗糙,毛发干脆易脱落,也容易患呼吸道感染。

**二、判断题**

1. ×。预防龋齿的措施之一是"多吃粗糙、硬质和含纤维质的食物"。

2. ×。学前儿童淋巴系统发育较快,淋巴结防御和保护功能比较显著,表现在幼年时期常有淋巴结肿大的现象。

3. ×。冷敷时,如果发现幼儿打寒战或面色苍白,应停止冷敷。

**三、辨析题**

1. 此观点不正确。水痘一种常见的病情较轻的呼吸道传染病。水痘的传染性极强,多发生于冬春两季,病后终身免疫。

2. 此观点不正确。学前期是形成性别角色、发展健康的性心理的关键期,保教人员可以对学前儿童开展科学的、系统化的性教育,引导他们合理认识性别,提高自我保护意识,防范性侵害。

3. 此观点不正确。晨检中的四查是指检查学前儿童是否携带不安全物品到幼儿园来,一旦发现问题及时处理。

**四、案例分析题**

1.(1)该教师的处理方法不恰当。

理由:涂抹牙膏不仅不能使幼儿皮肤表面降温,反而会使创面受感染。

(2)正确的处理办法:

① 打开自来水开关,让流动的水不断冲洗伤处,进行冷却处理,防止烫伤范围继续扩大。

② 若是隔着衣服,先要用冷水使烫伤处冷却 20~30 分钟,然后剪开衣服,再脱下来,在烫伤处涂抹"红花油""獾油"等油剂,并保持创伤面的清洁。

③ 对烫伤面积较大的幼儿,应立即将湿衣服脱掉。用干净被单将伤者包裹起来,送医院治疗。

# 第二部分 心理学

## 第七章 心理学概论

**一、单项选择题**

1. 选 D,心理学是研究心理现象及其发生发展规律的科学,故答案选 D 项。

2. 选 C,解释和说明就是要解决"为什么"的问题。即心理学研究心理现象和行为为什么会发生,它又受到哪些因素的影响,心理现象和行为发生的内在机制是什么等。

3. 选 A,观察法是指研究者通过感官和辅助仪器,有目的、有计划地观察和记录人的行为活动,从而分析心理发展的规律与特征的方法。

**二、判断题**

1. √。人的行为与心理活动是密切联系的,引起行为的刺激常常通过心理这个中介发挥作用。通过对人的行为的观察和描述，我们可以推断出其内部心理活动。

2. √。心理学研究的基本任务主要围绕心理现象的事实、本质、机制和规律展开探索，具体包括描述和测量、解释和说明、预测和控制三个方面。

3. ×。观察者以旁观者的身份随时观察记录所见所闻这种方法属于非参与观察法。自然观察法可以比较真实地得到心理活动资料。

三、辨析题

1. 本观点不正确，意识使人能够觉察到外部事物的存在和自己内部的心理活动。意识是在个体发展到一定阶段才出现的。

2. 本观点正确，心理学研究最终的目的不仅仅在于帮助人们认识世界，还在于改造世界，这里包括外在的客观世界和内在的主观世界。所以心理学研究的第三个任务是能够预测行为的出现从而控制行为，也就是要解决"怎么做"的问题，即在发现心理发生发展的规律后如何更好运用规律改变和控制行为。

四、案例分析题

问题一：该实验属于实验室实验法。实验室实验法是指在专门设置的实验室里，利用专门的仪器设备，对实验条件进行严格的控制下研究人的心理现象。例如，延迟满足实验、三山实验、感觉剥夺实验。

问题二：

（1）实验室实验法的最大优点是有助于发现变量之间的因果联系，并对实验结果进行反复验证。

（2）实验室实验法主要缺点是被试可能会意识到自己正在接受实验，而干扰实验结果的客观性，加上人为控制的情境也会影响到将实验结果应用于日常生活。

## 第八章 认知的发展

一、单项选择题

1. 选B，对话言语使彼此之间交流是双向或多向，有较强的互动性。

2. 选D，独特性是指不落俗套和不寻常规的那种思维能力。

3. 选D，注意的分配是指在同一时间内把注意指向于不同的对象。

二、判断题

1. √。注意的稳定性不仅指注意保持在同一对象上的时间，还包括完成一个总任务而变换注意的具体对象。

2. ×。幼儿无意记忆效果优于有意记忆。整个幼儿期来说，仍是以无意记忆为主，有意记忆开始发展的。

3. ×。流体智力受遗传因素影响较大，晶体智力则从社会文化中习得。

三、辨析题

1. 本观点正确，幼儿以无意想象为主，具体表现在以想象的过程为满足。对童话故事百听不厌，因为他们对这些故事中的形象比较熟悉，可以一边听，一边进行想象。生动的形象在头脑中像图画似的不断呈现，幼儿感到极大的满足。

2. 本观点不正确,不同孩子的听力个别差异很大,但听力上有缺陷的儿童并不是完全不能理解别人说的话,他们能够根据别人的面部表情和动作,或根据眼前的情景,理解别人说话的内容,因而听力问题往往被忽略。

#### 四、案例分析题

1. 问题一:幼儿背古诗属于有意记忆,背广告词属于无意记忆。

问题二:

(1) 幼儿主要以无意记忆为主,有意记忆处于发展阶段,无意记忆效果好于有意记忆。

(2) 幼儿对广告词是无意记忆,电视画面具体形象生动,符合幼儿的兴趣和需要,因此幼儿的记忆效果好。

(3) 背诵古诗是在成人要求下,需要幼儿意志力的参与,属于有意记忆,其依赖于对记忆任务的理解程度和是否有较强的积极性,因此效果往往不太好。

## 第九章 个性和社会性发展

#### 一、选择题

1. 选 A。亲子交往是儿童最早接触到的社会交往形式。

2. 选 C。传统的气质类型分为胆汁质、多血质、黏液质、抑郁质四种。它是根据个体在心理活动的强度、速度、稳定性和灵活性等方面的特征进行划分的。

3. 选 B。激情是一种爆发强烈而持续时间短暂的情绪状态,多带有特定的指向性和较明显的外部行为,具有短暂性和强烈性的特点,往往是由某一特定事件或情境引发的。

#### 二、判断题

1. ×。失败的行为结果会削弱个体的意志,成功的行为结果才会增强个体的意志。

2. √。学前儿童的依恋关系受抚养者的敏感性、家庭环境和社会文化等多种因素的影响,和谐、稳定的家庭环境有助于儿童形成积极的依恋关系

3. ×。自发性的笑也称为早期笑或内源性的笑,主要出现在婴儿睡梦或困倦时。

#### 三、辨析题

1. 此观点是片面不准确的。性格发展是一个复杂的过程,它受遗传、后天环境和教育等多种因素的共同影响。遗传因素为性格发展提供了基础框架,但后天的环境和教育同样重要,它们能够触发或抑制遗传倾向的表达,从而影响性格的最终形成。正确的理解应该是:性格发展是遗传、环境和教育等多种因素相互作用的结果。

2. "儿童最初的情绪反应与生理需要满足与否直接相关"是正确的,"所以只要满足他们的生理需要就行"存在偏颇。虽然儿童最初的情绪反应确实与生理需要满足与否直接相关,但这并不意味着只要满足他们的生理需要就足够了。为了促进儿童的全面发展,我们还需要关注并满足他们在情感、认知、社会性等方面的需求。只有这样,我们才能帮助儿童建立起健康、积极、稳定的情绪反应模式,并促进他们在各个方面的均衡发展。

#### 四、案例分析题

问题一:(1) 东东能够准确描述自己的外貌特征和基本能力,表明他的自我认知能力正

在发展。(2)东东能够识别和表达自己的情绪,并尝试理解他人的情绪,显示出良好的情绪意识。(3)东东开始基于他人的反馈和自己的成就来评价自己,表明他正在发展初步的自我评价能力。

问题二:(1)家庭环境:父母对东东的关爱、鼓励和支持为他提供了积极的成长环境,有助于他自我意识的发展。(2)幼儿园教育:幼儿园的教育活动、教师的引导和同伴的互动都为东东提供了丰富的学习机会,促进他自我意识的发展。(3)同伴关系:与同伴的交往让东东学会了如何与人相处、如何理解和应对他人的情绪,这些经验对他的自我意识发展具有重要意义。

## 第十章　心理健康与教育

### 一、选择题

1. 选 A。智力是人的观察力、注意力、想象力、思维力和实践活动能力等的综合。智力正常是人正常生活最基本的心理条件,也是心理健康的首要标准。

2. 选 D。学前儿童心理健康教育的目标在于:① 培养积极情绪;② 增强自我意识;③ 发展社交技能;④ 提高适应能力。

3. 选 D。多动症全称为注意缺陷多动障碍(ADHD),是儿童期常见的一类心理障碍。其主要表现为与年龄和发育水平不相称的注意力不集中、注意时间短暂、活动过度和冲动,常伴有学习困难、品行障碍和适应不良等情况。

### 二、判断题

1. ×。攻击性行为,又称侵犯性行为,是指以伤害他人为目的的行为。学前儿童的攻击性行为表现在对他人的身体攻击、言语上的攻击、侵犯别人的权利等。言语攻击如叫他人绰号、辱骂等。

2. ×。不均衡的饮食、营养不良或过度摄入某些物质(如咖啡因、糖分)都可能影响心理健康。保持均衡的饮食有助于维持身体健康和心理健康。

3. √。学前儿童 90% 的口吃是因发育迟缓引起的暂时性口吃,随着年龄的增长和语言功能的发育完善,口吃现象会逐渐减轻或自行消失。

### 三、辨析题

1. 此观点不正确。心理健康的标准并非固定不变,随着时代的发展、文化的变迁以及科学研究的深入,人们对心理健康的理解和标准也会发生变化。心理健康的标准也不是可以普遍适用于所有人群的,不同年龄段、性别、文化背景和社会经济地位的人群,其心理健康的标准和需求可能存在差异。心理健康受到多种因素的影响,并在不同人群中呈现出不同的特点和需求,在评估个体的心理健康状况时,需要充分考虑其个体特征和社会环境等因素,采用灵活多样的标准和方法。

2. 此观点不正确。智力在一定程度上确实受到遗传因素的影响,遗传因素为个体提供了智力发展的基础或潜力,但这种潜力并非一成不变,而是受到后天环境(包括教育环境,家庭环境,营养与健康等)的影响和塑造。所以学前儿童智力发展并非完全依赖于遗传因素,而是遗传与环境相互作用的结果。在促进儿童智力发展的过程中,应充分考虑遗传和环境两方面的因素,为儿童提供良好的成长环境和教育支持。

**四、案例分析题**

问题一:(1)认知发展限制:小红目前处于学前阶段,其认知能力和记忆力还在发展中,有时可能难以准确区分现实与想象,或者记忆出现混淆,导致无意中说出不实之言。(2)情感与动机驱动:为了避免惩罚或获得某种好处(如老师的表扬、家长的关注或奖励),小红可能选择说谎来达成自己的目的。(3)模仿与学习:小红可能从家庭、幼儿园或周围环境中观察到他人说谎并得到某种正面反馈(如未被发现或得到好处),从而模仿这种行为。(4)沟通障碍:小红可能由于语言表达能力有限,无法准确表达自己的感受或经历,从而选择用说谎的方式来填补沟通的空白。(5)家庭环境:家庭中的惩罚过于严厉、缺乏情感支持或沟通不畅,也可能促使小红选择说谎来应对可能的不利后果。

问题二:(1)保持冷静与理解:家长和老师应认识到说谎是儿童成长过程中的一个常见现象,不必过分紧张或愤怒。要理解小红说谎背后的动机和情感需求,以平和的态度与她沟通。(2)询问与倾听:给予小红充分的机会表达自己的想法和感受,耐心询问她为什么说谎,倾听她的解释和理由,了解她的真实需求和困惑。(3)强调诚实的价值:通过故事、游戏等方式向小红传达诚实的重要性,让她明白诚实是受人尊重的品质,说谎会破坏信任并带来不良后果。(4)建立正面激励机制:鼓励小红诚实表达,当她选择诚实时给予及时的肯定和奖励,增强她诚实行为的正面体验。(5)提供情感支持:关注小红的情感需求,给予她足够的关爱和支持,让她感受到无论发生什么都能得到他的的理解和帮助,从而减少说谎的动机。(6)共同解决问题:当小红因为忘记做作业等原因说谎时,与她一起探讨如何避免类似情况再次发生,制定可行的解决方案,并鼓励她承担责任和后果。(7)家校合作:家长和老师应保持密切联系,共同关注小红的行为变化,分享信息和策略,形成一致的教育态度和方法,以促进小红的健康成长。

# 附录一 模拟试卷

## 模拟试卷一

**一、单项选择题(共 40 题,每题 2 分,计 80 分。)**

1. 选 A。本题考查对教育基本内涵的理解。教育具有实践特性,实践活动具有明确的目的。

2. 选 D。幼儿园班级是幼儿园进行保教活动的基本单位,其中幼儿是主体,教师起着主导作用。

3. 选 D。过食、缺乏适当的体育锻炼往往是发生肥胖的主要诱因。

4. 选 A。保教人员要培养学前儿童正确的睡姿。要求学前儿童以右侧睡和平睡为宜,不蒙头睡,用鼻呼吸。教师要仔细观察,发现学前儿童有不良睡姿和异常行为时,应及时纠正。

5. 选 D。教师的教与学生的学相对应。

6. 选 A。烫伤的处理措施:用流动的水不断冲洗伤处,进行冷却处理。若是隔着衣服,先用冷水使烫伤处冷却 20~30 分钟,剪开衣服,脱下来,涂抹"红花油""獾油"等油剂,并保持创伤面的清洁。对烫伤面积较大的学前儿童,应立即将湿衣服脱掉。用干净被单将伤者包裹起来,送医院治疗。

7. 选 B。预防中耳炎的措施包括:保持鼻咽清洁;要教会学前儿童正确擤鼻涕的方法,不要让学前儿童躺着进食、喝水;若污水进入外耳道,可将头偏向进水一侧,单脚跳几下,将水排出,或用干毛巾将水吸出。

8. 选 A。考查身心发展的规律之一顺序性对教育活动的影响。个体身心发展具有一定的顺序性,这一发展特点决定了教育活动的顺序性。拔苗助长比喻急于求成,违背身心发展的顺序性规律。

9. 选 B。考查《幼儿园教育指导纲要(试行)》中的幼儿园教育目标中语言领域目标的特点。语言领域的目标具有 ACD 特点,B 不属于,符合题目要求。

10. 选 B。本题考查对教育概念的理解。A 项中教学的本质是一种认识活动,而不是实践活动。C 项中广义的教学和狭义的教学概念内涵和外延都不同。D 项中,"教学"二字的首次出现是在《尚书·兑命》。

11. 选 D。只有经过长期实践验证确实指导教学的教学规则,才可能是真正符合教育规律的。历史上教育家提出了许多原则,经过教育实践检验并留存下来的,只是极少数。

12. 选 C。学前儿童皮肤调节体温的能力较差,在外界温度变化时,往往难以适应,这是学前儿童易患感冒的原因之一。

13. 选 C。巴班斯基是《教学过程最优化:一般教学论方面》一书的作者,提出教学过程最优化的主张。

14. 选 C。考查"课程及社会改造的过程"概念的代表人物。巴西的弗雷尔(P. Freire)是"课程及社会改造的过程"概念最有影响的代表人物。他认为资本主义社会的学校课程已成为维护社会现状的手段,大众被奴役却不知;要改变这一状态,就需要从课程入手,培养出能够批判现有社会、创造出合理社会的学生。

15. 选 C。考查教科书的定义。

16. 选 D。考查我国幼儿教育历史中的重要事件、代表人物和所办幼稚园。1903 年,湖北巡抚端方创办了武昌幼稚园,这是我国最早的学前公共教育机构。1920 年,张雪门在北京创办了香山慈幼院。1923 年,陈鹤琴创办了中国第一所实验幼稚园——鼓楼幼稚园。1927 年,陶行知创办了南京燕子矶幼稚园,这是我国第一所乡村幼儿园。

17. 选 A。1632 年捷克教育家夸美纽斯在《大教学论》中首次从理论上对班级授课制作了论述,奠定了理论基础。

18. 选 A。维生素 A 缺乏,可患夜盲症,在弱光下看不清东西;还可引起干眼病,皮肤干燥、粗糙,毛发干脆易脱落,也容易患呼吸道感染。

19. 选D。晨检要做到一问二摸三看四查。其中四查是指检查学前儿童是否携带不安全物品到幼儿园来,一旦发现问题及时处理。

20. 选D。本题考查教师专业素质涵盖的方面。题干描述中"意愿""特性特质"等描述的都是心理素质。

21. 选D。3岁前儿童思维的主要工具是动作,动作停止思维也停止,3岁前儿童的思维主要是直觉行动思维,它是人类最低级的思维方式,故答案选D项。

22. 选D。想象是对已有的表象进行加工改造而建立新形象的过程,故答案选D项。

23. 选A。关于心理学研究的方法有很多,主要包括观察法、实验法、调查法、测验法、个案法,故答案选A项。

24. 选D。探索心理现象发生、发展和变化的规律是心理学的基本任务。选项D涵盖了ABC三个选项,故答案选D项。

25. 选C。非智力因素包括动机、态度、兴趣、意志、人格等,观察、记忆、思维属于智力因素,故答案选C项。

26. 选A。心理学的研究对象包含个体心理,个体心理包含人与人之间在心理活动稳定性上的差异,具体到气质、性格、能力上的差异,故答案选A项。

27. 选C。视崖实验主要是用来测验个体的深度知觉发展,故答案选C项。

28. 选C。自发性的笑也称为早期笑或内源性的笑,主要出现在婴儿困倦和睡梦中。

29. 选C。学前儿童心理健康教育的目标在于:① 培养积极情绪;② 增强自我意识;③ 发展社交技能;④ 提高适应能力。

30. 选A。情绪是人们对客观事物是否符合自己的需要、愿望和观点而产生的内心体验,客观事物和需要、愿望、观点相符合时,则产生诸如愉快、喜悦等正向肯定的情绪。

31. 选B。从外部行为评价到内心品质评价。学前儿童最初主要关注自己外部行为的表现,如是否听话、是否完成任务等。随着心理发展的深入,他们开始关注自己内心品质的评价,如是否勇敢、是否诚实等。

32. 选B。意志特征指一个人对自己的行为目的、动机、行动所表现出来的稳定特征,这些特征反映了个体在面临困难和挑战时的自我调节能力。

33. 选D。注意的稳定性是注意在时间上的特征,是指在同一对象或同一活动上注意所能持续的时间,故答案选D项。

34. 选D。WPPSI把学前儿童的平均智商(IQ)定位在100,高于140的是天才,低于70的为智力低下。

35. 选B。幼儿可以做到先想清楚画什么然后按照预想的去画,这说明他们的想象已经开始具有一定的目的,属于有意想象,故答案选B项。

36. 选B。在陌生的情境中,母亲是否在场对他们的探究行为没有影响。母亲离开时,不表现出明显的分离焦虑。母亲返回时,也不主动寻求接触,甚至可能回避母亲的亲密行为。

37. 选D。短时记忆是指记忆信息保持的时间在一分钟以内的记忆。瞬时记忆又叫感觉记忆,记忆保存时间比短时记忆短,故答案选 D 项。

38. 选 D。归属感是指个体认同所在的群体(团体)并感觉自己也被群体认可和接纳而产生的一种隶属于这个群体、与这个群体休戚相关的感觉。

39. 选 B。多血质的人热情活泼、机智灵敏、动作迅捷,其心理活动和外部动作都有很高的灵活性。他们善于交际并容易适应环境。

40. 选 B。科尔伯格认为,处于前习俗水平的儿童着眼于行为的具体后果和自身的利害关系来判断是非,儿童无内在的道德标准。

二、判断题(请判断以下各题,正确打√,错误打×;每题 1 分,共 30 题,计 30 分。)

1. √。教师是教育者,教育学生。教师要教好学生,就要终身学习,所以教师还有"学习者"的角色。

2. √。糖类的生理功能之一是维持内脏和神经等的正常功能。血糖是神经系统能量的唯一来源,血糖过低会引起昏迷、休克,甚至死亡。

3. ×。中小学的《道德与法治》属于国家课程。

4. ×。教学中必须遵循的教学要求,是教学原则。

5. ×。在教学中,到底选择什么样的教学方法,幼儿教师要根据课程的目标、教学的内容、幼儿的年龄特点、教师自身的能力和特点等。

6. √。托幼园所消毒制度要求门把手、水龙头要保持清洁,每天消毒一次。

7. ×。教育目的的制定要找准社会的依据和人的依据。

8. ×。保教人员对学前儿童要尽量使用多种适宜的身体语言动作。例如,微笑、点头、轻拍肩膀等。

9. ×。教育使潜在的劳动力转变为现实的劳动力,促进经济发展。

10. √。学前儿童的骨骼肌特点之一是:肌肉含水分相对较多,含蛋白质、脂肪、无机盐少,收缩力差,力量和耐力不足,容易疲劳和受损伤。

11. ×。中耳炎俗称"烂耳朵",是中耳鼓室黏膜的炎症。学前儿童若吸入二手烟,不仅会引起中耳炎,同时会加重中耳炎的病情,情况严重的会造成永久性耳聋。题目中"暂时性耳聋"是错误的,应该是"永久性耳聋"。

12. ×。德育的目标是教育目的在受教育者思想品德方面要达到的总体规格和要求。

13. ×。教育应当关注幼儿的现实生活体现了幼儿园课程实施的生活化原则。

14. ×。进入正式教师教育之前,无意识中以非教师职业定向的形式形成了较稳固的教育信念,具备了一些"直觉式"的"前科学"知识与教师专业能力密切相关的一般能力,以上都是教师处于"非关注阶段"的特征。处于"虚拟关注"阶段的教师,表现是无意识中以非教师职业定向的形式形成了较稳固的教育信念,具备了一些"直觉式"的"前科学"知识与教师专业能力密切相关的一般能力。

15. ×。教师崇尚科学精神、树立终身学习理念、拓宽知识视野、潜心钻研业务、勇于探索创新,不断提高专业素养和教育教学水平,属于教师职业道德规范中的终身学习的要求。

16. ×。想象出来的形象不是凭空而来的,而是来自对客观现实的感知。

17. ×。注意不是一种独立的心理过程,但总是和心理过程紧密联系,作为心理活动的调节机制存在。

18. ×。学前儿童对人无差别的反应出现在0~3个月。

19. √。情绪一般与个体较低级的生理性需求相联系,如婴幼儿饿了会哭,吃饱了会笑,而情感则与个体较高级的社会性需求相联系,如爱祖国、爱父母的情感,道德感、价值感、美感等。

20. √。调查法主要关注受调查者的态度和看法,难以直接揭示心理现象之间的因果关系。

21. ×。借助头脑中地图属于利用头脑中的表象,它属于具体形象思维。

22. ×。明适应是指从暗到明,视觉感受光刺激的能力下降,暗适应是指从明到暗,视觉感受光刺激的能力上升。

23. ×。感觉记忆又称瞬时记忆,它具有保持记忆时间极短、容量小的特点。

24. √。心理是人脑对客观现实能动的反映,心理现象的产生离不开人脑和客观现实。

25. √。心理研究首先要给心理现象和行为下操作定义,还需要对心理现象进行量化测量,一般通过问卷调查、实验研究等方法收集和分析数据,揭示心理现象的内在规律和特点,更好地理解和解释人类行为。

26. √。意志是指个体有意识地支配、调节行为,通过克服困难以实现预定目的的心理过程。这一过程伴随着明确的目的性和有意识的调节性,与克服困难相联系,涉及个体的认知、情感和行为等多个方面。

27. √。品德指个体依据一定的社会道德行为规范行动时所表现出来的比较稳定的心理特征和倾向,反映了个体的道德面貌,是个性中具有道德评价意义的核心部分,一个人的品德,主要不是看他认识到什么,而是看他是否言行一致。

28. ×。抑郁质的人观察问题深刻细腻,善于觉察到别人不易察觉的细小事物。

29. ×。迟缓型的婴幼儿对新环境和新经验适应较慢,常常表现为安静地退缩或逃避新事物。

30. ×。多动症的孩子大多智力正常,但是他们注意力不集中,多动,常常导致学习困难,学习成绩差。

**三、观点辨析题(请对以下观点做出正确或错误的判断,并说明理由;每题5分,共4题,计20分。)**

1. 该观点错误。集体教学的形式不是实施课程的唯一途径,而是包括了游戏活动、生活活动。

2. 该观点错误。幼儿园教学活动是一种教学活动,由于其教育对象的特殊性,有着不同于中小学的教学活动的特点,它有自己独特的组织形式与实施的方式。一般幼儿园的教学活动主要是通过集体教学来实施的,但是由于幼儿园教学活动的最大特征表现在其游戏的主导性上,因此,幼儿园的教学活动也可以在幼儿的游戏活动、区角活动、生活活动等环节中渗透。

3. 本观点正确。描述和测量可以揭示心理现象的内在规律和特点,更好地理解和解释人类行为,以帮助人们更好地对心理现象和行为加以控制。例如,要研究如何减少攻击性行为的发生,首先要告诉人们攻击性行为是一个什么行为、它有什么特点和表现、如何加以测量。基于这些我们才能判断一种行为是否属于攻击性行为,这种行为是否随着我们的干预而减少。

4. 本观点不准确。学前儿童归属感的教育主要包含三方面的内容,除了要"帮助幼儿建立对所属群体的积极情感"外,还要帮助幼儿建立起对所属群体的责任感与集体荣誉感,以及萌发幼儿爱家乡、爱祖国的情感。

**四、案例分析题(每题 10 分,共 2 题,计 20 分。)**

1. 问题一:小王老师处理的方法有合理的地方,也有不合理的地方。(1)合理之处:① 当发现小明额头较烫,立即让小明停止游戏,卧床休息;② 鼓励小明多喝水。(2)不合理之处:① 没有在小明安静状态下量体温;② 测得体温 39℃后,小王老师并没有采取降温措施;③ 学前儿童高烧,老师没有及时通知家长。

问题二:如果我是幼儿园教师,我将对学前儿童采取物理降温,这是一种比较安全的降温方式。(1)可用冰袋冷敷。在冰袋里装入半袋或 1/3 袋碎冰或冷水,把袋内的空气排出,用夹子把袋口夹紧,放在学前儿童额头、腋下、大腿根等处。(2)另一种冷敷法是将小毛巾折叠数层,放在冷水中浸湿,拧成半干以不滴水为度,敷在学前儿童前额,也可以敷在腋窝、肘窝、大腿根等地方。每 5~10 分钟换一次。(3)若冷敷时学前儿童发生寒战、面色发灰,应停止冷敷。冷敷时间不宜过长,以免影响血液循环。

2. 问题一:(1)圆圆表现出强烈的分离焦虑,对陌生环境和新朋友感到不安,情绪易波动。(2)可能原因是圆圆年龄较小,对新环境的适应能力有限;家庭环境变化(如从家庭中心到集体生活的转变)带来的不适应;缺乏社交经验,难以建立新的同伴关系。

问题二:(1)幼儿园方面:营造温馨、安全、接纳的环境,使幼儿感受到被关爱和尊重。教室布置应色彩鲜艳、充满童趣,有利于激发幼儿的积极情绪。教师应关注幼儿的情绪变化,及时给予关心和支持。建立良好的师幼关系,通过个别谈话、情感交流等方式加深师幼之间的理解和信任。组织轻松愉快的集体游戏和故事讲述,帮助圆圆转移注意力,缓解焦虑情绪。(2)家庭方面:家长在家中也应营造积极的氛围,鼓励圆圆谈论幼儿园生活,分享快乐时光。提前带圆圆参观幼儿园,熟悉环境,减少陌生感。使用情绪安抚技巧,如深呼吸、拥抱等,帮助圆圆学会情绪调节。(3)家园合作教给圆圆正确识别情绪、表达情绪以及调节情绪的方法和技巧。

**模拟试卷二**

**一、单项选择题(共 40 题,每题 2 分,计 80 分。)**

1. 选 A。本题考查区分狭义的教育与广义的教育。狭义的教育指学校教育,广义的教育指 BCD。

2. 选 A。小儿肺炎典型症状表现为发热、咳嗽、气促、发绀、肺部细湿啰音和呼吸困难等。患儿还可伴有面色青灰、食欲不振、精神萎靡、呕吐、腹泻等全身症状。严重者可出现惊厥、昏迷、心功能不全等,引发死亡。

3. 选A。认知主义教学理论的代表主要是布鲁纳。

4. 选C。选项中的"因材施教"并不是一种教学方法,而是一种教学理念。

5. 选A。晕厥的处理方法是,使学前儿童平卧,头略低,脚略高,然后松开学前儿童衣领腰带,经过一段时间的休息后,患儿可恢复。

6. 选D。学前儿童日常体育活动的形式和方法有很多,如体育游戏活动、早操、晨间活动、户外活动等,一般是以体育游戏活动为主。

7. 选C。A错在"头略仰",应是"头稍向前倾";B错在"压迫十分钟",应是"用拇指和食指捏住鼻翼5分钟";C选项是止鼻血的一个步骤,即"尽量使学前儿童安静,避免哭闹,并为他松开衣领、腰带,安慰学前儿童不要紧张。"D选项"用湿毛巾冷敷额头鼻部",不一定能止鼻血。

8. 选B。班级授课制中,教师一对"多",教师可更好地发挥主导作用,而不是"学生的主体作用"

9. 选D。"鱼"相当于知识,"渔"相当于能力,现代教育从重视知识传授转向能力培养。

10. 选D。A、B选项错在"不允许";C选项,小班学前儿童学会自己穿脱裤子有一定难度。

11. 选D。考查教育的三要素之一教育影响的含义。在教育过程中教育者作用于受教育者的全部信息称为教育影响。

12. 选C。此题考查教育与文化的关系。教育能够促进不同文化之间融合。教育从两方面促进文化的交流与融合,一方面教育通过交流活动,如互派留学生、教师出访、国际学术交流,促进不同文化间的相互影响;另一方面,教育过程本身对不同文化的学习,对这些外来文化进行选择、判断,对本土文化进行变革、创造,进而整合成新的文化。外出留学、来华讲学体现了文化在不同地域的交流、融合。

13. 选D。考查《3-6岁儿童学习与发展指南》提倡的学习方式。幼儿的学习以直接经验为基础,在游戏和日常生活中进行。直接感知、实际操作、亲身体验这三种学习方式能够帮助幼儿获得丰富的直接经验。端坐静听是传授间接经验的学习方式,不符合幼儿的年龄特点和学习特点。

14. 选D。灵活机智处理各种偶发事件的教育智慧,反映了一个人能够突破常规,及时流畅地处理问题,体现了教师工作的"创造性"。

15. 选C。讲述根据所述内容可划分为现实性讲述和创造性讲述,而不是"实践性讲述"。

16. 选B。水痘患儿在病后1周内,皮肤可见三种皮疹,即红色小点、水疱、结痂。

17. 选C。一昼夜间,垂体分泌的生长激素不均匀。学前儿童在夜间入睡后,生长激素才大量分泌,所以孩子长个子主要是在夜里静悄悄的长。

18. 选B。考查课程计划的定义。

19. 选A。考查《幼稚园课程标准》的历史地位。这是我国历史上第一个幼儿园教育课程标准,对提高我国早期幼儿教育的质量起到了重要的作用。

20. 选D。榜样激励法是指通过树立榜样并引导幼儿学习榜样以规范幼儿行为,从而达成管理目的的方法。题目中,小王老师请从来不迟到的小朋友分享经验,对于其他爱迟到的幼儿来说起到了榜样作用。

21. 选A。学前儿童归属感的发展呈现出层级性的特点,由小到大,从家庭这一社会最小单元开始,逐渐扩大到幼儿园等更大的社会集体。

22. 选C。认知过程包括感知觉、记忆、思维、想象心理过程,运用排除法,故答案选C项。

23. 选B。学前儿童依恋的发展大致经历四个阶段,对人无差别的反应阶段出现在0~3个月。

24. 选C。在对话言语中对话者之间除了通过语言传递信息,还辅之以表情、动作等非言语,具有情境性,故答案选C项。

25. 选D。本题考查遗忘的规律。艾宾浩斯遗忘曲线表明遗忘的进程是不均衡的,其趋势是先快后慢,故答案选D项。

26. 选B。学前儿童意志行为发展的萌芽阶段(出生至1岁左右)。

27. 选D。注意的集中性强调注意有一定的强度和紧张度,D选项体现注意的分配,故答案选D项。

28. 选B。心理学研究需要对心理现象进行准确的描述,对各种心理现象和行为形成心理的科学概念,帮助人们更好地对心理现象和行为加以理解,故答案选B项。

29. 选D。抑郁质的人的神经类型属于弱型,体验情绪的方式较少,稳定的情感产生也很慢,但对情感的体验深刻、有力、持久,而且具有高度的情绪易感性。抑郁质的代表人物如林黛玉等。

30. 选A。常规思维,也称为再造性思维或传统思维,主要依赖于人们已经获得的知识经验和固定的思维模式来解决问题,故答案选A项。

31. 选D。学前儿童自我调节能力体现在情绪上,冲动性减少稳定性提高。

32. 选C。无意记忆是指个体在没有明确目的的情况下,自然而然地产生和保持的记忆。这种记忆往往是自动发生的,不需要个体的刻意努力和意识参与,故答案选C项。

33. 选B。创造想象是一个人根据自己的创见,独立地去构造新形象的过程,故答案选B项。

34. 选A。道德认识,亦称道德观念,是指个体对道德关系、道德原则和道德规范的认识和理解。

35. 选B。婴儿的注意基本都是无意注意。注意往往是由刺激物本身的特性决定的。如那些发光的、运动的、鲜艳的物体容易吸引他们的注意,故答案选B项。

36. 选C。被拒绝型儿童性格外向,喜欢但并不善于与人交往,脾气急躁、容易冲动。

37. 选D。攻击性行为,又称侵犯性行为,是指以伤害他人为目的的行为。攻击性行为是品行障碍的一种。学前儿童的攻击性行为表现在对他人的身体攻击、言语上的攻击、侵犯别人的权利等。如打人、踢人、咬人、抓人、推搡等。

38. 选B。1岁孩子用一个词代表多种物体，对词的理解非常不确切，一个词常常代表多种事物，属于词义笼统，故答案选B项。

39. 选C。新生儿出生第3周左右，开始出现清醒状态下的反射性微笑。第5周开始，婴儿对人脸微笑，说明婴儿开始与社会性群体发生交流，产生"社会性诱发笑"。

40. 选A。观察法对人的心理外部活动进行观察，以分析研究其心理活动规律，故答案选A项。

**二、判断题**（请判断以下各题，正确打√，错误打×；每题1分，共30题，计30分。）

1. ×。教育为政治服务，通过培养人才来维护统治阶级的利益。

2. ×。教师不仅是学校管理的对象，也是管理的主体；不仅是教学管理的主体，也是学校管理的主体。教师是学校管理的主体，是贯彻现代学校民主管理思想的基本要求，《中华人民共和国教师法》第七条也赋予教师参与学校的民主管理权利。

3. √。催吐是排除胃内毒物的简便而有效的方法，即让患儿喝大量清水，刺激患儿咽部，引起呕吐，反复2~3次。

4. ×。教学原则是依据教育目的、任务、学生发展特点以及教师的教学经验而提出的，并非根据教师的教学风格制定。

5. ×。学前儿童时期是形成性角色，发展健康的性心理的关键期。教师应注意对学前儿童进行科学、系统的性教育。所以错在"6岁"。

6. √。幼儿园教学活动的最大特征表现在其游戏的主导性上，这是由幼儿的身心特点决定的。

7. ×。课程标准是课程计划的具体化，是对学生学习结果的描述。

8. ×。给学生无微不至的关怀，属于教师职业道德规范中的关爱学生。

9. √。痱子的预防措施之一是保持皮肤清洁，衣着宽松，随时为学前儿童擦汗。

10. ×。集体教学的形式不是实施课程的唯一途径，而是包括了游戏活动、生活活动。

11. ×。根据教育活动运行的空间，教育被划分为：家庭教育、学校教育、社会教育。

12. √。维生素C可以促进铁的吸收，所以患缺铁性贫血的学前儿童不仅可以摄入含铁丰富的食物，还可以摄入含维生素C丰富的食物。

13. ×。幼儿园的环境首先是幼儿的环境，只有幼儿自己参与创设的环境，才是幼儿最认同、最关心、也是最喜欢的环境。

14. ×。教学沙龙、同课异构、微格教学、示范教学、互相观课等方式，属于教师专业发展中的同伴互助。

15. ×。数学改为科学。

16. ×。无意注意也叫不随意注意，它是指实现没有预定目的，也无需作意志努力的注意。

17. √。感受性与感觉阈限之间存在着反比关系，即感觉阈限越大，感受性越低；感觉阈限越小,感受性越高。

18. ×。单词句是指一个词就代表一个句子。"妈妈抱""帽帽掉"是双词句。

19. ×。月晕而风是指人们根据月亮的周围出现了光环,推测出就会刮风,这是思维的间接性的表现。

20. ×。观察前要做好充分的准备,根据一定的理论知识和研究目的确定观察目的和记录要求。

21. ×。情绪是情感的外在表现,情感是情绪的内在本质。

22. √。词汇较贫乏,心理紧张都会导致幼儿出现口吃现象。

23. ×。被忽视型儿童不愿与人交往,喜欢独来独往,缺乏亲密的朋友。

24. ×。无意记忆的记忆信息比较零散、不系统,容易受外界因素影响。

25. √。学前儿童初期的自我评价往往受到成人评价的影响,他们倾向于复述成人的评价。

26. ×。说谎是学前儿童常见的心理卫生问题,学前儿童说谎有很多原因,认知水平的限制是其中一种。

27. ×。前道德阶段的儿童是自我中心思维,其行为直接受行为结果支配,尚未形成道德观念。他律道德阶段的儿童开始理解道德规则的存在和重要性,但行为仍然受到外部因素的影响。

28. ×。专断型教养方式下长大的孩子更容易表现出焦虑等消极情绪,他们自我调节能力也不是很好。

29. ×。描述是对各种心理现象和行为形成心理的科学概念。测量一般通过问卷调查、实验研究等方法收集和分析数据,揭示心理现象的内在规律和特点。

30. √。通过对人的行为的观察和描述使我们可能探讨其内部心理活动。

**三、观点辨析题**(请对以下观点做出正确或错误的判断,并说明理由;每题 5 分,共 4 题,计 20 分。)

1. 该观点错误。教学的本质是一种特殊的认识活动,而不是实践活动。学生通过教育获得的主要是间接经验。

2. 该观点错误。幼儿园课程具有基础性和非义务性。幼儿园教育是基础教育的重要组成部分,幼儿园的课程具有基础性,为幼儿的终身发展打下坚实的基础。但幼儿园教育不是义务教育,幼儿园课程具有非义务性。

3. 本观点错误,书面调查有标准化、易于量化和分析的特点,它是指通过发放问卷、量表等书面形式,让受调查者填写并返回。口头调查是指通过面对面的访谈、电话访谈或网络访谈等方式,直接询问受调查者的意见和看法。这种方式能够更深入地了解受调查者的真实想法和感受,但可能受到访谈者主观性和访谈技巧的影响。

4. 本观点不准确。随着年龄的增长,幼儿的大脑发育逐渐成熟,情绪认知和调节能力确实会逐步提高,但幼儿的情绪调节能力尚在发展之中,他们可能无法有效地处理所有类型的情绪问题,尤其是强烈的负面情绪。此时大人的支持和引导至关重要。大人可以通过示范、共情、提供解决问题的策略等方式,帮助幼儿更好地理解和处理自己的情绪。过度强调自行处理会让幼儿感到孤立无援,影响他们的情感安全感和信任感。大人在幼儿处理情绪问题时应当保持适度的关注和介入,根据幼儿的具体情况和需要来灵活调整支持的方式和程度。

**四、案例分析题(每题 10 分,共 2 题,计 20 分。)**

1. 问题一:(1)教育能传承文化。教育传递文化、保存文化,使得文化在时间上延续和空间上流动,把民族的文化传统、思维方式一代一代地传递下去,成为下一代人的思想意识和认识,建设人们共同的精神家园。园长从幼儿生活中常见的桥入手,带领幼儿深入泉州的文化,通过教育传承了地域文化。(2)教育能选择文化。教育在传递、传承文化时有选择性,取其精华去其糟粕,选取符合统治阶级需要的主流文化,选择科学的、符合学生身心发展规律的文化。(3)教育能融合文化。教育通过交流活动促进不同文化间的交流,或者吸收优秀的学术成果,对本土文化进行变革、改造。(4)教育能创造文化。教育能创新和发展文化,直接生产新的文化。

问题二:该园长的观点体现了课程实施的创生取向。课程实施的创生取向认为,真正的课程是教师与学生共同建构的教育经验,课程实施的本质是在具体的课程情境中师生共同缔造新的教育经验。课程实施前不能把所有的内容都预设好,强调的是随着实施过程不断创造生成,课程的实施过程充满了情境化、人格化。

2. 问题一:(1)小红在道德认知上存在"自我中心"和"规则意识薄弱"的问题。(2)具体表现:她未能理解到在未经他人允许的情况下使用他人的物品是不恰当的行为,且没有意识到这种行为对他人造成了困扰或不满。她只关注自己的需求和欲望,忽视了他人的权利和感受。

问题二:(1)加强规则教育:通过明确的行为规范和奖惩机制,帮助小红理解并遵守社会规则。(2)情感教育:通过故事讲述、角色扮演等方式,引导小红体验并理解他人的情感和需要,培养她的同理心。(3)社会实践:鼓励小红参与更多的社交活动和团队合作项目,让她在实践中学习和体验分享、合作和尊重他人的重要性。(4)家庭合作:与小红的家长保持密切沟通,共同制定教育计划,确保家庭教育和幼儿园教育的一致性和连贯性。

## 模拟试卷三

**一、单项选择题(共 40 题,每题 2 分,计 80 分。)**

1. 选 A。考查对教育本质的理解。教育的本质回答了"教育是什么",是对教育最核心的认识,这是教育的根本属性,是教育区别于其他事物的特征。"培养什么人""怎样培养人"和"为谁培养人"是教育的根本问题,共同决定了教育的目的、内容和方法。

2. 选 B。教学认识主要是一种间接性的认识,学生通过教学获得是间接经验。因此,B 项错误。

3. 选 D。考查我国教育目的的理论基础。我国是社会主义国家,马克思主义关于人的全面发展学说是我国教育的理论基础。

4. 选D。个别教学制是古代学校的主要教学形式,也是最早的教学组织形式。

5. 选C。《3-6岁儿童学习与发展指南》中的幼儿园教育目标指出,社会领域之"子领域"社会适应的教育目标之一为"喜欢并适应群体生活"。

6. 选B。考查课程标准的定义和作用。课程标准是对单科课程的总体设计,它从整体上规定某门课程的性质及其在课程体系中的地位,是教材编写、教学、评估和考试命题的依据,是国家管理和评价课程的基础。

7. 选A。蛋白质的生理功能包括构成组织、调节生理功能、增强抵抗力、提供热能,以及参与人体内物质的运输、调节体液酸碱度、传递遗传信息等。

8. 选A。本体考查对教师职业的理解。"十年树木,百年树人",教师职业具有长期性,而不是"短期性"。教育效果有时候不是立竿见影的,教师不要急于求成。

9. 选A。学前儿童进餐中,保教人员要做到不进行说教,以免影响学前儿童的食欲和情绪。注意培养学前儿童文明的进餐习惯。如安静就餐、不说话、细嚼慢咽、不挑食剩饭等良好进餐习惯。注意培养学前儿童良好的卫生习惯。提醒学前儿童保持桌面、地面清洁,不掉饭、漏饭等。

10. 选D。大脑两半球的功能是不同的,各具特点。左脑半球负责理解文学语言和数学计算。右脑半球负责鉴赏绘画,欣赏音乐等。开发右脑、协调左右脑,要让学前儿童多动手,在活动中左右开弓,两手同时做手指操,学会使用剪刀,玩穿珠子游戏等。

11. 选C。扭伤的处理措施是,可先用冷水敷于患处,使毛细血管收缩止血,同时还可起到止痛的作用。一天后再改用热敷,以改善伤处的血液循环,减少肿胀和疼痛。

12. 选B。考查对教育生物起源说的理解。教育的生物起源说认为,教育起源于动物的本能,"生物的冲动是教育的主要动力",属于生物学的范畴。

13. 选D。集体教学的缺点在于全班幼儿需同步学习,难以关注个体差异,因为每位幼儿的发展水平各不相同。因此,D项中"重视每个幼儿的个性"说法错误。

14. 选A。佝偻病的护理措施包括:(1)注意皮肤和头部清洁;(2)预防上呼吸道感染及传染病;(3)多晒太阳多运动多喝开水;(4)按医嘱补充维生素D。

15. 选D。A选项错在"测10分钟",应是"测5分钟取出"。B选项错在"不能超过37℃",应是"不能超过35℃"。C选项错在"捏住水银球端",应是"捏住远离水银球的一端"。

16. 选A。本题考查对教育基本内涵的理解。教育的教与学是双向耦合的过程,也就是说个体与社会相互转化过程是紧密联系、密不可分的,是相互影响、相互作用的。

17. 选A。杜威提出解决问题的"五步教学"(情境、问题、假设、推论、验证)理论。

18. 选B。集中教学活动时间一般是在上午9:00—10:00。小班每天安排一节课,每节10～15分钟,中班每天两节课,每节20～25分钟;大班每天两节课,每节25～30分钟,到大班末期每节课可延长5分钟。

19. 选C。题目中强调"真实体验""情境",因此选择情境教学法。

20. 选D。高效性原则是指教师进行班级管理时,要求以最少的人力、物力和时间,尽可能地使幼儿获得更多、更全面更好的发展,使班级呈现更健康的面貌。

21. 选C。反应性是对话言语的特点，其他都是书面言语的特点，故答案选C项。

22. 选C。独白言语是一个人在比较长的时间内独自进行的言语活动，比如演讲、讲课、报告等。在这种言语形式中，一个人是主要的发言者，其他人则作为听众来接收和理解信息，故答案选C项。

23. 选B。容易型婴儿对各种教养方式都比较适应，但父母仍应给予足够的关爱和重视，以促进其全面发展。

24. 选D。幼儿园中班前的小朋友对自己的评价大多是局部、片面、零散的，中班以后，随着语言表达能力的提高，学前儿童逐渐可以进行较为整体全面的自我评价。

25. 选B。心理健康的个体通常具有良好的自我认知，对自己有清晰、客观的认识，包括自己的优点、缺点、价值观、需求和目标等。这里强调的是自我认知良好，不是认知良好。

26. 选C。情绪记忆是个体以曾经体验过的情绪或情感为内容的记忆。明明对狗的害怕属于情绪记忆，故答案选C项。

27. 选B。再造想象的形象一般是以前已经存在的，而创造想象的形象则是新的。"孙悟空"的形象是《西游记》的作者吴承恩创造想象的结果，故答案选B项。

28. 选C。怕生是婴儿对陌生事物的恐惧反应，一般出现在婴儿六个月左右，伴随着依恋的形成。

29. 选C。道德意志是品德形成和发展的重要条件，它使个体在面对道德冲突和困难时能够坚持正确的道德行为

30. 选B。WPPSI把学前儿童的平均智商（IQ）定位在100，高于140的是天才，低于70的为智力低下，对智力低下的儿童要及时进行教育训练，使他们逐渐适应学习和生活，达到正常水平。

31. 选D。随着年龄的增长，幼儿对情绪的自我调节能力越来越强，主要表现在：情绪的冲动性逐渐减少、情绪的稳定性逐渐提高、情绪情感从外露到内隐三个方面。

32. 选B。受欢迎型儿童喜欢且善于与人交往，在与同伴交往中积极主动，表现友好，愿意合作和分享等积极的交往行为。

33. 选B，本题考查注意的品质。注意的分配是指人在进行两种或多种活动时能把注意指向不同对象的现象，故答案选B项。

34. 选C。本题考查方位知觉的发展趋势。小班幼儿大部分是3岁，他们能辨别上下不能辨别左右，把3字的方向任意颠倒是不能区分方向的一种表现，故答案选C项。

35. 选B。对心理现象进行量化测量，一般通过问卷调查、实验研究等方法收集和分析数据，揭示心理现象的内在规律和特点，更好地理解和解释人类行为，故答案选B项。

36. 选A。安全型依恋的儿童具有较高的自尊、自信水平和安全感，容易与人接触，能够积极应对各种挑战，会合理表达自己的情感和需求。

37. 选C。实验法是指在有目的地控制或改变某些条件的情况下，观察心理现象的变化，并对其进行记录和分析的研究方法，故答案选C项。

38. 选A。思维的间接性是指人借助已有的知识经验理解或把握那些没有直接感知过

的,或根本不可能感知到的事物,预见和推知事物发展的进程,故答案选 A 项。

39. 选 B。行为习惯指个体在长期的生活、学习和社交实践中,通过不断的重复和强化,逐渐形成的相对固定且自动化的行为模式或倾向。这些行为模式在相似的情境下会自然而然地表现出来,成为个体行为的重要组成部分。

40. 选 D。思维是对客观事物间接的、概括的反映,推想就是思维活动,故答案选 D 项。

## 二、判断题(请判断以下各题,正确打√,错误打×;每题 1 分,共 30 题,计 30 分。)

1. ×。STEAM 课程是综合课程。

2. ×。教师的教和学生的学,不可分离,二者相互依存。

3. ×。现代教育从关注结果,转向关注过程。

4. √。发展经济,教育先行已经成为了共识。现代教育能在不同层面促进经济发展,是现代化建设的基础性、战略性支撑。

5. ×。教师是幼儿活动的支持者,重在支持,而不是管理。对幼儿的支持主要包括两方面:一是情感上的支持,即在日常生活中对幼儿的建议给予必要的认可和支持,对他们的创新想法进行褒奖和鼓励。二是提供活动时间和空间上的支持。由于孩子能力有限,当他们无法实现自己的理想和愿望时,教师需要及时提供所述支持,以便为他们提供实践的机会和条件。

6. ×。教师专业理想的确立,是专业发展的动力和精神核心。也就是说,理念指导行动。

7. ×。教学原则是根据教学过程的客观规律制订的长期教学实践经验的总结,是教学工作必须遵循的基本要求。一般来说,如果教学活动能够遵循教学原则,就会更容易取得成功;反之,如果教学活动偏离教学原则,可能会失败。

8. √。胸腺既是一个淋巴器官,也是一个内分泌器官。胸腺与机体的免疫功能有密切关系。幼年时期如果胸腺发育不全,会影响机体免疫功能,以致反复出现呼吸道感染或腹泻。

9. ×。不能用镊子去夹圆形的鼻腔异物,否则会越来越深,一旦异物滑向后方掉进气管,就非常危险。

10. ×。巴西的弗雷尔(P. Freire)是"课程及社会改造的过程"概念最有影响的代表人物。

11. √。生活功能是幼儿园班级的最基本功能,也是与其他教育阶段班级功能的区别。具体包括身体锻炼功能、习惯养成功能、卫生保健功能。

12. ×。错在"摄入蔬菜量比粮食少",学前儿童蔬菜量和粮食的进食量相等。

13. ×。错在"病毒性结膜炎",细菌性结膜炎一般有脓性及黏性分泌物,早上醒来时上下眼睑被粘住。

14. ×。科学教育的价值取向既要注重儿童对未知问题的兴趣,又要注重培养幼儿的知识技能、情感态度。静态知识的传递不属于科学教育的价值取向。

15. √。不同幼儿能力有差异,发展水平不一样,说明幼儿身心发展具有个别差异性。

16. ×。无意注意对注意的事物没有任何准备,是一种被动的注意。

17. ×。意识是在个体发展到一定阶段才会出现,到婴儿期末才能意识到自己的存在,把自己身体的各部分和身外的物体区分开来。

18. ×。个性差异是指个体在心理过程的发展与进程中经常表现出来的比较稳定的心理活动倾向与心理过程特点,包括能力、气质、性格,认知属于心理过程。

19. ×。只有在直接感觉具体事物和通过尝试动作的过程中,人才能进行思维。停止直接行动,思维活动也就停止了。这种思维是直觉行动思维,小孩子边搭积木边思考,这属于直觉行动思维。

20. ×。我们应根据不同的研究目的和课题,以及研究的具体条件和要求,综合运用各种研究方法,确保研究过程科学、客观、严谨。

21. √。科尔伯格采用道德两难故事,让儿童在两难推理中做出选择并说明理由,把学前儿童道德发展划分为三个水平六个阶段。

22. √。联觉指的一种感官的刺激作用触发另一种感觉的现象。

23. √。朗读、默读的训练是语言,语言是思维的工具。借助于语词的抽象性和概括性,人脑才能对事物进行概括、间接的反映,所以训练语言能促进思维发展。

24. ×。应激往往是由突发的紧急情况引起的,人们需要迅速做出反应。

25. √。处于客体中心阶段的婴儿,最初对同伴的交往主要是基于共同感兴趣的物体,如他们会同时注视或抓取同一个玩具,但这种交往并不具有真正的社会性质。

26. ×。四个月左右,婴儿只对亲近的人笑,出现了有差别的社会性微笑。

27. √。儿童3~4岁以后,发音开始稳定,趋于方言化,即开始局限于本族或本地语言,年龄越大越如此。这时,在开始学习其他方言或外语的某种发音就可能感到困难。

28. √。气质类型分为胆汁质、多血质、黏液质、抑郁质,但典型的气质类型占少数,大多数人的气质实际上是介于各类型之间的中间类型。

29. ×。放纵型的父母对孩子表现出很多的爱与期待,这种教养方式下长大的孩子容易表现得不成熟且自我控制能力差。

30. √。学前儿童口吃是一种常见的言语节奏障碍,主要表现为说话时言语节律性和流畅性的障碍,学前儿童90%的口吃是因发育迟缓引起的暂时性口吃,随着年龄的增长和语言功能的发育完善,口吃现象会逐渐减轻或自行消失。

三、观点辨析题(请对以下观点做出正确或错误的判断,并说明理由;每题5分,共4题,计20分。)

1. 观点错误。营养不均衡可产生营养不良,营养不良是指任何一种营养失衡的状态,包括营养缺乏和营养过剩。

2. 观点错误。我国的教育目的是培养德智体美劳全面发展的社会主义建设者和接班人。人的全面发展包括德智体美劳五方面,劳动教育也属于人的全面发展的重要组成部分。

3. 本观点正确,用语言来描述比直接用公式计算效果好,原因是学前儿童的主要思维方式是具体形象思维,它的加工材料是表象,语言描述调动幼儿头脑中的实物表象来进行口算。而公式相对比较抽象,需要调动抽象逻辑思维,抽象逻辑思维到了学前晚期才处于萌芽阶段。

4. 这个观点是片面的。(1)学前儿童智力发展是一个复杂而多维的过程,它不仅仅依赖于遗传因素,还受到环境、教育、营养以及个体自身努力等多种因素的影响。(2)遗传因素提供了儿童智力发展的基础。家庭环境、教育环境、社会文化背景等对儿童的智力发展产生深远影响。教育与学习对智力发展至关重要。每个儿童都是独一无二的个体,他们的智力发展速度和方向存在差异。儿童的努力和坚持对于智力发展同样重要。

**四、案例分析题(每题10分,共2题,计20分。)**

1. 问题一:符合启发探索性原则。案例中张教师激发幼儿兴趣,一步一步引导幼儿衣服的正面和反面、上面和下面,而不是直接将知识灌输给幼儿。

问题二:贯彻启发探索性原则时:(1)多运用观察、游戏、示范、比较和创设问题情境等,激发学生学习动机。(2)多创设情境,让幼儿更好地运用知识。(3)采用多种方式,促进幼儿学习。

2. 问题一:说明小班幼儿还不能熟练分辨左右方位,他们已经能够正确辨别上下的方向和位置,但在看图或认字时,常常把上下方向弄错,到了4岁辨别左右方位还仍然感到困难。

问题二:(1)教师在教学活动中,要用"照镜子式"的方法示范动作,即以幼儿的角度来做示范动作,如要对面站立的幼儿举起左手,教师示范时自己要举起右手来示范。(2)幼儿方位知觉发展的水平还是很低的,所以不能对他们要求过高。(3)为了发展幼儿的方位知觉,可以教他们把方位的概念同具体事物结合起来,比如说:"举起你们的右手就是拿勺子的手。"

# 参考文献

[1] 刘金花.儿童发展心理学[M].3版.上海:华东师范大学出版社,2013.

[2] 全国十二所重点师范大学联合编写.教育学基础[M].3版.北京:教育科学出版社,2014.

[3] 王萍,万超.学前教育学[M].2版.长春:东北师范大学出版社,2018.

[4] 王东红,王洁.学前儿童卫生保健[M].2版.北京:高等教育出版社,2020.

[5] 全国十二所重点师范大学联合编写.心理学基础[M].2版.北京:教育科学出版社,2021.

[6] 陈帼眉,冯晓霞,庞丽娟.学前儿童发展心理学[M].3版.北京:北京师范大学出版社,2023.

[7] 莫雷.教育心理学[M].北京:2版.教育科学出版社,2024.

[8] 彭聃龄,陈宝国.普通心理学[M].6版.北京:北京师范大学出版社,2024.